ERNST WEISENFELD

Frankreichs Geschichte seit dem Krieg

Von de Gaulle bis Mitterrand

2., überarbeitete und ergänzte Auflage

VERLAG C. H. BECK MÜNCHEN

Umschlagbild: General de Gaulle und Churchill am 11. November 1944 auf der traditionellen Waffenstillstandsparade zur Erinnerung an die deutsche Niederlage im Ersten Weltkrieg. In der Mitte Außenminister Bidault. (Süddeutscher Verlag, München)

CIP-Kurztitelaufnahme der Deutschen Bibliothek

Weisenfeld, Ernst:
Frankreichs Geschichte seit dem Krieg: von de Gaulle bis Mitterrand / Ernst Weisenfeld. – 2., überarb. u. erg. Aufl. – München: Beck, 1982.
(Beck'sche Schwarze Reihe; Bd. 218)
ISBN 3 406 08673 X
NE: GT

ISBN 3 406 08673 X

2., überarbeitete und ergänzte Auflage. 1982
Einbandentwurf von Rudolf Huber-Wilkoff, München

Gesamtherstellung: C. H. Beck'sche Buchdruckerei, Nördlingen
Printed in Germany

Inhaltsverzeichnis

Vorwort 9

I. Der Befreier 11

Geschichte und Legende 12
Der Reformwille der Résistance 17
Das Gewicht der Kommunisten 18
Eine eigene Außenpolitik 21
Säuberung von der Vichy-Vergangenheit 24
Probleme des Wiederaufbaus 27
Die Parteien und die Verfassung 30
Der Rücktritt de Gaulles 33

II. Ho Chi Minh – oder die Unfähigkeit zu entkolonisieren . . . 36

„Hunderttausend Mann und fünf Jahre …“ 37
Veränderungen im Ost-West-Gefüge kündigen sich an 40
Es kriselt im ganzen Kolonialreich 43
Was ist die „Union Française“? 45

III. Der Kalte Krieg stellt Weichen 49

Der Bruch mit den Kommunisten 50
Kommt de Gaulle zurück? 53
Neuorientierung im Westen: der Marshallplan 55
Der „heiße Herbst“ der Kommunisten 57
Die Zusammenarbeit Westeuropas … 59
… und der neue westdeutsche Partner 62

IV. Der Schumanplan: Das Bündnis mit Deutschland 65

Robert Schuman und Jean Monnet 67
Von der Montan-Union zur Europa-Armee 69
Der innenpolitische Erdrutsch… 73

... und das Ende der „Integration Europas" 75
Das große Thema: Deutschland 77
Die neue Phase der Europapolitik 84

V. Die Intellektuellen und die Instabilität der IV. Republik ... 86

Die neutralistische Strömung 86
Jean-Paul Sartre, St.-Germain-des-Prés und die „Weggefährten" 88
Raymond Aron und die Gegenströmung 92
Der „Kongreß für die Freiheit der Kultur" 95
Brücken nach Deutschland 97

VI. Von Dien Bien Phu bis Algier 99

Die Entwicklung in Indochina 101
Der Weg zu Verhandlungen 102
Pierre Mendès-France und die Genfer Konferenz 104
Das Signal von Tunis 107
Beginn des Algerienkriegs 109

VII. Das Ende der IV. Republik 112

Die Poujadisten 112
René Coty beruft ein Minderheitskabinett 115
Ein Ministerpräsident kapituliert 118
Die Verhaftung Ben Bellas 119
Das französisch-englische Suez-Abenteuer 120
Guy Mollet und die Bilanz der IV. Republik 122
Die unbewältigte Aufgabe: Algerien 125

VIII. Ein Retter wird gebraucht: de Gaulle 128

Zwischen Paris und Colombey-les-deux-Églises 129
Erste Schritte der Regierung de Gaulle 133
Eine neue Verfassung für den neuen Staatspräsidenten 136
Die Regierung Debré und die Verfassungswirklichkeit 139
Welche Lösung für Algerien? 143
Verhandeln – aber wie? 145
Der Putsch der Generäle und Obristen 148
Die Abkommen von Evian und die Folgen 151

IX. Eine unabhängige Außenpolitik 155

Der Kampf um die Europa-Politik 155
Vom Atlantik zum Ural 160
Auflockerung der Bündnisse 160
„Der Rang" und das Atom, oder: Visionär und Machiavellist . . . 162
Das Werben um die Bundesrepublik 168
Die russische Karte 175
Der Platz der USA 177
Bündniswechsel in Nahost und andere Theatercoups 178
Zu neuen Ufern? 180

X. Vom Mai 1968 bis zum Rücktritt de Gaulles 184

Rückblende: Die Wahlen von 1965 und 1967 184
Die Universitäten und die organisierte Linke 185
Wie de Gaulle schließlich Herr der Lage wurde 188
. . . und welche Konsequenzen er zog 190
Die Lehren des Mai 192
Die „Partizipation" bei de Gaulle 194
Der Volksentscheid und das Ende 197

XI. Die großen Turbulenzen und die kleinen Leute 200

Vom Bauernvolk zum Industriestaat 200
Verfall der „petite boutique"? 203
Wohnungen für 54 Millionen Franzosen. 204
Die sozialen Ungleichheiten 206
Raumplanung und wirtschaftliche Struktur 208
Der Waffenexport und die „unabhängige Verteidigung" 210
„Concorde" und andere Beispiele staatlicher Lenkung 211

XII. Die unvollendete Amtszeit 215

Der Weg des Georges Pompidou 216
Die Wahl und die neuen Einflüsse 218
Der Schatten des Generals 221
London statt Bonn? – Die Außenpolitik 222
Sorgen um das Gleichgewicht zwischen Ost und West 227

XIII. Das Zwischenspiel der „Vereinten Linken" 231

Der Mythos der Volksfront 232
Die Akteure: Mitterrand und Marchais 235
Die kritischen Punkte im Gemeinsamen Programm 238
Vielversprechende Wahlerfolge 240
Der „Sozialismus in den Farben Frankreichs" 241
Der Bruch – und wie es dazu kam 244
Getrennte Wege 247
Die Gewerkschaften 250

XIV. Die Suche nach der verlorenen Mitte 252

Das Telefon zwischen Paris und Bonn 252
Der „Herr vom Schloß" in der Metro 254
Programm und Kräfte der Innenpolitik 255
Die Distanzierung der Gaullisten 259
Die europäische Grundlage des Konzepts 260
Der Platz der Bundesrepublik: Partner und Konkurrent 262
Europa und die USA 265
„Giscard der Afrikaner" 269
Entspannt und wachsam gegenüber Moskau 271
Giscards Niederlage 273

XV. Der Sozialismus à la française 277

Kommunistische Partnerschaft 281
Das Reformprogramm 283
Die Parteien – Klassenkampf oder Pluralität? 287
Die Außenpolitik: Mehr Kontinuität als Wandel 293

Schlußbemerkung: Die Kinder des Vaterlandes 298

Zeittafel 304

Literaturverzeichnis 326

Personenregister 330

Vorwort

Geschichte ist nicht geronnenes Tagewerk. Dem politischen Tagewerk Frankreichs sah der Verfasser dreißig Jahre lang zu – er tut es noch heute. Er hatte darüber für Zeitungen, Zeitschriften, den Rundfunk, das Fernsehen zu berichten, immer bemüht, im Flüchtigen das Bleibende zu erfassen.

Vieles zerrann und wurde schnell vergessen. Andere Ereignisse erwiesen sich als bestimmend für die weitere Zukunft, setzten ihr Maßstäbe, zwangen zu Konsequenzen, prägten den weiteren Verlauf der Dinge, gerannen zu dem Stoff, aus dem Geschichte entsteht. Zu solchen Ereignissen gehört unbestritten der 13. Mai 1958 in Algier und das, was er in Frankreich unmittelbar auslöste, nämlich der Sturz der IV. Republik und die Rückkehr de Gaulles. Man wird auch noch ohne großen Widerspruch den turbulenten Mai 1968 dazu rechnen können und seine langsamen Nachwirkungen, ferner den März 1978, den Wahlkampf, der den Bruch der Vereinten Linken besiegelte und, Mai 1981, die Wahl von François Mitterrand zum Staatspräsidenten. Zu Ereignissen dieser Größenordnung zählen aber vielleicht auch einige Gespräche zwischen General de Gaulle und der sowjetischen Führung, im März 1961 und im Juni 1966, ebenso zwischen ihm und Konrad Adenauer im September 1958, schließlich – 16 Jahre später – die Begegnung zwischen Valéry Giscard d'Estaing und Helmut Schmidt, die für beide den Anfang ihres eigenen außenpolitischen Handelns bildete. Aber auch das ergebnislose Gespräch, das im Januar 1947 ein General und ein schon zum Rücktritt verurteilter Ministerpräsident über Indochina führten, wurde als ein Stück Geschichte betrachtet. Nicht zuletzt nahm in der beschriebenen Epoche die Entwicklung von Wirtschaft und Technik einen hohen Rang ein. Sie trug erheblich dazu bei, daß sich das Gesicht und das Gefüge Frankreichs veränderten. Auch das wurde in der Darstellung hervorgehoben.

Der Autor hielt sich bei der Abfassung des Buches an die journalistische Regel, die Kräfte und Tendenzen, die sich in Ereignissen einer entscheidenden Größenordnung enthüllen, in der weiteren Entwicklung zu verfolgen und auch die Motive der Handelnden und der sie tragenden gesellschaftlichen Kräfte zu analysieren.

Er hat dazu eine umfangreiche Literatur laufend verfolgt und auch zur Abfassung des Buches zu Rate gezogen. Nicht wenige seiner Einblicke beruhen aber auf unmittelbaren Kontakten mit den Handelnden oder ihren Handlungsbevollmächtigten. Das ist einer der Gründe, weshalb er auf umfangreiche Quellenangaben verzichtete. Die Darstellung behält in dem, was sie hervorhebt oder übergeht, einen subjektiven Charakter. Sie unterstreicht die Züge der Entwicklung, die dem Autor sowohl während seiner Arbeit wie in der Rückschau als bestimmend erschienen sind. Es mag wohl sein, daß er damit nicht immer dem Abstand des Historikers gerecht wurde. Er legt seine Arbeit aber vor im Bewußtsein, nach bestem Wissen auf diese Weise keine Impressionen wiedergegeben, sondern Geschichte dargestellt zu haben.

Daß die deutsch-französischen Beziehungen sich in der Schilderung der Ereignisse häufiger in den Vordergrund drängen, hängt auch mit Auftrag und Arbeit des Verfassers zusammen, trägt also zum subjektiven Charakter der Darstellung bei. Da sich das Buch an deutsche Leser wendet, muß das kein Nachteil sein. Es entspricht im übrigen der in dreißig Jahren gemachten Erfahrung, daß das deutsch-französische Verhältnis unter allen Beziehungen Frankreichs zur Außenwelt immer den wichtigsten Platz einnahm. Wenn das Buch deutlich machen kann, wie sehr gerade diese Beziehung das Sicherheitsdenken der Franzosen beschäftigt, wird es für das gegenseitige Verständnis schon nützlich gewesen sein.

I. Der Befreier

Die Nachkriegsgeschichte Frankreichs beginnt am 26. August 1944, einem Samstag, unter strahlender Sonne, auf der Avenue des Champs Elysées, auf der sich zwischen Triumphbogen und Place de la Concorde eine unzählbare, freudig bewegte Menge ein Schauspiel gibt. „Vielleicht sind es zwei Millionen Menschen. Selbst die Dächer sind noch von der Menge bedeckt. In allen Fenstern drängen sich dichte Gruppen, vermischen sich mit den Fahnen ... Soweit mein Auge blickt, nichts als lebende Wogen, in der Sonne, unter der Trikolore ... Bei jedem Schritt über die berühmteste Achse der Welt scheint es mir, daß sich die Ruhmestaten der Vergangenheit mit der heutigen verbinden."

So beschreibt es, rückschauend, der Mann, dem der ganze Jubel gilt und den alle sehen wollen: Charles de Gaulle, Brigadegeneral, der vier bittere Kriegsjahre hindurch von London aus, seinem Exil, dieses Ereignis vorausgesagt hat und dessen Stimme über die Ätherwellen mehr und immer mehr Gehör fand. Er empfindet den triumphalen Einzug wie einen Krönungsmarsch. Zum erstenmal genießt er, noch etwas unbeholfen, das „Bad in der Menge", das viele Jahre später ein Kennzeichen seines Herrschaftssystems werden soll. Sein erstes Erlebnis dieser Art, im August 1944, soll ein Symbol für seine Legitimierung durch die Geschichte und den Volkswillen bleiben. Er hat schon klargestellt, daß er vier Jahre lang – im Widerstand – die Legitimität vertrat. Aufgefordert, die Republik auszurufen (und damit das Ende des „Etat Français" der Besatzungszeit) antwortet er: „Die Republik hat nie aufgehört zu bestehen. Das ‚Freie Frankreich' hat sie verkörpert. Warum sollte ich sie proklamieren?" Von der schon legendären Figur, in deren Anblick die Menge die Befreiung von Paris feiert, von sich selbst, General de Gaulle, spricht er immer häufiger in der dritten Person. Sie bestimmt auch in Zukunft die Maßstäbe seines Handelns.

Er hat nichts versäumt, um klarzustellen, daß sich hier ein geschichtlicher Vorgang abspielt, der ihn und das französische Volk in einer Art von nationaler Kommunion verbindet und beide allein angeht. ,,Keine amerikanische Truppe ist mehr in Paris stationiert", so betont er es in seinen Memoiren. Amerikanische Einheiten, die am Vortag einrückten, haben sich auf seinen Wunsch sofort zurückgezogen.

Innerhalb des großen Ringens zwischen der amerikanisch-britischen Invasionsarmee und der deutschen Wehrmacht und innerhalb der großen strategischen Bewegung, die in wenigen Wochen zur Befreiung Frankreichs führte, hatte er für die französischen Einheiten soviel taktischen Spielraum erzwungen, daß die Befreiung von Paris als alleinige Kriegstat französischer Truppen, insbesondere der zweiten Panzerdivision des Generals Leclerc erschien. Wenige Tage vor ihrem Einmarsch war ein bewaffneter Aufstand von Widerstandsgruppen innerhalb der Stadt ausgebrochen. Aber es hatte wenig Straßenkämpfe gegeben. Beide Seiten hielten sich zurück. Der deutsche Stadtkommandant General von Choltitz hatte durch einen schwedischen Unterhändler wissen lassen, daß ihm an einer Verteidigung und militärisch sinnlosen Zerstörung von Paris nichts gelegen sei. Er verstieß damit gegen einen Befehl Hitlers. Am 25. August hatte er mit Leclerc eine Vereinbarung zur Übergabe der Stadt unterzeichnet. Leclerc hatte sich nachträglich bereit erklärt, dem Dokument den Namen des kommunistischen Partisanenführers Rol Tanguy hinzuzufügen, dessen Truppen beim Zerschlagen deutscher Verteidigungsstellungen mitgewirkt hatten. Das löste sofort den Widerspruch de Gaulles aus. Auch als sich am Triumphbogen die Gruppe der führenden Widerstandskämpfer formierte, gab es eine bezeichnende Szene: Georges Bidault, der spätere langjährige Außenminister, stellte sich an der Seite de Gaulles auf; denn er war der Vorsitzende des ,,Rates der Widerstandsbewegung", in dem die verschiedenen Gruppen zusammensaßen, die den Widerstand im Innern praktisch durchgeführt hatten. Der General schob ihn mit unmißverständlicher Bewegung ins zweite Glied.

So kam es, daß sich an diesem Tag die Kräfte, die seinem Triumph im Wege standen und gegen die er sich auch in den folgenden Monaten und Jahren noch zur Wehr setzen mußte, nicht manifestieren konnten: die Amerikaner, denen er nie verzieh, daß sie ihn nur sehr zögernd und spät als Repräsentanten Frankreichs anerkannten. Die Kommunisten, die sich dank ihres starken Anteils an der Widerstandsbewegung einen großen Einfluß und feste Positionen im ganzen Land geschaffen hatten. Und schließlich die politischen Kräfte, die das nun bald wieder beginnende politische und parlamentarische Leben organisierten, Parteien wieder aufleben ließen und neu gründeten. – Sicher hätten die Amerikaner ihm nicht erlaubt, in diktatorischen Formen zu regieren. Aber de Gaulle selbst hat sich auch nie einer solchen Absicht verdächtig gemacht. Das wesentliche Element eines derartigen Versuchs, die Gründung einer Einheitspartei, hat er immer weit von sich gewiesen. Sein Verhältnis zu den Parteien, selbst solchen, die sich auf ihn beriefen, blieb immer stark von der Verachtung des Militärs gegenüber den Parteipolitikern geprägt, die er durch Erziehung mitbekommen hatte. Er zeichnete sich auch schon früh durch politisches Selbstbewußtsein und politisches Geschick aus.

Als er am 18. Juni 1940 seinen ersten Appell zum Widerstand von einem Londoner Mikrophon aus an Frankreich richtete, meinten die Engländer, daß er der Platzhalter sein sollte für irgend einen bekannteren und bedeutenderen Politiker, der wohl kommen würde. In diesem Fall sollte er, der in der letzten Kriegsregierung Frankreichs Unterstaatssekretär für das Heer gewesen war, sich nur um den Aufbau freiwilliger französischer Verbände kümmern. Aber den Ruf, ein unbequemer Mann zu sein, brachte er schon damals mit und auch den Beginn einer Legende: er hatte als erster die Bedeutung der Panzerwaffe erkannt und sich vergebens für ein strategisches Umdenken eingesetzt. Er hatte selbst, im Mai 1940, bei Abbeville, eine Panzereinheit befehligt, die zu den wenigen Verbänden gehörte, von denen der deutsche Vormarsch kurzfristig aufgehalten wurde.

Er hatte dann mit Winston Churchill, Englands Kriegspremier, und mit Franklin D. Roosevelt, sobald die USA in den Krieg eingriffen, manche Auseinandersetzung gehabt, weil er die nationalen Interessen Frankreichs, so wie er sie verstand, nicht den alliierten Kriegsinteressen unterzuordnen bereit war. Das galt insbesondere für das französische Kolonialreich. Das Feldzeichen seiner „Freien Franzosen", das Lothringer Kreuz mit dem Doppelbalken, löste bei manchen Verbündeten gemischte Gefühle aus. Später kolportierte man ein Wort Churchills: „Von allen Kreuzen, die ich in diesem Krieg tragen mußte, war das Lothringer Kreuz eins der schwersten." Die Erinnerungen de Gaulles an seine Londoner Zeit waren kaum freundlicher. Er mußte sich praktisch bis zum letzten Tag seines Exils gegen die Vorstellung durchsetzen, daß ein von der alliierten Invasionsarmee befreites Frankreich zunächst als alliiertes Besatzungsgebiet verwaltet werden solle. Darum nahm er jetzt mit großer Eile in allen befreiten Gebieten und Städten sofort die Verwaltung in die Hand.

Die Verwaltung stand im Zeichen des Kriegs, der weiter ging und noch mehr als acht Monate dauern sollte – noch fünf Monate auf französischem Boden. Die ersten Zeitungen, die wieder frei in Paris erschienen, kündigten neben den Aufrufen zur Befreiung die Mengen an Brot, Butter, Nudeln und Fleisch an, die mit den Lebensmittelkarten der deutschen Besatzungsbürokratie in der letzten Augustwoche für jeden Einwohner zu kaufen waren. Im September standen in Paris jedem Einwohner pro Tag 1050 Kalorien zu. Allerdings gab es daneben einen schwunghaften Schwarzhandel, und er breitete sich noch aus. Es gab nur noch 2900 Lokomotiven von den 17000, die bei Kriegsbeginn zur Verfügung gestanden hatten, 200000 Lastwagen von mehr als einer halben Million. – 3000 Kilometer Eisenbahn, über 3000 Brücken aller Art waren zerstört. Die Produktion an Eisen und Stahl, die im Vorkriegsfrankreich über drei Millionen Tonnen betragen hatte, erreichte im September 1944 im befreiten Teil des Landes kaum 40000 Tonnen, und die Produktion an Kohle war wegen der Kriegsereignisse zu vier Fünftel gedrosselt. Was blieb, mußte in erster Linie dem Krieg zur Verfügung stehen.

In den Zeitungen, die meist neue Namen trugen und aus der Widerstandsbewegung hervorgegangen waren, las man revolutionäre Ansichten von einer Neuordnung der französischen Gesellschaft und einer neuen Gesellschaftsmoral. Typisch für das Denken der Zeit war ein Satz aus dem ungezeichneten Leitartikel des „Combat", der Zeitung, die am stärksten das Gedankengut des nichtkommunistischen Teils der Widerstandsbewegung repräsentierte: „Wir wünschen für Frankreich eine kollektivistische Wirtschaft und eine liberale Politik." Das war die Meinung der Redaktion und der meisten Leser.

Die Widerstandsbewegung war im Laufe der Kriegsereignisse aus unscheinbaren Anfängen zu einer respektablen Minderheit angewachsen. Seit 1942 hatte es planmäßige Sabotageakte und zunächst kleinere, dann größere Überfälle auf deutsche Soldaten und Besatzungseinrichtungen gegeben. Die illegal kämpfenden Gruppen bildeten bis zuletzt nur einen kleinen Teil dessen, was sich nach Gesinnung und Haltung zur Résistance zählen konnte: Nachrichtennetze, die von England aus und zunächst oft von Engländern selbst aufgebaut worden waren, Sabotagegruppen, die in Versorgung und Verwaltung der Besatzungsmacht Schaden anrichteten, die Untergrund-Zeitungen und Flugblätter herstellten und verteilten, ferner Einzelkämpfer aller Art und schließlich, je schwächer die deutsche Position wurde, mehr und mehr Mitverschworene, Mitläufer und Sympathisanten, denen keine praktischen Aufgaben mehr zufielen, die aber immer offener auf den Sieg der Anti-Hitler-Koalition setzten.

Ab 1941 waren auch mehr und mehr Politiker zu de Gaulle gestoßen, und zwar meist Politiker der Linken. Ab Januar 1942 hatte sein Londoner „Französisches Komitee der nationalen Befreiung" einen Vertreter bei den Widerstandsgruppen innerhalb Frankreichs. Er sollte sie koordinieren, und er konnte tatsächlich Ende Mai 1943 kurz vor seiner Verhaftung die Bildung eines „Conseil National de la Résistance (C.N.R.)" melden. Diesem Nationalrat des Widerstandes gehörten alle Tendenzen an, auch die Kommunisten.

Dieser Repräsentant de Gaulles in Frankreich war Jean Moulin, ein Mann der Linken, ehemals Präfekt und Mitarbeiter des radikalsozialistischen Volksfrontministers Pierre Cot. Im Oktober 1942 hatte der Ministerpräsident der Volksfront, Léon Blum, aus der Gefangenschaft heraus seine sozialistischen Parteifreunde aufgefordert, endlich ihr Zaudern gegenüber einer Anerkennung de Gaulles zu beenden. „Ich vertraue mich ihm an", schrieb er und verscheuchte die Sorge vor Diktaturgelüsten des Generals mit persönlichen Beobachtungen und mit der allgemeinen Feststellung: „Stellen wir uns doch den General in Frankreich vor, am Morgen nach dem Sieg, der überall den Ruin der Diktaturen und den Triumph der Demokratie bedeuten wird ... de Gaulle wird im republikanischen Volk seine Stütze finden. Wie sollte er dem nicht Rechnung tragen?"

Das wurde wenige Tage vor dem 8. November 1942 geschrieben, dem Tag der Landung der Alliierten in Nordafrika, die der Widerstandsbewegung größere intakte Einheiten der französischen Afrika-Armee zuführte und mehrere bekannte Generäle. Im südlichen Teil Frankreichs, der erst jetzt besetzt wurde, konnten sich bewaffnete Widerstandsgruppen in schwach besiedelten, spärlich bewachsenen Berggegenden, im „Maquis", festsetzen. Darum sprach man von „Maquisards". Sie konnten rekrutieren und ausbilden, und sie füllten sich nicht zuletzt auf durch junge Franzosen, die den Rekrutierungs- und Häscher-Methoden der Beauftragten für den Arbeitseinsatz in Deutschland (STO) entweichen wollten.

Nun hatte der Widerstand nicht nur einen Sprecher, sondern auch ein Rückgrat. Als de Gaulle seinen Sitz von London nach Algier verlegt hatte, konnte er sich nach und nach staatsähnliche Aufgaben stellen, eine parlamentarische Vertretung bilden und die Gesetze einer neuen IV. Republik vorformulieren. Dabei konnte es nicht ohne Einfluß bleiben, daß seit dem Überfall Hitlers auf die Sowjetunion auch die Kommunistische Partei Frankreichs endlich eine eindeutige Haltung bezog und sehr aktiv am Widerstand teilnahm. Unter den Partisanengruppen des Südens hatte sie disziplinierte Verbände. Als die kämpfenden Gruppen allgemein zu den „Forces Françaises de l'Intérieur" (FFI) zusammengefaßt wurden, legte die KP Wert auf eine separate Organisation ihrer Einheiten, die sich „Franc-Tireurs et Partisans" (FTP) nannten. Nach ihren Anbiederungsversuchen mit der Besatzungsmacht, die der Partei im Zeichen des Hitler-Stalin-Pakts unterlaufen waren, konnten die Kommunisten nur Ansehen gewinnen, wenn sie sich allein auf das Ziel der Befreiung konzentrierten. Dabei brachten sie, je aktiver der Widerstand wurde, mehr Opfer als alle anderen Gruppen. Ihre Abgesandten hatten sich schon in London, später in Algier einen soliden Platz verdient. Was dort zur Neuordnung Frankreichs nach dem Sieg gedacht wurde, assimilierte auch ihre Vorstellungen. Und de Gaulle bewies auch hier eine integrierende Kraft.

Der Reformwille der Résistance

Die Ansprache, die er am 1. Juli 1943 in Algier hielt, kündigte schon im Keim die Maßnahmen an, die er bald nach Übernahme der Regierungsgewalt in Angriff nahm:

„Frankreich wählt einen neuen Weg. Die IV. Republik wird alle Interessen-Koalitionen und Privilegien abschaffen. Sie hat zu gut erkannt, welche Gefahren ihr daraus drohen. Die Nation wird verlangen, daß die natürlichen Reichtümer, die Arbeit und die Technik, drei Elemente gemeinsamer Prosperität, nicht zum Nutzen einiger Weniger ausgebeutet werden. Wenn es noch Bastillen gibt, dann sollten sie am besten von sich aus ihre Tore öffnen."

In diesen Worten konnte man sowohl die Ankündigung eines Programms für Verstaatlichungen sehen wie den Wunsch nach einer neuen Sozialordnung, für die er später den Begriff der „Partizipation" fand, aber auch das Bestreben, weniger durch Verordnungen als durch Überzeugung und gelinden Zwang die Gesellschaft zu ändern.

In Frankreich selbst verabschiedete der Nationalrat der Résistance im März 1944 eine Charta, die einige Reformpläne klarer aussprach. Im Bestreben, „einige der großen Feudalherrschaften aus der Leitung der Wirtschaft zu entfernen", kündigte sie Verstaatlichungen großer Zweige der Energiewirtschaft, des Versicherungswesens und des Bankenapparates an und sprach von der

„Notwendigkeit eines Wirtschaftsplans". Sie verlangte unabhängige Gewerkschaften und ein allgemeines System der sozialen Sicherheit. Frankreich hatte vor dem Krieg weder eine allgemeine Krankenversicherung noch eine gesetzliche Altersversorgung gekannt. Die ersten Ansätze dazu waren 1936 von der Volksfrontregierung gemacht worden. Die Résistance trat in der Sozialpolitik bewußt ihre Nachfolge an. Als Léon Blum im Mai 1945 aus deutscher Haft zurückkehrte, konnte er den Eindruck haben, daß sich die große Mehrheit der politischen und geistigen Familien Frankreichs zu sozialistischen Lösungen bekannt hatte.

Das waren die Voraussetzungen, unter denen Ende August 1944 der Wiederaufbau Frankreichs und die Neuordnung seines politischen Lebens begann. Die erste „Provisorische Regierung", die General de Gaulle im September aus Männern des inneren und äußeren Widerstandes bildete, enthielt unter 22 Ministern zwei Kommunisten, von denen einer, François Billoux, das Gesundheitsministerium leitete, der andere, Charles Tillon, das Luftfahrtministerium. Tillon war eine fast legendäre Figur. Zeit seines Lebens hatte er durch Meuterei und Protest von sich reden gemacht, aber seine Zusammenarbeit mit de Gaulle und den anderen Mitgliedern dieser Regierung verlief ohne nennenswerte Reibereien. Das gilt auch für alle anderen kommunistischen Minister, die noch bis 1947 den Nachfolge-Regierungen angehörten. Unter den weiteren elf Politikern der ersten Regierung de Gaulle waren vier Sozialisten, drei Radikalsozialisten, einer von der gemäßigten Rechten und drei aus den Reihen der linken Katholiken, die im November 1944 die „Bewegung der Volksrepublikaner" (MRP) gründeten, eine französische Spielart der „Democrazia Christiana". Alle sahen die Teilnahme kommunistischer Minister als selbstverständlich an.

Das Gewicht der Kommunisten

Ein Jahr später, im November 1945, nachdem Wahlen für eine verfassunggebende Versammlung stattgefunden hatten und die

Kommunisten mit 26,2% der abgegebenen Stimmen die stärkste Partei geworden waren, ernannte de Gaulle fünf kommunistische Minister, darunter den Generalsekretär Maurice Thorez zum Staatsminister ohne Portefeuille, ferner die Minister für Wirtschaft, für Rüstung, für Industrielle Produktion und für Arbeit. Thorez hatte zwar für die KPF eines der großen Schlüsselministerien (Innen, Außen und Verteidigung) verlangt. Diese Forderung hatte de Gaulle abgelehnt. In einer Rundfunkansprache erklärte er: „Ich will ihnen nicht die drei Hebel anvertrauen, von denen die Außenpolitik abhängt: die Diplomatie, die sie zum Ausdruck bringt, die Armee, die sie stützt, und die Polizei, die sie deckt."

Zwischen KPF und de Gaulle war längst ein Tauziehen um Macht und Einfluß im Gange. Dabei verfolgte die Partei eine Strategie enger Zusammenarbeit aller Widerstandsgruppen, von denen sie viele zu unterwandern versuchte. Gleichzeitig brachte sie die Partei der Sozialisten, die ihren alten Namen SFIO – Section Française de l'Internationale Ouvrière – beibehalten hatte, durch das Angebot einer Fusion beider Parteien vorübergehend in Verlegenheit. In späteren Darstellungen behauptete de Gaulle, er hätte einen Staatsstreichversuch von kommunistischer Seite immer für durchaus möglich gehalten. In Wirklichkeit bestand eine solche Gefahr nur in den ersten Monaten und vor der Rückkehr von Maurice Thorez aus Moskau. Und soweit es sie gab, bestand sie wohl nur in der Form einer regionalen Machtergreifung.

Immerhin war die erste große Maßnahme, mit der de Gaulle die innere Verwaltung in die Hand nahm, auch gegen kommunistische Übergriffe gedacht. Er setzte in allen befreiten Gebieten „Kommissare der Republik" ein und stattete sie mit großen Vollmachten aus; insgesamt wurden vierzehn solcher Kommissare ernannt, was einer ersten Aufteilung Frankreichs in Groß-Regionen gleichkam und einer Überwindung der alten Departementsgrenzen. Tatsächlich wurden auch Überlegungen angestellt, ob nicht eine neue großräumige Verwaltungsstruktur die napoleonische Departements-Einteilung ablösen sollte. Aber sie wurden unter dem Einfluß der jakobinischen Tradition in allen Gruppen schnell wieder beiseite gelegt.

Die Kommissare der Republik mußten den lokalen und regionalen Tendenzen zu Anarchie und Willkür entgegenarbeiten. Die Kommunisten insbesondere versuchten vielerorts, lokale Befreiungskomitees zu bilden und sie an die Stelle der bestehenden Kommunalverwaltung zu setzen. Darum wurden bald Gemeindewahlen durchgeführt. Diesmal versuchte es die KPF mit einer Unions-Strategie. Sie betrieb die Bildung von ,,patriotisch-republikanisch-antifaschistischen" Einheitslisten. Aber die nichtkommunistischen Kräfte konnten den Versuch weitgehend vereiteln. Die Ergebnisse zeigten, daß die alten Parteien liberaler und konservativer Denkrichtung keineswegs ausgelöscht waren, obwohl sie sich während der Besatzungszeit kompromittiert hatten und darum zum Teil noch keine neue Organisation im nationalen Maßstab bilden konnten.

Wenn in diesen Entwicklungen das Tauziehen um die Macht oft noch unklar zum Ausdruck kam, dann wurde doch eine Maßnahme sofort als Kraftprobe zwischen de Gaulle und den Kommunisten empfunden: das war die Entwaffnung der ,,patriotischen Milizen". Sie wurde am 28. Oktober 1944 vom sozialistischen Innenminister Adrien Tixier verfügt und lag ganz auf der Linie, die de Gaulle schon mit der Einsetzung von ,,Kommissaren der Republik" verfolgt hatte: zu verhindern, daß eine politische Parallelgewalt neben der staatlichen Exekutive entstand. Die Milizen waren im Aufwind der Befreiungs-Aktionen und des Abzugs der Besatzungsmacht vor allem in den südlichen Landesteilen gebildet worden, in denen mit den Kräften der Italien-Armee auch stärkere französische Verbände vorrückten, während die entscheidenden Kämpfe im Norden, von Paris abgesehen, eine Sache der amerikanischen und englischen Invasionsarmeen blieben. Die Bildung der ,,Patriotischen Milizen" war im Süden auch nicht selten von den kommunistischen Partisanengruppen im Verein mit den lokalen ,,Befreiungs-Komitees" vorgenommen worden. Man hatte ihnen formell Aufgaben der Ordnungspolizei übertragen, aber sie durften sich vielerorts auch als Akteure der politischen Säuberung betrachten. Ihr willkürliches Vorgehen hatte ihnen wenig Sympathie eingetragen. Trotzdem löste ihre Auflösung Proteste aus, natürlich vor allem bei der KP, aber auch bei anderen Résistance-Organisationen, wo der kommunistische Einfluß groß war, und selbst bei dem noch bestehenden Nationalrat der Résistance, dem C.N.R. Die Auflösung und die Abgabe der Waffen erfolgte nur zögernd – bis nach drei Monaten ein klärendes Wort aus der Parteizentrale kam.

Vor dem Zentralkomitee der Partei sprach am 21. Januar 1945 Maurice Thorez, acht Wochen nach seiner Rückkehr aus der Sowjetunion, wo er den Krieg verbracht hatte: „Die öffentliche Sicherheit muß", so sagte er, „von den regulären Polizeikräften garantiert werden. Die irregulär bewaffneten Gruppen dürfen sich nicht an die Stelle der Verwaltung von Gemeinden und Departements setzen." Damit war das Problem erledigt. Wenn wirklich einige Kräfte innerhalb der KPF in einer Art von vorrevolutionärem Klima mit Staatsstreichgedanken gespielt haben sollten – mit Thorez stand nun wieder ein Mann an der Spitze, der die Kardinaltugend der Partei, die Analyse des Kräfteverhältnisses, sicher beherrschte und der auch populär und entschlossen genug war, sich mit seinen Schlußfolgerungen durchzusetzen. Er konnte nicht übersehen, daß die erste Realität der noch nicht beendete Krieg war, die zweite die Übermacht der im Lande anwesenden angloamerikanischen Truppen und die dritte das Prestige de Gaulles und das Normalisierungsbedürfnis der Bevölkerung. Die Kräftigung seiner Partei und ihres Einflusses war ihm erlaubt – aber keine Revolution.

Eine eigene Außenpolitik

Das Flugzeug, mit dem Thorez aus dem sowjetischen Exil zurückgekommen war, hatte irgendwo zwischen östlichem Mittelmeer und russischer Grenze die Maschine gekreuzt, die de Gaulle im Dezember 1944 zu einem offiziellen Besuch nach Moskau brachte. Zuvor hatte de Gaulle ihn begnadigen müssen, da er wegen Fahnenflucht verurteilt worden war. Die Innenpolitik bildete einen unwägbaren Bestandteil dieser Moskaureise. Aber die außenpolitischen Gründe allein machten sie zu einem bedeutenden Schritt. Mit ihm machte de Gaulle klar, daß Frankreich Herr seiner Allianzen zu bleiben gedenke. Der Bündnis- und Beistandspakt gegen eine deutsche Aggression, den er am 10. Dezember abschloß und der ausdrücklich über den schon erwarteten Sieg hinaus gültig blieb, sollte mithelfen, seinen Anspruch auf Mitgestaltung an der europäischen Nachkriegsordnung zu sichern. Es war der erste Akt einer kraftvollen, obwohl manchmal wegen ihres Prestigeeifers belächelten Außenpolitik, mit der de Gaulle in wenigen Monaten Frankreichs Platz unter den Siegermächten des Krieges einnahm und seine Forderungen stellte.

Im einzelnen war der Erfolg der Moskauer Besprechungen dürftig. De Gaulle konnte Stalins Unterstützung weder für die Besetzung des linken Rheinufers durch Frankreich gewinnen, noch für die Abtretung des Saarlandes, noch für die Abtrennung und Internationalisierung des Ruhrgebiets.

Stalin erhielt dagegen de Gaulles Zustimmung dafür, daß die Westgrenze Polens an Oder und Neiße liegen solle, weil nach Ansicht de Gaulles „eine solche Lösung eine Verständigung zwischen Deutschland und Polen ausschließen würde". Und er erhielt die Zusage, daß Frankreich an einem europäischen Block Moskau-Paris-London mehr interessiert sei als an einem „westlichen Block" – ein Begriff, der Stalin zu beunruhigen begann. De Gaulle unterschrieb die gegenseitige Verpflichtung, „kein Bündnis einzugehen und an keiner Koalition teilzunehmen, die gegen einen der Vertragspartner gerichtet sind". Mit diesen Zugeständnissen gab er nichts von der außenpolitischen Linie auf, die er sich vorgenommen hatte. Stalin erreichte bei ihm relativ wenig in der Frage, die damals ganz in den Vordergrund seiner Interessen rückte: die Anerkennung des „Komitees von Lublin", das in den befreiten polnischen Gebieten eine kommunistische Herrschaft ausübte. General de Gaulle benannte nur einen Verbindungsmann zu diesem Komitee, und zwar Christian Fouchet, der später, in den sechziger Jahren, wichtige Regierungsaufgaben bei de Gaulle übernahm. Er wurde in Polen als „Botschafter Frankreichs" begrüßt.

Die Reise nach Moskau trug ihm keine Einladung ein zu der Konferenz, die Anfang Februar 1945 in Yalta auf der Krim stattfand und die letzte Kriegskonferenz der großen Alliierten werden sollte. Seine Nichtteilnahme wurde von de Gaulle sofort als „Abwesenheit Europas" gewertet und später zu einem Mythos entwickelt. Yalta wurde im gaullistischen Sprachschatz ein Synonym für die Teilung Europas und die Aufteilung der Welt in zwei politische Hemisphären, eine amerikanische und eine sowjetische. Als Roosevelt ihm vorschlug, ihn auf der Rückreise in Algier zu treffen, lehnte de Gaulle ab, weil er es ungehörig fand, „von einem fremden Staatschef an einen Ort bestellt zu werden, der auf französischem Gebiet lag". Die Protokollfrage verdeckte nur den viel ernsteren sachlichen Gegensatz, und daran ließ er auch keinen Zweifel. Es ging um einen angemessenen Platz für Frankreich in der Nachkriegsordnung.

Diesen Platz sollte er aber, wenigstens formell, erreichen. Bei den Vorbereitungen zur neuen Weltorganisation der Vereinten Nationen wurde Frankreich nach anfänglichem Zögern schließlich ein ständiger Sitz im Weltsicherheitsrat zugesprochen, der als Keimzelle einer Welt-Exekutive entworfen worden war. Frankreich gehörte damit zu den „großen Fünf". Und in Deutschland erhielt es auf Betreiben Churchills, der sich damit in Yalta durchsetzte, eine Besatzungszone und somit einen Platz unter den „großen Vier", die über das Schicksal des ehemaligen Reiches, also über die Kernfrage Europas zu entscheiden hatten.

Um dieses deutsche Faustpfand hatte de Gaulle gekämpft. Sobald er in Paris seine Provisorische Regierung gebildet hatte, verstärkte sich Frankreichs Teilnahme an der militärischen Auseinandersetzung. Bei den Kämpfen in Süddeutschland spornte er seine Generäle zu Raumgewinnen an. Er ließ entgegen den Plänen des Alliierten Hauptquartiers Stuttgart besetzen und gab es erst wieder frei, als ihm der Zuschnitt der französischen Besatzungszone garantiert war. Vorher hatte es noch eine andere Auseinandersetzung mit General Eisenhower, dem alliierten Oberbefehlshaber, gegeben. Als dieser während der deutschen Ardennen-Offensive Ende Dezember 1944 eine Frontbegradigung anordnete, die zur vorübergehenden Räumung von Straßburg führen sollte, gab de Gaulle seinen Truppen den Gegenbefehl, Straßburg zu halten.

In Berlin-Karlshorst, wo Hitlers Generalfeldmarschall Keitel die Kapitulation der Wehrmacht unterschrieb, saß auch der französische General de Lattre de Tassigny unter denen, die sie entgegennahmen, was Keitel zu dem Ausruf veranlaßte: ,,Was, auch die Franzosen sind hier . . .?" Aber als zwei Monate später in Potsdam die Konferenz der Siegermächte zusammentrat, um die Grundsätze für die Verwaltung Deutschlands festzulegen, war Frankreich wieder nicht dabei. Es wurde erst nachträglich eine Signatarmacht des Potsdamer Abkommens, wachte dann aber so sorgsam über seine Rechte, daß es den ersten und letzten Ansatz zu einer gemeinsamen Verwaltung Deutschlands mit Beteiligung Deutscher als Fachkräfte verhinderte. Die Methoden und Ziele, mit denen de Gaulle für Frankreichs Platz unter den Großmächten sorgte, blieben innenpolitisch nicht ohne Kritik, vor allem bei den Sozialisten, wo sich Léon Blum nach Rückkehr aus deutscher Gefangenschaft für eine stärkere Anlehnung an England und für den Verzicht auf Annexionen deutscher Gebiete sowie für eine zügige Rückgliederung Deutschlands in die Völkerfamilie einsetzte. Aber die politischen Kräfte waren weitgehend durch die innenpolitischen Probleme der staatlichen Neuordnung gebunden, und die veröffentlichte Meinung der von Résistance-Gruppen getragenen Zeitungen ließ sich durch den Kampf um die neue Großmachtrolle nur zu gern von den alltäglichen inneren Problemen ablenken. Das waren vor allem die Vorgänge, die unter dem Begriff der politischen Säuberung zusammengefaßt wurden, und dann die Fragen des Wiederaufbaus und der Versorgung.

Säuberung von der Vichy-Vergangenheit

Die politische Säuberung von allen Elementen, die sich durch Zusammenarbeit mit dem Regime von Vichy oder durch Kollaboration mit der deutschen Besatzung schuldig gemacht hatten, war schon in Algier beschlossen worden. Der Vorwurf traf ganze

Gruppen. Auf Unternehmer, hohe Beamte, Teile des Offizierskorps, die Polizei fiel ein globaler Verdacht, den der einzelne durch den Nachweis von Widerstandsleistungen oder Beziehungen zu Widerstandsorganisationen zu entkräften suchte. Eine Atmosphäre von Verdächtigungen und Verherrlichungen war die Folge. Es wurde auch kaum zwischen der Tätigkeit für das Regime von Vichy oder für die Besatzungsmacht unterschieden – obwohl das Vichy-Regime viele Gesichter hatte und seine Anfänge sich von seinen letzten Phasen erheblich unterschieden. Die Figur des „Staatschefs“, des Marschalls Philippe Pétain, des Siegers von Verdun (1916), sowie manche Maßnahme, die er zu Beginn seiner Regierungszeit anordnete, darunter ein freiwilliger Jugend-Arbeitsdienst, ein Familiengeld, schließlich seine Devise „Familie, Arbeit, Vaterland“, hatten an idealistische Triebkräfte appelliert. Jetzt war alles, was unter diesem Regime geschehen war, verdammt. Und so blieb es noch viele Jahre. Durch Frankreich ging eine tiefe Kluft, die das Lager der anerkannten Résistance-Anhänger von den Vichy-Belasteten trennte, und sie deckte sich in mancher Hinsicht mit der immer naheliegenden Unterscheidung zwischen rechts und links. Zumindest wurde diese gleichsetzende Vereinfachung gern vollzogen. Der Résistance mußte man angehört haben und links – allerdings in einem weitläufigen Sinne – mußte man sein, wenn man innerhalb der Generation der Fünfundzwanzig- bis Fünfzigjährigen etwas werden wollte.

Die Säuberung hatte, unmittelbar nach Abzug der deutschen Besatzung, eine Phase der Willkür. Sie wurde von Rechtsmaßnahmen abgelöst, und diese Ablösung vollzog sich in unterschiedlichem Tempo. Als Faustregel galt bald: Je länger sich ein Kollaborateur diesen Säuberungsmaßnahmen entziehen konnte, um so glimpflicher kam er davon.

Über die Zahl von Erschießungen, die durch kein Verfahren oder nur durch eine summarische Prozedur ungeregelter Volksjustiz begründet waren, gibt es widersprüchliche Quellen. Amtliche Angaben liegen nur sehr unvollständig vor. Eine Aufforderung, solche Fälle anzugeben, führte 1955 zu 3114 Meldungen, die Todesopfer auf Racheakte zurückführten. 1325 Erschießungen waren gleichzeitig auf Grund eines Urteils zuständiger Gerichte erfolgt. Damals haben sich aber wahrscheinlich noch viele betroffene Familien mit solchen Angaben zurückgehalten. 1959 hat die Gendarmerie Erhebungen angestellt, die jedoch zahlreiche Großstädte wie Paris, Orléans, Toulouse gar nicht und andere wie Lyon und Marseille nur teilweise umfaßte und die trotzdem auf 14458 Todesopfer kam. Allerdings wurden bei einigen dieser Erhebungen auch Fehler in dem Sinne festgestellt, daß alle Willkürakte, auch die der Besatzungsmacht, erfaßt wurden. Das Komitee zur Erforschung der Geschichte des Zweiten Weltkriegs unter Leitung von Professor Henri Michel hat seit einigen Jahren Einzeluntersuchungen auf regionaler Basis in Auftrag gegeben, um auf diese Weise zu möglichst korrekten Ergebnissen zu kommen. Die Arbeit stößt aber nach Angaben der Verfasser bereits heute, nach 35 Jahren, auf die manchmal unüberwindliche Schwierigkeit, jetzt noch zuverlässige mündliche oder schriftliche Quellen aufzuspüren. Die Einzelergebnisse bestätigen den allgemeinen Eindruck, daß in der ersten aufstandsähnlichen Phase der Libération, als noch keine Justizbehörden (Militär- und Zivilgerichte) an den Urteilen beteiligt waren, sehr viel schneller und mehr exekutiert wurde als später. Es gibt Departements, in denen die Zahl derjenigen, die ohne Verfahren hingerichtet oder einfach erschlagen wurden, mit über 200 ermittelt wurde. In anderen registrierte man wesentlich weniger. Eine Schätzung der Gesamtzahl ist auf Grund dieser Angaben noch nicht vorgenommen worden. Es ist möglich, daß sie letzten Endes – wenn man alle Todesopfer zusammenzählt, die legalen und die illegalen – um zehntausend oder mehr unter dem Schätzwert bleibt, zu dem Robert Aron in seinem mehrbändigen Werk zur „Geschichte der Säuberung“ kommt. In dem 1975 erschienenen dritten Band meint er: „30000 bis 40000 Franzosen wurden erschlagen, und in den einzelnen Gegenden war diese Zahl sehr unterschiedlich.“ Man muß allerdings hinzufügen, was Robert Aron in einem anderen Zusammenhang im Interesse einer gerechten Würdigung vermerkt: „So mörderisch und willkürlich die Sondergerichte in den Tagen der Libération auch urteilten, sie erreichten nie, außer vielleicht in einigen kommunistischen Gegenden, das Ausmaß der Willkür, mit dem die Standgerichte der Miliz handelten." – Die Miliz, französische Polizei, hatte im Januar 1944 von der Vichy-Regierung das Recht zur Gerichtsbarkeit erhalten und durfte auch Todesurteile fällen. In den meisten Fällen wurden Todesurteile jedoch von der Besatzungsmacht gefällt. Da die Gesamtzahl dieser Opfer auch nicht ermittelt ist, zwei Einzelangaben: In der großen Strafanstalt von Fresnes bei Paris wurden nach Angaben des deutschen Gefängnispfarrers insgesamt zwischen 1500 und 1700 Franzosen hingerichtet. In der Hinrichtungsstätte am Mont Valérien, ebenfalls bei Paris, wo heute das Résistance-Ehrenmal errichtet ist, starben fast 4500 Widerstandskämpfer oder Geiseln.

Die gerichtlichen Strafen sind natürlich einwandfrei registriert. Sie umfassen bis August 1946 rund 35000 Urteile wegen verschiedener Vergehen der Kollaboration, davon fast 5000 Todesurteile, die aber nur zum kleineren Teil vollstreckt wurden.

Im August 1945 wurde Marschall Pétain, der Staatschef von Vichy-Frankreich, zum Tode verurteilt. General de Gaulle wandelte das Urteil sofort in die lebenslängliche Haft des 89jährigen um, die bis zum 8. Juni 1951, sechs Wochen vor seinem Tode, dauerte. Der letzte Regierungschef in Vichy, Pierre Laval, ebenfalls zum Tode verurteilt, wurde am 15. Oktober 1945 nach einem mißglückten Selbstmordversuch hingerichtet. Léon Blum hatte de Gaulle aufgefordert, für Pétain ein neues, korrekteres Verfahren anzuordnen. Aber zu ernsten Meinungsverschiedenheiten kam es nicht über diese Urteile.

Probleme des Wiederaufbaus

Eine hartnäckige Meinungsverschiedenheit belastete dagegen die Wirtschafts- und Finanzpolitik und damit die Strategie des wirtschaftlichen Wiederaufbaus. Sie spitzte sich in den ersten Monaten des Jahres 1945 zu einer persönlichen Kontroverse zwischen dem Wirtschaftsminister Pierre Mendès-France und dem Finanzminister René Pleven zu. Beide gehörten zu den linksliberalen Gruppierungen und den aktiven Widerstandskämpfern des bürgerlichen

Lagers, Mendès-France zur Radikalsozialistischen Partei und Pleven zu einer neuen Formation, die sich „Demokratische und Sozialistische Union der Résistance" (UDSR) nannte. Mendès-France wollte den inflationären Charakter des Geldumlaufs durch eine radikale Umtauschaktion stoppen, wie sie später (1948) in der Bundesrepublik so gut gelang. Er wollte auf diese Weise auch dem umfangreichen Schwarzmarkt die Geldmittel entziehen. Nach seinen Schätzungen wurde der größte Teil der nach und nach wieder produzierten Ware dem normalen Austausch entzogen und den dunklen Kanälen des Schleichhandels und der Korruption zugeführt. Pleven vertrat die Gegenposition, die chirurgische Eingriffe und Erschütterungen im schwachen Wirtschaftsgefüge vermeiden wollte. De Gaulle entschied sich schließlich für die weniger harten Maßnahmen Plevens; auch die kommunistische Partei stimmte ihm zu. Mendès-France legte sein Amt nieder. Der Gegensatz zwischen ihm und Pleven überschattete noch einige Jahre die IV. Republik.

Eines der Argumente derjenigen, die mit weniger harten Maßnahmen die Wirtschaft sanieren wollten, hieß: der Staat habe andere Mittel, die Marktmechanismen zu kontrollieren, und die Ankündigung dieser Mittel habe schon genügend Unruhe in die Wirtschaft getragen. Gemeint war die Verstaatlichung zahlreicher Großunternehmen und halber Wirtschaftszweige sowie die Einführung sozialer Gesetze, Maßnahmen insgesamt, die der Regierung schon bei der Unternehmerschaft den Ruf eintrugen, sie plane „eine teilweise Sozialisierung".

Diese Maßnahmen setzten bald nach der Befreiung ein und zogen sich bis Ende 1945 hin. Die Verstaatlichung einer ersten Liste von Betrieben, die schon von den Résistance-Körperschaften ausgesucht worden waren, begann im Dezember 1944 mit dem Kohlebergbau in Nordfrankreich, später folgten andere Kohlegruben, dann wurde die Gas- und Elektrizitätsversorgung in zwei große öffentliche Unternehmen zusammengefaßt, verschiedene Luftverkehrsgesellschaften wurden zur „Air France" zusammengeschlossen, drei große Gesellschaften für Flugzeugbau wurden gegründet, und schließlich wurden vor Ende des Jahres 1945 die Bank von

Frankreich und die vier größten Banken verstaatlicht: Crédit Lyonnais, Société Générale, Comptoir National d'Escompte und Banque Nationale pour le Commerce et l'Industrie. Ein Conseil National du Crédit, der vom Finanzministerium abhängt, kontrolliert seit dieser Zeit das gesamte Kreditwesen. Damit sollte der Anspruch der Résistance erfüllt werden, die Wirtschaft dürfe nicht von den anonymen Mächten des Geldes kontrolliert werden. Andere Betriebe gingen in öffentliche Hände über, weil ihre Besitzer als Kollaborateure galten und mit Enteignung bestraft wurden; davon wurden insbesondere die großen Renault-Autowerke betroffen.

Im Herbst 1945 wurde die Sécurité Sociale als umfassendes System sozialer Sicherheit geschaffen, das einen sozialen Rückstand von Jahrzehnten aufholte. Vom Vichy-Regime übernahm man die Familienzulagen und baute sie aus. Seither zahlen die autonomen Familienausgleichskassen, die durch Beiträge der Unternehmer und der Lohn- und Gehaltsempfänger finanziert werden, Zulagen, die vom dritten Kind an fühlbare Steigerungen erfahren und bei großem Kinderreichtum den Arbeitsverdienst der untersten Lohngruppen überschreiten.

Schließlich wurde im Dezember 1945 das ,,Generalkommissariat für den Plan" geschaffen, das nach den Entwürfen seines ersten Leiters Jean Monnet dem industriellen Aufbau Frankreichs Ziele in Form von Fünf-Jahres-Plänen setzte, die nicht mit dirigistischen Mitteln, sondern durch Konzertation erreicht werden sollten, die aber für die staatliche Budget- und Kreditpolitik Maßstäbe setzten. – Die erste Reform, die vom neuen Regime schon im Oktober 1944 verordnet wurde, war das Stimmrecht der Frauen, die bisher in Frankreich kein Wahlrecht gehabt hatten.

Diese Maßnahmen wurden mit Zustimmung aller an der Regierung beteiligten Parteien getroffen. Ihre Meinungsverschiedenheiten entwickelten sich – und zwar sehr bald – in dem Maße, in dem die Fragen der Machtverteilung im Staat und des Funktionierens seiner Einrichtungen zu entscheiden waren. Am 21. Oktober 1945 wählte Frankreich eine Verfassunggebende Versammlung und stimmte gleichzeitig über einige Grundsatzfragen ab, zu denen die

Abschaffung der Verfassung von 1875 gehörte. Mit 96,4 v.H. der abgegebenen Stimmen wurde die Verfassung der III. Republik als Hauptschuldige am Zusammenbruch Frankreichs von 1940 verurteilt.

Die Abgeordneten der Verfassunggebenden Versammlung wurden nach dem Verhältniswahlsystem im Rahmen der Departements gewählt; einige besonders stark bevölkerte Departements wurden geteilt. Da im Durchschnitt der Departements fünf bis sechs Abgeordnete gewählt werden konnten, oft nur drei oder vier, und da es keine Landesliste für die Verrechnung der Reststimmen gab, waren die großen Parteien, die auch die Résistance-Traditionen verkörperten, begünstigt.

Die Parteien und die Verfassung

Den größten Erfolg hatten die Kommunisten. Sie erhielten 26,2 v.H. der abgegebenen Stimmen und 152 Abgeordnete. Ihnen folgten die Volksrepublikaner (MRP), auf die 23,9 v.H. und 141 Abgeordnete entfielen. Die Sozialisten waren Listenverbindungen eingegangen mit der neuen „Demokratischen und Sozialistischen Union der Résistance" (UDSR). Gemeinsam mit ihr erreichten sie 24 v.H. und 142 Sitze.

Die gemäßigte Rechte, d.h. die Konservativen erreichten immerhin noch 15,6 v.H. der Stimmen, aber nur 67 Abgeordnete. Die Wähler hatten eindeutig links gewählt, und fast die Hälfte der Stimmen entfiel auf die beiden Parteien, Kommunisten und Sozialisten, die in ihrem Programm die Forderung nach Vergesellschaftung der Produktionsmittel erhoben. Die Sozialisten hatten allerdings schon eine Identitätskrise hinter sich. Es ging um die Frage der Abgrenzung oder Hinwendung zu den Kommunisten. Das Thema beschäftigte die Partei seit 25 Jahren, nämlich seit dem Silvesterabend 1920, als die Mehrheit der alten SFIO die Bedingungen der Moskauer Internationale angenommen und bald darauf die Kommunistische Partei gegründet hatte. Das Volksfrontexperiment der Jahre 1936/37, das von den Kommunisten mitgetragen worden war, auch wenn sie keine Ministerien übernehmen wollten, hatte nostalgische Gefühle bei den Sozialisten hinterlassen. Die Résistance-Rolle der Kommunisten hatte auch den Solidaritätsbedürfnissen der Basis nachgeholfen. Aber im Juni 1945 fand der Vorschlag, eine gemeinsame „Französische Arbeiterpartei" (Parti Ouvrier Français) zu gründen, kein zustimmendes Echo. Es war die Zeit, in der Moskau auch in Osteuropa Einheitsparteien gründen ließ. Blum hatte es nicht schwer, die Partei fast einmütig zur Ablehnung des Vorschlags zu bewegen. Die Kommunistische Partei, so argumentierte er in einer Artikelserie des „Populaire", habe sich noch nicht von Moskau gelöst, und die Sowjetunion sei noch nicht als demokratische Nation anzusehen. Als er aber dem Parteitag, der im August 1945 die Ablehnung des kommunistischen Fusionsangebots mit 10112 von 10598 Stimmen beschloß, Satzungsänderungen vorschlug, bei denen u.a. der Begriff des „Klassenkampfs" durch den der „Klassenaktion" ersetzt werden sollte, stieß er auf leidenschaftlichen Widerstand. Die Partei mochte sich nicht vom pseudorevolutionären Vokabular trennen, obwohl ihre Wählerschaft, wie sich bald darauf zeigte, stärker im Kleinbürgertum als in der Arbeiterschaft zu suchen war. Allerdings hatte sie damals schon das bei weitem größte Kontingent französischer Lehrer unter ihren Mitgliedern.

Das Wahlergebnis vom 21. Oktober 1945, das ihr nur den dritten Platz unter den Parteien gab, löste denn auch viel Kritik an der Parteiführung aus. Der Wortführer der kritischen Stimmen, die die Partei weiter nach links orientieren und mehr Gemeinsamkeiten mit den Kommunisten suchen wollten, war ein junger Parteifunktionär und ehemaliger Studienrat aus Nordfrankreich: Guy Mollet. Er wurde im nächsten Jahr zum Generalsekretär gewählt und blieb es dann für 23 Jahre, in denen er auf ideologische Distanz achtete. Zu Beginn der fünfziger Jahre, als der Kalte Krieg längst auch die innenpolitischen Fronten in Frankreich neu geordnet hatte, rief er der KPF, ganz im Geist Léon Blums, ein Wort zu, das viel zitiert wurde: „Ihr steht nicht links, ihr steht im Osten!"

Die neugewählte Nationalversammlung forderte mit 400 gegen 163 Stimmen de Gaulle auf, wieder die Regierung zu bilden. Die

Kommunisten hatten zum ersten Mal gegen ihn gestimmt. Die Auseinandersetzung um die Schlüsselministerien, zu denen ihnen de Gaulle den Zugang verweigerte, verschlechterte noch die gegenseitigen Beziehungen. Sie hatten auch schon in den vorausgegangenen Monaten eine Taktik eingeschlagen, um de Gaulles Rückhalt zu schwächen. Ihr Fusionsangebot an die Sozialisten hatte den Nebenzweck verfolgt, die Volksrepublikaner zu isolieren, die die zuverlässigste Stütze, wenn auch keineswegs eine blinde Unterstützung für de Gaulle darstellten. Diese Isolierung wollten sie auch mit einem unermüdlichen Werben um Eduard Herriot, den großen Überlebenden der Dritten Republik, und um seine Radikalsozialistische Partei erreichen, bei denen sie zu Recht Antipathien gegenüber de Gaulle vermuteten. Gemeinsam mit Sozialisten und Radikalsozialisten konnte man auch das Repertoire von der laizistischen Republik und gegen die klerikalen Einflüsse wieder beleben. Das nahm die KPF eifrig wahr, um damit die Volksrepublikaner ins rechte Abseits zu schieben.

Dies alles gehörte zum Hintergrund der ersten Parlamentsdebatten, bei denen Sozialisten und Kommunisten de Gaulle Schwierigkeiten wegen des Militärbudgets machten. Sie verliefen aber vor allem wegen des gleichzeitigen Tauziehens um die Bestimmungen der neuen Verfassung schwierig und für de Gaulle sehr unerfreulich.

Er versuchte, eine Verfassung zu erreichen, die dem Staatspräsidenten eine starke Stellung gab und die Regierung relativ unabhängig von den Parteien machte. Dabei stieß er auf den Widerstand aller Parteien. Zwischen Sozialisten und Volksrepublikanern gab es eine weitgehende Übereinstimmung darüber, daß die Ernennung des Regierungschefs, die Zusammensetzung seiner Regierung, die Aufstellung ihres Programms das Ergebnis einer Einigung unter den Parteien sein sollten, die eine Mehrheit bildeten. Sie stimmten auch darin überein, daß der Sturz der Regierung nicht zu leicht gemacht und daß die Möglichkeit einer Auflösung des Parlaments vorgesehen werden sollte sowie ein Statut für die Anerkennung und die Arbeitsmethoden der politischen Parteien. Die Kommunisten sahen in vielen ihrer Vorschläge nur Beschränkungen der Arbeitsmethoden und des Einflusses der Parteien. Sie waren die Antipoden der Forderungen, für die sich de Gaulle einsetzte und die in der Losung gipfelten, „die Republik nicht den Parteien auszuliefern". Er warf den Parteien – allen Parteien – vor, daß sie „die Lehren unserer politischen Geschichte während der letzten fünfzig Jahre verkennen und darum den absoluten Notwendigkeiten für die Autorität, die Würde und die Verantwortung der Regierung nicht Rechnung tragen".

Der Rücktritt de Gaulles

Als er das im Dezember 1945 in der Nationalversammlung sagte, flocht er einen Satz ein, der offenbar wenig beachtet wurde: „Sicher ist es das letzte Mal, daß ich an dieser Stelle zu Ihnen spreche." So war es für die meisten seiner Minister und für das Land eine Überraschung, als er am 20. Januar 1946 seinen „unwiderruflichen" Rücktritt mitteilte und das Zerwürfnis „mit dem Regime der Parteien" als Grund angab.

Die Parteien haben sich nach diesem Schritt keineswegs schnell auf eine Verfassung geeinigt. Ein erster Entwurf wurde am 5. Mai 1946 mit 53 Prozent der Stimmen von den Wählern zurückgewiesen. Eine zweite Verfassunggebende Versammlung legte das Ergebnis ihrer Beratungen am 13. Oktober einer Volksabstimmung vor. Sie fand bei fast einem Drittel Stimmenthaltungen eine ausreichende Mehrheit. Frankreich erhielt damit eine Verfassung, durch die ihre Väter dem Ministerpräsidenten eine relativ starke Stellung eingeräumt zu haben glaubten. Sie hatten sich geirrt. Das Parlament ließ die Ministerpräsidenten, die es in der Zukunft investierte, im Durchschnitt weniger als acht Monate arbeiten. Es degradierte alle Regierungen zu Exekutionsausschüssen eines jeweils für bestimmte, begrenzte Aufgaben zustande gekommenen Beschlusses der Parteien.

Während dieser Auseinandersetzungen hatte de Gaulle noch einmal – natürlich vergebens – mit einer öffentlichen Rede in Bayeux die Grundsätze proklamiert, nach denen er eine Verfassung gestaltet sehen wollte. Sie hat einen dokumentarischen Wert behalten, weil sie zwölf Jahre später die Verfassung der V. Republik weitgehend inspirierte.

Der Streit über die Verfassung gilt im allgemeinen als ausreichende Motivierung für den Rücktritt de Gaulles im Januar 1946. Es ist aber anzumerken, daß er nicht nur mit seinen innenpolitischen Forderungen festgefahren war, sondern auch außenpolitisch nicht mehr über das Erreichte, das nicht wenig war, hinauskommen konnte. Ob dieses Gefühl, überall an die Grenzen seiner Möglichkeiten zu stoßen, den Rücktritt mitbestimmte, muß als Frage stehen bleiben. Tatsache ist, daß er für die neue Großmachtrolle Frankreichs eine Erweiterung des Hoheitsgebiets und des Einflusses verlangte, und zwar durch eine Neuordnung Deutschlands, die ihm beides garantierten sollte. Man hat in diesem Zusammenhang von der Aufteilung Europas in eine große russische Zone in Osteuropa und eine kleinere französische in Westeuropa gesprochen. Darauf wären praktisch seine Bestrebungen hinausgelaufen, wenn man den Abzug der Amerikaner, der damals als eine Frage von kurzen Zeiträumen galt, voraussetzte. Für diese Großmachtvision konnte er keine ausreichende innenpolitische Unterstützung mehr erwarten. Und noch weniger erreichbar war die Zustimmung der Alliierten. Insbesondere sahen die USA in Frankreich nicht mehr die Kraft, der sie eine bedeutende politische Rolle zuerkannten. Und die Vorbehalte gegenüber seiner Person waren dort seit Roosevelts Zeiten fest verankert. Stalins Urteil über Frankreich sah nicht viel anders aus, während er von den Besiegten die Meinung vertrat, daß ,,die Hitlers kommen und gehen, aber das deutsche Volk bleibt“, und zwar als eine potentielle Kraft, mit der er rechnete.

Keiner der Alliierten de Gaulles war bereit, den schnellen Zusammenbruch Frankreichs im Mai 1940 zu übersehen, während de Gaulle es gerade als seine geschichtliche Aufgabe ansah, ihn vergessen zu machen.

Nichts ist aufschlußreicher für die Tiefe dieses Gegensatzes als das Gespräch, das de Gaulle am 1. März 1945 mit Harry Hopkins, dem Sonderbotschafter Präsident Roosevelts, führte, der ihn kurz vor der Yalta-Konferenz der drei großen Kriegsalliierten aufsuchte. Nach seinen eigenen Aufzeichnungen (General de Gaulle: Mémoires de guerre, 3. Bd. S. 389 – vgl. Lit.-Verz.) hat er das Unbehagen (malaise) in den französisch-amerikanischen Beziehungen damit erklärt, daß es „für die Franzosen (also für ihn) ungewiß bleibt, welche Vorstellung sich die Vereinigten Staaten von der Zukunft Frankreichs machen ... Man kann nicht den Eindruck haben, daß die gelegentliche Hilfe, die es (von den USA) erfährt, einer entschlossenen Politik entspricht, eine französische Großmacht wieder herzustellen." Die gegenwärtige amerikanische Politik möge „gerechtfertigt sein, wenn Frankreich zukünftig keine erste Rolle mehr in der Welt zu spielen vermag. Wenn das Gegenteil der Fall ist, dann machen Sie keine gute Politik. Die Zukunft wird zeigen, ob Sie richtig gerechnet haben."

Harry Hopkins hat de Gaulle in diesem Gespräch zweimal darauf aufmerksam gemacht, „daß das amerikanische Volk erschrokken war über das Ausmaß des französischen Zusammenbruchs im Jahr 1940". Es war für ihn ein entscheidendes Faktum. General de Gaulle war nicht bereit, dies als Maßstab gelten zu lassen. Er wartete auf den Augenblick, wo er den Amerikanern ihren politischen Irrtum vorrechnen konnte.

II. Ho Chi Minh – oder die Unfähigkeit zu entkolonisieren

Es war Mitte Januar 1947, ziemlich genau ein Jahr nach dem Tag des Rücktritts von de Gaulle, als ein junger General, Philippe Leclerc de Hautecloque, in das Amtszimmer des Ministerpräsidenten Léon Blum im ersten Stock des Hotels Matignon trat, um dort über die Lage in Indochina zu berichten, die sich seit einigen Wochen dramatisch zugespitzt hatte. General Leclerc war einer jener Offiziere, die in stürmischen Zeiten schnell die Stufenleiter der Beförderungen nehmen und dann keinen Zweifel mehr aufkommen lassen, daß ihnen eine Spitzenstellung gebührt. Seit er mit seiner zweiten Panzerdivision im August 1944 in Paris einmarschiert war, gehörte sein Name zum Legendenbild der Résistance. Er war nach dem Ende der Kämpfe in Europa, die seiner „zweiten D. B." den Ruf einer Eliteeinheit gesichert hatten, von de Gaulle nach Asien geschickt worden, wo in Indochina aus dem japanischen Zusammenbruch eine französische Position gerettet werden mußte. In den ehemaligen französischen Kolonialbesitz drangen von Norden die Chinesen, von Süden die Engländer ein, während in einem weiten Gebiet um Hanoi eine nationalistische Guerilla-Organisation unter Führung des Kommunisten Ho Chi Minh die praktische Herrschaft ausübte und ein „unabhängiges Vietnam" verlangte. Mit ihm hatte im März 1946 ein Vertreter Frankreichs ein Abkommen geschlossen, das „die Republik von Vietnam" als freien Staat mit Regierung, Parlament, Armee und eigenen Finanzen, aber gleichzeitig als „Teil der indochinesischen Föderation innerhalb der Französischen Union" anerkannte, ein Gebilde, das zu dieser Zeit nur auf dem Papier bestand. In die Widersprüchlichkeit des Abkommens vom März 1946 war nicht mehr Klarheit gekommen, als Ho Chi Minh im Sommer in Fontainebleau mit der Regierung Bidault verhandelt hatte.

In Paris hatte man das Konzept der Französischen Union inzwischen zu einer milderen Form des alten Kolonialreichs mit regionalen Autonomielösungen entwickelt – während Ho Chi Minh darin eine Vorstufe für die völlige Unabhängigkeit seines Staates sehen wollte. Gleichzeitig hatte an verschiedenen Punkten Indochinas das französische Expeditionskorps wieder Fuß gefaßt und den politischen Aspirationen Ho Chi Minhs einen Riegel vorgeschoben. Er fühlte sich getäuscht. Am 19. Dezember 1946, während man sich in Paris noch in einer Verhandlungssituation glaubte, ließ General Giap, der Befehlshaber der militärischen Kräfte Ho Chi Minhs, überraschend die französischen Gebäude in Hanoi stürmen – worauf sich die Franzosen ihrerseits getäuscht fühlten. Vier Wochen vorher war die Waffenruhe von französischen Streitkräften gebrochen worden. Sie hatten in der nahegelegenen Hafenstadt Haiphong nach einem Ultimatum Stellungen Giaps unter das Feuer von Schiffsgeschützen genommen und nach eigenen Angaben ein Gemetzel angerichtet, bei dem es wenigstens 6000 Tote unter der vietnamesischen Bevölkerung gab. Der Streit darüber, wer hier angefangen hatte, war wie immer müßig. Eine Gewißheit breitete sich nach dem 19. Dezember aus: der Krieg um Vietnam hatte begonnen.

„Hunderttausend Mann und fünf Jahre . . .“

Was das bedeutete, und was jetzt vielleicht noch zu retten war, darüber ging das Gespräch im Hotel Matignon zwischen dem legendären Offizier, der auf dem Weg zu einer neuen Verwendung in Nordafrika war, und dem alten Mann, dem er gegenüberstand und der als ehemaliger Regierungschef der Volksfront einer anderen Legende angehörte. Aber diesmal war er ein „Ministerpräsident auf Abruf“. Nur einige Tage Amtszeit lagen noch vor ihm. Beide waren in einem Punkt einig: eine politische Lösung war dem Krieg in Indochina vorzuziehen. Aber wie sollte man das noch schaffen?

Der Lagebericht des Generals ließ keinen Zweifel darüber, was der Krieg bedeutete: „Hunderttausend Mann und fünf Jahre", sagte er.

Er ließ auch keinen Zweifel, daß für ihn ein solcher Krieg die militärischen Dimensionen sprengte, daß er schon gar nicht im regionalen Rahmen und auch nicht als Problem der Französischen Union zu fixieren war. „Wahrscheinlich ein Ost-West-Problem", meinte er. „Auf jeden Fall eine Regierungssache." Er wußte, daß dieser Krieg alle Kraft des geschwächten Frankreich fordern würde.

Er sagte auch noch, daß man sich täuschen werde, wenn man nur einen antikommunistischen Feldzug zu organisieren gedenke. Schließlich mußte die Proklamation der Unabhängigkeit Indiens, die für den 20. Januar angesetzt war, ein weites Echo auslösen. Leclerc war in den letzten Monaten dafür eingetreten, daß man sich um eine Verhandlungslösung mit Ho Chi Minh bemühte, obwohl er ihm und seiner Vietminh-Organisation mißtraute und darum Einheiten seiner zweiten Panzer-Division in Haiphong an Land setzen ließ, was wiederum das Mißtrauen Giaps schärfte. Léon Blum fragte ihn, ob er zurückgehen und die Interessen Frankreichs nunmehr als Hochkommissar in Indochina vertreten und nach einer politischen Lösung suchen wolle. Leclerc fragte de Gaulle um Rat. Der warnte ihn davor, in dieser Republik, die von den widerstrebenden Interessen der Parteien zur Ohnmacht verurteilt sei, politische Aufgaben zu übernehmen. Leclerc wies das Angebot zurück. Er flog nach Algerien; dort kam er im November 1947 bei einem Flugzeugunglück ums Leben.

Ob de Gaulle, der auch zu einer gewissen Härte gegenüber Ho Chi Minh geraten hatte, die IV. Republik nicht vor unlösbare Aufgaben gestellt sehen wollte, damit man ihn wieder rufe? Denn daß er mit seiner Rückkehr an die Regierung rechnete, darüber besteht kein Zweifel. Tatsache ist, daß er mit seiner Voraussage über die politische Ohnmacht des neuen Regimes in dieser Frage Recht behielt.

Der Regierung Blum war am 28. Januar 1947 die Regierung Ramadier gefolgt, nachdem der Wahlmänner-Kongreß der Volksvertreter am 16. Januar den Sozialisten Vincent Auriol zum ersten

Staatspräsidenten der IV. Republik gewählt hatte. Blum hatte die von ihm nur aus Sozialisten gebildete Regierung nach dem Zusammentritt einer neuen Nationalversammlung im November 1946 ausdrücklich auf diesen kurzen Zeitraum befristet. Es waren zwei Monate, in denen sich eine neue Weltlage abzeichnete. Churchill, der nicht mehr regierte, hatte bereits öffentlich vom „Eisernen Vorhang" gesprochen, der vor dem sowjetisch besetzten Teil Europas niedergegangen sei. In Griechenland sah sich die Regierung einem kommunistischen Aufstand gegenüber, der die USA zu immer stärkerem Eingreifen mit wirtschaftlichen und militärischen Lieferungen veranlaßte, nachdem die britische Kraft nicht mehr zur wirksamen Unterstützung ausreichte. Präsident Truman sollte bald vor dem Kongreß erklären, daß die USA entschlossen seien, Griechenland und der Türkei das Schicksal Polens, Bulgariens und Rumäniens zu ersparen. Die Diplomatie der großen Vier bereitete sich auf eine Außenministerkonferenz in Moskau vor. Nachdem 1946, oft mühsam genug, die Friedensverträge mit den Kriegsverbündeten des Deutschen Reiches zustandegekommen waren, sollten die vier Außenminister einen letzten Versuch machen, sich auf die Friedensbedingungen für Deutschland zu einigen. Nur wenige glaubten noch daran, daß eine solche Einigung weiter möglich sei.

Die Regierung Blum hatte von ihrer Vorgängerin, der Regierung des Volksrepublikaners Georges Bidault, der Ende Juni auf die Regierung des Sozialisten Félix Gouin gefolgt war, die Vorbereitungen zur Sicherung eines Kriegsgewinns übernommen, den schon de Gaulle nachdrücklich angestrebt hatte: Weihnachten 1946 wurde eine Zollgrenze zwischen dem Saargebiet und dem übrigen Deutschland errichtet. Blum, der dieser Politik nicht zugestimmt hatte, tat es ohne Überzeugung, war aber bemüht, die Operation ohne große Reibungen mit den Alliierten abzuwickeln, und war damit stark beschäftigt. Das war an dem Tag, an dem die Nachrichten vom blutigen Aufstand in Hanoi in Paris eintrafen. Er hatte gleichzeitig wieder mit großen Budgetsorgen zu kämpfen.

Veränderungen im Ost-West-Gefüge kündigen sich an

Unmittelbar nach dem Abgang de Gaulles hatte Léon Blum im März 1946 eine Finanz- und Wirtschaftsmission nach Washington übernommen, um eine Finanzkatastrophe zu verhindern. Zusammen mit Jean Monnet, dem Planungskommissar, erreichte er eine Reihe von Abkommen, die Frankreich Kredite in Höhe von 1,5 Milliarden Dollar sicherten, was einen Ausgleich für fast drei Viertel des Haushaltsdefizits darstellte. Gleichzeitig wurde die Kriegsschuld Frankreichs von 3474 Millionen Dollar auf 700 Millionen gekürzt. Es war offensichtlich, daß sich Blum größerer amerikanischer Sympathien erfreute als de Gaulle. Er stand auch den amerikanischen Auffassungen über die Nachkriegspolitik in Europa näher. Es gibt keinen Anhaltspunkt dafür, daß er sich auf ein Zurückdrängen des kommunistischen Einflusses in Frankreich hätte festlegen lassen. Wohl sahen die Amerikaner in ihm und seiner Partei ein Gegengewicht gegen Moskauer Einflüsse jeder Art. Insofern brachte das Finanzhilfeabkommen Blum-Byrnes die internationale Position Frankreichs ins Gleichgewicht. Als Außenminister Byrnes im September 1946 mit einer Rede in Stuttgart praktisch ein Ende der harten Phase der Besatzungspolitik ankündigte und den Beginn einer Wiedereingliederung Deutschlands in die Völkerfamilie erkennen ließ, da nahmen die USA eine politische Linie auf, die Blum schon vorher empfohlen hatte. Aber diese Entwicklung bedeutete auch, daß sich Frankreich weniger Hilfe für seinen Aufbau von deutschen Reparationsleistungen, insbesondere von Kohlelieferungen versprechen durfte. Die geplante Saar-Annexion, die Blum auf eine wirtschaftliche Annexion begrenzen wollte, war da eine Art Selbsthilfe. Im ganzen mußte sich Frankreich mehr auf seine eigenen Möglichkeiten verlassen und durfte seine Kräfte nicht durch einen jahrelangen und schweren Kolonialkrieg belasten. Wenn es dieser Belastung nicht entging, dann vergrößerte sich seine Abhängigkeit von den USA.

Damals war man in Amerika noch nicht soweit, das Verhalten des Kommunisten und Nationalisten Ho Chi Minh als eine Aktion des Weltkommunismus zu deuten. Noch überwog auch die Hoffnung auf das Ende des Kolonialzeitalters. Die amerikanischen Geheimdienste hatten ebenfalls ihre Kontakte mit Ho Chi Minh und sahen offenbar auch noch Möglichkeiten zu friedlichen Lösungen für den schon blutig genug gewordenen Konflikt. Moskau hielt sich zurück. Das Schicksal, das in Asien zum Krieg drängte, hielt noch einmal den Atem an.

Das Gespräch in der Regierungszentrale des Hotel Matignon zwischen Ministerpräsident Blum und General Leclerc hätte eine Sternstunde der französischen Nachkriegspolitik werden können. Aber die Begleitumstände in Frankreich verurteilten es zur Episode.

In der am 28. Januar 1947 gebildeten Regierung des Sozialisten Paul Ramadier waren die Kommunisten wieder mit vier Ministern vertreten. Sie hatten bei den Parlamentswahlen im September 28,6 v.H. der Stimmen erreicht und konnten 166 Abgeordnete auf die 554 Sitze der Nationalversammlung schicken – ein einmaliger Erfolg. Man hatte ihnen auch eines der drei Schlüsselministerien gegeben, aber ihr Verteidigungsminister François Billoux war von drei Staatssekretären, für das Heer, die Luftfahrt und die Marine, drei starken Vertretern anderer Parteien, umstellt und hatte außerdem eine Reihe von Kompetenzen an das Ministerpräsidium abtreten müssen. Die kolonialen Fragen lagen weiter in den Händen des Sozialisten Marius Moutet. Er hatte Ende 1946, nach dem Aufstand von Hanoi, eine eilige Inspektion in Indochina unternommen und war stark beeindruckt von der Angst der französischen Bevölkerung wie von den Brutalitäten, die ihm berichtet worden waren. Er hatte Léon Blum veranlaßt, in der Nationalversammlung zu erklären, daß zunächst die Ordnung wieder hergestellt werden müsse, ehe man eine selbständige staatliche Organisation aufbauen könne. Das sollte noch lange eine Entschuldigung für die Politiker bleiben, die auf eine günstige militärische Ausgangslage warteten.

Die Regierungserklärung Ramadiers enthielt noch das Versprechen der „Unabhängigkeit Vietnams im Rahmen der Französischen Union und der Indochinesischen Föderation". Aber im Ministerrat, der Anfang März die praktische Politik in Indochina definieren sollte, zeigten sich deutlich die Gegensätze. Moutet vertrat die These, daß der Vietminh am 19. Dezember versucht habe, die Franzosen aus Indochina zu vertreiben, und daß eine Verständigung mit ihm mangels einer Vertrauensgrundlage ausgeschlossen sei. Man müsse andere Partner suchen, die „dem Verbleiben Frankreichs in Indochina" aus Überzeugung zustimmten. Die Kommunisten wiesen diese Analyse zurück, erklärten, daß „das Verbleiben Frankreichs in Indochina" für sie auch selbstverständlich sei, sahen aber noch Verhandlungsmöglichkeiten mit Ho Chi Minh. Außenminister Bidault, der starke Vertreter der Volksrepublikaner in der Regierung, wies darauf hin, daß das Wort „Unabhängigkeit" bisher in keinem Vertragstext vorkomme und daß sein Gebrauch gefährlich sei, weil er in den Protektoraten Tunesien und Marokko unerfüllbare Hoffnungen wecken müsse. Ramadier stellte notdürftig die Einheit wieder her, indem er erklärte, daß sich die Entwicklung „im Rahmen der Französischen Union" abspielen müsse.

Später, als die Regierungsbeteiligung der Kommunisten aus anderen Gründen beendet worden war, setzte die französische Regierung in Südvietnam den ehemaligen Kaiser von Annam, Bao Dai, als Souverän eines „unabhängigen Staates der Französischen Union" ein. Im Januar 1950 ratifizierte die „Versammlung der Französischen Union" in Versailles drei Abkommen, die die „Unabhängigen Staaten" Vietnam, Laos und Kambodscha zu „ Assoziierten Staaten der Französischen Union" erklärten – die ersten drei Staaten einer von der Verfassung vorgesehenen Kategorie. Sie wurden von den Verbündeten Frankreichs anerkannt. Mao Tse Tung vollzog die diplomatische Anerkennung Ho Chi Minhs als Regierung von Vietnam. Die Anerkennung durch Moskau folgte wenige Tage später. Die indochinesischen Angelegenheiten hatten einen eigenen Verlauf angenommen, der nur noch bis zum bitteren Ende führen konnte. Sie waren Teil der großen Auseinandersetzung zwischen Ost und West geworden, ein heißer Krieg im weltweiten „Kalten Krieg". Keiner war mehr Herr seines Spiels. Trotzdem hielt sich in manchen politischen Kreisen von Paris noch hartnäckig die Hoffnung, Bao Dai, der im August 1945 zugunsten Ho Chi Minhs abgedankt hatte und daraufhin sein ,,oberster Ratgeber" geworden war, könne auch jetzt wieder einen Ausgleich mit ihm finden.

In Wirklichkeit wurde natürlich die Maschinerie des Indochinakriegs, die immer größere Mittel verschlang, von der kolonialen Administration und von militärischen Gesetzen in Gang gehalten. Die Innenpolitik nahm bald vor allem die Spionage- und Korruptionsaffairen wahr, die er mit sich brachte. Die Kommunisten sprachen vom ,,schmutzigen Krieg". Außenpolitisch führten seine finanziellen Lasten zu immer größerer Abhängigkeit Frankreichs von den USA. Diese Abhängigkeit wirkte sich schließlich auch auf die Europapolitik aus, deren Konzept ursprünglich entwickelt worden war, um Frankreich in Europa ein Manövrierfeld zu sichern, das sich der Allmacht Washingtons nach und nach entziehen konnte.

Es kriselt im ganzen Kolonialreich

Im Frühjahr 1947, als in Indochina endgültig die Weichen auf Krieg gestellt wurden, waren die Verantwortlichen von verschiedenen Problemen bedrängt, die an mehreren Stellen des Weltreichs auftauchten. Am 29. März brach in Madagaskar eine Rebellion aus, der zahlreiche französische Siedler, vor allem aber einige hundert ihrer autochthonen Mitarbeiter zum Opfer fielen. Die Reaktion der französischen Inselbevölkerung – über 30 000 Menschen – und ihrer Behörde war panikartig und grausam. Die Siedler machten Paris verantwortlich, weil seit 1945 nationalistische Parteien unter der eingeborenen Bevölkerung erlaubt worden waren. Ihre Wut richtete sich gegen alles, was zu diesen Parteien gehörte – in vielen Fällen zu Unrecht, wie spätere Untersuchungen zeigten. Die Unruhen gingen weiter, bis Frankreich mit erheblichen Verstärkungen eingriff, die ein neues Blutbad anrichteten. Auch neuere Veröffentlichungen gehen davon aus, daß eine Zahl von insgesamt 80 000 Toten wahrscheinlich nicht zu hoch gegriffen ist. (So P. M. de La Gorce, L'Après-Guerre, S. 272, vergl. Lit.-Verz.)

Zur gleichen Zeit wurden die Auswirkungen eines gestärkten Selbstbewußtseins, das die arabische Welt erfaßt hatte, in den Protektoraten Tunesien und Marokko spürbar. Der Sultan von Marokko hielt Reden, die deutlich Emanzipationsforderungen stellten. Daraufhin wurde ein als liberal geltender Generalresident aus Rabat abberufen und durch Marschall Juin ersetzt, den in Algerien geborenen Sohn einer Kolonistenfamilie, der als Garant gegenüber den Befürchtungen der sehr großen Zahl französischer Siedler in Nordafrika gedacht war. In Algerien, dessen Departements ein vorgeschobenes Gebiet des Mutterlandes bildeten und wo ein Teil der Moslem-Bevölkerung das Wahlrecht innerhalb eines Zwei-Kammer-Systems ausübte, hatte die Liste der Algerischen Volkspartei des deportierten Nationalistenführers Messali Hadj bei der Parlamentswahl vom November 1946 großen Erfolg.

Überall verlangten die Völker die Einlösung der Versprechen, mit denen die Kriegsalliierten ihre Hilfskräfte mobilisiert hatten. Fast überall sorgten auch, als eine Kriegsfolge, Verarmung und schlechte Versorgung mit Lebensmitteln für neue Unzufriedenheit. Die Unterschiede im Lebensniveau zwischen der einheimischen Bevölkerung und den Kolonialherren vergrößerten sich.

England gelang es, durch die Konstruktion des Commonwealth den Übergang der Verantwortung von der Kolonialverwaltung auf landeseigene Führungsschichten ziemlich reibungslos zu vollziehen – ohne einen schnellen Verlust an Weltgeltung hinnehmen zu müssen. Die Konstruktion der „Union Française" sollte etwas ähnliches bewirken. Aber Frankreich konnte nicht dieselben traditionellen Kräfte einsetzen. Es verfügte nicht über das eher familiäre als zwingende Band der Krone, noch über den Ruf der Unbesiegbarkeit oder den Nimbus einer in den Fegefeuern des Krieges gehärteten Nation. Das englische Pfund war noch eine weithin respektierte Währung und die englische Flotte immer noch auf allen Meeren zu Hause.

Was ist die „Union Française“?

Die großzügigen Auffassungen über die Emanzipation des Kolonialreichs, die in der Résistance entwickelt worden waren, unterlagen immer mehr der Furcht, alles könne unter den Händen zerrinnen, wenn man nicht vorher neue, feste Bindungen schaffe. General de Gaulle hatte 1942 in einer „Rede von Brazzaville“ vorsichtig eine Entwicklung in Aussicht gestellt, die die Bevölkerung der Kolonialgebiete nach und nach „in die Lage versetzen würde, bei sich zu Hause an der Verwaltung ihrer eigenen Angelegenheiten teilzunehmen“. Er hatte auch noch, als es um die Artikel über die „Union Française“ in der neuen Verfassung ging, in ihnen die Grundlage für eine föderative Konstruktion zwischen Frankreich und den verschiedenen Gebieten seines Weltreichs sehen wollen – dehnbar und pragmatisch, weil überall unterschiedliche Grade der Entwicklung erreicht worden waren. Aber das Recht zu lokalen Volksvertretungen sollte beispielsweise doch darin verankert sein, und an der Wahl des „Französischen Staatspräsidenten und Präsidenten der Union Française“ sollten auch die Vertreter der Überseegebiete mitwirken.

Die Verfassung von 1946 schwieg sich schließlich über die politischen Rechte der farbigen Bevölkerungen aus, vermied jeden Hinweis darauf, daß die koloniale Epoche zu Ende gehen solle, und da vieles unklar blieb, wirkte das, was klar als unantastbare Verbindung zur Metropole Frankreichs festgelegt wurde, um so deutlicher wie eine koloniale Zwangsjacke mit neuer Beschilderung: die Finanzen, der Außenhandel, die Diplomatie und die Verteidigung sollten für alle Teile der Union Française gemeinsam geregelt, und das konnte nur heißen: in Paris beschlossen werden. Je mehr sich in Frankreich die Verwaltung wieder festigte, um so deutlicher wurde auch, daß in praktischen Fragen der kolonialen Entwicklung die Entscheidungen im Sinne der konservativen Kräfte getroffen wurden.

Im übrigen hatte auch die Regierungszeit de Gaulles den Eindruck hinterlassen, daß er selbst, bei allen großherzigen Perspektiven, doch daran festhielt, daß die Entwicklung dieses oder jenes Gebiets zu mehr Unabhängigkeit eine Geste Frankreichs darstellen sollte – und nicht ein Recht, das man ihm entreißen konnte. Die „Französische Union“ als eine geprägte Form, die „die Anwesenheit Frankreichs“ auf unterschiedliche Weise garantieren sollte, war ihm wichtig. Die gemeinsame Außen- und Verteidigungspolitik schien ihm unabdingbar.

Dieser Grundsatz hatte 1945 sogar zu einer schweren französisch-britischen Krise geführt. Sie hatte Syrien zum Schauplatz, dessen Regierung ein während des Krieges gegebenes französisches Unabhängigkeitsversprechen einlösen wollte. In Syrien und im Libanon hatte Frankreich bis zum Zusammenbruch ein Mandat des Völkerbundes ausgeübt; auch als der Krieg zu Ende ging, befanden sich französische Truppen zusammen mit britischen in beiden Ländern. Gestützt darauf, war de Gaulle nur bereit, diesen Regierungen die Unabhängigkeit zuzugestehen, wenn zuvor eine permanente wirtschaftliche und militärische Präsenz Frankreichs vertraglich vereinbart würde. Um seine Forderung zu unterstreichen, verstärkte er das französische Truppenkontingent. In Syrien brachen im Mai 1945 Kämpfe aus, in deren Verlauf die syrische Regierung sich an London wandte mit der Bitte um Unterstützung durch englische Truppen gegen die französischen. Die britische Regierung antwortete mit dem Befehl zur Internierung der französischen Truppen in ihren Garnisonen und mit der Besetzung strategischer Punkte. Größere englisch-französische Zusammenstöße konnten vermieden werden. De Gaulle lenkte schließlich ein, weil er auch auf starke innenpolitische Kritik stieß. Er überstellte etwa 20000 Syrier und Libanesen, die unter französischem Kommando standen, ihren Regierungen. Mit dieser Geste bekannte er sich zur Souveränität der beiden Länder; aber das geschah nicht ohne Not.

Auch in Algerien war es während seiner Regierungszeit zu Zwischenfällen gekommen, und sie waren außerordentlich blutig verlaufen. Am 8. Mai 1945 brachen im Departement von Constantine bei den allgemeinen Siegesfeiern Unruhen aus, die offensichtlich nicht organisiert waren, sondern durch verschiedene Irritationen angefacht wurden und hier und da stürmisch aufloderten. Ihre

Zentren waren die Städte Sétif und das kleine Guelma. Die Anhänger der nach Unabhängigkeit drängenden Algerischen Volkspartei von Messali Hadj entfalteten während der Kundgebungen die grünen Nationalfahnen Algeriens und Spruchbänder, auf denen sie die Unabhängigkeit und die Freilassung ihres in Frankreich festgehaltenen Führers verlangten. Als die Polizei versuchte, diese Embleme zu entfernen, wurde sie angegriffen, Waffen tauchten in der Menge auf, eine Meuterei begann, die in eine Folge blutiger Zusammenstöße überging; auch die Landbezirke wurden erfaßt. Die französischen Ordnungskräfte ließen sich von den aufgebrachten Siedlern überzeugen, daß eine allgemeine Erhebung im Gange sei. Sie organisierten und bewaffneten Milizen, erhielten Verstärkungen durch die Armee und ließen Teile der Stadt Constantine durch Flugzeuge und Schiffsgeschütze bombardieren. Für das Ausmaß der eingesetzten Mittel konnten nicht nur lokale Stellen die Verantwortung übernommen haben. Die Vergeltungsaktion, die damals ablief, gilt auch bei neueren französischen Autoren „als die vielleicht härteste der ganzen algerischen Geschichte seit Anfang des Jahrhunderts". Algerische Quellen rechnen mit 45 000 Opfern. Die französischen Behörden gaben nach den Ereignissen nur 1500 Todesopfer zu. Seither spricht man von „mehreren tausend". Eine offizielle Untersuchungskommission unter Leitung eines kommunistenfreundlichen Obersten wurde vor Beendigung ihrer Tätigkeit zurückgerufen. Die Repression wurde von allen Parteien, auch von der KPF, gebilligt. Sie hatte geschichtliche Auswirkungen. Für alle Führer der algerischen Rebellion, die 1956 ausbrach und nach blutigen Kämpfen 1962 mit der Unabhängigkeit Algeriens endete, war sie das politische Schlüsselerlebnis ihrer Jugend.

Im Frühjahr 1947 hatte die Kommunistische Partei Frankreichs die Erfahrungen, die ihr algerischer Ableger, die Kommunistische Partei Algeriens (PCA), mit der Emanzipationsbewegung gemacht hatte, aufgearbeitet und ihre Linie berichtigt. Sie hatte versucht, sich Messali Hadj zu nähern, und war auf Distanz zum Kolonialregime gegangen. Aber sie stimmte in zwei entscheidenden Punkten immer noch mit der offiziellen Linie aller Parteien überein: Sie war für die Assimilierungspolitik, und sie wollte die

„Französische Union" als Klammer erhalten. Doch in der Praxis bedeuteten diese Worte schon nicht mehr bei allen dasselbe. Die Presse der KPF unterstrich den islamischen und arabischen Aspekt der algerischen Emanzipationsbewegung, so wie sie auch in der Vietminh-Organisation die vietnamesischen Nationalisten sah, und wie sie sich in Madagaskar der Verfolgung der nationalistischen Führer widersetzte.

Im März 1947 wurde es ganz deutlich, daß die Kommunistische Partei nicht mehr mit der praktischen Politik in Sachen der Französischen Union übereinstimmte. Das Zentralkomitee beschloß, die Abgeordneten sollten die Zustimmung zu den Militärkrediten für die Operationen in Vietnam, für die immer noch der kommunistische Verteidigungsminister Billoux die Verantwortung trug, verweigern. Während einer stürmischen Indochina-Debatte der Nationalversammlung verließ die kommunistische Fraktion geschlossen, ihre Minister an der Spitze, das Plenum. Als es ein paar Tage später zur Abstimmung über die Militärkredite kam, enthielt sie sich der Stimme, nur die Minister stimmten zu. Wenige Wochen später, als es um die Aufhebung der parlamentarischen Immunität für die Abgeordneten aus Madagaskar ging, die für den Aufstand vom 19. März mitverantwortlich gemacht wurden, wiederholte sich das gleiche Schauspiel.

Es war klar: Die Politik der französischen Union wurde nicht mehr von der ganzen Koalition der Résistance-Parteien getragen. Zwischen den Kommunisten und den anderen klaffte ein Riß. Er hatte auch noch andere Ursachen. Der Bruch schien nur noch eine Frage der Zeit.

III. Der Kalte Krieg stellt Weichen

Am Sonntag, 4. Mai 1947, rief Ministerpräsident Paul Ramadier abends einen Kabinettsrat zusammen und wies auf das wichtigste Ereignis des Tages hin, an dem alle Minister teilgenommen hatten: eine Vertrauensabstimmung in der Nationalversammlung, bei der zwar der Regierung eine klare Mehrheit erhalten geblieben war, die große kommunistische Fraktion aber, einschließlich ihrer Minister, gegen sie gestimmt hatte. Ramadier stellte fest, daß die kommunistischen Minister nicht mehr solidarisch mit der Regierung seien und dankte ihnen „für die bis dahin geleistete Mitarbeit und Unterstützung". Mit dieser Formel war ihre Entlassung ausgesprochen. Nach einem kurzen Moment der Überraschung erlitt ihr Wortführer, Maurice Thorez, Staatsminister ohne Geschäftsbereich, ein herausgehobener Rang, einen Wutanfall, schlug seine Aktentasche auf den Konferenztisch, erhob sich und verließ mit rotem Kopf den Raum; die anderen folgten. Am nächsten Morgen erschien eine Sonderausgabe des „Journal Officiel" mit den Entlassungsdekreten. Ramadier hatte schnell gehandelt.

Die Kommunisten hatten schon in einer Sitzung des Ministerrats, die unter Vorsitz von Staatspräsident Auriol am 1. Mai stattfand, ihren Gegensatz zur Wirtschaftspolitik der Regierung erklärt. Ramadier verlangte angesichts einer öffentlichen Lohn- und Preisdiskussion, in der sich die Verantwortlichkeiten verwischten, eine Bestätigung der vor Monaten beschlossenen Wirtschaftspolitik, die sich den Kampf gegen die Inflation zum Ziel gesetzt hatte und auf dem Festhalten der Löhne beruhte. Der Lebenshaltungsindex war im Laufe des Jahres 1946 von 481 auf 865, also um 80 v.H. gestiegen, die Tarife der öffentlichen Verkehrsmittel hatten sich fast verdoppelt; und diese Bewegung war natürlich nicht plötzlich zum Stillstand gekommen, auch wenn eine im Januar verfügte allgemeine Preissenkung von 5 v.H. sie vorübergehend stark gebremst hatte. Die Kommunisten sahen sich außerstande, die Lohnpolitik weiter mitzutragen. Es gärte in der Arbeiterschaft. Bei den verstaatlichten Renault-Werken, die schon damals als eine kommunistische Hochburg angesehen wurden, war es zu wilden Streiks gekommen. Jungsozialistische Gruppen, aber auch christliche Gewerkschaftler hatten sich an der Agitation beteiligt. Die KP sah sich der Gefahr ausgesetzt, links überrundet zu werden. Ramadier schlug vor, den Forderungen durch ein System von Zuschlägen und Steuererleichterungen für untere Lohnkategorien entgegenzukommen, an der Lohnstopp-Politik aber festzuhalten. Darüber war keine Einigung mit den kommunistischen Ministern erzielt worden.

Der Wunsch, sie zu einer Entscheidung zu drängen, wurde auch von den anderen Ministern geteilt, insbesondere von Georges Bidault, dem Außenminister und Vertreter der starken Partei der Volksrepublikaner, der gerade erst von einer Konferenz der vier Außenminister aus Moskau zurückgekommen war. Die Konferenz war nicht nur ohne Ergebnis in den Fragen eines deutschen Friedensvertrags und der gemeinsamen Besatzungspolitik geblieben, sondern hatte für Bidault vor allem mit einem starken französisch-sowjetischen Gegensatz in der Saarfrage geendet. Molotow hatte das Fait accompli der französisch-saarländischen Zollunion, das Frankreich geschaffen hatte, nicht gebilligt. Bidault, der bis dahin eine Politik des Ausgleichs zwischen Ost und West versucht hatte, war auf die Linie seiner amerikanischen und englischen Kollegen abgedriftet, die ihn in seinen Forderungen stärker unterstützt hatten. Er mußte sich fragen, ob nicht ein gewisser Konsensus zwischen ihm und den kommunistischen Regierungspartnern, der auf dem Postulat einer französischen Sonderrolle innerhalb des Westens beruhte, verlorengegangen war.

Der Bruch mit den Kommunisten

Ramadier rechnete nicht damit, daß die kommunistischen Minister von sich aus demissionieren wollten. Er glaubte vielmehr, daß ihre

Taktik darin bestand, eine lange Regierungskrise auszulösen, in dieser Zeit mit allen Mitteln der Agitation ihren Anhang zu festigen und zu vergrößern und wahrscheinlich Ende Juni, wenn die soziale Unruhe erfahrungsgemäß einen gewissen Höhepunkt erreichte, den Bruch zu vollziehen. Dem wollte er zuvorkommen, mußte aber die Zustimmung seiner sozialistischen Parteifreunde erhalten. Und die hatten auf ihrem letzten ,,Nationalrat" im März einen Beschluß bestätigt, den das gleiche Gremium, ein kleiner Parteikongreß, schon im Dezember gefaßt hatte: auf jeden Fall nur gemeinsam mit den Kommunisten die Regierungsverantwortung zu tragen. Die kommunistische Taktik des Zeitgewinns konnte von dieser Voraussetzung ausgehen. Thorez rechnete also am Abend des 4. Mai nicht mit dem Bruch.

Auch eine lange Sitzung der sozialistischen Fraktion, die dem Kabinettsrat vorausgegangen war und deren Verlauf und Ergebnis er natürlich erfahren hatte, ließ ihn nicht erwarten, daß Ramadier so weit gehen konnte.

Die Fraktion hatte gemeinsam mit dem Parteivorstand die Lage nach dem Mißtrauensvotum der Kommunisten geprüft. Generalsekretär Guy Mollet hatte an die Parteibeschlüsse vom Dezember und März erinnert, die eine Koalition mit den Kommunisten zur Voraussetzung für die Regierungsverantwortung der Sozialisten machten. Er wies auf die Rückwirkungen in der Wählerschaft hin, wenn die Sozialisten als einzige Partei der Linken die unpopuläre Lohnpolitik tragen sollten. Aber schließlich hatte sich Ramadier, unterstützt von Léon Blum, durchgesetzt mit dem Vorschlag, die kommunistischen Minister zu entlassen und die Regierung fortzusetzen. Dieser Beschluß sollte aber nur vorläufige Gültigkeit haben; der sofort einberufene Nationalrat der Partei sollte dazu noch Stellung nehmen.

Als er zwei Tage später zusammentrat, stand er vor der Frage, ob die Partei den Regierungschef desavouieren und zur Demission zwingen solle. Ramadier spitzte durch einen Zwischenruf die Frage noch deutlicher zu: ,,Soll ich", so fragte er Guy Mollet, ,,indem ich meine Demission unterzeichne, auch die Republik demissionieren lassen, soll ich ihr Totengräber werden?" – Mit 2529

Mandaten gegen 2125 stimmte die Partei an diesem Tag der Entscheidung Ramadiers zu. Guy Mollet blieb als Generalsekretär in der Minderheit. Er wollte damals nicht, daß die Partei den linken Flügel eines bürgerlichen Lagers besetze. Bald begann er selbst auf diesem Flügel eine Karriere, die ihn jahrelang zum unentbehrlichsten Politiker der IV. Republik machte. In dieser Eigenschaft ließ er Ramadier lange nicht mehr auf einen verantwortlichen Platz kommen.

Oft wird die Frage aufgeworfen, ob Ramadier, als er die kommunistischen Minister ausbootete, in einem geheimen – direkten oder indirekten – Einvernehmen mit der amerikanischen Politik handelte. Die kommunistische Partei stellt es so dar. Tatsächlich ist auffallend, daß fast zur gleichen Zeit die Kommunisten aus drei westeuropäischen Regierungen verschwanden: der belgischen, die im März ohne sie neugebildet wurde, der französischen und der italienischen, aus denen man sie zufällig am gleichen Tag entließ.

In Brüssel traten sie selbst zurück zu einer Zeit, wo das Scheitern der Moskauer Außenministerkonferenz noch nicht abzusehen war und noch weniger das unwiderrufliche Ende der Kriegsallianz. In Paris hielt man Anfang Mai im allgemeinen sowohl die außenpolitische wie die innenpolitische Allianz mit dem Kommunismus noch für reparabel. Für Ramadier schürzten sich die Widersprüche der Außen-, der Innen- und der Kolonialpolitik zu einem Gordischen Knoten, den zu durchschlagen er für politisch klug hielt – was wahrscheinlich ein staatsmännischer Akt war. Im übrigen gibt es Zeiten, in denen die Völker von einer tiefen Unruhe erfaßt sind und in denen sich die Fäden, die Innen- und Außenpolitik verbinden, wie von selbst ineinanderfügen – was keineswegs ausschließt, daß einige Personen oder Dienste dabei aktiv mitwirken. Das Frühjahr 1947 war sicher eine solche Zeit. Außerdem formierten sich die Kräfte nicht nur im Westen; der Osten vollzog im September die Neugründung der Kominform und lenkte damit auch den Blick auf die Verbindungen Moskaus zu allen kommunistischen Parteien. Er entfernte „unsichere Elemente" aus mehreren osteuropäischen Regierungen.

Kommt de Gaulle zurück?

Der Eindruck eines Gordischen Knotens der französischen Innenpolitik wurde noch verstärkt durch das Wiederauftreten de Gaulles. Er drängte an die Regierung zurück und hatte dazu am 14. April eine „Sammlungsbewegung des französischen Volkes" ins Leben gerufen (Rassemblement du Peuple Français = RPF). Er wollte die Unruhe der Zeit für sich nutzen. Seine Reden hatten zwei Leitmotive: die Ohnmacht der Republik, die von den Parteien und ihren Interessen beherrscht wurde, und die kommunistische Gefahr.

Schon vor der Parteigründung hatte er einigen Besuchern gesagt, daß er einen neuen Weltkrieg für unvermeidlich halte und daß man die Franzosen darauf vorbereiten müsse. Aber erst nachdem sich auch im internationalen Bewußtsein die neue Ost-West-Konfrontation immer deutlicher abzeichnete, machte er sie zum Hauptthema seiner öffentlichen Reden. So sprach er am 29. Juni 1947 in seiner Heimatstadt Lille davon, daß Rußland schon zwei Drittel des Kontinents beherrsche, um fortzufahren: „Die materialistische Ideologie der Unterdrückung des Einzelmenschen und der allgemeinen Mechanisierung, die heute zum seelischen Antrieb der Massen denen dient, die Rußlands Geschicke leiten, sie findet überall und vor allem bei uns willige Helfer. Sie wollen mit allen geeigneten Mitteln ihre Diktatur errichten, um unser Land dem gewaltigen Unternehmen anzugliedern, das sie anzieht und lenkt." – Einen Monat später, in Rennes, richtete sich sein Angriff noch deutlicher gegen die Sowjetunion: „Sowjetrußland organisiert um sich herum durch Zwang einen Block von Staaten, von denen man nicht wagen würde zu behaupten, sie seien unabhängig. Seine Grenze ist von der unseren nur noch 500 Kilometer entfernt, das sind kaum zwei Fahrrad-Etappen der Tour de France. In seinem Innern ist jede Meinung und jede Handlung unterdrückt worden, die nicht völlig dem Willen der Führenden unterworfen war, und in allen Ländern verfügen sie über unterwürfige Hilfstruppen ... Andere mögen sich etwas vorlügen über die Drohung, die sich daraus morgen schon für unser Land ergeben kann. Wir, die wir nie Kompromisse geduldet haben mit der Freiheit der Menschen und der Unabhängigkeit Frankreichs, wir sagen euch, daß beide früher oder später in schwerster Gefahr sein können ..."

Solche Worte fanden ein weites Echo. Schon Mitte Mai hatte de Gaulle behauptet, seine neue Bewegung habe über 800000 Beitrittsgesuche erhalten. Die schweren Streiks, die die Kommunistische Partei zunächst im Juni organisierte, um sich für ihr Ausscheiden aus der Regierung zu rächen, und die im Oktober und November ungewohnte Ausmaße annahmen, schürten die Angst weiter Kreise und förderten ihren Wunsch nach einer „starken Hand". Am 19. und 20. Oktober fanden Gemeindewahlen statt, in denen die von de Gaulles Sammlungsbewegung beherrschten Listen (die oft einen breiteren Fächer von Namen enthielten) über 35 v. H. der Stimmen auf sich vereinten. Die Kommunisten folgten in weitem Abstand mit 20 v. H., die Sozialisten erhielten nur 11,5 v. H., und die Bewegung der Volksrepublikaner (MRP) wurde mit 8,5 v. H. weit abgeschlagen. Es zeigte sich schon hier, daß sie im Vergleich zu den anderen christlich-demokratischen Parteigründungen in Westeuropa eine Spielart mit erheblichen Abweichungen darstellte, nicht zuletzt darum, weil sie die meisten Anhänger de Gaulles bei sich versammelte, solange es keine gaullistische Partei gab. Das machte sie später zu einer so schwachen Stütze für die Europa-Politik, obwohl sie deren Wortführer war.

Im November verlangte de Gaulle die Auflösung der Nationalversammlung und Neuwahlen. Unter dem doppelten Druck der gaullistischen Erfolge und der kommunistischen Streiks mußte die Regierung Ramadier zurücktreten. Der Volksrepublikaner Robert Schuman bildete eine Regierung aus den gleichen Parteien, die nach dem Ausscheiden der Kommunisten in der Regierung Ramadier verblieben waren. Es waren die Parteien der sogenannten „dritten Kraft" – zwischen Gaullisten und Kommunisten –, die nun sechs Jahre lang gemeinsam die Verantwortung trugen. Die Sammlungsbewegung de Gaulles arbeitete inzwischen an einer Parteidoktrin. Das soziale Kernstück des „Gaullismus" wurde die „Assoziierung von Kapital und Arbeit", ein Schema für die Gewinnbeteiligung der Arbeiter und für eine fortschrittliche Betriebsverfassung, das vollständig bis heute nur auf freiwilliger Grundlage in einigen Unternehmen verwirklicht worden ist.

Vier Jahre lang schien General de Gaulle vor den Toren der Macht zu stehen. Die großen außenpolitischen Ereignisse: der Prager Staatsstreich im Februar 1948, die Berliner Blockade, die wenige Monate später begann, und schließlich 1950 der Ausbruch des Koreakriegs brachten immer wieder Wind in seine Segel. Aber im Mai 1951, bei den ersten allgemeinen Wahlen nach 1946, zeigte sich die Grenze seines Einflusses. Mit 21,7 v.H. der Stimmen bekam die Sammlungsbewegung zwar den ersten Platz unter allen nichtkommunistischen Parteien und 118 Mandate, die Kommunisten erhielten 26,5 v.H. der Stimmen und 103 Mandate (das Wahlrecht hat sie immer benachteiligt). Aber die Parteien der „dritten Kraft" behielten eine Mehrheit, um weiter die Regierung zu bilden. 1953, als einige Abgeordnete zur Regierungsmehrheit übergegangen waren, beschloß der RPF-Nationalrat, nicht mehr an Wahlen teilzunehmen. Damit war das Ende nicht weit.

Neuorientierung im Westen: der Marshallplan

Daß die Außenpolitik durch die Moskauer Konferenz eine entscheidende Wende erfahren hatte, merkte man bald. Für Frankreichs Ziele in Deutschland bedeutete sie, daß keine Hoffnung mehr auf eine besondere Viermächte-Regelung für das Ruhrgebiet erlaubt war. Für England und die USA war eine solche Lösung schon darum undenkbar geworden, weil sie eine Mitverantwortung der Sowjets einschloß. Dagegen konnte Frankreich hoffen, mit seiner Saarpolitik schließlich die Zustimmung der westlichen Alliierten zu finden. An der Ruhr wurde seither nur noch eine Politik verfolgt, die Frankreich mittels einer Internationalen Behörde die Möglichkeit gab, die Produktion zu kontrollieren und für sich und seine Wirtschaft die dringend benötigten Kohlelieferungen sicherzustellen. Die Forderung nach einer territorialen Sonderlösung für das Saargebiet wurde ebenfalls mit den Problemen des Wiederaufbaus und der Energieversorgung Frankreichs begründet. Die Form seiner Angliederung an Frankreich sah man in den dehnbaren Verfassungsbestimmungen über die ,,Union Française". In der Frage der linksrheinischen Gebiete hatte Bidault schon in Moskau nur noch Rückzugsgefechte geliefert. In den USA schritten inzwischen die Überlegungen, die der Zukunft Deutschlands zwischen Ost und West galten, schneller voran. Der Wille, die westlichen Besatzungszonen wirtschaftlich wieder auf eigene Füße zu stellen und sie zu positiven Elementen im Prozeß der Stabilisierung Westeuropas zu machen, zeigte sich immer deutlicher. Als im Juni der amerikanische Außenminister General Marshall das Projekt einer umfassenden amerikanischen Hilfe für den Wiederaufbau Europas entwickelte, war in seiner Rede kein besonderer Akzent auf die Fragen des Wiederaufbaus der deutschen Gebiete gelegt, sie spielten aber in seinen Vorstellungen eine große Rolle.

Damit ergab sich sofort die Frage, wie man Frankreich für diese neue Deutschlandpolitik gewinnen könne. Drei Elemente bestimmten schließlich die politische Linie, die man nach und nach dazu in Washington entwickelte: In der Saarfrage sehr vorsichtig operieren. In der Frage der politischen Organisation Europas den Franzosen eine gewisse Führung überlassen, solange es mit amerikanischen Interessen vereinbar schien. In der Frage des Wiederaufbaus der französischen Wirtschaft und ihrer Konkurrenzfähigkeit gegenüber der deutschen alle Wünsche großzügig prüfen.

Von dieser Bereitschaft profitierten in hohem Maße die französischen Unterhändler für den Marshallplan. Bevor man konkret über seine Bedingungen verhandelte, machte man einen Versuch, Moskau zur Teilnahme zu gewinnen. Die englisch-französisch-sowjetische Konferenz fand im Juni 1947 in Paris statt, und Bidault gab sich alle Mühe, Molotows Bedenken aus dem Weg zu räumen. Die USA wollten ihre Hilfe auf der Grundlage gemeinsam erarbeiteter statistischer Grundlagen bemessen. Molotow sah darin eine Einmischung in innere Angelegenheiten. Bidault schlug vergebens eine Klausel vor, die das ausschließen sollte.

Englands Außenminister Bevin rechnete offenbar von Anfang

an mit der Weigerung der Sowjets, und die amerikanische Außenpolitik zeigte sich davon in keiner Weise überrascht. Was in Paris als besonders störend empfunden wurde, war die Tatsache, daß die Tschechoslowakei, die ursprünglich zur Teilnahme bereit war, sich auf Geheiß Moskaus wieder zurückziehen mußte. Bei anderen osteuropäischen Staaten, wie Polen, Ungarn, Rumänien war auch das Interesse an den amerikanischen Vorschlägen deutlich spürbar. Aber sie wagten sich gar nicht erst vor. Sie alle hatte Bidault bei seinen Bemühungen um Molotow im Auge gehabt. Kaum mehr als ein halbes Jahr später, im Februar 1948, wirkte der „Staatsstreich von Prag", mit dem die Kommunisten alle anderen Elemente aus der Führung dieses Staates entfernten, in Paris wie ein Signal.

Für die Aufbausorgen Frankreichs war das amerikanische Angebot die rettende Hand. Die großen Investitionen, die Jean Monnets Plan für die Modernisierung der französischen Wirtschaft verlangte, hatten mit dem Haushaltsjahr 1947 begonnen. Der Vierjahresplan, der im Januar von der Regierung Blum genehmigt worden war, sah vor, die wichtigsten Arbeiten an der Grundstruktur, bei den Verkehrswegen und der Rohstoffindustrie bis Ende 1950 durchzuführen. Praktisch dehnten sich diese Arbeiten, denen weitere Pläne folgten, bis 1952 aus. Aber schon 1947 begannen die großen Arbeiten im Rhônetal: die Schiffbarmachung des Flusses, seine Begradigung über weite Strecken, der Bau von Staustufen und Kraftwerken. Sie blieben lange ein Wahrzeichen der Modernisierungspolitik. Kaum weniger bedeutende Investitionen galten aber auch der Montan-Industrie. Frankreich konnte in diesem Jahr hoffen, daß es 1950 mit Abstand die größte Kapazität an modernen Walzenstraßen auf dem westeuropäischen Kontinent haben würde. Auch solche Anstrengungen bildeten einen Teil seiner Deutschland-Politik.

Der „heiße Herbst" der Kommunisten

Aber die Dollar-Reserven, die das Blum-Byrnes-Abkommen geschaffen hatte, erschöpften sich viel schneller als erwartet. In England war die Lage nicht viel anders. Frankreich hatte nicht voraussehen können, daß es im Winter 1946 wegen schlechter Ernten für rund 200 Millionen Dollar Weizen aus den USA kaufen mußte, und es verhandelte vergebens mit den amerikanischen Behörden über eine Erhöhung der täglichen Brotration von 200 auf 250 Gramm. Im Juni 1947 mußte schon der Goldbestand der Bank von Frankreich angegriffen werden, im August wurden alle nicht lebenswichtigen Einfuhren unterbunden. Im Januar 1948 wurde der Franc um 80 v.H. abgewertet. Das amerikanische Hilfsversprechen vom Juni 1947 erreichte eine Wirtschaft, die nicht wußte, wie sie sich vor dem Ruin schützen sollte. Streiks hatten sie schon erschüttert. Im Oktober und November erreichte die Streikbewegung dann Ausmaße, die von der Regierung, aber auch von weiten Teilen der Öffentlichkeit als das empfunden wurden, was sie waren: eine Kraftprobe der Kommunistischen Partei, bei der es um das Überleben des Regimes ging.

Der neue Innenminister der Regierung Schuman, der Sozialist Jules Moch, scheute sich nicht, die Polizei einzusetzen, wo kommunistische CGT-Gruppen Werke besetzten, die sie nicht voll bestreiken konnten. Es kam zu schweren Zusammenstößen, einigen Toten. Die Regierung brachte ein Gesetz ein, das zwischen Streiks und Werksbesetzungen klare Unterscheidungen zu setzen suchte. Die Kommunisten klagten sie der Einschränkung des Streikrechts und des Bruchs der Verfassung an. Tagelang wurde im Parlament darüber gestritten. Der alte sozialistische Gewerkschaftsführer Léon Jouhaux verließ die CGT-Gewerkschaft, die 1936 während der Volksfrontregierung wieder zur kommunistisch-sozialistischen Einheit zurückgefunden hatte. Er gründete die CGT-Force Ouvrière; die Spaltung war wieder vollzogen. Es war offenkundig, daß amerikanische Gewerkschaften dabei Pate gestanden hatten. Die kommunistische Agitation bediente sich der Schlagworte, die bald zum verbalen Arsenal des Kalten Krieges gehörten. Sie unterstellte überall „amerikanische Befehle“. Ein Jahr später, im Oktober 1948, machte Innenminister Jules Moch die Kominform für den Ausbruch von Streiks „gegen den Marshall-Plan“ verantwortlich: „Ich habe die Gewißheit, daß französische kommunistische Agenten eine Summe von 100 Millionen erhielten, damit sie unsere Wirtschaft desorganisieren."

Die Regierung, der sozialistische Innenminister in vorderster Linie, machte sich an die Aufgabe, die Kommunisten wieder aus wichtigen Stellen der öffentlichen Verwaltung zu entfernen, die sie während der Zeit ihrer Regierungsbeteiligung oft systematisch besetzt hatten. Es konnte sich nicht um Massenaktionen handeln; niemand dachte daran, den Kommunisten bestimmte Berufe vorzuenthalten – bestimmte Funktionen schon eher, vor allem wenn es sich um Bereiche der Ordnung und Sicherheit handelte. So begann eine systematische Säuberung einiger Teile des Staatsapparats, und sie wurde über Jahre hinaus diskret fortgesetzt.

Die strafrechtliche Verfolgung von Kollaborateuren der Besatzungszeit versickerte. Im Oktober 1947 richteten die französischen Bischöfe an den Staatspräsidenten die Frage, ob nicht die Zeit gekommen sei, eine Lösung „dieses tragischen Problems" ins Auge zu fassen. Aber die Spaltung der Franzosen in solche, die sich zur Widerstandsbewegung zählen konnten, und jene, die auf der falschen Seite gestanden hatten, bestimmte noch lange das politische Leben.

Die Zusammenarbeit Westeuropas ...

Die amerikanische Regierung hatte ihre Aufbauhilfe von der Annahme einheitlicher Bedingungen durch die beteiligten Länder abhängig gemacht, aber sie hatte auch mit jedem Land einen gesonderten Vertrag ausgearbeitet. Die französische Regierung stimmte ihm am 28. Juli 1948 zu. Außer bei den Kommunisten war kein ernsthafter Widerspruch erhoben worden. Die Sozialisten sprachen offen von der Chance, diese amerikanische Wirtschaftshilfe mit den ersten Schritten zur Einigung Europas zu verbinden, die mehrfach schon in platonischer Weise auf internationalen Treffen europäischer Föderalisten aller Schattierungen gefordert worden war. Paris wurde der Sitz der „Europäischen Organisation für Wirtschaftliche Zusammenarbeit" (OECE), die zur Verteilung der

Marshall-Hilfe ins Leben gerufen wurde und gleichzeitig die Harmonisierung der beteiligten europäischen Volkswirtschaften zur Aufgabe hatte. Sie war ein konventioneller Zusammenschluß ohne integrierende Funktionen, aber sie bekam eine große praktische Bedeutung für die gegenseitige Öffnung der Grenzen in Westeuropa. Von den wichtigsten Positionen in der Leitung der neuen Organisation besetzten Engländer und Franzosen einen erheblichen Teil. Die westdeutschen Besatzungszonen wurden auf Betreiben der amerikanischen und englischen Militärgouverneure Mitglied der OECE und zunächst auch durch Besatzungsorgane vertreten. Den ersten Antrag auf Eingliederung der Besatzungszonen hatten die Benelux-Staaten gestellt. Frankreich hatte sie zu verzögern versucht mit der von allen politischen Parteien gemeinsam vertretenen Forderung: Erst Frankreichs Wiederaufbau, dann der deutsche. England und Frankreich erhielten zwischen 1948 und 1952 von den insgesamt 13 Milliarden Dollar Marshall-Hilfe fast 5,8 Milliarden (England erhielt 3,17, Frankreich 2,63 Milliarden). Unter den anderen vierzehn Staaten standen Italien mit 1,43 Milliarden, Westdeutschland mit 1,32 Milliarden und die Niederlande mit 1,08 Milliarden weit vorn.

Schon bevor das Marshall-Hilfe-Abkommen von der französischen Regierung verabschiedet worden war, hatten die sozialistischen Minister am 28. April 1948 in einem Brief an Ministerpräsident Schuman die Ansicht vertreten, daß nun wohl die Zeit gekommen sei für den praktischen Versuch, Westeuropa wirtschaftlich und militärisch zu einigen. Ein französisch-englischer Bündnisvertrag war seit 1945 das Ziel der Sozialisten, und mehrere ihrer Minister hatten praktisch daran gearbeitet.

Es ging ihnen um ein westliches Gegengewicht zu dem 1944 von de Gaulle geschlossenen französisch-sowjetischen Vertrag. Nach dem Rücktritt de Gaulles fand dieser Gedanke nach und nach die Zustimmung der anderen Partner der Regierungsmehrheit. Schließlich widersetzten sich auch die Kommunisten nicht mehr dem Abschluß eines Abkommens, das während der Übergangsregierung Léon Blum eine schon fast endgültige Form erhalten hatte. Am 4. März 1947 wurde der „Vertrag von Dünkirchen" unterzeichnet, der sich analog zum französisch-sowjetischen Vertrag das Ziel setzte, ,,Deutschland daran zu hindern, wieder eine Bedrohung für den Frieden zu werden". Aber nachdem die Kommunisten die Regierung verlassen hatten und während die Verhandlungen um die Organisation der Marshall-Hilfe für ein immer engeres Geflecht zwischen den Ländern der westlichen Welt sorgten, setzte sich auch in Paris der Gedanke an ein westliches Bündnissystem durch. Dabei bestanden die Benelux-Länder darauf, daß eine westeuropäische Allianz nicht nur einen politischen, sondern auch einen eindeutig militärischen Charakter haben solle. Auf französischer Seite wurde dieser Gedanke von Außenminister Georges Bidault, der 1944 mit de Gaulle in Moskau verhandelt und später zunächst zögernd den Vertrag von Dünkirchen unterzeichnet hatte, aufgegriffen. Am 17. März 1948 wurde von den fünf Ländern – Frankreich, Großbritannien, Holland, Belgien, Luxemburg – der Vertrag von Brüssel unterzeichnet, der die beteiligten Länder verpflichtete, im Falle eines Angriffs auf einen der Unterzeichner ,,ihm mit allen in ihrer Macht stehenden militärischen und anderen Mitteln" zu Hilfe zu kommen. Am Tag der Unterzeichnung wandte sich Bidault an General Marshall mit der Aufforderung, ein Verteidigungsbündnis ins Auge zu fassen, das auch die Vereinigten Staaten umfasse und weiteren europäischen Staaten offenstehe. Das war der Anstoß zum Atlantikpakt. Drei Wochen vorher, am 24. Februar, war in Prag der kommunistische Staatsstreich vor sich gegangen. Im Februar 1948 hatten die Sowjets begonnen, den alliierten Berlin-Verkehr zu behindern, am 30. März 1948 verließen sie den Berliner Kontrollrat, nachdem sie auf die ersten Beratungen der Westalliierten über die Zusammenfassung ihrer Zonen zu einem Bundesstaat mit Protesten reagiert hatten. Am 19. Juni wurde in den drei westlichen Besatzungszonen Deutschlands (außer in Berlin) eine Währungsreform durchgeführt und die D-Mark in Umlauf gesetzt. Am 24. Juni begann die Blockade Berlins, auf die die Alliierten mit der Luftbrücke antworteten, die erst im Mai 1949 eingestellt werden konnte. Während ganz Westeuropa in diesen Monaten ein militärisches Vordringen der Sowjets fürchtete, ließ sich Frankreich auf eine Politik der Vereinheitlichung der drei Westzonen und die Bildung eines westdeutschen Staates festlegen. Und es trug entscheidend bei zum Abschluß des Atlantikpakts, der am 4. April 1949 in Washington von den USA, Kanada und zehn europäischen Ländern unterzeichnet wurde. Für Frankreich unterschrieb ein neuer Außenminister: Robert Schuman. Der Vertragstext enthielt das amerikanische Engagement zur Verteidigung Europas, aber es war kein automatisches militärisches Engagement, wie es die Europäer im Brüsseler Vertrag eingegangen waren. Die Form des Beistands im Ernstfall blieb der Entscheidung der einzelnen Regierungen überlassen. Darum begannen sofort Überlegungen, wie diese fehlende automatische Verpflichtung der USA – für die keine Zustimmung des amerikanischen Kongresses zu erreichen war – durch eine feste Struktur ständiger Konsultation und eine militärische Organisation ersetzt werden konnte, die die Anwesenheit der Amerikaner in Europa garantierte. Damit ließ sich auch die Frage eines deutschen Verteidigungsbeitrags, wie sich bald herausstellte, nicht lange umgehen.

... und der neue westdeutsche Partner

Anders als der französisch-englische „Vertrag von Dünkirchen" stellte schon der westeuropäische Verteidigungspakt von Brüssel nicht mehr die Bedrohung durch Deutschland in den Vordergrund. Ihr war nur noch ein Artikel gewidmet, und jeder wußte, daß eine ganz andere Gefahr gemeint war. Dem Atlantikpakt fehlte dann nicht nur jeder Hinweis auf eine deutsche Gefahr. Seine Gültigkeit erstreckte sich auf die deutschen Besatzungszonen der Westalliierten und ausdrücklich auch auf die algerischen Departements von Frankreich. Darauf hatte die französische Regierung bestanden.

Auf dem Weg zur Vereinigung der französischen Besatzungszone mit der „Bizone", zu der Großbritannien und die USA ihre Besatzungsgebiete schon wirtschaftlich zusammengefaßt hatten, war die Währungsreform ein wichtiger Schritt. Sie gehörte zu einem Bündel westalliierter Beschlüsse, die eine Verfassunggebende Versammlung für eine deutsche Bundesrepublik vorsahen, einen föderalistischen Rahmen für diese Verfassung und – als einzigen Gewinn für die französischen Unterhändler – eine Internationale Kontrollbehörde für die Verteilung der Ruhrkohle, an deren Spitze später ein Franzose gestellt wurde. Von einer gemeinsamen alliierten Verwaltung der Ruhrindustrie war nicht mehr die Rede, und auch die Saar wurde nicht erwähnt.

Die sogenannten „Londoner Empfehlungen", in denen diese Beschlüsse enthalten waren, stießen in Frankreich auf starke Kritik. Die Nationalversammlung billigte sie schließlich nur mit einer sehr knappen Mehrheit. General de Gaulle hatte sie scharf zurückgewiesen und noch einmal an seine alten Forderungen erinnert: Abtrennung des linken Rheinufers, ein internationales Statut für das Ruhrgebiet, Zuordnung des Saarlandes zu Frankreich. Er hatte eine Neuaufnahme der Verhandlungen verlangt. Wollten Washington und London darauf nicht eingehen, dann sollte Frankreich „sein ganzes Besatzungsgebiet so leben lassen, wie es heute mit dem Saargebiet verfährt" (das zu einer Zollunion mit Frankreich zusammengeschlossen war). Die Saarfrage verursachte daraufhin noch einige Vorstöße der französischen Regierung. Es kam zu Reibereien mit der neuen Bundesregierung, nachdem Paris eine Vorentscheidung beim Straßburger „Europa-Rat" gesucht hatte, einem neuen Gremium, das in Auswirkung der europäischen Bewegung und der Marshallplan-Diskussion entstanden war. Dieser lose Zusammenschluß von zunächst zehn Staaten ohne jede Verbindlichkeit in den Spielregeln hatte einen Ministerrat und eine parlamentarische Versammlung und vergab insofern, falls einstimmige Beschlüsse für die Aufnahme neuer Mitglieder zustande kamen, gewisse politische oder moralische Legitimationen. Hier versuchte Frankreich noch das Saargebiet als ein selbständiges Staatswesen einzuordnen. Dieser Versuch wurde aber bald beiseite gedrängt durch die Probleme, die die wirtschaftliche Eingliederung der neuen Bundesrepublik in die alliierten Nachkriegs-Strukturen aufwarf. Am 10. Mai 1950 sollte in London wieder eine Konferenz zusammentreten, die die Haltung der drei Alliierten gegenüber solchen Fragen festlegen mußte. Es ging nicht zuletzt um die Rolle der Bundesrepublik in der Kontrollbehörde für die Ruhr. Die Bonner Regierung hatte bereits angekündigt, daß sie nur auf der Basis völliger Gleichberechtigung mitarbeiten könne. Angesichts des amerikanischen Interesses an einer schnellen Eingliederung des westdeutschen Staatswesens kündigte sich wieder eine schwierige Lage für die französische Regierungsdelegation an. Der französische Planungskommissar Jean Monnet erinnerte sich, so schreibt er in seinen Memoiren, daß er schon 1947 in alliierten Dokumenten für die Marshallplan-Verhandlungen eine beunruhigende Perspektive für das Jahr 1952 fand: ,,Die deutsche Stahlindustrie werde (dann) ganz allein den Ruhr-Koks brauchen, und die Stahlproduktion Frankreichs und ganz Europas werde dadurch begrenzt sein.“

IV. Der Schumanplan: Das Bündnis mit Deutschland

Am 9. Mai 1950 um die Mittagsstunde wurden die beim französischen Außenministerium akkreditierten in- und ausländischen Journalisten verständigt, daß der Minister um 15.00 Uhr eine Pressekonferenz gebe. Eine solche Aufforderung erreichte sie nicht gerade häufig: der Anlaß mußte schon wichtig genug sein, damit der Minister selbst das Amt des Regierungssprechers wahrnahm. Aber da er am nächsten Tag nach London fuhr zu einer wichtigen Konferenz mit den Alliierten und da offensichtlich erst am Vormittag der Ministerrat seine Marschroute bestätigt hatte, ließ das Verfahren auch nichts Außergewöhnliches erwarten. Weder war die Wochenschau erschienen, noch die staatliche Rundfunkgesellschaft mit einem Mikrophon und Aufnahmegerät, noch ein Fotograf. So gibt es kein authentisches Dokument von dem, was bald als historisches Ereignis galt. Ein knappes Hundert Journalisten hatte auf den schmalen goldenen Stühlen des zweiten Kaiserreichs im „Salon d'Horloge" Platz genommen. Unter sie mischten sich Beamte des Planungskommissariats, dessen Leiter, Jean Monnet, sich diskret im Hintergrund hielt. Dieses fremde Element wurde von den Beamten des Quai d'Orsay, die nur schwach vertreten waren, bald darauf als Anzeichen einer Verschwörung gedeutet. Als nämlich der Minister seine Erklärung verlesen hatte, fühlte sich sein Haus, bis auf wenige Eingeweihte, überrumpelt.

Der Außenminister hieß seit fast zwei Jahren Robert Schuman. Seitdem er im November 1947 als Nachfolger von Paul Ramadier die Regierung gebildet hatte, waren schon vier Regierungen gefolgt, eine kurzlebiger als die andere. In allen Jahren leitete er das Außenministerium. Ministerpräsident war jetzt sein Parteifreund Georges Bidault, er war gleichzeitig Vorsitzender der Volksrepublikaner. Auch Schuman war ein hervorragender Exponent dieser großen katholischen Zentrumspartei, ein Mann von fast mönchischem Lebensstil, der seine Akten nur verließ, um sich zwischen alten Büchern und einer Handschriftensammlung aufzuhalten und am Wochenende mit der Eisenbahn in die kleine Gemeinde nahe bei Metz zu fahren, wo er ein Haus hatte. Alles an ihm war Einfachheit und Diskretion, auch die leise, etwas hohe Stimme und das einfache Metallgestell seiner Brille.

Er hatte fast unbemerkt unter der großen Kaminuhr Platz genommen, die dem Salon den Namen gab, hatte geschäftsmäßig für das Erscheinen gedankt und sich dann gleich, ohne besondere Betonung, an die Verlesung seiner Erklärung gemacht. Diesem Text allerdings, der schon im Entwurf eine historische Dimension beanspruchte, hatte er einige handschriftliche Zeilen vorangestellt, die sein persönliches Engagement erkennen ließen und das Wagnis, dem er sich aussetzte: „Es kann nicht mehr um leere Worte gehen, sondern um einen kühnen und konstruktiven Akt. Frankreich hat gehandelt und die Folgen seines Handelns können ungeheuer groß sein ..." Dann folgte die seit Tagen vorbereitete Erklärung, deren Inhalt er den andern Ministern nur summarisch mitgeteilt hatte; seine in drei Regierungsjahren erworbene Autorität in außenpolitischen Fragen erlaubte ihm ein solches Vorgehen. Der Text ging sehr schnell auf den Kern der Sache zu: „Der jahrhundertealte Gegensatz zwischen Frankreich und Deutschland muß überwunden werden. Die Aktion, die wir unternehmen, geht in erster Linie Frankreich und Deutschland an." – Am Vorabend, noch bevor der Außenminister im Ministerrat von der Notwendigkeit sprach, neue Wege in der Deutschlandpolitik zu suchen, war ein Mitarbeiter in Bonn im Kanzleramt erschienen und hatte Adenauer einen Brief überbracht, mit dem ihn Schuman von seinen Vorschlägen unterrichtete. Adenauer stimmte ohne Zögern zu.

Was Schuman vorlegte, war ein Vorschlag Frankreichs, „die gesamte deutsch-französische Kohle- und Stahlproduktion einer Hohen Behörde zu unterstellen in einer Organisation, die den anderen Ländern Europas zur Teilnahme offen steht". Damit sollten „die echten Grundlagen ihrer wirtschaftlichen Vereinheitlichung geschaffen ... und konkrete Fundamente einer Europäischen Föderation gelegt werden".

„Europa wird nicht mit einem Schlage zustandekommen und nicht als Gesamt-Konstruktion. Es wird durch konkrete Verwirklichungen entstehen, die zunächst eine praktische Solidarität schaffen." Das war die politische Marschroute, die der wirtschaftliche Plan Schumans vorschlug.

Der Plan war fix und fertig auf den Tisch des Außenministers gekommen. Jean Monnet hatte ihn während einer Bergwanderung in der Schweiz entworfen, dann mit seinen Mitarbeitern im Planungs-Kommissariat entwickelt und hatte zwei Exemplare dem Ministerpräsidenten Bidault und dem Außenminister zugeschickt. Bidault hatte ihn auf dem Schreibtisch liegen lassen, Schuman hatte sofort zustimmend geantwortet. Die zupackende Entschlossenheit, mit der Schuman handelte und mit der er zugleich die möglichen Einwände aus seinem Ministerium oder von anderen Mitgliedern der Regierung, insbesondere vom Regierungschef, sorgsam und schnell umging, gab der Aktion die persönlichen Züge.

Schuman stammte aus dem deutsch-französischen Grenzland. Die Eltern waren nach der Annexion Lothringens durch das Deutsche Reich ins Großherzogtum Luxemburg abgewandert, hatten aber den Sohn später im nunmehr deutschen Metz seine Schulbildung beenden und in Bonn, München, Berlin und Straßburg studieren lassen. Im Ersten Weltkrieg trug er noch die Uniform eines deutschen Gerichtsoffiziers. Seit 1919 war er Abgeordneter der französischen Nationalversammlung. 1942 wurde er von der Gestapo verhaftet und nach Deutschland gebracht, konnte aber fliehen und sich bis Kriegsende verborgen halten. Obwohl er sich als Parlamentarier und in Regierungsämtern mit Finanzfragen und als Kenner afrikanischer Probleme einen Namen gemacht hatte, bewegte ihn nichts so stark wie die deutsch-französischen Beziehungen. „Er war ganz einfach franco-allemand", sagte von ihm einer seiner späteren Nachfolger, der Außenminister Couve de Murville, um damit zum Ausdruck zu bringen, daß sein Bemühen um einen Ausgleich zwischen beiden Völkern auch seine ganz persönliche Sache war.

Jean Monnet, sein Partner in dem mutigen Unternehmen, das eine neue Europa-Politik Frankreichs begründete, war in ganz anderen Orientierungen groß geworden. Er hatte während des Ersten Weltkriegs als Vertreter Frankreichs in einem interalliierten Ausschuß für die Überseetransporte gesessen und seit dieser Zeit ausgezeichnete Beziehungen zu führenden amerikanischen Kreisen unterhalten. Den Zweiten Weltkrieg hatte er in London als Präsident eines englisch-französischen Regierungsbüros ,,zur Koordinierung der Kriegsanstrengungen" begonnen, hatte später von den USA aus im gleichen Sinne, wenn auch mit weniger formellem Auftrag, mitgeholfen, die englische und amerikanische Rüstung zu koordinieren. Als nach der Landung der Alliierten in Nordafrika General de Gaulle den Sitz seines Befreiungskomitees im November 1942 nach Algier verlegte, wo die Amerikaner schon General Giraud mit Vollmachten ausgestattet hatten, unternahm Monnet zwischen de Gaulle und Giraud eine Vermittlungsaktion, die so ausging, wie er es vorgesehen hatte: mit dem Verschwinden Girauds. Nach Frankreich zurückgekehrt, legte de Gaulle den wirtschaftlichen Wiederaufbau des Landes weitgehend in seine Hände, wobei er wohl ebenso an seine organisatorischen Fähigkeiten wie an seine guten Beziehungen zu den USA dachte. Die Beziehungen zwischen beiden Männern, die nie eng und freundschaftlich waren, sollten später, als beide völlig verschiedene Wege in der Europa-Politik gingen, in einem offenen Gegensatz enden.

In der Geburtsstunde der französischen Europa-Politik konnte Monnet mit dem Vertrauen, das er in den USA genoß, Robert Schuman sofort nützlich sein. Der Zufall hatte den US-Außenminister Dean Acheson, der auf dem Weg zur Londoner Dreier-Konferenz war, seinen Weg über Paris nehmen lassen. So war es unumgänglich, ihn schon vor der Veröffentlichung vom Inhalt des Schuman-Plans zu unterrichten. Er äußerte sofort ernste Bedenken gegen ,,ein neues europäisches Stahl-Kartell". Monnet konnte ihm diese Befürchtung ausreden. Er fügte daraufhin aber dem Text der Erklärung Schumans noch folgenden Satz ein: ,,Im Gegensatz zu einem internationalen Kartell, das eine Marktregelung mit Hilfe restriktiver Maßnahmen und hoher Gewinne betreibt, wird die vorgesehene Organisation die gegenseitige Öffnung der Märkte und die Ausweitung der Produktion sichern." So war, als die Londoner Konferenz begann, nur noch der englische Außenminister Bevin zu überzeugen. Dafür gaben sich weder Schuman noch Monnet besonders große Mühe. Sie machten ihm klar, daß er nur die Wahl habe, mitzumachen oder draußen zu bleiben, „und sich uns anzuschließen, wenn wir Erfolg gehabt haben". Das veranlaßte Ernest Bevin, dem französischen Botschafter Massigli zu sagen: „Mir scheint, daß soeben zwischen unseren beiden Ländern eine Veränderung eingetreten ist." Er sah voraus, daß Frankreich auf dem nun eingeschlagenen Weg seinen bisherigen deutschen „Erbfeind" zum Bundesgenossen machen werde und daß die Beziehungen zu London dementsprechend für Paris an Gewicht verlieren mußten.

Von der Montan-Union zur Europa-Armee

In weniger als einem Jahr nach der Verkündung des Schumanplans lag ein fertiger Vertragstext vor, den die sechs Regierungen der Bundesrepublik Deutschland, Frankreichs, Italiens und der drei Benelux-Länder am 18. April 1951 in Paris unterzeichneten. Seine große Neuerung war eine Hohe Behörde, die unabhängig von den Regierungen über einen wichtigen Bereich der sechs Volkswirtschaften entscheiden konnte und deren Entscheidungen für die Mitgliedsländer bindend waren – bis sie eventuell durch einen gemeinsam gebildeten Europäischen Gerichtshof aus formalen juristischen Gründen wieder außer Kraft gesetzt wurden. Später sollte sich zeigen, daß die nationalen Wirtschaftsinteressen noch lange nicht jeder denkbaren Belastung durch die Entscheidungen dieser europäischen Hohen Behörde unterworfen werden konnten und daß es Situationen gab, in denen ein Kompromiß zwischen den betroffenen Regierungen gefunden werden mußte.

Die französische Nationalversammlung ratifizierte den Vertrag im Dezember 1951 mit einer großen Mehrheit von 377 gegen 233 Stimmen. Die Opposition wurde im wesentlichen von Kommunisten und Gaullisten gebildet. Der Erfolg war umso eindrucksvoller, als die Parlamentswahlen im Juni die Regierungsparteien, besonders die Volksrepublikaner, die Partei des Außenministers, geschwächt hatten. Außerdem hatte der französische Unternehmensverband (Conseil National du Patronat Français = CNPF) sich von Anfang an dem Schumanplan entschieden widersetzt. Er hatte auch im Parlament aktiv gegen die Ratifizierung gearbeitet. Mehrere Redner vertraten auf der Tribüne seine Argumente. Diese Argumente richteten sich gegen die angebliche Benachteiligung der französischen Stahlindustrie gegenüber den durch Natur, Steuergesetze und unterschiedliche Sozialabgaben bestehenden Vorteilen des Ruhrreviers. Außerdem bekämpfte man die Anti-Trust- und Anti-Kartell-Bestimmungen des Vertrags, und möglicherweise lagen hier die Hauptgründe. Die Form der Argumente war oft von primitivem Nationalismus geprägt: Es sei undenkbar, so hieß ein Vorwurf, der deutschen Industrie Vorteile zu gewähren, die sie sich in den bittersten Besatzungszeiten nicht zu nehmen gewagt hätte.

Das Ergebnis der Kampagne war aufschlußreich für den Wandel, der im Vergleich zu den Vorkriegsjahren der Dritten Republik zu verzeichnen war: Die Argumente des Unternehmensverbandes blieben nicht nur ohne Wirkung, es verbreitete sich sogar der Eindruck, daß er sich durch den massiven Einsatz seiner Mittel geschadet hatte. Der Vergleich mit dem ,,Comité des forges", das sich unter der Dritten Republik durch Beeinflussung von Politik und öffentlicher Meinung hervorgetan hatte, lag nahe und wurde gezogen. Und gegen die organisierte Kampagne setzte Jean Monnet seine jungen Technokraten ein; ihre Gegenkampagne stützte sich auf die nationalisierten Betriebe und stellte das Interesse der Verbraucher dem der Stahlkönige gegenüber. (S. Henry W. Ehrmann: La Politique du Patronat Français [1936–1955], – vgl. Lit.-Verz.)

Die Innenpolitik kam erst in Bewegung, als es um die Wiederbewaffnung Deutschlands ging und als nach dem Modell der

Kohle-Stahl-Union das Projekt einer Europäischen Verteidigungsgemeinschaft (EVG) diskutiert wurde, das ebenfalls auf Vorschlägen Jean Monnets beruhte. Die Sorge vor einer neuen deutschen Armee hatte Frankreich schon während der Debatte um die Ratifizierung des Atlantikpakts beschäftigt. Der Herausgeber von „Le Monde", Hubert Beuve-Mery, hatte geschrieben, die Wiederbewaffnung Deutschlands sei im Atlantikpakt enthalten „wie der Keim im Ei". Robert Schuman war dieser Befürchtung in der Nationalversammlung entgegengetreten mit der Erklärung, es sei undenkbar, daß Deutschland „dem Atlantikpakt als eine Nation beitritt, die fähig ist, sich selbst zu verteidigen oder zur Verteidigung anderer Völker beizutragen". Die Formulierung mußte schon ein Jahr später revidiert werden.

Am 25. Juni 1950 begann der Koreakrieg und mit ihm eine intensive Diskussion um die Streitkräfte des Atlantikpakts, ihre Aufstellung und Bewaffnung. Die Frage einer deutschen Beteiligung wurde von verschiedenen Seiten gestellt; es wurde bald deutlich, daß die USA sie für unumgänglich hielten. Am 12. September begann in New York als Auftakt zu einer Konferenz der Außenminister des Atlantikpakts eine amerikanisch-französisch-englische Konferenz, bei der von Robert Schuman eine schnelle Zustimmung zur deutschen Wiederbewaffnung verlangt wurde. Schuman versuchte auszuweichen mit dem Hinweis, daß vorläufig noch nicht genügend Ausrüstung zur Bewaffnung der anderen Paktmitglieder vorhanden sei. Als auch bei den zwölf atlantischen Ministern eine eindeutige Mehrheit für die deutsche Beteiligung sichtbar wurde, mußte sich in Paris der Ministerrat erneut mit dem Thema befassen und dem Verteidigungsminister Jules Moch zusätzliche Weisungen auf den Weg nach New York mitgeben. Am 26. September erklärten die atlantischen Minister im Schlußkommuniqué ihre „Übereinstimmung, daß Deutschland in die Lage versetzt werden muß, zur Verteidigung Europas beizutragen".

Diese Formel verbarg noch einen, scheinbar unüberwindlichen Gegensatz zwischen Frankreich und seinen Verbündeten. Die französischen Minister, Schuman und Moch, hatten sich nur bereit erklärt, deutsche Sachleistungen als Verteidigungsbeiträge zuzulassen und eine Verstärkung der Grenzschutz-Polizei, aber keine deutschen Truppen. Acheson ließ der französischen Regierung vier Wochen Zeit, ihren Widerstand gegen die Aufstellung deutscher militärischer Einheiten aufzugeben. Er drohte mit der Einstellung amerikanischer Zahlungen und Lieferungen für die Bewaffnung der europäischen Verbündeten und mit der Weigerung des Kongresses, die Verschiffung amerikanischer Truppen nach Europa zu billigen, wenn die Aufstellung deutscher Verbände am französischen Veto scheiterte.

Als die beiden Vertreter Frankreichs von dieser atlantischen Konferenz nach Paris zurückkamen, hatte der Regierungschef, René Pleven, seine Entscheidung bereits getroffen. Jean Monnet hatte ihm den Plan überreicht, der bald den Namen ,,Pleven-Plan“ erhielt und der kleine deutsche Regimenter mit der Kennzeichnung ,,Bataillone“ innerhalb einer ,,europäischen Armee“ vorsah. Sie sollten einem europäischen Verteidigungsminister unterstehen, der von der parlamentarischen Versammlung der Kohle-Stahl-Union kontrolliert werden sollte.

Mit diesem Vorschlag reiste Jules Moch Ende Oktober zum Verteidigungs-Komitee des Atlantikpakts. Die Amerikaner fanden das System viel zu kompliziert und zeitraubend. Aber nach einigen Tagen hatten sich die beiden Standpunkte so weit angenähert, daß die Aufstellung deutscher Truppen in Stärke von Brigaden, Combat-Teams genannt, ins Auge gefaßt werden konnte. Sie sollten eine autonome Bewaffnung haben und in europäische Korps integriert werden. So sollte es keine deutschen Divisionen geben, aber die Diskriminierung sollte auch nicht so weit gehen, daß man die Deutschen zur ausschließlichen Verwendung als ,,Fußvolk“ innerhalb der stärker bewaffneten Divisionen anderer Nationen degradierte – worauf die ersten französischen Vorschläge praktisch hinausliefen. Auf einen europäischen Verteidigungsminister wurde verzichtet. Später fand man, daß der Vertrag über die Europa-Armee durch einen Vertrag über eine ,,Europäische Politische Gemeinschaft“ ergänzt werden müsse; Volksrepublikaner und Sozialisten setzten sich besonders stark dafür ein. Neben den Bemühungen um einen politischen Überbau, in dem die deutsche Entwicklung den ausschließlich amerikanischen Dimensionen entzogen werden sollte, vergaß niemand die rauhe Wirklichkeit, nämlich die Tatsache, daß Frankreich von den USA Kredite zur Überbrükkung eines Haushaltsdefizits von 270 Milliarden Francs für 1951 erwartete. Diese Summe machte mehr als ein Drittel des Militärbudgets aus, das wegen der Anstrengungen für Indochina und der gleichzeitigen Verpflichtung zu zusätzlichen Ausgaben für die europäische Rüstung auf 850 Milliarden und damit auf 12 v. H. des Bruttosozialprodukts angewachsen war. Alle diese Faktoren verschärften die Diskussion um die Außenpolitik, die nun in Frankreich erst richtig begann und nach drei Jahren mit einem eindeutigen Stop für den von Schuman, Pleven und Monnet begonnenen Weg endete.

Der innenpolitische Erdrutsch ...

Wichtige Veränderungen der innenpolitischen Lage gingen – wie schon gesagt – von den Parlamentswahlen im Juni 1951 aus. Sie brachten 118 Anhänger von General de Gaulle in die Nationalversammlung und machten sie zur stärksten Fraktion. Es war nicht der überwältigende Sieg, den sie erhofft hatten, aber er reichte aus, um der Volksvertretung ein neues Gesicht zu geben. Der gewaltige Block der 180 kommunistischen Abgeordneten war gleichzeitig auf 101 zusammengeschrumpft. Die bisherige Regierungsmehrheit hatte sich gegen Gaullisten und Kommunisten vor allem mit Hilfe eines umstrittenen Wahlgesetzes verteidigt, das Wahlbündnisse begünstigte. Dadurch behielt sie trotz starker Stimmenverluste noch 283 von 301 Sitzen in einer Nationalversammlung, die insgesamt 685 Abgeordnete zählte. Die stärksten Verluste hatten die Volksrepublikaner erlitten: die Hälfte ihrer Wähler und 58 Sitze. Die parlamentarischen Gruppen, die sich zwischen den Wählermassen der Gaullisten und der Kommunisten gehalten hatten, konnten solide parlamentarische Mehrheiten jetzt nur noch bilden, wenn die Sozialisten und die bürgerliche Rechte in einer Koalition zusammengingen. Und das war als Dauerzustand schwer erreichbar. Ein großer Teil des parlamentarischen Lebens kreiste nun um die Frage, wie man die Gaullisten zur Koalition einer nichtkommunistischen Mehrheit gewinnen könne. Das konnte letzten Endes nur zu Lasten der bisherigen Europa-Politik gehen.

Ein erster Einbruch in die gaullistische Opposition gegen „das Regime" gelang Antoine Pinay, der am 6. März 1952 eine Regierung bildete, in der die bürgerliche Rechte, die Radikalsozialisten und die Volksrepublikaner vertreten waren und von der sich die Sozialisten ausschlossen. Für ihn stimmten 27 gaullistische Abgeordnete; nur damit erreichte er die zur Investitur nötige Stimmenzahl. General de Gaulle sprach sofort verächtlich vom „Hang zum Suppentopf", der den Parlamentariern eigen sei. Der Vorgang erregte starkes Aufsehen und hatte eine nachhaltige Wirkung. Im Juli wurden 26 gaullistische Abgeordnete aus der RPF ausgeschlossen. Sie bildeten eine eigene Fraktion in der Nationalversammlung. Bei den Gemeindewahlen im April 1953 war dann die Flut der gaullistischen Wählerstimmen endgültig abgeebbt. In Paris erhielt die Sammlungsbewegung nur noch 10 statt bisher 52 Mandate, in Marseille 4 statt 25, in Lyon 7 statt 23. Einige Hochburgen im Osten und Westen hielten sich einigermaßen. Aber General de Gaulle zog Konsequenzen. Er sprach allen gewählten Vertretern das Recht ab, im Namen der RPF aufzutreten. Er gab den Versuch, die Macht auf parlamentarischem Weg zu erringen, auf. Nur ein politisches Erdbeben, so meinte er, könne den Gang der Dinge noch ändern. Es ereignete sich fünf Jahre später.

Im März 1952 stand der neue Ministerpräsident Pinay vor leeren Kassen, schwindenden Goldbeständen und vor den Problemen einer galoppierenden Inflation. Er wurde mit ihnen fertig, indem er eine restriktive Finanzpolitik mit einigen psychologisch wirksamen Maßnahmen verband: einer goldgedeckten Anleihe und der Einrichtung einer beweglichen Lohnskala für einen gesetzlich garantierten Mindestlohn. Er setzte mitten im Währungsverfall alles auf Stabilität und er gewann. Später litt die französische Wirtschaft noch einige Zeit an seiner wohltemperierten Roßkur. Zu seinem vorübergehenden Erfolg trug seine persönliche Erscheinung erheblich bei. Er war der typische Vertreter des tüchtigen Provinzbürgertums und des sparsamen, nicht immer bequemen Durchschnittsfranzosen. Bewußt oder unbewußt pflegte er schon vor dem Zeitalter des Fernsehens ein klares Image: Der kleine Unternehmer und kleine Bürgermeister einer kleinen Provinzstadt, dessen Hüte immer etwas zu klein gerieten. „Pinay – le petit chapeau", das war ein Spitzname oder ein Warenzeichen, unter dem er noch nach vielen Jahren Sympathien mobilisieren konnte.

Er unterschrieb Ende Mai in Paris die Serie von Verträgen und Protokollen, die die Europäische Verteidigungsgemeinschaft begründen sollten, und in Bonn die Deutschlandverträge. Im Dezember verließ er die Regierung, nicht etwa weil ihm die gaullistischen Stimmen wieder fehlten, sondern weil ihm die Volksrepublikaner ihre Unterstützung entzogen, nachdem er klar gemacht hatte, daß er die Verträge über die Europa-Armee nicht dem Parlament zur Ratifizierung zuleiten wollte, bevor nicht die Bonner Ratifizierungsdebatte abgeschlossen war. In der Bundesrepublik war ein Aufschub entstanden, weil das Bundesverfassungsgericht eingeschaltet worden war. Der technische Aufschub in beiden Ländern war auch auf eine sich verschärfende innerpolitische Diskussion zurückzuführen. In der Bundesrepublik hatte die Deutschlandnote der Sowjet-Regierung vom 10. März, in der Verhandlungen über ein wiedervereintes, bewaffnetes, neutralisiertes Deutschland vorgeschlagen wurden, zu dieser Verschärfung erheblich beigetragen.

... und das Ende der „Integration Europas"

In Frankreich folgten auf Pinay zwei Regierungen, die ebenso wie er ohne Beteiligung der Sozialisten auskamen und sich um eine noch breitere Unterstützung durch die Gaullisten bemühten: Von Januar bis Juni 1953 regierte der radikalsozialistische Ministerpräsident René Mayer, von Juni 1953 bis Juni 1954 der Konservative Joseph Laniel. Beide zahlten für diese parlamentarische Unterstützung einen Preis, indem sie Nachverhandlungen zu den Verträgen über die Europäische Verteidigungsgemeinschaft einleiteten. Die

Regierung des Radikalsozialisten Pierre Mendès-France, die ihnen folgte, war zunächst ganz mit Indochina und Nordafrika beschäftigt und auch zur Lösung dieser Probleme berufen worden. Für alle anderen Probleme fehlte ihr eine ausreichende parlamentarische Unterstützung. In europäischen Fragen hatte sie die große Mehrheit der Volksrepublikaner und wenigstens die Hälfte der Sozialisten gegen sich. In dieser Regierung waren die Gaullisten zum ersten Mal mit mehreren führenden Abgeordneten vertreten. Als Mendès-France im August 1954 den aussichtslosen Versuch machte, durch umfangreiche Nachverhandlungen dem EVG-Vertrag eine breitere parlamentarische Mehrheit zu sichern, wurde er von den europäischen Partnern, die sich auf Informationen französischer politischer Freunde, seiner Gegner, stützten, abgewiesen. Daraufhin ließ er eine Ratifizierungsdebatte ansetzen, in der er die Regierungsmitglieder zur Neutralität verpflichtete. Damit allein fehlten dem Projekt 30 Stimmen. Das Parlament wies in einer kurzen Aussprache die ganze Vorlage mit 319 zu 264 Stimmen zurück und bereitete so dem Gedanken einer Europa-Armee eine vernichtende Niederlage. Mendès-France fuhr nach London und veranlaßte Churchill und Außenminister Eden, Vorschläge für eine Wiederbewaffnung Deutschlands im Rahmen des Brüsseler Vertrages von 1948 zu machen. Dieses Vertragswerk wurde innerhalb weniger Monate unter Dach gebracht. Am 30. Dezember 1954 stimmte die Nationalversammlung der Aufnahme Deutschlands in die Westeuropäische Union (WEU) zu, die nur noch eine formale Existenz innerhalb des Atlantikpakts hatte. Es ging vor allem darum, die unmittelbare Aufnahme Deutschlands in die NATO, der sich Frankreich vier Jahre lang widersetzt hatte, höflich zu verschleiern. Mendès-France wollte allerdings mehr: Er hoffte, England dauerhaft in die europäische Zusammenarbeit einzubeziehen. Das blieb aber eine Episode. Im Februar 1955 wurde er gestürzt. Weder in England noch in Frankreich wurde zunächst der Gedanke an ein Europa von sieben Partnern weiter verfolgt.

Eine einzige konkrete Nachwirkung der Europa-Politik von Mendès-France ist festzuhalten: Am 23. Oktober 1955 konnte das Saargebiet nach einem leidenschaftlichen Abstimmungskampf über seine Zukunft entscheiden, ein europäisches Statut wählen oder – obwohl diese Alternative nicht ausdrücklich auf dem Stimmzettel vermerkt war – die Zugehörigkeit zur Bundesrepublik. Mit 67,7 gegenüber 32,3 v.H. der Stimmen lehnte sie ein europäisches Statut ab. Welcher Autorität hätte sie sich auch schon anvertraut, wenn sie das europäische Statut gewählt hätte? Die Westeuropäische Union, in deren Namen des Referendum abgehalten wurde, war wieder in das Schattendasein zurückgetreten, das sie jahrelang gehabt hatte und weiter haben sollte. Zwei französische Regierungschefs, der Radikalsozialist Edgar Faure, der bis Februar 1956 regierte, und der Antoine Pinay als Außenminister hatte, dann der Sozialist Guy Mollet mit seinem Parteifreund Christian Pineau als Außenminister, zogen korrekt die Konsequenzen aus dem Votum der Saarländer. Es gab auch kaum einen innenpolitischen Widerspruch. Die Deutschlandpolitik in Frankreich hatte in fünf Jahren einen weiten Weg zurückgelegt.

Das große Thema: Deutschland

Sie hatte zunächst durch das Gefühl der sowjetischen Bedrohung eine tiefe Veränderung erfahren. Das zeichnete sich am deutlichsten in den Reden von General de Gaulle ab. Solange er für seine Sammlungsbewegung des französischen Volkes warb, beschwor er die neue Kriegsgefahr und mit ihr die kommunistische Drohung von draußen und drinnen. Am 7. Januar 1951, dem Tag, an dem General Eisenhower in Frankreich eintraf, um das atlantische Oberkommando zu übernehmen, dessen Einrichtung die französische Regierung als erste vorgeschlagen hatte, hielt de Gaulle eine Rede in Nîmes, in der er zunächst die Veränderung im Verhältnis USA–Europa begrüßte: ,,Welch ein Anstoß zur Wiederaufrichtung des alten Kontinents wird ein schneller und machtvoller Beitrag von jenseits des Atlantik sein! Denn jeder kennt, Amerikaner, den Mut Eurer Soldaten und den Wert Eurer militärischen Führer – Ihr stellt sie im übrigen jeden Tag aufs neue unter Beweis! Der fatalistische Geist, der so viele Menschen umnebelt, würde sich dann verflüchtigen. Doch wenn auch die amerikanische Unterstützung den Europäern zu Hilfe kommen muß, sie kann sie nicht von der eigenen Verantwortung befreien und sie darf ihre Unabhängigkeit nicht einschränken ..." Dann sprach er von einem deutschen militärischen Beitrag: „Was immer auch, von Jahrhundert zu Jahrhundert, beide Seiten des Rheins an Raserei und Schmerz erlitten haben – es bleibt eine Tatsache, daß Deutschland im Herzen Europas liegt und daß die Verteidigung an der Elbe die Mithilfe der Deutschen erfordert." Vorher hatte er gesagt: „Die eventuelle Schlacht muß an der vordersten Linie vorbereitet werden, ... das bedeutet natürlich auch, daß die amerikanischen Streitkräfte bereitstehen müssen, um gegebenenfalls massiv und ohne Zeitverlust von jenseits des Meeres herüberzuströmen ..."

Und vom Plan einer Europa-Armee meinte er verächtlich: „Man sollte den Geometern diese befremdenden Pläne zurückgeben, die innerhalb derselben Einheiten die Kontingente aus verschiedenen Ländern durcheinandermischen wollen, um eine heimatlose Armee zu fabrizieren ..." – Er sprach sich gleichzeitig für die Aufnahme Spaniens in das atlantische Bündnis aus.

Am gleichen Tag sprach der Verteidigungsminister Jules Moch, der gerade noch bereit war, im Rahmen einer solchen „heimatlosen Armee" einen deutschen Verteidigungsbeitrag überhaupt zuzulassen, von der Notwendigkeit, ein Gespräch mit der Sowjetunion zu suchen. Frankreich müsse das „maßvolle, mäßigende und friedenstiftende Element" des Atlantikpakts sein. Aus ihm sprach die breite politische Strömung, die im Vorschlag einer Europa-Armee vor allem einen politischen Zeitgewinn sah.

Schließlich darf man in diese Momentaufnahme auch die Rede einbeziehen, die Ministerpräsident Pleven drei Wochen später, am 30. Januar 1951, vor dem „National Press Club" in Washington hielt: „Wir Franzosen wollen ein vereintes Europa bauen. Und dafür müssen wir zunächst die beiden Grundpfeiler dieser Föderation aufrichten: den Schuman-Plan und die Europa-Armee. Aus diesen beiden Projekten wird sich ein besseres gegenseitiges Einvernehmen zwischen dem französischen und dem deutschen Volk entwickeln." René Pleven war alle kommenden Jahre hindurch derjenige französische Politiker, der den Konzeptionen Schumans und Monnets am nächsten blieb. Er war gleichzeitig einer der ersten gewesen, die sich General de Gaulle während der Zeit des Befreiungskomitees in London zur Verfügung gestellt hatten; das schützte ihn etwas vor der Heftigkeit der gaullistischen Angriffe auf die Schumanplan-Politik, die später vor allem Monnet trafen.

Jean Monnet erkannte den Kern dieser Gegensätze sehr genau. „Die bilaterale deutsch-französische Union ist Romantik oder Schlimmeres", pflegte er später zu sagen. Er ging davon aus, daß sich die unvermeidlichen Interessenkonflikte der beiden Nachbarn nur in einem europäischen Rahmen dauerhaft ausgleichen ließen. General de Gaulle, der eine direkte deutsch-französische Übereinkunft vorzog, wollte solche Interessenkonflikte zwischen beiden ungefährlich machen, indem er ein politisches Übergewicht Frankreichs über das neue westdeutsche Staatswesen institutionalisierte.

In den Jahren 1948/1949 schien das noch einfach. Deutschland, auch die westdeutsche Republik, sollte nach de Gaulles Vorstellungen ein Staatenbund, kein Bundesstaat werden. Als im Mai 1949 das Bonner Grundgesetz in Kraft trat, empörte er sich: „Machen wir uns keine Illusionen: das ist die Wiederherstellung des Reiches." Die Bundesrepublik hatte für ihn eine zu starke Zentralgewalt. Auch als er diese Entwicklung resigniert hinnehmen mußte und als seine Forderung nach Internationalisierung des Ruhrgebiets längst unerfüllbar geworden war, wiederholte er noch den Grundsatz, den er im Februar 1949 in Lille so formuliert hatte: „Europa muß sich organisieren. Aber eine solche Organisation verlangt, daß Frankreich die Führung hat und daß es den Mittelpunkt bildet." Angesichts der Handicaps, mit denen die Bundesrepublik ihr staatliches Dasein begann, erschien eine solche Forderung auch 1951 noch erfüllbar. Ein Mann wie de Gaulle konnte sich zutrauen, sie selbst dann noch zu verwirklichen, wenn er der Bundesrepublik militärische Verbände gestattete.

Im französischen Regierungslager übersah man nicht, daß Konrad Adenauer, der erste Kanzler der Bundesrepublik, die Europa-Verträge nutzte und weiter nützen würde, um überall das Prinzip der Gleichberechtigung zu fordern. Man glaubte, sich formell nicht widersetzen zu können, praktisch aber angesichts der ungelösten internationalen Probleme des neuen deutschen Staatswesens genügend Vorteile in der Hand zu behalten, um die führende Position Frankreichs noch lange Zeit zu behaupten. Bei der Europa-Armee war eine gewisse Diskriminierung der Deutschen unvermeidlich. Man hatte für die Forderung, daß es keinen deutschen Generalstab und überhaupt keine selbständige militärische Führung für die deutschen Truppen geben dürfe, auch die anderen atlantischen Partner gewonnen. Außerdem würde Frankreich, das Truppen in Übersee brauchte, nur einen Teil seiner Verbände in die Europa-Armee integrieren, die Bundesrepublik aber alle ihre Soldaten.

Wenn bei dem Versuch, einen europäischen Weg einzuschlagen, die Zeitströmung eine große Rolle spielte, so darf man doch auch die persönliche Wirkung Adenauers nicht vergessen, die Tatsache, daß er immer wieder einen deutsch-französischen Ausgleich gesucht und europäische Lösungen befürwortet hatte und daß mit Schuman in Frankreich, Adenauer in Deutschland, de Gasperi in Italien – drei Männer aus dem jeweiligen Grenzland und alle drei aus der christlich-demokratischen Orientierung – eine außergewöhnliche Konstellation gegeben war.

Dazu kam bei einer ganzen Reihe von Politikern wie bei führenden Diplomaten des Quai d'Orsay die Einsicht, daß Frankreich gegenüber der Weimarer Republik Fehler gemacht hatte und daß es klüger sei, die Gelegenheit zu nutzen und mit Deutschen, die sich dem Westen und insbesondere Frankreich verbunden fühlten, eine enge Zusammenarbeit aufzunehmen. Auch General de Gaulle hatte in einer Pressekonferenz im März 1950 einen Vorschlag Adenauers für eine enge deutsch-französische Zusammenarbeit positiv aufgenommen und gesagt: „Ich habe in dem, was dieser gute Deutsche sagt, eine Art Echo vernommen auf den Ruf des zerstörten, aus den Fugen geratenen und blutenden Europa, das seine Kinder anspornt, sich zu einigen."

Ein wesentlicher Unterschied zwischen den Überlegungen de Gaulles und denen des Regierungslagers lag darin, daß der General die wirtschaftlichen Perspektiven vernachlässigte und annahm, es genüge, die politischen Weichen zu stellen. Monnet, Schuman und ihre Freunde sahen dagegen die Entwicklung der deutschen Wirtschaftskraft voraus. Sie waren außerdem mit den Problemen des Wiederaufbaus und der Industrialisierung Frankreichs ausreichend stark beschäftigt, um den Zwang zu einer großen inneren Wandlung zu erkennen: Seit Jahrzehnten hatte die französische Wirtschaft im Schutz staatlicher Maßnahmen gelebt. Sie mußte nun lernen, auf den Protektionismus zu verzichten und sich dem Wettbewerb des Weltmarkts zu stellen. Das konnte am besten geschehen, wenn in Europa ein offener Markt entstand, in dem aber einige Schutzklauseln die harten Auswirkungen des Wettbewerbs limitierten. Diese Form der Partnerschaft mit der deutschen Industrie konnte für sie Ansporn und Hilfe zugleich sein.

Außerdem dachte man an Afrika. In diesen Jahren wurden Studien zur wirtschaftlichen Erschließung der Sahara und zur Industrialisierung Algeriens in Angriff genommen. Sie schlossen die Möglichkeit eines europäischen Marktes mit ein. Dem Generaldirektor der französischen Eisenbahnen, Louis Armand, wurde ein Teil dieser Arbeiten übertragen; er hatte sich durch die schnelle Modernisierung der ihm anvertrauten technischen Einrichtungen und durch großräumige Planung einen Namen gemacht und war ein überzeugter Vertreter der offiziellen Europa-Konzeption. Er wurde später der erste Präsident der Euratom-Kommission.

Die Notwendigkeit, die europäischen Kapazitäten zusammenzufassen, damit vergleichbare Kapazitäten und Dimensionen den beiden neuen Weltmächten, vor allem den USA gegenübergestellt werden konnten, wurde in allen Lagern anerkannt. Die Mittel und Wege, die man benutzen wollte, waren verschieden. Aber in einem Punkt stimmten alle überein; erst spätere Streitigkeiten ließen diese Übereinstimmung vergessen: Alle suchten nach Lösungen, die eine Unterwerfung Frankreichs unter den Willen Amerikas ausschlossen oder umgingen, die jedenfalls einer amerikanischen Tendenz entgegenwirkten, nach eigenem Interesse in Westeuropa zu entscheiden. Schumanplan und Plevenplan waren erdacht, um einem angelsächsischen Diktat in wichtigen Fragen der deutschen

Entwicklung zu entgehen und um Frankreich einen bevorzugten Platz in allen Fragen der europäischen Entwicklung und seiner Diplomatie neuen Spielraum zu sichern. Der Gedanke an einen Friedensvertrag für ganz Deutschland war damals keineswegs vom Tisch, so wenig man auch von den internationalen Konferenzen erwartete, die das Thema von Zeit zu Zeit vergebens aufgriffen. Für Schuman und Monnet sollten die Europa-Verträge eine Wiedervereinigung Deutschlands nicht ausschließen. Sie rechneten sich auch aus, daß Sowjetrußland vielleicht eines Tages Interesse an den europäischen Gemeinschaften finden werde, weil sie mithelfen könnten, die diplomatische Situation aus der Erstarrung zu lösen. Von Schuman ist eine Definition folgenden Wortlauts durch einen seiner Minister-Kollegen überliefert: „Man muß gleichzeitig und Schritt für Schritt die europäische Integration, die Verbesserung der Ost-West-Beziehungen und die deutsche Wiedervereinigung voranbringen. Die ganze Kunst besteht in diesem gleichzeitigen Fortschreiten."

Wenn das Regierungslager insgesamt in den Europa-Verträgen eine zusätzliche Garantie dafür sah, daß im Falle einer Wiedervereinigung Deutschlands die französischen Interessen nicht umgangen werden konnten, dann ging die große Mehrheit im Laufe der Zeit einen wesentlichen Schritt weiter. Sie hoffte, die Bundesrepublik so fest an den Westen zu binden, daß diese Bindung die beste Garantie gegen die Wiedervereinigung sein werde.

Alle diese Überlegungen spielten noch einmal eine Rolle, als die Regierung endlich eine Abstimmung über die Europäische Verteidigungsgemeinschaft verlangte. Die Entscheidung wurde mit ungeheurer Spannung erwartet. Nach den Zählungen, die insgeheim über die voraussichtlichen „Ja"- und „Nein"-Stimmen umliefen, rechneten beide Lager mit knappen Ergebnissen. Im Laufe der Monate Juni und Juli konnten die Vertragsgegner ihre Positionen verstärken. Es wurde deutlich, daß etwa die Hälfte der sozialistischen Abgeordneten entgegen der Grundsatzentscheidung ihrer Partei die Europa-Armee ablehnen und auch meist keine Stimmenthaltung üben würden. Ähnlich wie in dieser Partei verlief auch sonst die Front quer durch die meisten Lager, ja durch viele Familien und Freundeskreise. Als es klar war, daß sich die Regierung nicht für den EVG-Vertrag schlagen würde, konnte er als verloren gelten.

Die Sowjetunion spielte nicht ungeschickt mit. Die Note vom 24. Juli 1954, die dem EVG-Vertrag die Aussicht auf ein kollektives Sicherheitssystem in Europa gegenüberstellte und dabei die Wiedervereinigung Deutschlands nicht ausschloß, war offensichtlich nicht nur für die deutsche Öffentlichkeit, sondern ebenso für die französische bestimmt. Die Tendenz, mit Moskau Kontakt zu halten, wenn es um die deutsche Frage ging, hatte in Frankreich zu allen Zeiten und in allen Lagern ihre Anhänger. Nun hatte der Kreml gerade bei den Genfer Verhandlungen eine vermittelnde Rolle gespielt und den Eindruck erweckt, daß er an einer weltpolitischen Rolle Frankreichs interessiert sei.

Schließlich gab es wieder eine Lobby gegen die Verträge aus Unternehmerkreisen, wenn sie auch weniger massiv auftrat als beim Schumanplan. Selbst die Sorge um die Lieferung von Uniformen spielte eine Rolle.

Der entscheidenden Debatte in der Nationalversammlung war eine ungeheure Kampagne vorausgegangen, in der Gaullisten und Kommunisten gelegentlich gemeinsam auftraten und in der wieder die alten Requisiten des Deutschenhasses, vom preußischen Militärstiefel, der alles zertritt, bis zur Karikatur des „boche" mit Stiernacken und niedriger Stirn hervorgeholt wurden. Aber im Kampf der Argumente, die die Gegner des Vertragswerks ins Feld führten, gab es Einwände, die ernster zu nehmen waren und auch die Nachdenklichen beeindruckten: „Wie sollen wir uns auf Gedeih und Verderb mit einer Bundesrepublik verbünden, die ein ungeheures Territorialproblem und eine ungelöste nationale Frage mit sich herumschleppt? Und wie sollen wir uns auf ein Verteidigungssystem verlassen, das durch die Bundesrepublik im Falle der Wiedervereinigung in einen Torso verwandelt werden kann?" Der Verdacht, daß man damit einer späteren deutschen Regierung geradezu ein Faustpfand gebe, das sie im Osten gegen die Wiedervereinigung einhandeln könne, daß man ihr vielleicht einen Anreiz zu einem Verrat an den Bundesgenossen, zu einem „Rapallo" großen

Ausmaßes liefere, lag manchem nicht fern – ausgesprochen wurde er nicht. Auch die Gegner der Europa-Armee wollten das Verhältnis zur Bundesrepublik nicht unnötig belasten. Wenn sie schon keine europäische Integration wollten – die Grundlagen einer europäischen Solidarität wollten sie nicht erschüttern.

Die neue Phase der Europapolitik

Als sich der Sturm der großen Debatten gelegt hatte, konnte dann auch schon 1955 eine neue Phase der Europa-Politik beginnen. Sie trug der Tatsache Rechnung, daß für supranationale Konstruktionen keine Mehrheit in Frankreich zu finden war, wohl aber für die zahlreichen anderen Aspekte von wirtschaftlichen Gemeinschaftslösungen, wie sie mit der Kohle-Stahl-Union begonnen worden waren. Wieder war es Jean Monnet, von dem die ersten neuen Vorschläge ausgingen; er wollte vor allem die Atom-Industrie, die noch in den Anfängen steckte, in einem europäischen Rahmen entwickeln. Bald stellte er fest, daß man in Bonn an engeren europäischen Bindungen gerade für diese Industrie, die die größten Fortschritte in den Vereinigten Staaten gemacht hatte, nicht besonders stark interessiert war, wohl aber an einer Verallgemeinerung des europäischen Markts für Kohle und Stahl. So faßte er beide Überlegungen zusammen und fand eine besonders aktive Unterstützung bei dem belgischen Außenminister Paul Henri Spaak, der schon ähnliche Gedanken geäußert hatte. Der neue französische Regierungschef, der Radikalsozialist Edgar Faure, schloß sich an. Aber die treibende Kraft war sein Außenminister Antoine Pinay.

Am 1. Juni 1955 beschlossen in Messina die sechs Außenminister, einen Expertenausschuß unter Leitung Spaaks mit der Ausarbeitung von Vorschlägen für eine allgemeine Wirtschaftsunion zu beauftragen. Als diesen Beratungen nach genau einem Jahr formelle Vertragsverhandlungen folgten, war der Regierung Edgar Faure, die ihren Schwerpunkt rechts von der Mitte gehabt hatte, eine Mitte-Links-Regierung unter dem sozialistischen Generalsekretär Guy Mollet gefolgt. Sie erreichte mit 16 Monaten das höchste Lebensalter aller Regierungen der IV. Republik, obwohl sie wegen der Algerienfrage bald internen Schwierigkeiten ausgesetzt war und sich dann wegen eines militärischen Abenteuers am Suezkanal auch noch um äußeren Kredit brachte. Sie fand immer wieder Mehrheiten, weil sie die Europa-Politik ihrer Vorgänger zügig fortsetzte. Als sie im Juni 1957 abtrat, waren die Römischen Verträge für eine Europäische Wirtschaftsgemeinschaft und für Euratom (am 25. März) unterschrieben. Ihre Unterhändler, Außenminister Pineau (Sozialist) und sein Staatssekretär Maurice Faure (Radikalsozialist), wurden in gleicher Eigenschaft in die folgende Regierung des Radikalsozialisten Bourgès-Maunoury übernommen. Die Verträge enthielten weniger supranationale Elemente als die Kohle-Stahl-Union, aber einige Klauseln ließen doch die Möglichkeit offen, sie wieder nach dieser Richtung hin zu entwickeln – in Frankreich sollte daran bald niemand mehr glauben.

Die Ratifizierung der Verträge war nie zweifelhaft. Seit der Niederlage der Europa-Armee waren mehrere Änderungen eingetreten: Bei Neuwahlen im Januar 1956 war der Anteil der Gaullisten, die ihren Wahlkampf ohne den General führen mußten, auf 22 Mandate zusammengeschmolzen. Die radikalsozialistische Partei hatte sich gespalten. Jean Monnet hatte mit der Gründung eines Aktionskomitees für die Vereinigten Staaten von Europa, an dem die führenden Parlamentarier aus den sechs Ländern teilnahmen, eine sehr erfolgreiche Public-Relations-Arbeit für die Verträge geleistet, und die Führung des Unternehmerverbandes (CNPF) war, anders als 1951 bei der Auseinandersetzung um die Montan-Union, jetzt europa-freundlich. Dabei war die Sorge, ob Frankreichs Wirtschaft die Öffnung zum Gemeinsamen Europäischen Markt durchhalten könne, weit verbreitet und gar nicht unbegründet. Der Algerienkrieg nahm alle Kräfte in Anspruch.

V. Die Intellektuellen und die Instabilität der IV. Republik

Man darf das weite Feld der Auseinandersetzungen dieser Jahre nicht verlassen, ohne noch das Phänomen betrachtet zu haben, das die Szene erst schillernd und manchmal verwirrend machte: den Einfluß der Intellektuellen. Er war nie so groß wie in der ersten Hälfte der fünfziger Jahre. Natürlich wirkte er sich auch in der letzten Phase der IV. Republik aus, die ganz von den Problemen der Entkolonisierung beherrscht war. Aber erstaunlicherweise läßt sich in dieser letzten Phase nicht eine so große intellektuelle Bewegung feststellen wie vorher. Vielleicht hängt es damit zusammen, daß die Kommunistische Partei gegenüber dem Algerienkrieg nur langsam und schwer die Einstellung fand, die man von ihr hätte erwarten können. Denn die Geschichte des Einflusses – oder zumindest der Aktivitäten – der Pariser Intelligenzia ist zu einem guten Teil die Geschichte ihrer Faszination durch die Kommunistische Partei und durch die siegreiche Sowjetunion.

Die neutralistische Strömung

Zahlreiche Beobachtungen stimmen darin überein, daß die intellektuelle Bewegung, die man „Neutralismus" nennt und die zu ihrer Linken – mit fließenden Grenzen – von einer wachsenden Schar von „fellow-travellers" flankiert wurde, schon 1946 begann. Mancher will sogar den Stichtag kennen und nennt den 10. April 1946. An diesem Tag brachte „Le Monde" auf der ersten Seite einen Bericht des Philosophen und Historikers Etienne Gilson, wie er ihn häufig von seinen Amerikareisen schickte. Diesmal berichtete er von einer erstaunlichen Wandlung des außenpolitischen Klimas: „Das große Thema", so schrieb er, „ist heute wie vor acht Monaten die Sowjetunion, und man stellt immer noch die Frage, ob man mit ihr zusammenarbeiten kann ... Seit Juni 1945 hat sich die Antwort geändert, die man gibt ... Obwohl jeder den Krieg zu vermeiden wünscht, glaubt sich jeder verpflichtet, ihn vorzubereiten ... Es gilt als ausgemacht, daß es besser ist, zu diesem Krieg, wenn er schon unvermeidlich sein soll, die Initiative zu ergreifen."

Damit lieferte er das Stichwort, unter dem sich später die „Neutralisten" trafen und gleichzeitig ein wichtiges Argument in ihrer Begründung: Die USA, so hieß es, bereiteten ja schon längst einen Präventivkrieg vor; sie suchten Europa in ein Abenteuer hineinzuziehen, das sich aus den Gesetzen des Kapitalismus ableite. Vielleicht stehe man auch der Rivalität von zwei machtbesessenen Imperien gegenüber. Es gab zahlreiche Schattierungen in den Urteilen und Analysen. Aber die Schlußfolgerung hieß immer: Europa, insbesondere Frankreich, müsse sich da heraushalten, seine Unabhängigkeit bewahren und auf diese Weise ein Aufeinanderprallen der Blöcke verhindern. Und da es von den Amerikanern unter Druck gesetzt werde, müsse sich sein Widerstand vor allem gegen die Amerikaner richten.

Etienne Gilson schrieb später eine schmale Schrift unter dem Titel „Neutralismus", in der er das Phänomen, zu dessen Entwicklung er so viel beigetragen hatte, umschrieb und begründete. Er kam selbst aus ganz anderen Orientierungen als die meisten, die sich auf ihn beriefen. Er hatte ein Leben lang über die Philosophen des Mittelalters gearbeitet, galt als der wohl beste Kenner der Gedankenwelt des Thomas von Aquin und wurde bald in die Académie Française aufgenommen, womit der Bann, der wegen zu deutlicher Sympathien für Vichy und die Deutschen auf ihn gefallen war, gebrochen wurde. Seit er 1929 in Toronto die Gründung eines „Institute of Mediaeval Studies" bewirkt hatte, reiste er regelmäßig über den Atlantik. Politisch war er bei den Volksrepublikanern beheimatet und galt als einer ihrer Theoretiker.

Er und viele andere, die seine Warnungen vor einem dritten Weltkrieg aufgriffen, fanden Platz in den Spalten der Zeitung, die sich damals gerade zum führenden Blatt der Intellektuellen aller

Richtungen, vor allem aber der Linken, entwickelte: Le Monde, deren Herausgeber Beuve-Mery ebenfalls aus dem Lager der linken Katholiken kam. Auch er leistete mit einer Arbeit über „Europa und die USA" einen persönlichen Beitrag zur neutralistischen Bewegung. Zeitschriften wie „Esprit" und „Temoignage Chrétien" schlossen sich der Strömung an. Unter den Zeitungen wurde eins der Blätter, die sich besonders stark auf das Résistance-Denken beriefen, nämlich „Combat", zum Sprachrohr einer antiamerikanischen Kampagne. Indem es sich mit der Tagesaktualität auseinandersetzte, nahm es bald Indochina, Nordafrika, die Inflation und die deutsche Frage zum Anlaß, um vor der Unterwerfung Frankreichs unter die Strategie des amerikanischen Kapitalismus zu warnen. Claude Bourdet, einer der authentischen Köpfe der inneren Résistance, war damals Chefredakteur des „Combat"; er führte dort einen dauernden Feldzug für die „Vereinigten Sozialistischen Staaten von Europa". Als er aus der Zeitung vom Geldgeber, den er selbst geholt hatte, wegen seiner neutralistischen Ideen ausgebootet wurde, half er mit, den „Nouvel Observateur" zu gründen, die erste große Wochenzeitung einer breiten Linken, deren häufigster Leitartikler er zunächst war und die er damit auch ins neutralistische Fahrwasser brachte. Er leugnete nicht, daß er, vor eine zwingende Alternative zwischen einer „Pax Americana" und einer „Pax Sovietica" gestellt, das amerikanische Lager wählen würde. Aber er lehnte die Alternative ab.

Jean-Paul Sartre, St.-Germain-des-Prés und die „Weggefährten"

Viele Namen, die damals in der leidenschaftlichen Auseinandersetzung bekannt wurden und dann nach und nach wieder verschwanden, tauchten später bei profilierten Gruppen der militanten Linken wie zum Beispiel bei der sozialistischen Splitterpartei PSU („Sozialistische Einheitspartei") und bei den Gewerkschaften wieder auf.

Aber kein Name sicherte dieser Bewegung eine solche Resonanz, vor allem im Ausland, wie der Jean-Paul Sartres. Er sorgte auch dafür, daß die sehr weit verzweigte und in mehrere politische Richtungen drängende Strömung der Neutralisten nach und nach von vielen summarisch mit dem Phänomen der ,,fellow-travellers", der Weggefährten Moskaus, gleichgesetzt wurde.

Im Februar 1948 beteiligte er sich an der Gründung eines ,,Rassemblement Démocratique Révolutionnaire", das die Kräfte von Neutralismus und Sozialismus sammeln und dadurch die Sozialistische Partei an einer pro-amerikanischen Politik hindern sollte. Bei der Gründungskundgebung begeisterte sich Albert Camus, der Mitbegründer des ,,Combat" und spätere Nobelpreisträger für Literatur: ,,Wir sind 5000, morgen werden wir 50000 und in einigen Monaten werden wir 500000 sein." Die Parteilinie war ,,marxistisch, aber nicht stalinistisch". Die KPF bekämpfte die neue Organisation sofort. Bei den Sozialisten führte die RDR-Gründung zu inneren Auseinandersetzungen. Einige Vorstandsmitglieder verließen die Partei, als der 40. Parteikongreß eine Doppelmitgliedschaft in beiden Organisationen ablehnte. Er bestätigte gleichzeitig das außenpolitische Ziel der Partei: eine mit den USA verbündete europäische Föderation.

Die Partei der Intellektuellen, die den beiden etablierten Linksparteien die Arbeiterkundschaft abwerben wollte, wurde schnell zerrieben. Kurz bevor sie sich Ende 1949 wieder auflöste, hatte Sartre sie schon verlassen, weil er sie bereits ins antikommunistische Fahrwasser abgleiten sah. Albert Camus hatte sich sehr viel schneller und aus anderen Gründen von dem Unternehmen getrennt.

Sartre und seine Zeitschrift ,,Les Temps Modernes" hatten noch mit einer gewissen Zurückhaltung ihre Sympathien für die Ankläger im Kravchenko-Prozeß zu erkennen gegeben, der Anfang 1949 monatelang in Paris Schlagzeilen machte. Es ging um das Buch eines Sowjet-Flüchtlings namens Kravchenko unter dem Titel ,,Ich habe die Freiheit gewählt", das die ersten Enthüllungen über die Konzentrationslager und das Polizeiregime brachte und das von der kommunistischen Literaturzeitschrift ,,Les Lettres Françaises" als Fälschung bezeichnet worden war. Die Chefredaktion der kommunistischen Zeitschrift behauptete, von einem Angehörigen eines amerikanischen Geheimdienstes über Charakter und Umfang der Fälschung informiert worden zu sein; es handle sich einfach um antisowjetische Propaganda. In diesem Prozeß verteidigten einige namhafte Intellektuelle und Widerstandskämpfer die Sowjetunion. Die bekanntesten waren: der Atomwissenschaftler Frédéric Joliot-Curie, der Schriftsteller Vercors und der Herausgeber der Zeitung „Libération", Emmanuel d'Astier de la Vigerie, ein ehemaliger Minister in de Gaulles Résistance-Regierung. Für ihr Argument, daß die Sowjetunion auf der Seite der „wahren Freiheit" stehe, zeigte sich Sartre aufgeschlossen.

Von 1950 an war dann der Vietnam-Krieg das Terrain für die weitere Annäherung Sartres an die Kommunisten. Den äußeren Anlaß bot der „Fall Henri Martin". Es handelte sich um einen Unteroffizier der französischen Kriegsmarine, der nach der Rückkehr aus Indochina im Kriegshafen Toulon Flugblätter gegen den „ungerechten Krieg" hergestellt und verteilt hatte und dafür zu fünf Jahren Gefängnis verurteilt worden war. Der Fall wurde zu einem wesentlichen Bestandteil der kommunistischen Propaganda dieser Zeit, Picasso machte eine Zeichnung Martins, die in Frankreich ähnlich bekannt wurde wie seine Friedenstaube für den „Friedensappell von Stockholm" gegen die Atombombe, und Sartre schrieb 1952 ein langes Vorwort für ein kommunistisches Buch über die Lebensgeschichte des jungen Matrosen.

Im Dezember 1952, beim Weltfriedenskongreß in Wien, trat er zum ersten Mal in einer von den Sowjets organisierten Veranstaltung auf. Es war die Zeit, wo in Prag Rudolf Slansky und zwölf andere Kommunisten gehängt wurden. 1954 besuchte Sartre gemeinsam mit Simone de Beauvoir die Sowjetunion. Es war kurz vor dem 20. Parteikongreß und den Enthüllungen Chruschtschows über die Untaten Stalins. Als 1956 die Sowjetpanzer in Budapest wieder die kommunistische Ordnung herstellten, distanzierte sich Sartre von Moskau; die Zeit der „Weggenossenschaft" war vorbei; auch in Paris hatte sich die Aufregung um die leidenschaftlich diskutierten Themen der beginnenden fünfziger Jahre gelegt.

Um zu ermessen, was die fortschreitende Annäherung eines Mannes wie Sartre an die Kommunisten bedeutete, muß man die

Pariser Atmosphäre der ersten Nachkriegsjahre festzuhalten suchen: Die Kritik an der Vorkriegsgesellschaft, die von der Widerstandsbewegung ausgegangen war, fand ihre Fortsetzung in einer Kritik an restaurativen Tendenzen, die sich auf die Amerikaner zu stützen schienen. Jedenfalls wurde es von vielen so gesehen. Die Zeitungen und Zeitschriften, die es so deuteten, hatten eine große Resonanz. „L'Humanité", „Combat", „Libération" und vorübergehend auch „Franc-Tireur", so verschieden sie auch sonst waren, unterschieden sich in der Ablehnung des „american way of life" nur durch die Intensität, und sie druckten zusammen noch über eine Million Exemplare.

Sartre hatte als Philosoph und Dramatiker schon manche Bresche in die gesellschaftlichen Konventionen geschlagen, deren Enge von einem großen Teil der jungen Generation abgelehnt wurde. Seine existentialistische Philosophie war den meisten unbekannt, aber sie schien eine ungeahnte Freiheit von gesellschaftlichen Bindungen zu versprechen und wurde ein Aushängeschild. Existentialismus, Neutralismus, Sozialismus, so hießen die Losungsworte zunächst des großen Teils der Universitätsjugend, die man mit Marx und Freud fütterte und die Sartre entdeckte, und Hunderttausende sprachen sie ihnen nach.

Es gab in Paris ein gewaltiges Freigehege. Das war das Gelände rund um die alte Kirche von Saint Germain des Prés am Rande des Quartier Latin und seit Jahrzehnten bevölkert von großen und kleinen Verlagen und Druckereien. Darum war es ein Nährboden für heranwachsende Intellektuelle, von denen viele als Bekenntnis zum Zeitgeist schmale Sichelbärte trugen, weil sie ein Merkmal der Résistance-Kämpfer gewesen sein sollten. Sie wußten, daß Sartre und seine Gefährtin Simone de Beauvoir in der letzten Kriegszeit oft im Café Flore gesessen und geschrieben hatten, wegen der Wärme des großen Ofens. Jetzt hielten sie, wenn man Glück hatte, fünfzig Meter weiter Hof an den schmalen Tischen des Café „Deux Magots", von dem Sartres Wohnung nur ein paar Schritte entfernt war. Er, der soviel Tabus eingerissen hatte, war wohl auch gelegentlich im Kabarett „Tabu" gesehen worden, und so wurde es auch eine Adresse, die man nicht verfehlen durfte, so wenig wie die „Rose Rouge", wo die junge Juliette Greco mit dunkler Stimme die Lieder sang, die man „existentialistisch" nannte, ohne das genau definieren zu können. Sie trat auf in enger Hose und schwarzer Bluse und schuf damit einen kurzlebigen Einheitsdress, der der Jeans-Kultur um zwanzig Jahre voraus war. In ihren Liedertexten kam der Spott über die Konventionen zum Ausdruck – derselbe, mit dem man sich in einigen Kellern des Quartiers in Wort und Tat bei Whisky und Musik über das hinwegsetzte, was in den Familien noch als gute Sitte gelehrt wurde. Rückschauend betrachtet war es eher harmlos.

Wesentlicher an diesen ganzen Zusammenhängen war die Tatsache, daß eine Art Weltanschauung in munteren Formen zelebriert wurde und daß manches davon als Exportartikel in die Provinz wanderte. Schließlich, daß die Ideologie durch die Riten, die sich bildeten, und durch die Hohenpriester, die alle anerkannten, zum Religionsersatz wurde. Es brauchte nichts mehr bewiesen zu werden, und die Bekenntnisse erschöpften sich meist in der Wiederholung von einem halben Dutzend Modeworten. Auf diesem Humusboden hatte die kommunistische Partei große Erfolge – nicht etwa mit der Mitgliederwerbung, sondern mit der Gründung von parakommunistischen Organisationen aller Art: für den Frieden, gegen die Atombombe, für die Gleichberechtigung der Frauen, gegen die Kolonialkriege, für Schriftsteller und für Widerstandskämpfer und vieles andere mehr. Spezialisten für diese Dinge zählten damals 137 solcher Organisationen oder Verlage, und immer fand die KP Männer wie Sartre, die als „Weggefährten" in die Spitzengruppe traten.

Raymond Aron und die Gegenströmung

„Die Intellektuellen auf der Suche nach einer Religion", so überschrieb 1955 ein Mann, der sich der linken Bewegung sehr früh entzogen hatte und sie anprangerte, ein Buch, dem er den Titel gab: „Das Opium der Intellektuellen". Es war der Philosoph und Soziologe Raymond Aron. Er war während des Krieges zu General de Gaulle nach London gegangen, hatte dann eine Universitätslaufbahn wieder aufgenommen, die ihn vor 1933 auch nach Köln und Berlin geführt hatte, war bis Ende 1946 ein Leitartikler des ,,Combat" gewesen und war dann zum ,,Figaro" gegangen, der die modische Strömung des Antiamerikanismus nicht mitmachte und bald auch für eine konstruktive Politik gegenüber den Deutschen eintrat.

Er verglich das Schicksal der Intellektuellen in der Sowjetunion mit der Rolle, die die sowjetfreundliche französische ,,Intelligenzia" zu spielen suchte und stellte sie vor folgende Frage: ,,Im Osten ... ist der Intellektuelle in den Dienst einer Partei gestellt, die Kirche sein will, einer Ideologie, die zum Dogma verhärtet wurde und die der Intelligenzia nur die Wahl läßt zwischen der Revolte und der Selbstverleugnung. Wird sie sich in dem noch freien Teil Europas weiterhin danach sehnen, in gleicher Weise ,auf Vordermann gebracht' zu werden? Wird sie, eines authentischen Glaubens beraubt, sich mit einem säkularisierten Glauben identifizieren, der zur Rechtfertigung der Tyrannei dient?"

Und er zögerte nicht, diejenigen seiner Kollegen, die er der ,,Ehrbarmachung der Tyrannei" bezichtigte, beim Namen zu nennen: ,,Die nichtstalinistischen Revolutionäre stellen sich eine Revolution vor, die mit dem Kapitalismus ebenso radikal bricht wie der Stalinismus, die aber seine bürokratische Entartung, seinen primitiven Dogmatismus, seine polizeilichen Exzesse vermeidet. Sie stellen eine Variante des Trotzkismus dar ... In den Pariser Zirkeln haben sie den ersten Rang, und die Existentialisten Jean-Paul Sartre und Maurice Merleau-Ponty haben eine Art philosophisches Ehrbarkeitszeugnis (respectabilité philosophique) einem revolutionären Idealismus gegeben, der durch das tragische Ende Trotzkys und den Realismus Stalins schon verurteilt schien."

Raymond Aron hatte sich der starken Strömung der prokommunistischen französischen Links-Intellektuellen und der Tatsache, daß sie sich von Moskau ausnutzen ließen, als Einzelkämpfer widersetzt. Andere, deren Namen nicht das gleiche Gewicht hatten, waren ihm gefolgt. Arthur Koestlers großer Schlüsselroman ,,Le Zero et l'Infini" hatte längst Aufsehen erregt, war aber auch schon wieder vergessen. Hätte Aron 1955 seine Generalabrechnung mit den linken Ideologien veröffentlicht – und sich damit der Verdächtigung ausgesetzt, zur Rechten zu gehören –, wenn ihm nicht auch der Widerstandswille von Regierungen der linken Mitte den Rücken gestärkt hätte? – Er allein kann es wissen.

Tatsache ist, daß nach Ausbruch des Koreakriegs der Regierungschef René Pleven den Parteien der breiten Koalition, die ihn unterstützte und die von den Sozialisten bis zur gemäßigten Rechten ging, ein Aktionsprogramm gegen die kommunistische Propaganda vorschlug und darüber mit den Vertretern der Partei-Organisationen beriet. Sie einigten sich darauf, einen der ihren mit dieser Aufgabe zu betrauen: Jean Paul David, den Vertreter der „Sammlungsbewegung der linken Republikaner" (Rassemblement de la Gauche Républicaine = RGR), in der sich abgesplitterte Radikalsozialisten und andere kleine Gruppen der Mitte zusammengeschlossen hatten. (Als „links" bezeichnet sich in Frankreich gern alles, was nicht eindeutig rechts ist.) Die Organisation, die er schuf, bekam den Namen „Paix et Liberté" (Frieden und Freiheit), die Gelder kamen zum Teil aus staatlichen Kanälen – auch die Spitzen der Polizei saßen im Komitee – und zum Teil aus der Industrie. Kleine Büros wurden gegründet, die Redaktionen und Politiker mit Material über den Ostblock und über die KPF versorgten und mit Gegenüberstellungen von Theorie und Praxis in der kommunistischen Welt. Sichtbar für alle waren große Plakatfeldzüge unter dem Zeichen „Paix et Liberté". An ihnen sah man, daß es den Organisatoren weder an Geld noch an Ideen mangelte. Sie nahmen beispielsweise Picassos Friedenstaube und glichen ihren Körper dem Flugkörper einer Bombe an. Solche Aktionen sah man bis zur großen Zäsur der Jahre 1955/56. Danach rückte in der öffentlichen Diskussion der Algerienkrieg auf den ersten Platz. Und nun konnte man zunächst weder die Sowjetunion noch die KPF der systematischen Opposition gegen die französischen Interessen beschuldigen noch bei den USA eine systematische Unterstützung erwarten.

Der „Kongreß für die Freiheit der Kultur"

Als die Kriegsfurcht Ende der vierziger Jahre aufflammte und die große Diskussion um die Ost-West-Orientierung begann, verliefen die Fronten viel einfacher. Eine Gruppe französischer Intellektueller folgte Anfang Juni 1950 einer amerikanischen Einladung zu einem Kongreß nach Berlin in Erinnerung an die Blockade. Während er tagte, brach der Koreakrieg aus. Man traf sich schon wenige Monate später wieder in Brüssel und beschloß, diesen Kongreß zu einer ständigen Einrichtung zu machen und ihn im Mittelpunkt der geistigen Auseinandersetzung anzusiedeln, also in Paris. So entstand 1951 der „Kongreß für die Freiheit der Kultur", als dessen Generalsekretär der russische Emigrant Nikolas Nabokov von der Columbia-Universität nach Paris übersiedelte. Die finanziellen Mittel besorgte Irving Brown, seit Kriegsende Vertreter der großen amerikanischen AFL-Gewerkschaft (American Federation of Labor) in Europa. Er hatte schon bei der Spaltung der in kommunistischen Fahrwassern segelnden CGT-Gewerkschaft und bei der Gründung der CGT-FO Pate gestanden. Danach hatte sich sein Ehrgeiz zunächst mit dem Plan beschäftigt, eine breite Organisation von „Freunden der Freiheit" („Les Amis de la Liberté") ins Leben zu rufen. Als sich die Möglichkeit bot, eine kulturelle Organisation von hohem Niveau zu unterstützen, stieg er ein, gab den „Freunden der Freiheit" die Rolle einer nationalen Trägerschaft für den internationalen „Kongreß", zu dem sich prominente Namen versammelten, und half mit, Veranstaltungen von weltweiter Resonanz zu organisieren. Im Mai 1952 trat der „Kongreß für die Freiheit der Kultur" in Paris an die Öffentlichkeit mit einer Großveranstaltung unter dem Titel „Meisterwerke des zwanzigsten Jahrhunderts".

Neben der glanzvollen Aufführung und Ausstellung moderner Kunstwerke gab es Vortrags- und Diskussionsreihen, die von bedeutenden Philosophen und Schriftstellern, die meisten aus dem Lager der nichtkommunistischen Linken, geleitet wurden, darunter von André Malraux und Raymond Aron. Auch André Gide,

Jean Cocteau, Jules Romain, Bertrand de Jouvenel wirkten mit. Zu den Kongreßmitgliedern gehörten J. K. Galbraith, George F. Kennan, J. R. Oppenheimer und Arthur Schlesinger jr. aus den USA, Richard H. S. Crossman, Hugh Gaitskell, Denis Healey, Melvin Lasky und Stephen Spender aus England, Benedetto Croce und Ignazio Silone aus Italien, Gunnar Myrdal aus Schweden, bekannte Namen aus Indien und Südamerika. Unter den Aktivsten fand man nicht wenige Namen ehemaliger Kommunisten oder Sympathisanten wie Arthur Koestler, David Rousset und Manès Sperber. Schon 1951 besaß der Kongreß in Paris eine Zeitschrift, ,,Preuves", die François Bondy herausgab und die in geistiger und organisatorischer Verwandtschaft mit dem Berliner ,,Monat" lebte. In der ersten Nummer von ,,Preuves" las man bekannte Résistance-Namen wie Henry Frenay und Georges Altman, der einige Jahre vorher noch neutralistische Töne angeschlagen hatte. In den folgenden Jahren fanden Kongresse in Hamburg, Mailand, Rom und Wien statt. Weiterhin sorgte Irving Brown dafür, daß das Geld nicht ausging. Die amerikanischen Gewerkschaften und große Stiftungen wie die Ford Foundation beteiligten sich. Da Brown das Geld, nach der Erinnerung von Mitarbeitern, manchmal auch im Koffer über den Ozean brachte, ist der Anteil staatlicher Quellen wie der CIA schwer abzuschätzen. Man muß sich aber auch hüten, ihn zu überschätzen. Der Appell zur Verteidigung der Werte des Abendlandes gegenüber einer Gefahr, die sich für viele in Prag wie in Berlin konkretisiert hatte und in Asien vorzudringen suchte, fand in den USA wie in Europa ein bereitwilliges Echo.

Die breitere französische Organisation der ,,Freunde der Freiheit", die sich gelegentlich auch mit kommunistischen Gruppen herumschlug, machte wesentlich später, am 7. November 1956, nach dem Einmarsch russischer Panzer in Budapest noch einmal von sich reden. Eine Gruppe ihrer Mitglieder reihte sich ein in die Kolonnen, die nach einer antisowjetischen Kundgebung am Triumphbogen die Gebäude der kommunistischen Partei und der ,,Humanité" am heutigen Kossuth-Platz überfielen. Bei diesem Überfall hatte die radikale Rechte die Führung. Zusammen mit den „Poujadisten", von denen noch die Rede sein wird, stellte sie das Gros der Angreifer. Die Pariser Stadtverwaltung gab bald darauf diesem Platz den Namen des großen ungarischen Freiheitskämpfers aus dem 19. Jahrhundert. Irving Brown hatte damals schon, und zwar immer von Paris aus, begonnen, autonome Gewerkschaften in Nordafrika zu gründen. Er beteiligte sich kräftig an der Entkolonisierung, bevor noch die Franzosen selbst über den einzuschlagenden Weg einig geworden waren. Er fiel schließlich bei der französischen Regierung in Ungnade.

Ob die große Agitation der Jahre 1948 bis 1955 die Volksmeinung fühlbar beeinflußte, ist schwer auszumachen. Meinungsumfragen ergaben von 1947 bis 1977 relativ konstante Werte, wenn es um die Frage ging, ob die USA oder die Sowjetunion die größte Schuld an den Krisen hatten, die die Welt erschütterten. Immer neigte eine Mehrheit von Franzosen dazu, die Schuld auf beide zu verteilen. Ihr eigenes Land wollten sie am liebsten außerhalb des Konflikts sehen. Die USA schnitten im ganzen immer etwas besser ab als die Sowjetunion, aber von einem „Bekenntnis zu Amerika" blieben die Antworten weit entfernt.

Brücken nach Deutschland

Etwas mehr Wirkung hatten dagegen die zunächst kleinen, mit dem Beginn der Schumanplan-Verhandlungen aber schnell sich vergrößernden Gruppen, die für ein positives Verhältnis zu den neuen politischen Kräften in Deutschland eintraten. Sie kamen aus den verschiedensten politischen Richtungen, waren auch nicht immer untereinander verbunden, verfolgten zum Teil unterschiedliche Ziele, halfen aber gemeinsam mit, die Verbindungen über die Grenzen wieder herzustellen. Hier muß man Männer der linken Résistance wie Claude Bourdet, Vercors und Teile der „Combat"-Redaktion ebenso nennen wie Raymond Aron und Jean Schlumberger, die im „Figaro" ein günstiges Klima für eine ruhige Beurteilung der deutschen Dinge fanden.

Ein günstiges Echo fanden diese Bemühungen bei den Vereinigungen und Gruppen aller Schattierungen, die für eine europäische Föderation eintraten. Positive Impulse kamen oft aus den Kreisen des linken Katholizismus oder der von ihm beeinflußten Zeitschrift „Esprit". Aber hier wie im „Temoignage Chrétien" waren auch schon bald wieder neue Warnungen zu lesen. Emmanuel Mounier gründete früh das „Comité Français d'Echanges avec l'Allemagne Nouvelle", in dessen Vorstand auch Rémy Roure, einer der bekanntesten Leitartikler von „Le Monde", ferner David Rousset und Edmond Vermeil saßen. Zu ihnen gehörte auch der junge Universitätslehrer Alfred Grosser, dessen Mutter, die 1933 vor Hitler geflohen war, nun in ihrer kleinen Wohnung die erste Kartei führte, mit deren Hilfe der Austausch von Adressen, Brieffreundschaften und Besuchen über die Grenze hinweg organisiert wurde. Schon 1945 hatte ein Jesuitenpater, Jean du Riveau, in Offenburg in Baden eine ähnliche Arbeit aufgenommen; sie wurde bald von einer in beiden Ländern tätigen breiteren Organisation getragen, in der auch die Zeitschriften „Documents" und „Dokumente" ihren Platz hatten. Als man viele Jahre später einen großen Teil dieser Arbeit in die Hände von Joseph Rovan legte, wählte man damit einen Mann, der schon seit der Rückkehr aus dem deutschen Konzentrationslager immer wieder für eine vorurteilsfreie Beurteilung der deutschen Nachkriegsentwicklung eingetreten war.

VI. Von Dien Bien Phu bis Algier

Am Nachmittag des 7. Mai 1954 erfuhren die Nachrichtenagenturen, daß noch eine Mitteilung der Regierung an diesem Tage (einem Freitag) zu erwarten sei und daß Ministerpräsident Joseph Laniel sie selbst in der Nationalversammlung verlesen werde. Es gab kaum einen Zweifel über den Inhalt: Der Fall des befestigten Lagers von Dien Bien Phu und damit eine entscheidende Niederlage des französischen Expeditionskorps in Indochina wurde seit Tagen erwartet. Als Laniel die Tribüne betrat, wiesen die Sitzreihen erhebliche Lücken auf. Man hatte sich zwar bemüht, alle Abgeordneten zu erreichen, aber viele waren schon in ihre Wahlkreise gefahren, wo am Sonntag überall Gedenkfeiern zum 10. Jahrestag der deutschen Kapitulation stattfinden sollten.

Der Ministerpräsident, den Kopf tief eingezogen zwischen die breiten Schultern, verlas mit klangloser Stimme einen kurzen Text, der das Unvermeidliche enthielt, der Opfer und des Mutes der Verteidiger gedachte und dann betonte, daß Frankreich auf der gerade begonnenen Indochinakonferenz in Genf wegen dieser Niederlage seine Haltung nicht ändern werde.

Jeder wußte von den verzweifelten Anstrengungen, die die Regierung, vor allem Außenminister Bidault, bis Ende April unternommen hatte, um die USA zu einem massiven Luftangriff auf die Stellungen des Vietminh vor Dien Bien Phu zu bewegen. Nach der Erinnerung von Bidault soll dabei auch der Gedanke an den Einsatz von Atombomben aufgetaucht sein. Sicher ist wohl, daß er sich nicht widersetzt hätte. Sicher ist auch, daß Präsident Eisenhower, der gerade im Juli 1953 einen Waffenstillstand in Korea zustande gebracht hatte, vor einem neuen militärischen Engagement in Asien zögerte und sich dabei auf Churchill berufen konnte, der wieder englischer Premier war und die französischen Pläne strikt ablehnte.

Auf den Bänken der Nationalversammlung hatte jeder noch Worte im Ohr, die den Erfolg der Bemühungen um einen Waffenstillstand, der nicht einer Kapitulation glich, vom Ausgang der Schlacht um Dien Bien Phu abhängig gemacht hatten. Vor Monaten hatte man sogar noch davon gesprochen, daß sich ,,die Viets dort blutige Köpfe holen" würden und daß Dien Bien Phu ,,wie ein zweites Verdun" mit der Erschöpfung des Angreifers enden werde.

Jeder dachte in diesem Augenblick auch daran, daß General de Gaulle schon vor vier Wochen angekündigt hatte, er werde an diesem 9. Mai, also am Sonntag, zum Triumphbogen gehen, und zwar ganz allein. ,,Ich werde allein den Unbekannten Soldaten grüßen und auch allein wieder gehen. Ich fordere das Volk auf, mich zu begleiten." – Konnte nicht die Erinnerung an den Sieg vor zehn Jahren, gemischt mit den bitteren Gefühlen der heutigen Niederlage, den Sturm entfachen, mit dessen Hilfe General de Gaulle wieder an die Macht getragen werden wollte? Schon Anfang April war der Regierung, als sie unter dem Triumphbogen der Toten des Indochinakriegs gedachte, der Volkszorn begegnet. Ehemalige Indochinakämpfer hatten sie mit Schmährufen empfangen, ein Offizier hatte den Verteidigungsminister geohrfeigt. Jetzt hatte die Verbitterung und Empörung viel weitere Kreise ergriffen. Das Gefühl, daß eine Ära, wenn nicht eine Epoche zu Ende ging, war weit verbreitet. Aber am Sonntag auf den Champs-Elysées, wo ein dichtes Polizeiaufgebot einen Riegel zwischen de Gaulle und den Zuschauern bildete, sollte alles ruhig bleiben.

Auch in der Nationalversammlung war die Beklommenheit größer als der Zorn. Als Laniel geendet hatte, erhoben sich die Abgeordneten von ihren Plätzen; nur die Kommunisten blieben sitzen. Der äußere Eindruck des Ereignisses blieb trotz der Theatralik des hohen, rot und gold getönten Raums ziemlich banal. Weder der konservative Fabrikbesitzer Laniel noch der Kammerpräsident, der Rechtsanwalt und Sozialist André Le Troquer, hatten die Gabe, geschichtliche Tragik zum Ausdruck zu bringen. Sechs Wochen später wurde die Regierung Laniel gestürzt.

Der Indochinakrieg hatte schon sieben Jahre gedauert und hatte sich immer schwerer auf die Wirtschaft und die Finanzen des Landes gelegt. Neben dem Expeditionskorps, das auf 170000 Mann angewachsen war, von denen man 60000 in Indochina selbst rekrutiert hatte, kämpften noch die drei Armeen der unabhängigen aber assoziierten Staaten Vietnam, Laos und Kambodscha. Die großen militärischen Anstrengungen, die diesen drei Regierungen abverlangt wurden, machten sie keineswegs gefügiger für die französischen Wünsche und Entscheidungen. In Saigon hatte die Regierung des Kaisers Bao Dai, die im Januar 1954 neu gebildet worden war, die volle Unabhängigkeit und Gleichberechtigung gegenüber Frankreich verlangt und gleichzeitig im Innern eine Agrarreform, Wahlen zu einer Nationalversammlung und (wieder einmal) einen verstärkten Kampf gegen die Korruption versprochen. Wichtiger als dieses Regierungsprogramm war aber für Bao Dai, wie sich bald herausstellte, die Haltung Frankreichs zum Problem der Einheit Vietnams. Paris hielt im Hinblick auf eine Einigung mit Ho Chi Minh, die man sich nicht verbauen wollte, an der Vorstellung eines einheitlichen Vietnam fest. Bao Dai dagegen, der nur mit Einschränkung behaupten konnte, er regiere über den südlichen Teil des Landes, liebäugelte mit Teilungsplänen.

Mit dem Königreich Laos war am 15. Oktober 1953 in Paris ein Freundschafts- und Assoziierungsvertrag unterzeichnet worden, in dem Frankreich „die volle Unabhängigkeit und Souveränität" von Laos anerkannte, das seinerseits „frei seine Zugehörigkeit zur Französischen Union, einem Zusammenschluß unabhängiger, souveräner, freier und in Rechten und Pflichten gleicher Völker" bestätigte. König Sisavang Vong war zur Unterzeichnung nach Paris gereist. Wenige Tage später, am 17. Oktober, wurde in Pnom Penh mit König Sihanuk von Kambodscha ein Abkommen getroffen, das den stufenweisen Übergang der Militärhoheit in seinem Staatsgebiet von der französischen Armee auf die Organe Kambodschas regelte.

Im Februar 1954 wurde der militärische Druck der Vietminh-Truppen auf Luang Prabang so stark, daß die laotische Hauptstadt in ein befestigtes Lager verwandelt werden mußte und Panzer über eine Luftbrücke eingeflogen wurden. Die Stellungen von Dien Bien Phu sollten die Verteidiger von Laos entlasten und das Gros der Vietminh-Truppen binden, was ihnen ab Mitte Februar auch gelang. Zu dieser Zeit war die Belagerung des in einer weiten Mulde gelegenen Dien Bien Phu abgeschlossen. General Giap hatte zum ersten Mal in diesem Feldzug Straßen durch den Dschungel bauen lassen. Er führte nicht nur Truppenverstärkungen, sondern vor allem schweres Kriegsmaterial aus China zu einer Entscheidungsschlacht an die französischen Stellungen heran, die nur noch durch die Luft versorgt werden konnten. Giap wußte, daß die internationale Lage einem Frieden in Indochina zustrebte.

Der Weg zu Verhandlungen

Die französische Regierung hatte schon im Sommer des Jahres 1953, nach dem Waffenstillstand in Korea, den westlichen Verbündeten ihr starkes Interesse an einer diplomatischen Lösung des Konflikts mitgeteilt. Anfang Dezember trafen sich die drei führenden Westalliierten zu einer Konferenz in Bermuda, bei der es formell vor allem um die Vorbereitung einer Viererkonferenz mit Moskau über die deutsche Frage ging. Im Kommuniqué wurden die Sowjets aber auch an eine Friedenskonferenz für Korea erinnert, wie sie im Waffenstillstandsvertrag vorgesehen war. Bei dieser Gelegenheit wurde gleichzeitig die Hoffnung auf „die Wiederherstellung des Friedens und der Stabilität in Südostasien" ausgesprochen.

Außenminister Bidault hoffte mit einer globalen Diplomatie in der Indochinafrage weiterzukommen – nicht jedoch mit einem globalen Tauschgeschäft. Eine Verbindung der asiatischen mit den europäischen Fragen war in Bermuda, als man die Taktik des Westens für die Berliner Konferenz festlegte, ausgeschlossen worden. Sowohl die Amerikaner wie die Bundesregierung hatten sie strikt abgelehnt, und wahrscheinlich entsprach sie auch nicht den Vorstellungen von Bidault. Jedenfalls hatte er es übernommen, gleich bei seiner ersten Rede auf der Berliner Konferenz einen derartigen Gedanken im Namen der drei westlichen Delegationen zurückzuweisen: „Die Lösung der asiatischen Probleme würde keine Fortschritte machen, wenn man versuchen sollte, sie außerhalb ihres Rahmens und in Verbindung mit den europäischen Problemen zu lösen ... Ich glaube nicht, daß interplanetäre Tauschgeschäfte als Methode für die Regelungen empfehlenswert oder auch wirksam wären."

Auch Molotow, der sowjetische Außenminister, hatte wahrscheinlich kein größeres Tauschgeschäft dieser Art im Sinn. In der diplomatischen Vorbereitung der Konferenz hatten die Sowjets immerhin sehr viel Störfeuer auf den Vertrag über die Europäische Verteidigungsgemeinschaft gelegt. Sie wollten ihn verhindern – aber um welchen Preis? Als Bidault nach der Konferenz dem Auswärtigen Ausschuß der Nationalversammlung berichtete, gab er dazu folgende Erklärung ab: „Ich habe Herrn Molotow gefragt, was passieren würde, wenn Frankreich seine Politik bezüglich der Europäischen Verteidigungsgemeinschaft änderte. Er hat mir in ziemlich unbestimmter Weise geantwortet, daß diese Änderung als eine Entspannungsgeste regisitriert werden würde." (Sitzung des Auswärtigen Ausschusses vom 24. Februar 1954.) Molotow ließ es aber an kleinen Aufmerksamkeiten gegenüber der französischen Delegation und ihrem Chef bei dieser Konferenz nicht fehlen. Er hatte erkannt, daß für die Franzosen die Indochinafrage eine absolute Priorität bekommen hatte. Er schlug zur allgemeinen Überraschung eine Tagesordnung vor, die die Frage einer Konferenz zu fünft (einschließlich China) an die Spitze der Beratungen setzte. Der Beschluß, diese Konferenz über Korea und Indochina am 26. April in Genf zusammentreten zu lassen, war dann auch das einzige greifbare Ergebnis, mit dem die Berliner Konferenz am 18. Februar auseinanderging. Es war klar, daß Frankreich diese Konferenz nicht durch eine vorherige Ratifizierungsdebatte über die Europa-Armee stören würde. Bidault nannte den EVG-Vertrag bald „einen Leichnam im Schrank".

Die Genfer Konferenz trat unter dem wechselweisen Vorsitz der Außenminister Molotow und Eden zusammen. Die Beratungen über Indochina konnten aber erst am 8. Mai, dem Tag nach dem Fall von Dien Bien Phu beginnen. Zwei Wochen hatte man mit der Prozedurfrage verloren, ob und wie die Delegation von Ho Chi Minh bei der Konferenz vertreten sein sollte. Frankreich brauchte für diese Fragen die Zustimmung von Kaiser Bao Dai. Ho Chi Minh hatte im November und Dezember 1953 zweimal seine Bereitschaft zu direkten Verhandlungen mit Paris erklärt. Aber es sollte sich um Verhandlungen allein mit Frankreich und nicht auch noch mit Bao Dai handeln. Wegen dieser Komplikationen gab Bidault einer internationalen Konferenz den Vorzug. Er wollte auch die Chinesische Volksrepublik binden, die den kämpfenden Vietminh immer massiver unterstützte.

Pierre Mendès-France und die Genfer Konferenz

Während die Konferenz in der Frage der Wiedervereinigung Koreas keinerlei Fortschritte machte, war sie in der Indochinafrage schon zu einigen wichtigen Ergebnissen gekommen, als in Paris die Regierung Laniel gestürzt wurde und der Radikalsozialist Pierre Mendès-France am 19. Juni 1955 die Geschäfte übernahm. Er setzte in seiner Regierungserklärung der Genfer Konferenz eine Frist: bis zum 20. Juli. Sollte bis dahin keine Lösung gefunden sein, werde er zurücktreten, vorher aber noch alle Vorbereitungen treffen, um den Krieg mit der gesamten französischen Armee weiterzuführen und nicht nur mit einem Expeditionskorps. Es war, wie damals gesagt wurde, „das erste Ultimatum eines Besiegten an den Sieger".

Pierre Mendès-France war für viele Franzosen schon ein Mythos, bevor er an die Regierung kam. Er galt als ein Parlamentarier, dessen Analysen schärfer, dessen Sachkenntnisse gründlicher und dessen Prognosen darum ernster zu nehmen waren, als man es von Politikern gemeinhin erwartete. Der Mut, mit dem er isolierte Positionen bezog, um sie ruhig und entschlossen, klar und bestimmt, aber in einer maßvollen Sprache zu verteidigen, sicherte ihm Respekt. Ein Teil der Wirkung, die er unbestreitbar ausübte, beruhte auch darauf, daß er mit allen Talenten eines großen Redners ausgestattet war und mit dem metallenen Glanz seiner Stimme über jeden Tumult triumphierte, aber nie in die Rolle des Volkstribuns schlüpfte, weil sie zu leicht für ihn gewesen wäre. Er suchte die Schwierigkeiten und sie suchten ihn. Er war 1936 der jüngste Abgeordnete der Nationalversammlung. Er hatte einen normannischen Wahlkreis, der bisher rechts gewählt hatte, mit zäher Geduld und gegen alle Vorurteile – er war links und Jude – an sich gebracht. Er gehörte dann zu einer Gruppe von Parlamentariern, die sich im Juni 1940, als Frankreich kapitulierte, nach Nordafrika einschifften, wurde in Marokko verhaftet, in Frankreich vor Gericht gestellt, floh nach England – um dort nicht das Leben eines Exilpolitikers zu führen, sondern eines Offiziers und Beobachters in einer Bomberstaffel. Er hatte versucht, als de Gaulle ihn in die Regierung berief, eine strenge Finanzpolitik durchzusetzen, um dem Land eine gesunde Währung zu geben, war damit gescheitert und hatte demissioniert, dann Frankreich auf internationalen Währungskonferenzen mit großer Kompetenz vertreten und galt jahrelang als der Regierungschef von morgen, – niemand konnte sich ihn als Wirtschaftsminister unter einem andern Ministerpräsidenten vorstellen. Was immer er vortrug, er stellte es in einen größeren Zusammenhang. Er hatte ein Regierungskonzept, ein eigenes und unübertragbares. Oft hörte man von ihm einen Satz wie: ,,Frankreich kann sich nicht alles vornehmen: mit produktiven Ausgaben seinen Wiederaufbau betreiben und das, was es aufbaut, gleichzeitig mit der unproduktiven Menschen- und Materialverschwendung eines Krieges wieder zerstören.“ Er meinte damit den Indochinakrieg. Es war nur logisch, daß man ihn, als niemand diesen Krieg mehr wollte, endlich an die Regierung ließ, damit er ihn sicher beende. Vielleicht sollte auch gerade er das Omen des nationalen Verlustgeschäfts auf sich nehmen, jedenfalls einen Strich unter die Rechnung ziehen. Ihn begrüßten viele mit der Hoffnung, daß nun etwas Neues beginne. Das Glas Milch, das er sich aufs Rednerpult stellen ließ, schien ein

Symbol dafür zu sein. Eine neue, mit jungen Kräften gemachte Zeitschrift, „L'Express", von J. J. Servan-Schreiber und Françoise Giroud, bot sich ihm bedingungslos als Plattform an.

Er bildete eine Regierung, ohne mit den Parteien zu verhandeln. Er reduzierte die Zahl der Minister von 22 auf 16, die der Staatssekretäre von 16 auf 13, und er bemühte sich um keinen der bekannten Namen, die man schon auf vielen Regierungslisten gesehen hatte. Obwohl er mit soliden Feindschaften in der Führung einiger großer Parteien rechnen konnte, erhielt er für seine Regierungsbildung 419 von 621 Stimmen. Sobald die Arbeit, für die man ihn rief, getan war, arbeitete man an seinem Sturz. Nach sieben Monaten mußte er wieder abtreten. Aber noch mehr als zwanzig Jahre später galt es als Auszeichnung, einmal sein Mitarbeiter gewesen zu sein. Die markanteste innenpolitische Neuerung war die massive Teilnahme der Gaullisten an seiner Regierung. Sie stellten vier Minister und zwei Staatssekretäre, und zwar rückten einige ihrer bekanntesten Namen auf die Regierungsbank: General Pierre Koenig, Jacques Chaban-Delmas, Christian Fouchet, Diomède Catroux.

In Genf war eine wichtige Vorentscheidung für die Beendigung des Indochinakriegs schon getroffen worden, als Mendès-France an den Konferenztisch kam. Der Vietminh hatte sich mit einer provisorischen Teilung des Landes einverstanden erklärt. Es ging jetzt um die Demarkationslinie, die Dauer und das Ende des „Provisoriums". Die Franzosen hatten den 18. Breitengrad vorgeschlagen, die Vietminh-Delegation schlug den 13. vor und verlangte gleichzeitig, daß sechs Monate nach dem Waffenstillstand die Teilung des Landes durch allgemeine Wahlen beendet werde.

Es gelang Mendès-France, der in den schwierigen Punkten einige Unterstützung bei Molotow und bei Tschu En Lai fand und dem Eden half, das Mißtrauen der Amerikaner zu überwinden, eine für Frankreich vorteilhafte Lösung zu erreichen. Auch in den Reihen seiner innenpolitischen Gegner wurde das Ergebnis anerkannt: die Teilungslinie war der 17. Breitengrad und die Wiedervereinigung des Landes durch allgemeine Wahlen sollte nach zwei Jahren erfolgen. Auch für Laos und Kambodscha wurden in den

Morgenstunden des 21. Juli Verträge unterzeichnet, die den Kriegszustand beendeten.

Die amerikanische Regierung entwickelte sofort Pläne, um das weitere Vordringen des Kommunismus in Südost-Asien einzudämmen. Ein Südost-Asien-Pakt wurde geschlossen, an dem auch Frankreich teilnahm. Mendès-France erleichterte den USA eine Politik der unmittelbaren Unterstützung der südvietnamesischen Regierung in Saigon, wo Ministerpräsident Diem nach und nach Kaiser Bao Dai verdrängte und eine Politik der fortdauernden Teilung des Landes betrieb. Im Oktober 1955 rief Diem die Republik aus. Es war schnell klar geworden, daß Südvietnam nicht in der Lage sein würde, innerhalb der Zweijahresfrist die politische Auseinandersetzung mit dem kommunistischen Norden zu bestehen, der so viel Trümpfe wie möglich in der Hand behielt und die Gegner des Regimes von Saigon auch militärisch unterstützte. Mendès-France hatte sich schon bald, trotz mancher Bedenken, damit einverstanden erklärt, daß man die Zwei-Jahres-Klausel ignorierte und damit das Genfer Abkommen in einem der für Hanoi wichtigsten Punkte formell verletzte. Die Schwierigkeiten, die er wegen des Verlaufs der Debatte über die Europa-Armee mit Washington hatte, legten ihm nah, in den Fragen Südostasiens die Verständigung mit den Amerikanern zu suchen. Sie übernahmen in Südvietnam die Nachfolge Frankreichs.

Das Signal von Tunis

Das Genfer Abkommen über Indochina war noch nicht unterzeichnet, als Mendès-France schon die ersten Vorbereitungen traf, um für die französische Kolonialpolitik ein weiteres Signal zu setzen, diesmal in Nordafrika. Er wollte den Erfolg seiner Indochina-Diplomatie und die Resonanz der Friedensbotschaft ausnutzen, um der Unruhe, die sich überall am südlichen Ufer des Mittelmeers ausbreitete, entgegenzuwirken, bevor sich die Widerstände der französischen Innenpolitik seinen liberalen Absichten entgegenstellen konnten. In Algerien gärte es, in Marokko hatte der französische Generalresident General Guillaume im August 1953 den Sultan Sidi Mohammed Ben Yussef abgesetzt, zunächst nach Korsika, dann nach Madagaskar verbannt und einen neuen Sultan, den alten Sidi Mohammed Ben Arafa, einsetzen lassen. Einige hundert Sabotageakte waren die Folge gewesen, und die Unruhe dauerte an. Sie hatte auch nach Tunesien übergegriffen, wo im März die Vertreter der Unabhängigkeitspartei, des Neo-Destur, aus der Protektorats-Regierung entfernt worden waren, weil dem Generalresidenten ein härteres Regime notwendig schien. Die Folge war auch hier eine verstärkte Unruhe.

Mendès-France nahm sich Tunesien als Versuchsfeld einer neuen Politik vor, weil ihm persönliche Bekanntschaften helfen sollten, und weil die innerpolitischen Rückwirkungen übersehbar schienen. Er ließ den inoffiziellen Pariser Vertreter der nationalistischen Neo-Destur-Partei, Mohammed Masmudi, nach Genf kommen, enthüllte ihm einen Teil seiner Absichten und forderte durch ihn den auf der Atlantikinsel Groix internierten Neo-Destur-Führer Habib Burgiba auf, die nächsten Schritte einer neuen politischen Orientierung vertrauensvoll aufzunehmen. Dann wandte er sich an Marschall Juin, den dienstältesten Offizier der französischen Armee, den man gern „Juin den Afrikaner" nannte, mit der Bitte, ihn nach Tunesien zu begleiten. Damit wollte er die Reaktion der Tunesien-Franzosen abfangen. Er erschien am 31. Juli, zehn Tage also nach dem Waffenstillstand in Indochina, und bot dem Bey von Tunis „die interne Autonomie des tunesischen Staates" an. „Sie wird", so sagte er, „ohne Hintergedanken von der französischen Regierung anerkannt und proklamiert ... Wir sind bereit, auf tunesische Personen und Einrichtungen die interne Ausübung der Souveränität zu übertragen." Um zu bekräftigen, daß es sich diesmal um eine tatsächliche Autonomie und nicht nur um die Anerkennung des Prinzips handele, die schon mehrfach erfolgt war, wurde am 1. August allen gefangenen oder verbannten Führern des Neo-Destur die freie Rückkehr nach Tunis gestattet. Wenige Tage später traten vier von ihnen in eine neu gebildete Regierung ein. Burgiba sprach von einer „entscheidenden Etappe auf dem Weg zur Wiederherstellung der vollen Souveränität". Tatsächlich erreichte er sie in wenigen Jahren, nicht ohne Zwischenfälle, aber ohne Blutvergießen. Die Weichen waren gestellt.

Beginn des Algerienkriegs

Wenn die Ausarbeitung der Verträge über die innere Autonomie länger dauerte als Mendès-France vorgesehen hatte, nämlich bis 1956, dann lag das an den Rückwirkungen eines Ereignisses, das die tunesische Frage weit überragte: am 1. November 1954 brach der algerische Aufstand aus. Dreißig Attentate in einer Nacht an verschiedenen Plätzen, mit unterschiedlichen Mitteln, darunter Überfälle auf Polizeistationen, machten den französischen Behörden klar, daß sie es hier mit der planvollen Vorbereitung einer starken Organisation zu tun hatten. Rundfunksendungen aus Kairo schürten den „Aufstand gegen den französischen Imperialismus". Bald wußte man, daß ehemalige Führer eines geheimen Zweigs der Unabhängigkeitspartei von Messali Hadj, darunter ein früherer Unteroffizier der französischen Armee namens Ahmed Ben Bella, von Kairo aus die Fäden zogen.

Die Regierung Mendès-France beschwor „die Integrität der Republik". Die algerischen Departements seien schon lange französisch; keine Trennung sei denkbar. „Niemals wird eine französische Regierung von diesem Grundprinzip abweichen." Und sein Innenminister François Mitterrand richtete in einem Lagebericht vor der Nationalversammlung folgende Drohung an die Aufständischen: „Algerien ist Frankreich ... Wir werden allen entgegentreten, die die Ruhe stören und einer Sezession den Boden bereiten wollen. Wir werden sie und ihre Komplizen mit allen Mitteln bekämpfen. Es ist nicht zu dulden, daß ein Staatsbürger revoltiert. Sie können auf die Regierung und auf mich zählen! ... Wir werden im übrigen alles tun, damit sich das algerische Volk, integrierter Teil des französischen Volkes, so wie wir selbst zu Hause fühlt."

Aber die französischen Siedler in Algerien – über 900000 – und ihre starke Lobby im Parlament hatten kein genügendes Vertrauen zu dieser Regierung, die in Indochina und Tunesien ein Arrangement mit den autochthonen Kräften gefunden hatte. Am 2. Februar 1955 wurde sie mit 319 gegen 273 Stimmen über die Nordafrikapolitik gestürzt. Die Anhänger der im August an der Nationalversammlung gescheiterten Europa-Armee, voran die Volksrepublikaner, beglichen bei dieser Gelegenheit auch ihre Rechnung mit der Regierung. Über die Grenzen Frankreichs hinaus verbreitete sich die Meinung, daß mehr als nur eine Episode ihr Ende fand. In den USA, wo man Mendès-France lange sehr viel Mißtrauen entgegengebracht hatte, wurde ihm schließlich der Beiname „Superman" gegeben. Aber die Reformen an Wirtschaft und Finanzen und an der Verfassung, die man von ihm erwartete, waren kaum begonnen. Bis zum Ende der IV. Repbulik griff sie niemand mehr auf.

Unabhängig vom Wechsel der Regierungen entwickelte sich in der Armee ein Phänomen, das leicht eine Begleiterscheinung von Kolonialkriegen ist: Ein Teil des Offizierskorps und die Heimat lebten sich auseinander. Die Dschungelkämpfer Indochinas neigten dazu, der Pariser Parlamentswirtschaft – wegen mangelnden Nachschubs, mangelnder Entscheidungen, mangelnder Härte gegenüber dem Gegner – die Schuld an ihren Niederlagen zu geben. In Paris fragten sich manche, welche Prätorianergarde man da draußen heranziehe – und für wen? Der schnelle Wechsel der beiden Kriegsschauplätze Indochina und Algerien half nicht, diese wachsende Entfremdung zu unterbrechen. Dazu kam, daß sich in den Köpfen vieler Offiziere, besonders solcher, die nach Dien Bien Phu oder auch vorher schon durch die Gefangenenlager des Vietminh gegangen waren, eine neue Vorstellung von der Kriegführung in Übersee herausgebildet hatte: eine politische Kriegführung, die das Indoktrinieren der Kämpfenden wie der Bevölkerung, in der sie sich bewegten, nicht nur dem Gegner überließ. Auch neue Beziehungen zwischen Führung und Mannschaft hatten sich bei ihnen entwickelt. Der Einblick in das Wesen der revolutionären Armeen, mit denen sie sich herumgeschlagen hatten, war nicht ohne Wirkung auf ihr eigenes Verhalten geblieben. Sie nahmen kollektive Gewohnheiten an und hatten ihre Riten, die wichtiger werden konnten als das Reglement der Armee. Die Fallschirmtruppe mit ihren Tarnanzügen, ihren Gummistiefeln, ihrem Leopardenschritt fühlte sich als Eliteschule für eine neue Kriegführung. Außerdem natürlich die Fremdenlegion, bei der man sich, die Offiziere vor allem, immer schon als Elite gefühlt hatte. In Algerien wollten sie anwenden, was sie an Erfahrung aus Indochina mitbrachten. So gaben sie dem Krieg, der sich dort entwikkelte, unverwechselbare neue Züge. Auch an der politischen Entwicklung dieses Krieges nahmen sie auf ihre Weise teil.

VII. Das Ende der IV. Republik

Mit den Wahlen vom 2. Januar 1956 hatte sich Frankreich eine Überraschung beschert, die sehr aufschlußreich für die innere Verfassung der Republik war: Die Listen einer bis dahin unbekannten politischen Organisation, die sich „Union zur Verteidigung der Kaufleute und Handwerker“ (UDCA) nannte und die unter dem gallischen Hahn als Wahrzeichen einen munteren, etwas zu rauhen Wahlkampf geführt hatte, brachten es auf rund 2,5 Millionen Stimmen (12,5 v. H.) und 52 Abgeordnete; darunter waren 26 Einzel- meist Lebensmittelhändler, 15 Handwerker und drei kleine Fabrikbesitzer. Sie alle waren unbekannt und wollten es auch bleiben.

Die Poujadisten

Der Mann an der Spitze, der seine Mandatsträger sofort an die Leine von Parteibeschlüssen legte, hieß Pierre Poujade, Papierwarenhändler aus der Gemeinde Saint Céré in der Auvergne. Er war in kurzer Zeit sehr populär geworden. Die ebenso forsche wie respektlose Art, mit der er die Einrichtungen, Würdenträger und bekannten Namen der Republik lächerlich machte, hatte ihm eine weite Aufmerksamkeit gesichert. Man hatte ihn wie eine Erscheinung der politischen Folklore aus der hintersten Provinz behandelt. Auch die geheimen Berichte der Präfekten hatten den Zulauf zu seinen Versammlungen nur als ein Phänomen der Neugier und Volksbelustigung gewertet. Nun warf sein Erfolg alle parlamentarischen Berechnungen über den Haufen. Die meisten Wähler hatte er den Gaullisten abgenommen. Da General de Gaulle demonstrativ nicht zur Wahlurne gegangen war und das auch angekündigt hatte, wurden den Kandidaten, die sich auf ihn beriefen, schon starke Einbußen vorausgesagt. Aber einen Rückgang von 21 auf 4 Prozent der Wähler hatte man auch nicht erwartet. In vielen Wahlkreisen hatten die Poujadisten, wie man sie nannte, das Spiel der Listenverbindungen durcheinandergebracht und durch die Wahlkundschaft, die sie an sich zogen, hier einem Sozialisten, dort einem Konservativen das Rennen erleichtert. Ihre stärkste Wahlparole war die Aufforderung, den bisherigen Abgeordneten die Rückkehr ins Parlament zu verlegen: ,,Sortez les sortants!" Sie war von noch mehr Wählern befolgt worden als den 12,5 Prozent, die direkt den Poujadisten ihre Stimme gaben. Ihre stärksten Erfolge hatten sie in den armen landwirtschaftlichen Departements des Südens und Westens. Die hatten bisher im Süden meist links, im Westen eher die rechte Mitte gewählt. So erklärt es sich, daß der Erfolg Poujades nicht eindeutig rechts oder links einzuordnen war. Um ihn zu definieren – und damit ein Phänomen zu beschreiben, das von Zeit zu Zeit typisch für die politische Szene Frankreichs wird – muß man die Ursprünge betrachten.

Alles hatte damit begonnen, daß der Tischler von Saint Céré, der zufällig als Kommunist zum Gemeinderat gehörte, eine Steuerkontrolle ins Haus bekam, die ihm lästig wurde. Er rief seinen Nachbarn, den gaullistischen Gemeindevertreter und Papierwarenhändler zu Hilfe, der sich oft gemeinsam mit ihm über eine neue Art von ,,fliegenden und polyvalenten", das heißt von grundsätzlich gebietsfremden und vielseitig ausgebildeten Steuerkontrolleuren lustig gemacht hatte. Gemeinsam warfen sie den Beamten zunächst aus dem Haus, dann aus dem Dorf. Das hatte ihnen so gut gefallen, daß sie bald eine Schutzgruppe gegen Steuerkontrollen überhaupt gründeten, die Nachahmung fand. Die Bewegung, zu deren Motor sich immer eindeutiger Pierre Poujade, der Papierwarenhändler, entwickelte, breitete sich wie ein Ölfleck aus. Ende 1954 stellte die Regierung Mendès-France fest, daß man kaum noch einen Steuerkontrolleur ungefährdet südlich der Loire einsetzen konnte. Aus der Einzelaktion war eine stabile Organisation geworden, die auch Finanzämter überfiel, eine Wochenzeitung ,,Fraternité Française" herausgab, ihre aktiven Mitglieder in Steuerfragen schulte und die schließlich gegen Ende 1955, als Neuwahlen zu den Handelskammern stattfanden, die Hälfte dieser Körperschaften in ihre Hand bekam.

Sie bestritt ihre Veranstaltungen zu einem guten Teil mit antiparlamentarischen Schlagworten. Sie fand überhaupt vieles „faul im Staat". Mancher entlassene Berufssoldat, der Indochina erlebt hatte, schloß sich dieser Organisation an. Einige junge Politiker der äußersten Rechten, denen der Start nicht so recht gelungen war, traten ihr bei in der Hoffnung, sie könnten die Richtung schließlich bestimmen. Die Kommunistische Partei versuchte ebenfalls, und zwar über den Tischlermeister und Gemeindevertreter, der die rechte Hand Poujades geblieben war, die Organisation in die Hand zu bekommen. Das alles hatte nicht die erhoffte Wirkung, erhöhte aber die Anziehungskraft. Poujades Frau stammte aus der breiten Mittelschicht der französischen Siedler in Algerien. Das erwies sich als eine solide Verflechtung mit allen Tendenzen zur Verteidigung der französischen Kolonialherrschaft in Nordafrika und mit der Opposition gegen alles, was kompromißverdächtig war. Mendès-France war nicht nur aus diesem Grunde eine besondere Zielscheibe Poujades. Als Regierungschef hatte er sich auch einiges einfallen lassen, um mehr Steuerehrlichkeit zu erreichen. Daß er Jude war, machte ihn diesen Kreisen auch nicht sympathischer. Er hatte einen Kampf gegen den Alkoholkonsum begonnen, was andere Teile der Landbevölkerung gegen ihn aufbrachte und zu Poujade führte. Dessen Kampf gegen die Obrigkeit und ihre Steuereintreiber erinnerte in manchen Gegenden an Bauernaufstände, die zwar schon Generationen zurücklagen, aber darum nicht vergessen waren. Er weckte die gerade in den armen Landstrichen schlummernde Vorstellung, daß der moderne Staat nur eine Fortsetzung des Raubrittertums darstelle. Der Verdacht, daß der Indochinakrieg eine einzige große Devisenschiebung gewesen sei und schon darum mit der Niederlage enden mußte, lag hier auf der Hand. Es genügte wenig, um ihn zur Gewißheit werden zu lassen.

Im ganzen konnte man wohl den Eindruck haben, daß ein in alten Vorstellungen verhaftetes Frankreich gegen moderne Auffassungen von der Entwicklung und der Rolle des Landes rebellierte.

Und es fehlte den Vertretern der Moderne an überzeugenden Erfolgen. Die Reihe der Mißerfolge setzte sich sogar noch in auffallender Weise fort.

Dabei lebten manche Teile der Provinz gerade in diesen Jahren sichtbar auf. Der Handel, das äußere Bild der Städte, das Warenangebot und die Nachfrage belebten sich. Das Brutto-Sozialprodukt lag 1955 um fast 20 v.H. höher als 1952, die industrielle Produktion stieg allein 1955 um zehn Prozent, die Außenhandelsbilanz war positiv und die Preise behielten seit der Zeit Pinays eine relative Stabilität, während das Lohnniveau stieg. Aber die Wahlkreise, in denen Poujade die größten Erfolge hatte, waren gerade solche Gebiete, die von dieser Blüte gar nichts sahen und sich vernachlässigt glaubten. Seine Wähler hatten oft das Gefühl, die neue Zeit gehe an ihnen vorbei oder halte für sie nur Sorgen und Ängste bereit. Die Wachstumsprobleme Frankreichs zeigten sich zum ersten Mal deutlich an den Wahlergebnissen vom 2. Januar 1956: die Tatsache, daß die Modernisierung das alte Land so ungleichmäßig erfaßte, an vielen Strukturen rüttelte, fest verwurzelte Gewohnheiten störte, ohne überall neue Vorteile zu bieten. Die Erfolge Poujades erklärten sich auch damit, daß der Teil der Wählerschaft, der sieben oder acht Jahre lang auf General de Gaulle gewartet hatte, nach seinem Rückzug aus der Politik einen anderen Ausdruck des Protestes gegen das Regime suchte, den er ihr eingeimpft hatte. Außer den Poujadisten zog eine verstärkte kommunistische Mannschaft von 150 Abgeordneten ins Parlament. Die Möglichkeit, stabile Regierungen zu bilden, war trotz der großen Verluste der Gaullisten keineswegs größer geworden.

René Coty beruft ein Minderheitskabinett

Sozialisten und Radikalsozialisten hatten zusammen mit einigen kleinen Gruppen der linken Mitte einen gemeinsamen Wahlkampf unter der Bezeichnung „Republikanische Front“ geführt. Sie hatten insgesamt 170 Abgeordnete, davon waren 95 Sozialisten. Es schien logisch, daß der Staatspräsident mit diesem Lager die Regierungsbildung versuchte. Er beauftragte den sozialistischen Generalsekretär Guy Mollet, und seine Regierung kam auch ohne parlamentarische Hindernisse zustande, sie wurde sogar mit einer komfortablen Mehrheit von 420 gegen 72 Stimmen bestätigt. Nur ein Teil der Konservativen und einige Splittergruppen hatten gegen ihn gestimmt; zum ersten Mal hatte eine Regierung wieder die kommunistischen Stimmen bekommen; die KPF hatte sogar eine Volksfrontregierung vorgeschlagen. Trotzdem waren die inneren Schwierigkeiten der Operation nicht zu verbergen.

Der Staatspräsident René Coty war seit zwei Jahren im Amt. Er hatte am 23. Dezember 1953 nach dreizehn Wahlgängen in dem für diese Wahl zuständigen ,,parlamentarischen Kongreß" aus Abgeordneten und Senatoren eine knappe Mehrheit gefunden. Der ehemalige Senator aus einer kleinen Gruppe der rechten Mitte (die sich ein linkes Etikett gegeben hatte) war ein Verlegenheitskandidat und siegte nicht zuletzt wegen der Unterstützung durch die sogenannten ,,Europäer". Man hatte mit ihm, wie sich später herausstellte, keine schlechte Wahl getroffen. Aber die Peinlichkeit der langen Wahlgänge, die genau eine Woche in Anspruch nahmen und die Spalten der Zeitungen mit Kulissengeschichten füllten, war nicht dazu angetan, ihn mit einer besonderen Autorität auszustatten. Seine erste größere Amtshandlung war dann die Ernennung der Regierung Mendès-France gewesen. Niemand wußte besser als er, mit wieviel innerpolitischen Hypotheken Mendès-France wegen der Indochinalösung und wegen des Beginns der Entkolonisierung in Nordafrika, vor allem aber wegen des Scheiterns der Europäischen Verteidigungsgemeinschaft belastet war. Mendès-France selbst hingegen konnte in diesem politischen Augenblick davon ausgehen, daß das relativ gute Abschneiden der ,,Republikanischen Front" vor allem seinem Namen und dem von ihm im Lande erworbenen Vertrauenskredit zu verdanken war. Er hätte damit rechnen können, wieder an die Spitze der Regierung zu kommen, und sah es als selbstverständlich an, daß man ihm wenigstens die Wahl seines Ministeriums überließ. Er hatte dabei an das Außenministerium gedacht. Das erlaubten ihm aber auf keinen Fall die Volksrepublikaner, die zehn Jahre lang die Außenminister gestellt hatten und tief mit ihm zerstritten waren. Guy Mollet konnte schwerlich gegen den Willen dieser Partei eine dauerhafte Regierung bilden – wenn sie auch nur 73 Abgeordnete hatte (und diese Zahl auch noch den Listenverbindungen verdankte; denn sie hatte diesmal weniger Stimmen erzielt als die Poujadisten).

Die Regierung Guy Mollet bestand schließlich nur aus Angehörigen der „Republikanischen Front" und einigen Abgeordneten aus Übersee. Zwei Gaullisten, mit denen Mollet verhandelt hatte, zogen sich noch kurz vor der Regierungserklärung im Parlament zurück. Es war also eine Minderheitsregierung, die sich auf weniger als 200 von 595 Stimmen verlassen konnte. Die Volksrepublikaner und die gemäßigte Rechte waren zur Unterstützung bereit, gaben damit aber nur eine jederzeit widerrufbare Zusage. Mendès-France, der schließlich nur das Amt eines Staatsministers ohne Geschäftsbereich annahm, erklärte, daß er nach Ablauf einiger Monate über sein weiteres Verbleiben in der Regierung entscheiden werde. Er wollte es von Fortschritten in der Algerienfrage abhängig machen und demissionierte schon am 23. Mai 1956, indem er auf seine Enttäuschung über die Entwicklung der Lage in Algerien hinwies. Trotzdem hatte diese Regierung die längste Lebensdauer in der IV. Republik. Die äußeren Schwierigkeiten, die sie fand, reizten niemanden, sich an ihre Stelle zu drängen. Vor allem aber erwies sich ihre Europa-Politik als der Kitt, der das lockere Bündnis der nichtkommunistischen Linken mit dem Zentrum und einem großen Teil der Rechten zusammenhielt.

Die „Republikanische Front" hatte einen Wahlkampf geführt, in dem das Schlagwort vom „Frieden in Algerien" eine große Rolle spielte. Eines ihrer Plakate verlangte „einen ehrlichen und gerechten Frieden durch Verhandlungen". Zur Begründung dieser Forderung hieß es: „100000 Soldaten sind tot in Indochina geblieben. Wieviel würden in Nordafrika fallen, wenn ein neuer Kolonialkrieg mit einem neuen Dien Bien Phu enden würde?"

Guy Mollet machte am 6. Februar 1956, wenige Tage nach der Bestätigung seiner Regierung durch das Parlament, einen Besuch in Algier, um seinen neuen Algerienminister, General Georges Catroux, dort zu installieren. Er löste den bisherigen Generalresidenten Jacques Soustelle ab, einen bekannten Gaullisten, der von Mendès-France eingesetzt und von den Algerienfranzosen zunächst mit Mißtrauen empfangen worden war. Aber jetzt hatten sie Soustelle mit einer ungeheuren Abschiedskundgebung wie einen der Ihren gefeiert. Diese Kundgebung hätte die Regierung warnen können, daß der neue Mann mit einem Mißtrauen erwartet wurde, dem man mit Vorsicht begegnen mußte. General Catroux war bisher mehr politisch als militärisch hervorgetreten, und zwar immer im Auftrag de Gaulles. Seit 1946 war es still um ihn geworden. Er galt als liberal. Bei den über 900000 Franzosen in Algerien sah man in ihm einen Vorboten des Verrates. Man nahm an, eine sozialistische Regierung, die einen militärischen Rückzug vorbereiten wolle, werde sich dazu eines Generals bedienen, der ihre Politik bejahte. In Wirklichkeit hatte Mollet wohl – im Gegensatz zu Mendès-France – keine konkrete Vorstellung, wie er aus dem algerischen Debakel herauskommen sollte. An einen militärischen Rückzug hatte er kaum gedacht, sondern nur an einen politischen Kompromiß, der an der Zugehörigkeit Algeriens zu Frankreich möglichst nichts änderte.

Ein Ministerpräsident kapituliert

Am 6. Februar 1956 wurde Mollet in Algerien mit einem unbeschreiblichen Tumult empfangen. Während der traditionellen Schweigeminute am Gefallenen-Denkmal wurde er mit Tomaten und Orangen beworfen. Die Polizei mußte mit Tränengas seinen Rückzug decken. Die Menge verlangte die Absetzung von Catroux, der eben erst ernannt war – und sie erfuhr noch im Laufe desselben Nachmittags, daß der Regierungschef ihrer Forderung nachgeben werde. Catroux wurde durch Robert Lacoste ersetzt, einen Parteifreund Mollets, der in Algerien schnell die Erfahrung machte, daß die vielgeschmähten Kolonialherren in ihrer großen Mehrheit kleine Leute und gewerkschaftlich organisiert waren – wie er. Seine Politik war bald so, daß sie sich von ihm verstanden fühlten.

Mollet sah später ein, daß er am 6. Februar einen Fehler gemacht hatte – aber da war es zu spät. Die führenden Kreise der Algerienfranzosen hatten zum ersten Mal deutlich erfahren, daß sie der Pariser Regierung das Gesetz des Handelns vorschreiben konnten. Sie waren nicht bereit, diese Erfahrung wieder zu vergessen. Und sie hatten nun ein Regierungsmitglied, nicht nur einen Generalresidenten, sondern den Algerienminister selbst, in den Mauern Algiers, wo auch die „kleinen Weißen" ein Stück Kolonialherrlichkeit genossen.

Die Verhaftung Ben Bellas

Einige Monate später, im Oktober, verlor die Regierung Mollet ein zweites Mal das Gesicht – diesmal allerdings so, daß sie sich vor der französischen Öffentlichkeit eines Meisterstücks rühmen konnte. Einige militärische Stellen hatten ihr das Gesetz des Handelns aus der Hand genommen: sie zwangen ein marokkanisches Flugzeug, das auf dem Weg nach Tunis war und in dem sich der führende Kopf des algerischen Aufstandes befand, zur Landung auf algerischem Boden: Ahmed Ben Bella, der normalerweise von Kairo aus operierte, wollte sich in Tunis mit inneren und äußeren Führern des Aufstandes treffen. Mit ihm reisten vier weitere Führer der Aufstandsbewegung. Die Geheimdienste hatten ihre Spur aufgenommen. Nun saßen sie in einem französischen Gefängnis. Es hatte bisher nicht an Versuchen Mollets gefehlt, in ein geheimes Gespräch mit den Aufständischen zu kommen. Die Marschroute, die er für eine Regelung des Konflikts vorschrieb – erst Waffenstillstand, dann freie Wahlen, dann Verhandlungen – war von der Rebellion immer als der Weg in eine Falle analysiert worden. Der Piratenstreich gegen Ben Bella schien dieser Deutung recht zu geben.

Zunächst verschlechterten sich die Beziehungen mit Marokko und Tunis, über die auch Friedensfühler gelaufen waren. In Paris trat der Staatssekretär für die marokkanischen und tunesischen Angelegenheiten, der Sozialist Alain Savary, zurück. Als er seine Demission überreichte, riet ihm sein Dienstherr, der Außenminister Christian Pineau, er solle sie vorläufig zurücknehmen, in einigen Tagen werde er anders denken; denn eine entscheidende Aktion stehe bevor. Die Vorbereitungen zum israelisch-englisch-französischen Angriff auf den Suezkanal waren abgeschlossen. Pineau weihte Savary in großen Zügen ein und erhielt die Antwort: ,,Wenn mir das Vorgehen gegen Ben Bella nicht gereicht hätte, nach dieser neuen Dummheit sähe ich auf keinen Fall mehr einen Platz für mich in der Regierung.“

Das französisch-englische Suez-Abenteuer

Mollet, sein Außen- und sein Verteidigungsminister glaubten sich plötzlich vor der Möglichkeit, das Algerienproblem mit einem Hieb durch den gordischen Knoten zu lösen – indem sie Ägypten und seinen Staatspräsidenten Nasser zu Boden warfen. Nasser war ein Symbol für den Willen zur Unabhängigkeit in der arabischen Welt geworden. In Kairo war auch der Kopf der algerischen Aufstandsbewegung und eine wichtige Quelle ihrer militärischen Kraft.

Nasser hatte am 26. Juli 1956 den Suezkanal und die Internationale Suezkanal-Gesellschaft nationalisiert und damit auf die Annullierung eines amerikanischen Kreditangebots für den Bau des Assuan-Staudamms geantwortet. Die Maßnahme hatte internationales Recht gebrochen, insbesondere aber englische und französische Interessen verletzt; sie stellte das freie Durchfahrtsrecht, das in den Statuten der Internationalen Gesellschaft verankert war, in Frage. London und Paris waren für energische Gegenmaßnahmen, notfalls auch für eine militärische Intervention, Washington bremste diesen Eifer. Aus dieser Situation entstand ein geheimer Plan für eine getarnte Intervention, zu der Israel den Vorwand liefern sollte.

Mit Israel hatte die Vierte Republik eine enge Zusammenarbeit entwickelt, vor allem auf militärischem Gebiet; sie lieferte dem jüdischen Staat die meisten und vor allem die wichtigsten Waffen.

Die Beteiligung Israels an dem englisch-französischen Komplott wurde eine französische Angelegenheit. Mollet widmete sich ihr ganz besonders gern, weil die engen französisch-israelischen Beziehungen schon immer in besonderer Weise eine Sache der sozialistischen Partei gewesen waren und weil es auch ganz im Sinne der Tradition seiner Partei war, wenn er ein möglichst enges Verhältnis zu England herstellte – und es intimer und konspirativer gestalten konnte als es seinem Gegenspieler Mendès-France je gelungen war.

Israel, das in ägyptisch-jordanischen Kriegsvorbereitungen einen bequemen Vorwand fand, begann mit starken Verbänden in der Nacht vom 30. zum 31. Oktober einen Angriff auf die Sinai-Halbinsel, um den dort befindlichen Teil der ägyptischen Streitkräfte einzukreisen. Frankreich und England forderten mit einem Ultimatum sowohl Israel wie Ägypten auf, ihre Truppen sofort zurückzuziehen. Da sie wußten, daß diese Aufforderung wirkungslos bleiben würde, konnten sie nun ihre eigenen Kriegsvorbereitungen offen weiter verfolgen. Am 31. Oktober begannen Bombenangriffe auf die Suezkanal-Zone. Am 5. November wurden Fallschirmeinheiten abgesetzt. Am 6. November konnte alles erledigt sein; das war der Tag der amerikanischen Präsidentenwahlen; Eisenhower suchte die Bestätigung für eine zweite Amtszeit. Man ging davon aus, daß er außenpolitisch nicht voll aktionsfähig sein würde. Von den Sowjets konnte man dasselbe annehmen. Sie hatten zunächst mit einem polnischen Aufstand fertig werden müssen und standen seit Mitte Oktober vor der Frage, wie sie mit einer ungarischen Revolution fertig werden sollten. Aber die USA legten dem Weltsicherheitsrat schon am 2. November eine Entschließung vor, die die sofortige Einstellung der französisch-englischen Kampfhandlungen am Suez-Kanal verlangte. Eisenhower übte einen starken Druck auf Paris und London, besonders aber auf Premierminister Eden aus. Und in der Nacht zum 6. November, kaum zwei Tage nach dem Einmarsch sowjetischer Panzer in Budapest, der einen Protestschrei in der ganzen freien Welt ausgelöst hatte, richtete Moskau ein Ultimatum an London und Paris. Darin wurde ziemlich unverhüllt mit der Atombombe, jedenfalls mit „der Gefahr schrecklicher Verwüstungen" gedroht. Daraufhin entschloß sich zunächst die englische, dann die französische Regierung, die Kämpfe in Ägypten einzustellen.

Frankreich hatte mit einem Schlag die letzten Sympathien in der arabischen Welt verloren, beide Weltmächte gegen sich aufgebracht und überall das Unbehagen über den Algerienkrieg vermehrt; denn niemand zweifelte, obwohl es in Paris bestritten wurde, daß die ganze Suez-Operation ein Versuch gewesen war, den algerischen Aufstand entscheidend zu treffen. Gleichzeitig hatte die französische Regierung ihrer Armee einen Sieg aus der Hand genommen, der schon so gut wie errungen war; sie zog verärgert aus Ägypten ab.

Guy Mollet und die Bilanz der IV. Republik

Vielen blieben die Motive von Guy Mollet, der durchaus Sinn für die Autorität des Staates hatte, rätselhaft. Vielleicht war sein zwiespältiges Verhalten – sich auf der einen Seite dem fait accompli lokaler Stellen zu beugen und fast gleichzeitig die Verantwortung für ein großes militärisches Abenteuer auf sich zu nehmen – charakteristisch für diesen langjährigen Generalsekretär der sozialistischen Partei. Es wurde von vielen seiner Parteifreunde, die später, als sein Abstieg begonnen hatte, immer mehr von ihm abrückten, so empfunden, – jedenfalls so dargestellt. Er war wohl der Politiker der IV. Republik, der am meisten Bewunderung und Ablehnung erfuhr – beides an verschiedenen Orten und zu verschiedenen Zeiten.

Wenn er auf der Tribüne des sozialistischen Parteikongresses stand, beherrschte er die Versammlung. Das Tauziehen zwischen ihm und seinem jahrelangen Gegenspieler Gaston Defferre, dem Bürgermeister von Marseille, gab den meisten dieser Veranstaltungen die Würze. Und das nicht nur, weil sich hier zwei typische und auf ihre Art erfolgreiche Vertreter des Nordens und des Südens gegenüberstanden. Viele Hiebe, die sie sich gegenseitig versetzten, erinnerten an die Fußtritte unter dem Tisch, mit denen sich die Angehörigen der gleichen Familie traktieren, während sie der Familienrunde ein Bild von Eintracht bieten. Die aufmerksamen Zuschauer zählten immer mehr Treffer zugunsten Mollets. Er war besser vorbereitet und hatte eine trockene, sarkastische Art der Replik, die manche Parteigenossen zur Bewunderung hinriß. Außerdem zog er virtuos alle Register des Apparats. Wer weiß, wie viele unterschiedliche Meinungen und Strömungen es in der sozialistischen Partei Frankreichs gibt, wird dem, der hier jahrelang wie ein Lehrer vor einer schwierigen Schulklasse eine unbestrittene Autorität bewahrte, nicht die Achtung versagen. Er war immer stolz darauf, daß ihm als Kriegswaise und „Hätschelkind der Nation" ein arbeitsreicher aber stetiger sozialer Aufstieg bis zur Anstellung als Gymnasialprofessor gelungen war. Krieg und Widerstand hatten ihn dann zur Politik gebracht. Sein Wort, Frankreich habe „die dümmste Rechte der Welt" wurde später, als er gestürzt war, in einigen Parteikreisen dahin ergänzt, daß Guy Mollet aber offenbar noch dümmer gewesen sei; denn er habe sich jahrelang von dieser Rechten einfangen lassen.

Unbestreitbar vollbrachte seine Regierung neben ausgesprochenen Dummheiten auch einige dauerhafte Leistungen: Sie legte die vertraglichen Grundlagen für Frankreichs Beitritt zum Gemeinsamen Markt, sie räumte mit dem Saarabkommen das letzte Hindernis zur deutsch-französischen Aussöhnung beiseite, und sie schuf die praktischen Voraussetzungen für den schnellen Aufbau der französischen Atommacht unter der V. Republik.

Man wird in Mollet immer einen typischen Vertreter der IV. Republik sehen müssen und eine ihrer wichtigsten Stützen. Aber ohne die ständige Bereitschaft seiner Partei zur Mitarbeit oder wenigstens zur konstruktiven Opposition wären nach dem Ausscheiden der Kommunisten aus der Regierung und nach dem Wahlsieg der Gaullisten 1951 und der Poujadisten 1956 kaum jemals regierungsfähige Mehrheiten zustande gekommen. Die Bereitschaft der Sozialisten erstreckte sich vor allem auf zwei Gebiete, in denen die positiven Leistungen dieser Republik nicht geleugnet werden können: Die Konstruktion Europas vom Schumanplan bis zum Gemeinsamen Markt konnte mit ihrer Unterstützung rechnen. Ihr

Generalsekretär Guy Mollet setzte seinen großen persönlichen Ehrgeiz für diese Politik ein, die allen beteiligten Franzosen auch gleichzeitig als der beste Rahmen für die deutsch-französische Zusammenarbeit erschien, deren Notwendigkeit unbestritten war. Die zweite politische Aufgabe, der sich die IV. Republik widmete und an der die Sozialisten führend beteiligt waren, bestand in der systematischen Fortführung der Aufbaupläne, deren erster 1946 von Jean Monnet vorgelegt worden war. Diese Zielsetzung und Methode behielt einen erheblichen Stellenwert. Das bedeutete auch die Öffnung zum Weltmarkt und die Vorbereitung der französischen Industrie auf diese neue Rolle. Damit war immer die Priorität von Investitionen einer gewissen Größenordnung *vor* den Forderungen des Konsums verbunden. Daß die Sozialisten diese Politik mittrugen, war vielleicht ihr größter Beitrag zu einer Entwicklung, die erst unter der V. Republik zu weithin sichtbaren Erfolgen führte. Denn daß Frankreich die zweite Industrienation Europas wurde – vor England –, das geschah auf den Grundlagen, die die IV. Republik gelegt hatte.

Das eigentliche Kennzeichen ihrer Schwäche war die politische Instabilität und der Verfall der Währung. Aber der Hang zur Inflation ist schon ein Kennzeichen der Dritten Republik gewesen, und auch die Fünfte ist mit ihm nur immer vorübergehend fertig geworden. Er gehört zum französischen Gesellschaftssystem, wenn nicht zum Volkscharakter.

Viele Regierungen haben in den letzten vierzig Jahren versprochen, sie würden den „Reigen der Preisschilder" („la valse des étiquettes") stoppen. Sie blieben ziemlich machtlos gegenüber der Gewohnheit des weitverzweigten Handels, jede Änderung in den Gestehungskosten mit eigenem Gewinn an die Käufer weiterzugeben und möglichst schon die nächste und übernächste Erhöhung der Einkaufspreise und Geschäftsunkosten vorwegzunehmen. Die Überzeugung, daß jeder, der es sich leisten kann, vor allem der Staat selbst, an einer kontinuierlichen, gerade noch überschaubaren Entwertung des Geldes verdienen will, ist kaum auszurotten.

Die labilen politischen Verhältnisse lagen zu einem guten Teil in der Verfassung begründet, die sich die IV. Republik gegeben hatte.

Die Allmacht des Parlaments, die völlige Abhängigkeit der Regierungen von den Interessenkombinationen der Parteien, war nicht beabsichtigt und nicht vorausgesehen worden. Aber man hatte schließlich gelernt, mit diesem System zu leben. Zur Kunst des Regierens gehörte auch ein Spiel mit der Regierungskrise. Der Sturz eines Ministers mußte sich so vollziehen, daß er in die nächste Kombination, die sich ja schon anbahnte, wieder hineinpaßte. Den meisten gelang das, wenn sie es wollten. So blieb unter dem schnellen Wechsel der Regierungen – ihr durchschnittliches Lebensalter betrug wenig mehr als sieben Monate – das regierende Personal doch relativ stabil. Alles vollzog sich so, als bildete das Parlament jeweils für bestimmte vordringliche Aufgaben einen Exekutiv-Ausschuß, der sich Regierung nannte. Für normale Aufgaben genügte das. Schicksalsfragen waren damit nicht, oder nur in seltenen Fällen zu meistern. Die Berufung von Mendès-France zum Zweck der Beendigung des Indochinakriegs war ein solcher Fall. Das umfassende Problem der Entkolonisierung in Afrika, von dem Millionen französischer Existenzen direkt und indirekt betroffen waren, ging über die Kräfte des Regimes hinaus.

Die unbewältigte Aufgabe: Algerien

Schon 1956 standen fast 400000 Mann französischer Truppen in Algerien. Die Zahl wurde so lange erhöht, bis fast alles, was Frankreich unter Waffen hatte, auch ein Teil seiner in der Bundesrepublik stationierten Verbände, in Algerien eingesetzt war; dann verlängerte man auch noch beträchtlich die Dienstzeit. Diese Armee beherrschte militärisch die Situation. Aber sie konnte keine Ruhe in Algerien erzwingen, weil die Aufständischen immer wieder an einzelnen Stellen unerwartet zuschlugen. Am meisten Ruhe herrschte noch in der Stadt Algier und ihrer unmittelbaren Umgebung, seitdem der Fallschirmgeneral Massu eine Säuberungsaktion durchgeführt hatte, nach deren Abschluß auch die Altstadt, die Kasbah, wieder für Europäer betretbar war. Aber daraufhin wurden die Vorwürfe gegen Mollet und seinen Justizminister François

Mitterrand wegen der Methoden des Vorgehens so laut, daß sie einer parlamentarischen Untersuchungskommission zustimmen mußten. Sie deckte im Januar und Februar 1957 in Algier ,,beunruhigende Tatbestände" auf. Sie bestätigte damit den Verdacht, daß gefoltert wurde. In Frankreich hatte sich längst eine Bewegung gegen diese Entwicklung des Krieges gebildet. Es formierte sich eine Linke außerhalb der großen Linksparteien. Sie trug nicht wenig dazu bei, daß die Autorität der Regierung immer schwächer wurde. Wenn man von den Gruppen absieht, die sich der algerischen Aufstandsbewegung für Kurier- und ähnliche Dienste zur Verfügung stellten, kann man sie nur als eine diffuse politische Kraft charakterisieren, deren Vorhandensein und Wirken noch zehn Jahre später, in den Unruhen des Mai 1968 zu spüren war.

Drinnen und draußen verlor die IV. Republik durch den Algerienkrieg Kredit. Auf die beiden Regierungen von Bourgès-Maunoury und Gaillard, die im Juni und im November 1957 der Regierung Mollet folgten, wurde starker äußerer Druck ausgeübt, um sie für eine internationale Vermittlungsaktion und einen Kompromiß zu gewinnen. Dieser Druck wurde besonders stark, als die französische Luftwaffe am 8. Februar 1958 das Dorf Sakhiet in Tunesien bombardiert hatte, weil sie an diesem Ort, in Grenznähe, einen Stützpunkt der Aufständischen vermutete. Sie griff an einem Markttag an und tötete 69 Zivilisten, darunter 21 Kinder. Die Regierung Félix Gaillard überlebte die Aufregung, die um diesen Angriff entstanden war, nur bis zum 15. April 1958. Sie wurde wegen des Vorschlags, einer internationalen Vermittlung weiter zuzustimmen, gestürzt.

Der Weltsicherheitsrat hatte als Folge der tunesischen Beschwerde über den französischen Angriff eine Kommission aus dem amerikanischen Unterstaatssekretär Robert Murphy und dem englischen Unterstaatssekretär Harald Beeley gebildet, die zwischen Frankreich und Tunesien vermitteln sollte. Paris hatte ihr unter der Bedingung zugestimmt, daß die algerische Frage außerhalb ihrer Kompetenzen bleibe. Bei ihren ersten Bemühungen, die zwischen Frankreich und Tunesien schwebenden Streitfragen zu regeln, hatte die ,,Mission der guten Dienste" kleine Erfolge erzielt, aber keine Fortschritte in der Frage gemacht, mit der die Durchlässigkeit und Kontrolle der tunesisch-französischen Grenze zusammenhing, also mit dem Algerienkrieg. Sie konnte kaum ihre Arbeiten fortsetzen, ohne diesmal Fragen des algerischen Kriegsschauplatzes einzubeziehen. Die Regierung Gaillard war mit dieser Entwicklung unausgesprochen einverstanden. Sie wurde von der doppelten Opposition der Kommunisten und des größten Teils der Rechten, einschließlich der Poujadisten und der Gaullisten, am 15. April gestürzt. Sie hatte fünf Monate und zehn Tage regiert, ihre Vorgängerin drei Monate und zwanzig Tage. Die sogenannte „dritte Kraft", die in den ersten Jahren das Rückgrat der IV. Republik gebildet hatte, war eindeutig verbraucht. Bei der Polemik gegen die Regierung und gegen die „Mission der guten Dienste" hatte die Tatsache eine Rolle gespielt, daß Robert Murphy schon während des Krieges als amerikanischer Diplomat in Algier gewesen war, zu einer Zeit also, die einen besonderen Tiefstand der Beziehungen zwischen Roosevelt und de Gaulle gesehen hatte. Der gaullistische Sprecher, der frühere Algeriengouverneur Soustelle, verglich die Annahme der „guten Dienste" mit dem Münchener Abkommen von 1938, also mit einer Kapitulation.

Die Algerienfranzosen beobachteten die nun folgenden Bemühungen um eine Neubildung der Regierung mit dem dringenden Verdacht, daß sich der „Verrat" endgültig vorbereite. Am 13. Mai wurde das Generalgouvernement in Algier gestürmt und ein „Wohlfahrtsausschuß" gebildet, der Einfluß auf die Regierungsbildung in Paris verlangte. Ihm traten einige Stunden später mehrere Offiziere, darunter General Massu, bei. Wahrscheinlich hatten sie nur die Absicht, die Bewegung unter ihre Kontrolle zu bringen. In Paris wurden die Vorgänge aber als die Vorboten des Abfalls und des Ungehorsams der Armee gewertet. Die letzte Stunde der IV. Republik hatte geschlagen.

VIII. Ein Retter wird gebraucht: de Gaulle

Am 19. Mai 1958 gab General de Gaulle eine Pressekonferenz, die erste nach vier Jahren, in der verblaßten Plüschdekoration eines weiträumigen alten Pariser Hotels und erklärte: ,,Der Augenblick scheint gekommen, wo es mir erneut möglich sein könnte, Frankreich noch einmal und in direkter Weise nützlich zu sein." Neben einigen hundert Journalisten drängten sich politische Beobachter aller Art und Länder in dem Saal. Vor dem Gebäude, am Seine-Quai, waren zwei gepanzerte Polizeiwagen aufgefahren. Auch sonst verhielt sich die Polizei nicht gerade diskret. Die Vorahnung eines Bürgerkriegs lag in der Luft. Die Parteien und Organisationen der Linken hatten sich seit dem 13. Mai mit Aufrufen und Protesten an die Adresse der ,,Aufrührer in Algier" gegenseitig überboten. Im Parlament, in den Zeitungen, im Rundfunk war mit Bedacht immer wieder die gleiche Frage gestellt worden: ,,Wird sich de Gaulle von dem Staatsstreichversuch in Algier distanzieren?" Praktisch hieß das: Tut er es nicht, werden wir ihn der Beteiligung am Komplott verdächtigen. Der Oberbefehlshaber in Algerien, General Salan, hatte vor vier Tagen bei einer der täglichen Kundgebungen in Algier mit einem Hochruf auf de Gaulle geschlossen.

In der Umgebung des Innenministers, der seit zwei Tagen wieder Jules Moch hieß, fragte man sich, was zu tun sei, um die Republik zu verteidigen. Schon zwischen 1947 und 1950 sah man sie nicht nur von Kommunisten bedroht. Mußte, konnte, durfte man sich jetzt vielleicht darauf einrichten, mit präventiver Gewalt einem Versuch zu begegnen, General de Gaulle wieder an die Macht zu bringen? Und wo sollte man ansetzen? Zwischen Paris und Algier, wo die Gegengewalt saß, war die Lage völlig verworren. Die Regierung hatte General Salan erneut mit Vollmachten ausgestattet, obwohl sie ihm mißtraute. Sie konnte nicht wagen, die Verbindungen abzubrechen, und sie mußte denen, die in Algier für die öffentliche Ordnung verantwortlich waren, den Rücken stärken. Gerüchte wollten wissen, daß eine Landung von Fallschirmeinheiten in Frankreich, auch in der Umgebung von Paris, vorbereitet werde. Später erfuhr man, daß die Vermutungen durchaus begründet waren.

In der Pressekonferenz wurde General de Gaulle die Frage gestellt, ob, falls er die Regierung übernehme, er auch die demokratischen Grundrechte garantiere? – Das war der einzige Augenblick, wo er die Ruhe verlor. Er brauste auf, gestikulierte, seine Stimme überschlug sich: „Wo habe ich jemals die demokratischen Grundrechte in Frage gestellt? – Soll ich mit 67 Jahren die Laufbahn eines Diktators beginnen?" Er erinnerte daran, daß er 1944 die Demokratie wieder aufrichtete, durch soziale Gesetze stärkte. Er warb vor allem um die Sozialisten, von deren Zustimmung es letzten Endes abhängen mußte, ob er auf legale Weise wieder an die Regierung kam. Acht Tage später schrieb er an Vincent Auriol, den ersten sozialistischen Staatspräsidenten der IV. Republik: „Ich wäre nicht bereit, die Macht aus einer anderen Quelle zu übernehmen als aus dem Volk, oder wenigstens von seinen Vertretern." – Auch jetzt, in der Pressekonferenz, überließ er die volle Verantwortung für den weiteren Gang der Dinge „der Regierung, den Parteien, der Öffentlichkeit" und schloß: „Ich gehe in mein Dorf zurück und halte mich dort dem Land zur Verfügung."

Zwischen Paris und Colombey-les-deux-Églises

Niemand hatte in diesen Tagen einen klaren Überblick. Die Regierung sah, daß in Algerien keine einheitliche Kraft am Werk war, daß die aktivistischen Gruppen der Algerienfranzosen und die Führung der Armee keineswegs in dieselbe Richtung zogen und daß es auch bei den Zivilisten verschiedene Tendenzen gab. Im Parlament fand sie plötzlich eine unerwartet starke Grundlage. Nachdem zunächst überhaupt keine Mehrheit zustande kommen wollte, wurde in der Nacht zum 14. Mai unter dem Eindruck der Ereignisse von

Algier die neugebildete Regierung des Volksrepublikaners Pflimlin mit 274 gegen 129 Stimmen bei 137 Stimmenthaltungen bestätigt. Die Kommunisten enthielten sich der Stimme. Die Sozialisten engagierten sich stärker als erwartet. Ihr Generalsekretär Guy Mollet trat am 15. Mai als Stellvertretender Ministerpräsident in das Kabinett ein. Pinay und ein Teil der gemäßigten Rechten blieben mit Pflimlin in Tuchfühlung und gaben ihre Stimmen der Regierung.

General de Gaulle saß in seinem Haus in Colombey-les-deux-Églises, wo ihn seine beiden Mitarbeiter Olivier Guichard und Jean Jacques Foccard jederzeit erreichen konnten und gelegentlich aufsuchten. Er empfing zunächst wenig Besuche. Nach dem 19. Mai verstärkte sich der Besucherverkehr. Einflußreiche Politiker traten die Reise nach Colombey an; die wichtigsten waren Antoine Pinay und Guy Mollet.

In Algier verstärkten von Tag zu Tag die Gaullisten ihre Anwesenheit und ihren Einfluß. Sie bildeten keineswegs die einzige Konspiration. Langjährige Beobachter vor Ort haben ausgerechnet, daß es am 13. Mai nicht weniger als dreizehn Verschwörungen gab. Unter ihnen hatten die Gaullisten von Anfang an ein klares Ziel: sie wollten die unvermeidliche Krise der Algerienpolitik benutzen, um General de Gaulle wieder an die Macht zu bringen. Und sie hatten die beste Übersicht über den zivilen wie über den militärischen Bereich. Bis zum 14. Mai war einer ihrer einflußreichsten Männer, Jacques Chaban-Delmas, in Paris Verteidigungsminister. Er hatte zunächst einen, dann zwei Mitarbeiter seines Arbeitskabinetts nach Algier delegiert, vor Monaten schon Léon Delbecque, einen 34jährigen Gaullisten, den das große Abenteuer der Widerstandsbewegung nicht mehr losließ. Es gibt auch in Frankreich Menschen, die von Männerbünden und von einer Atmosphäre ständiger Mobilmachung angezogen werden. Delbecque suchte und fand dieses Element bei den gaullistischen Organisationen. Er hatte sich der Sammlungsbewegung gewidmet, vor allem Arbeitsgruppen im Norden Frankreichs gegründet und war nach dem Ende der RPF von ihrer parlamentarischen Nachfolge-Organisation, den „Sozialrepublikanern“, angestellt worden. Für sie hatte er einige schwierige Aufträge in Afrika erledigt und hatte in den abgelaufenen Wochen, in denen sich die Krise zuspitzte, auch zweimal General de Gaulle in Colombey gesehen. Er hatte Zugang zu General Salan und stand in Verbindung mit allen politischen Gruppen. Er war es gewesen, der am 15. Mai Salan geraten hatte, seine Rede mit einem Hochruf auf de Gaulle zu beenden. Im allgemeinen hatten weder die Militärs noch die Algerienfranzosen eine ausgeprägte Vorliebe für de Gaulle. Sie wollten einfach einen starken Staat, der in der Lage sein sollte, Algerien französisch zu erhalten. Die in Algier anwesenden Gaullisten bemühten sich, ihr Vertrauen in die Absichten de Gaulles zu stärken. In Paris ließ de Gaulle dagegen verbreiten, daß er eine föderalistische oder konföderalistische Lösung für Algerien anstrebe.

Je länger die Krise andauerte, um so mehr erschien er als der Retter in der Not. Am 24. Mai landeten Fallschirmeinheiten von Algerien in Korsika. Örtliche Komitees proklamierten, daß sie sich den Forderungen von Algier anschlössen. Die französische Regierung, die immer noch einen Überfall auf Paris fürchtete, zog vor, nicht ihre letzten Karten in Korsika zu verspielen. Sie war machtlos. Der Algerienminister konnte nicht nach Algerien, der Verteidigungsminister war ohne Armee und der Innenminister wußte nicht, wieweit er sich noch auf die Polizei verlassen konnte.

Am 26. Mai abends kam eine geheime Unterredung zwischen General de Gaulle und Ministerpräsident Pflimlin in einem Schloß bei Paris zustande. Sie endete ergebnislos. Pflimlin erwartete von de Gaulle, daß er vor Verhandlungen über eine Regierungsbildung den Aufruhr in Algerien beende, sich jedenfalls von ihm distanziere; de Gaulle antwortete, daß er seine Autorität nicht schon aufs Spiel setzen könne, bevor er sie legal ausübe.

Am Vormittag des 27. entschloß er sich dann, für den letzten Akt des Dramas die Spielleitung fest in seine Hand zu nehmen. Er veröffentlichte ein Kommuniqué, in dem er erklärte, er habe „gestern die notwendige reguläre Prozedur zur Bildung einer republikanischen Regierung begonnen". Dann wandte er sich an die Armee mit der Aufforderung, in beispielhafter Disziplin ihren drei namentlich von ihm genannten Befehlshabern zu folgen, mit denen er unverzüglich Kontakt aufnehmen werde. Er bat bald darauf General Salan, ihn durch einen Vertreter über die genaue Lage unterrichten zu lassen. Ministerpräsident Pflimlin, der zunächst mit einem Dementi auf die Behauptung von der ,,regulären Prozedur zur Bildung der Regierung" antworten wollte – damit aber auf den Widerstand von Staatspräsident Coty stieß –, trat mit seiner Regierung zurück. Am 28. empfing de Gaulle in Colombey den Stabschef Salans, General Dulac, begleitet von drei Offizieren, der ihm die Pläne für drei Lande-Operationen in Frankreich vorlegte und sich freundlich verabschiedet sah mit den Worten, General Salan werde schon wissen, was er zu tun habe. Nun lagen alle Karten in der Hand de Gaulles.

Am gleichen Tag erlebte Paris eine gewaltige Demonstration der Linken ,,zur Verteidigung der Republik". Ein Streikaufruf wurde dagegen im ganzen Land nur mäßig befolgt. Offensichtlich war die Arbeiterschaft nicht bereit, sich für diese Republik zu schlagen. Am 31. Mai beschlossen Abgeordnete und Senatoren der sozialistischen Partei mit 77 gegen 74 Stimmen, einer Regierungsbildung durch General de Gaulle zuzustimmen. Am Sonntag, dem 1. Juni, erschien de Gaulle – zum letzten Mal in seinem Leben – vor dem Parlament, gab eine Regierungserklärung ab und wurde bestätigt. Seine Regierung erhielt auch die geforderten Vollmachten, um eine neue Verfassung auszuarbeiten. Die Mehrheit der Sozialisten und andere, ebenso dem inneren Zwiespalt ausgesetzte politische Kräfte wählten diese Lösung als das kleinere Übel zwischen zwei anderen, die sie offen befürchteten: Sie wollten sich nicht auf die mobilisierende Kraft der kommunistischen Partei verlassen, um die IV. Republik zu verteidigen, und sie wollten auch nicht ,,Frankreich einem Obristenregime aus Algier ausliefern". Denn als treibende Kraft hinter Salan und den anderen militärischen Führern zeichnete sich bereits die politisierende Gruppe von Obersten ab, die später noch einen Teil der Armee aufwiegelte. Die Abgeordneten der Nationalversammlung, die de Gaulle mit einer Mehrheit von 350:161 Stimmen bei 70 Enthaltungen installierten, hofften im Stillen, er werde ihnen die Sorgen um Algerien abnehmen und nach getaner Arbeit wieder verärgert gehn – wie 1946.

Erste Schritte der Regierung de Gaulle

Die Umstände, unter denen die V. Republik zustande kam, sind ihr später von seiten der Linken gelegentlich als demokratische Geburtsfehler angelastet worden. Formaljuristisch ist ein solcher Vorwurf nicht zu begründen. Die Tatsache, daß die IV. Republik unter der Drohung eines Bürgerkriegs abdankte und daß General de Gaulle daraus Nutzen zog, ist ein politisches Faktum, aus dem kaum moralische Urteile abgeleitet werden können. Jeder sah längst, daß sich in dem Teil Frankreichs, der Algerien hieß, eine Fronde zusammenbraute und daß sie auf die Armee überzugreifen drohte. Wenn das Regime zu schwach war, diese Entwicklung abzuwenden, mußte etwas anderes an seine Stelle treten. Die große Mehrheit der Franzosen, ihre parlamentarischen Vertreter eingerechnet, war damals zufrieden, daß es diese andere Lösung gab. General de Gaulle hatte auch immer deutlich ausgesprochen, daß er nicht regieren wolle, um die von ihm verachtete Verfassung der IV. Republik zu retten. Innenpolitisch konnte jeder die Entwicklung voraussehen. Zwei große Fragezeichen bildeten Algerien und die Außenpolitik. Die erste Frage: Wie wollte er politisch mit dem algerischen Aufstand fertigwerden, dem militärisch nicht beizukommen war? – Die zweite: Wollte er etwa seine Opposition gegen die NATO und gegen die bisherige Europapolitik aufrechterhalten und die 1944 von ihm eingeleitete Rußlandpolitik an die Stelle der geltenden Bündnisse zu setzen suchen?

Er bildete eine breite Regierung, die alle wichtigen Kräfte der IV. Republik außer den Kommunisten zusammenfaßte und in die Guy Mollet, Antoine Pinay und Pierre Pflimlin als Minister eintraten. Sie nahmen aktiv Anteil an den Arbeiten für die neue Verfassung, die unter Leitung des Gaullisten Michel Debré als Justizminister sofort aufgenommen wurden, und sie setzten sich später für die Annahme der neuen Verfassung ein. Schwerwiegende politische Meinungsverschiedenheiten ergaben sich erst später.

Am 4. Juni zog de Gaulle unter großem Jubel in Algier ein, wo man eine gewaltige Kundgebung vorbereitet und dazu auch Tausende von Moslems herangeschafft hatte. Das Schauspiel der Verbrüderung der beiden Volksteile sollte ihn beeindrucken. Er begann seine Rede mit den Worten: „Ich hab' Euch verstanden!" Er vermied aber den Begriff „Algérie Française", gebrauchte ihn allerdings (ein einziges Mal) einige Tage später an einem kleineren Ort, und er hütete sich – jetzt und in Zukunft –, von der „intégration" zu sprechen, dem zweiten Begriff, in dem die Vorstellungen der Algerienfranzosen kulminierten. Gemeint war die Integration der Moslems in den französischen Staat. Er sagte: „Ich öffne das Tor zur Aussöhnung!" Und er sah nur „Franzosen, die es voll und ganz sind: Franzosen mit gleichen Rechten und Pflichten". Man jubelte ihm zu – und überhörte, daß ja diese Gleichberechtigung der Moslems die Algerienfranzosen zur Minderheit machte. So begann das Spiel mit Begriffen, das ein wichtiger Bestandteil seiner Staatskunst überhaupt war und das in der Algerienfrage seine wichtigste Waffe wurde.

Um die Entkolonisierung in den Gebieten voranzubringen, in denen es noch keine militärischen Probleme gab, reiste de Gaulle im August 1958 durch alle französischen Kolonien Afrikas von Madagaskar bis zum Senegal und kündigte eine Verfassung an, die jedem dieser Gebiete die Möglichkeit geben sollte, über seine Zugehörigkeit zur Französischen Union frei zu entscheiden. Zu seiner Überraschung und seinem Ärger sprach sich in Conakry der starke Mann Guineas, Seku Turé, für die sofortige Unabhängigkeit aus. Das Wort de Gaulles wurde eingelöst – aber auf kleinherzige Weise: Dem neuen Staatswesen wurde schnell klargemacht, daß es nun auf sich selbst angewiesen sei. So wandte sich Seku Turé an die, zu denen es ihn ohnehin zog: an die Staaten des Ostblocks. Es dauerte fast zwanzig Jahre, bis sich die Beziehungen zwischen Paris und Conakry wieder so entwickelten, daß eine Rückkehr Guineas zu einer gewissen Gleichgewichtslage zwischen Ost und West die Folge war.

Im übrigen hatte schon die IV. Republik im Jahre 1956 für die staatliche Emanzipation der schwarzafrikanischen Gebiete ein Rahmengesetz geschaffen, das die Entwicklung erleichterte. Sie endete nun schnell und relativ reibungslos in einem Zeitraum von weniger als zwei Jahren mit ihrer Unabhängigkeit. Ihre Zugehörigkeit zur „Französischen Union", die auch die Verfassung der V. Republik wieder vorsah, blieb eine kurze Durchgangsstation.

Tunesien und Marokko waren schon von der IV. Republik in die Unabhängigkeit entlassen worden. In diesen beiden Protektoraten hatte sich die Zahl der französischen Siedler in Grenzen gehalten. Darum kam man zu den unvermeidlichen Entschlüssen – mit Fristen, Abfindungen und Übergangshilfen –, bevor der Unabhängigkeitswille die Form eines bewaffneten Aufstands angenommen hatte. Im Ergebnis blieben dort der französische Einfluß und der private französische Besitz besser erhalten als in Algerien.

Auf dem weiten Feld der allgemeinen Außenpolitik setzte General de Gaulle zunächst nur einige wichtige Markierungen. Erst später, ab 1962, als der Algerienkrieg beendet war und als sich auch die Weltlage beruhigt hatte, entfaltete er hier voll seine Aktivität. Der Beginn seiner Außenpolitik im Jahr 1958 war durch drei Ereignisse gekennzeichnet: Am 14. September empfing er Bundeskanzler Adenauer zu einer zweitägigen Aussprache in seinem Landhaus in Colombey-les-deux-Églises. Es war der Beginn einer Zusammenarbeit, die sich als dauerhaft erweisen sollte.

Am 17. September richtete er an Präsident Eisenhower und Premierminister Macmillan ein Memorandum, mit dem er einen neuen und besseren Platz für Frankreich innerhalb des westlichen Bündnissystems verlangte und sofort die Drohung hinzufügte, falls seine Vorschläge abgelehnt würden, dann werde die Mitarbeit Frankreichs in der NATO darunter leiden; Paris werde dann „das Revisionsverfahren des Nordatlantischen Verteidigungsvertrags in Anspruch nehmen", das ab März 1959 allen Unterzeichnern offenstand. Daß er schließlich nicht diesen Weg wählte, sondern allein Frankreichs Platz im Bündnis neu bestimmte, davon wird im folgenden, seiner Außenpolitik gewidmeten Kapitel noch ausführlich die Rede sein.

Ende Dezember 1958 traf er dann eine Entscheidung von großer Bedeutung für seine Außen- und Innenpolitik: Er ließ eine Währungsreform verkünden, die einen „Neuen Franc" an die Stelle von 100 alten Francs setzte, mit einer Abwertung um 17 v.H.

verbunden war und mit einer Sparpolitik, für die sein Wirtschafts- und Finanzminister Pinay zum Teil auf alte Erfahrungen zurückgriff. Die Gesundung der französischen Wirtschaft und Währung, die auf diese Weise möglich war, sollte Frankreich zu einem vollwertigen Mitglied – das war sein Wille – des europäischen Gemeinsamen Markts machen, dessen erste praktische Phase mit dem Jahreswechsel begann. Dafür war ihm die Zustimmung des weiten Lagers der IV. Republik, das in seiner Regierung saß, von vornherein sicher. Die einzelnen wirtschaftspolitischen Maßnahmen dagegen stießen, weil sie die Lohneinkommen belasteten, auf den Widerspruch der Sozialisten. Guy Mollet ließ sich nur überreden, bis zum 8. Januar 1959, dem Tag des Amtsantritts von de Gaulle als Staatspräsident und der Neubildung der Regierung, im Amt zu bleiben.

Eine neue Verfassung für den neuen Staatspräsidenten

Mit den Worten „Der Erste unter den Franzosen ist nun auch der Erste in Frankreich“ übergab Präsident Coty das Amt für sieben Jahre seinem Nachfolger, der bald von sich sagte: „Ich habe keine Vorgänger.“ In der Tat ist die Machtfülle des Staatspräsidenten jetzt unvergleichlich größer als in der IV. Republik. Er ernennt allein den Premierminister, der ohne Zustimmung des Parlaments seine Regierung bildet und dem Staatspräsidenten zur Genehmigung vorlegt. Die Minister verzichten auf ihr Mandat in der Nationalversammlung; darum wird für jeden Abgeordneten gleich ein Stellvertreter mitgewählt. Die Nationalversammlung kann zwar die Regierung stürzen, doch muß die Opposition die absolute Mehrheit der Abgeordneten für eine Zensurenentschließung gewinnen, über die namentlich und nach einer Bedenkzeit von 48 Stunden abgestimmt wird. Sie kann ohnehin jederzeit vom Staatspräsidenten aufgelöst werden. Praktisch ist sie also vor allem im Falle einer erfolgreichen Zensurenentschließung von der sofortigen Neuwahl bedroht. Allerdings ist dann eine Auflösung der neugewählten Abgeordnetenkammer nicht vor Ablauf eines Jahres möglich. Eine Kraftprobe zwischen Parlament und Staatspräsident ist also keinesfalls ausgeschlossen. Sie kam aber in den 24 Jahren der V. Republik nie vor. Als 1962 die Nationalversammlung durch Zensurabstimmung die Regierung Pompidou stürzte und dann gleich aufgelöst wurde, schickten die Wähler eine zuverlässigere Mehrheit für die Politik des Staatspräsidenten ins Parlament zurück.

Die Tagesordnung des Parlaments – Nationalversammlung und Senat – wird im übrigen von der Regierung festgelegt. Abgesehen von der Zensurenentschließung und der Tatsache, daß Gesetze, auch der in Gesetzesform verabschiedete Staatshaushalt, einer Abstimmung unterworfen werden, kann das Parlament seine Meinung nur dann durch eine Abstimmung konkretisieren, wenn die Regierung einverstanden ist. Der Abstimmung über Gesetzestexte und Haushaltsartikel kann sich die Regierung im einzelnen noch entziehen, indem sie die Vertrauensfrage stellt. Das Parlament tritt normalerweise nur zweimal im Jahr zusammen: Anfang April für 80 Tage, Anfang Oktober für 90 Tage. Sondersitzungen, die sowohl von der Regierung wie theoretisch auch auf Grund eines Antrags einer Mehrheit von Abgeordneten zu einem konkreten Thema einberufen werden können, dauern jeweils nur wenige Tage. – In einer Krisensituation, für die konkrete Maßstäbe gesetzt sind, kann sich der Staatspräsident auf den Artikel 16 stützen und einen Ausnahmezustand dekretieren, der ihm erlaubt, Gesetze auf dem Verordnungswege zu erlassen. Voraussetzung ist, daß „die Einrichtungen der Republik, die Unabhängigkeit der Nation, die Integrität des Territoriums oder die Ausführung seiner internationalen Verpflichtungen in ernster und unmittelbarer Weise bedroht und daß das reguläre Funktionieren der verfassungsmäßigen öffentlichen Gewalten unterbrochen ist". Während der Dauer dieses Ausnahmezustandes tagt das Parlament. General de Gaulle sah sich einmal gezwungen, auf den Artikel 16 der Verfassung zurückzugreifen: als im Herbst 1961, gegen Ende des Algerienkriegs, vier Generäle gegen Paris putschten und in Algier eine selbständige Regierungsgewalt aufzurichten suchten. Der Ausnahmezustand wurde damals auf fünf Monate ausgedehnt. In seinem Namen wurden allerdings nur Verordnungen erlassen, die unmittelbar Bezug auf die Entwicklung in Algerien hatten. Die restliche Regierungsarbeit wurde in normaler Weise abgewickelt.

Ein wichtiges Instrument in der Hand des Staatspräsidenten ist auch der Artikel 11 der Verfassung, der ihn ermächtigt, auf Vorschlag der (von ihm allein ernannten) Regierung einen Volksentscheid (Referendum) anzusetzen und auf diese Weise „über jeden Gesetzesvorschlag entscheiden zu lassen, der die Organisation der öffentlichen Gewalt betrifft oder die Ratifizierung eines Vertrags, der Auswirkungen auf das Funktionieren der öffentlichen Einrichtungen hat". Mit Hilfe dieses Verfahrens wurden die wichtigsten Entscheidungen über Algerien gefällt; es wurde von de Gaulle aber auch als eine Möglichkeit benutzt, sich in regelmäßigen Abständen und zu einer Einzelfrage eine Zustimmung des Volkes geben zu lassen, die dann auch als Plebiszit für ihn wirkte. (Als eine solche Befragung 1969 zum ersten Mal mit einer Niederlage endete, trat er ab.)

Der Verfassung hatten fast alle führenden Männer der großen Parteien ausdrücklich zugestimmt. Sie wurde am 4. September 1958 von General de Gaulle auf dem Platz der Republik öffentlich beschrieben und begründet und erhielt am 28. September in einer Volksabstimmung 79,25 v.H. der Stimmen bei nur 15 v.H. Stimmenthaltungen. Das Ergebnis bedeutete vor allem eine empfindliche Niederlage für die Kommunistische Partei, die sich massiv für ein „Nein" zur Verfassung eingesetzt hatte. Sie hatte während aller Jahre der IV. Republik niemals weniger als 25 v.H. der Stimmen erhalten. Obwohl sich diesmal außer ihr noch andere Kräfte für die Ablehnung der Verfassung eingesetzt hatten – die Poujadisten und rechtsradikale Gruppen, aber auch kleine Linksparteien –, erreichten die Nein-Stimmen insgesamt kaum mehr als 20 Prozent. Die KP mußte sich ausrechnen, daß ihr diesmal zwei Millionen Wähler nicht gefolgt waren. Diese Entwicklung präzisierte sich mit den Wahlen zur Nationalversammlung, die Ende November stattfanden. Die Kommunisten erhielten im ersten Wahlgang 19 v.H. der Stimmen. (In der IV. Republik hatten sie zwischen 25 und 28 v.H. erreicht.) Der zweite Wahlgang machte ihre Niederlage zur Katastrophe. Da das Wahlgesetz eine Mehrheitswahl mit zwei Wahlgängen vorschrieb und die Entscheidung in der Masse der Wahlkreise erst im zweiten Wahlgang fiel, wirkte sich ihre Isolierung so aus, daß sie insgesamt nur zehn Abgeordnete ins Parlament brachten. Die großen Gewinner waren die Gaullisten, die unter der Bezeichnung ,,Union für die Neue Republik" (UNR) in den Wahlkampf gegangen waren, im ersten Wahlgang mit 17 v.H. der Stimmen keineswegs überwältigend abgeschnitten hatten, im zweiten Wahlgang aber alle Vorteile der Situation und des Wahlgesetzes ernteten und schließlich mit 26 v.H. der Stimmen und 198 Abgeordneten als weitaus stärkste Fraktion in die Nationalversammlung einzogen. Neben ihnen hatte die gemäßigte Rechte, vor allem der Anhang Pinays, gut abgeschnitten. Die Volksrepublikaner hatten 57, die Sozialisten 44 und die Radikalsozialisten 23 Mandate. Die Zerreißprobe für die linke Mitte, die das Rückgrat der IV. Republik gebildet hatte, war im Gang. Das Wahlgesetz hatte sie stark benachteiligt. Aber das war nicht etwa von den Gaullisten so ausgeheckt worden. Gerade einige Sozialisten und Radikalsozialisten, die de Gaulle gefragt hatte, darunter Mendès-France, hatten ihm zu diesem Wahlgesetz geraten. Es sollte schließlich den Charakterzug der V. Republik, die Vormachtstellung des Präsidenten und die Polarisierung der parlamentarischen Kräfte, erheblich verstärken.

Die Regierung Debré und die Verfassungswirklichkeit

Als erster Premierminister wurde Michel Debré, einer seiner bewährtesten Anhänger, von de Gaulle berufen, die Regierung zu bilden. Sie umfaßte außer den Gewinnern der Wahl, den Gaullisten und den Unabhängigen, von denen vor allem Antoine Pinay weiter als Wirtschafts- und Finanzminister blieb, auch noch mehrere Volksrepublikaner und einige Beamte. Das Außenministerium blieb in den Händen des Berufsdiplomaten Maurice Couve de Murville, den de Gaulle schon im Juni 1958 von Bonn aus, wo er Botschafter war, in seine Regierung berufen hatte und der bis zum letzten Tag sein Mitarbeiter blieb.

Eine Besonderheit dieser und aller folgenden Regierungen während der Präsidentschaft de Gaulles war die Beauftragung des Schriftstellers André Malraux mit einem „Ministerium für kulturelle Angelegenheiten". Dazu gehörten nicht nur die Angelegenheiten der Theater, des Films, der staatlichen Museen und verwandter Einrichtungen. Malraux wurde auch mit der Organisation großer Staatsakte betraut wie der Überführung der Gebeine des ersten Präsidenten des Nationalrats der Résistance, Jean Moulin, ins Pantheon. Er selbst hielt dabei die Ansprache, und das hieß: er psalmodierte eine Totenklage, die das Pathos einer griechischen Tragödie hatte und ein literarisches Denkmal der Résistance blieb. Malraux hatte der linken Avantgarde der Vorkriegszeit angehört, der KPF nahegestanden, am Spanienkrieg teilgenommen, dann aber gegen Ende der Résistance-Zeit die „Brigade Elsaß-Lothringen" gegründet und auf diese Weise unmittelbaren Kontakt zu de Gaulle bekommen, dem er persönlich verbunden blieb – vor allem auch während der Zeit der „Sammlungsbewegung".

Praktisch wirkte sich die linke Komponente, die Malraux in die Regierung brachte, eigentlich nur in der Einrichtung der Kulturhäuser („Maisons de la Culture") aus. Es sind Stätten kultureller Betätigung und Weiterbildung mit einem vielseitigen Angebot. Malraux prägte für sie die Maxime: „Es geht darum, für die Kultur das zu schaffen, was die III. Republik für die Schule leistete. Jedes französische Kind hat ebenso ein Recht auf Bilder, Theater und Film wie auf das Alphabet." Der Gedanke ging auf die Volksfront des Jahres 1936 zurück. Damals hatte André Malraux, unterstützt von dem kommunistischen Schriftsteller Louis Aragon, aktiven Anteil an der Gründung von Kulturhäusern als Ausdruck einer „kulturellen Demokratisierung" genommen. Sie sollten „nichts mit der bürgerlichen Auffassung von Kunst als einer Freizeitbeschäftigung zu tun haben".

Die neuen Kulturhäuser bekamen ein Statut, das sie von staatlicher Lenkung ziemlich unabhängig machte, dagegen den Einfluß der Gemeinden verstärkte. Nach Malrauxs Plan sollte schließlich jedes der 95 Departements ein solches Kulturhaus haben. Heute gibt es 16, davon 15 in Städten, die von einer Linksmehrheit verwaltet werden. Denn die Initiative muß hauptsächlich von den

Städten ausgehen. Nach dem stürmischen Mai 1968 beklagte sich ein gaullistischer Abgeordneter, die Kulturhäuser hätten „auch ihre Steine zu den Barrikaden beigetragen". Darum wurden sie später auf eine diskrete Weise unter Kontrolle genommen. Sie erhalten 1980 – aus staatlichen und kommunalen Mitteln – Subventionen zwischen jeweils zwei und zehn Millionen Francs (= ein bis vier Millionen Mark). Im ganzen kann man sagen, daß sie dazu beitrugen, den kulturellen Abstand zwischen Paris und Provinz zu verringern.

General de Gaulle ließ von Anfang an keinen Zweifel darüber aufkommen, daß er als Staatspräsident die zentrale Figur der Innen- und Außenpolitik blieb. Schon bald begann er mit regelmäßigen Provinzreisen, regelrechten Staatsbesuchen in jedem einzelnen Departement. Die Reden, die er bei dieser Gelegenheit hielt, brachten oft die Ankündigung neuer Schritte und Maßnahmen. Oft war ihr Inhalt auch von banaler Einfachheit. Immer gab es einen Augenblick, in dem er sich von der Menge umjubeln ließ und Hände schüttelte, die ihm entgegengestreckt wurden. Das „Bad in der Menge" wurde zu einem Ritual, das auch die Nachfolger übernahmen.

Man hat sein Regierungssystem außerdem als „Telekratie" bezeichnet, weil er in entscheidenden Augenblicken das Fernsehen als Führungsinstrument einsetzte. Auch seine Pressekonferenzen, mit denen er zweimal im Jahr große politische Orientierungen gab und oft entscheidende Ereignisse ankündigte, wie den Austritt Frankreichs aus der NATO-Integration, ließ er von den staatlich gelenkten Fernsehprogrammen direkt übertragen und in ihren wichtigsten Teilen mehrfach wiederholen. Man sah dann die Regierung vollzählig zu seinen Füßen versammelt. Was er sagte und wie er es sagte, stellte ein Stück rhetorischer Akrobatik dar. Er hielt Monologe zu fünf oder sechs Themen, mit denen er auf vorbereitete, gelegentlich auch auf andere Fragen antwortete. Mit dem, was man normalerweise eine Pressekonferenz nennt, hatte das wenig zu tun. Aber angesichts seiner Meisterschaft im Umgang mit dem Wort und weil man immer auf einen politischen Theatercoup wartete, hatten sie doch stets ein starkes nationales und internationales

Echo. Die Pressekonferenzen waren nicht zuletzt ein wichtiges Instrument seiner Außenpolitik, in der das verbale Element ohnehin eine große Rolle spielte.

Die Außen- und die Verteidigungspolitik blieb unter allen Präsidenten der V. Republik ein Bereich, auf den sie unmittelbar Einfluß nahmen. Das kann mit der Verfassung begründet werden. Sie können sich von Fall zu Fall aber auch jedem anderen Geschäftsbereich der Regierung unmittelbar zuwenden. Bei de Gaulle waren es, wie selbstverständlich, die algerischen Angelegenheiten. Man sprach darum bald von den „reservierten Bereichen", in denen sich der Staatschef unter Umgehung des Premierministers als Regierungschef betätigte. Vom ersten Premierminister Debré ist bekannt, daß er seine Autorität in allen anderen außer den drei „reservierten Bereichen" (Algerien, Außen- und Verteidigungspolitik) eifersüchtig behauptete – auch gegen die Versuche einzelner Minister, die Entscheidung de Gaulles anzurufen. Nach dem Abgang de Gaulles, also nach 1969, verfielen die Staatspräsidenten immer mehr der Versuchung, sich mit Hilfe ihres Arbeitskabinetts in alle Bereiche der Regierungsarbeit einzuschalten. Dadurch entwickelte sich die Verfassung praktisch in Richtung auf ein Präsidialregime amerikanischen Typs, mit dem Unterschied, daß in Paris die Regierungsmannschaft des Staatspräsidenten vom Parlament gestürzt werden kann. Dafür ist allerdings der Staatspräsident selbst, obwohl er mehr und mehr die Funktionen der Exekutive übernimmt, durch parlamentarische Zensurenentschließungen oder andere Maßnahmen nicht erreichbar. Er hat für die Dauer von sieben Jahren praktisch die Prärogativen eines Monarchen, der seine Minister nach Belieben beruft und wieder entläßt.

Da das Parlament alle fünf Jahre neu gewählt wird, kann der Fall eintreten, daß die Wähler noch während seiner Amtszeit eine zur Opposition entschlossene Mehrheit in die Nationalversammlung schicken. In diesem Fall, der sich bisher nicht ereignete, wird die Ausübung der Funktion des Staatspräsidenten, so wie General de Gaulle sie prägte, schwierig. Hier ist darauf hinzuweisen, daß sie ihre typisch gaullistische Ausprägung erst nach 1962 erfuhr. In diesem Jahr wurde an Stelle der großen Wahlkörperschaft, die nach der Verfassung von 1958 eine indirekte Wahl des Staatspräsidenten vornahm, seine Direktwahl durch das allgemeine Wahlrecht eingeführt. Er wird damit – das ist die Staatstheorie – ein Exponent des souveränen Volkswillens, von höherem Gewicht als das Mandat des einzelnen Abgeordneten, das auf dem Volkswillen nur eines Wahlkreises beruht. Die Voraussetzungen für diese Entwicklung hatten die Ereignisse geliefert, die mit der Lösung der Algerienfrage zusammenhingen. Diese Frage überschattete bis 1962 alle anderen Aufgaben, die sich de Gaulle und seiner Regierung stellten.

Welche Lösung für Algerien?

Die Kräftigung der Staatsmacht und insbesondere der Stellung des Staatspräsidenten war für de Gaulle eine wichtige Voraussetzung zur Lösung der Algerienfrage. Er hatte sich für diese Lösung die Hand soweit wie möglich freigehalten. Die Befürworter der Integration, die immer noch von der großen Verbrüderung der Moslems mit der französischen Bevölkerung schwärmten und darauf die uneingeschränkte französische Herrschaft in Algerien weiter stützen wollten, hielt er für Schwärmer – soweit sie nicht bewußt die Tatsachen vernebelten. Er wollte aber die positiven Ergebnisse ihres Elans erhalten und für eine ihm plausibel erscheinende Lösung nutzen. Über die genaueren Konturen einer solchen Lösung vermied er jede Äußerung. Seine eigenen Erkenntnisse erlaubten ihm auch nicht, sie konkret ins Auge zu fassen. „Zu mannigfaltig, zu vielschichtig, zu sehr in Bewegung waren die Gegebenheiten, als daß ich von Anfang an schon jedes Detail, jede Phase und den Rhythmus der Lösung genau hätte festlegen können", schrieb er 1970 in seinen Memoiren. Er wußte in Wirklichkeit nicht einmal, er konnte nicht wissen, welche Lösung überhaupt erreichbar war. Er dachte im Juni 1958 wohl nicht daran, mit der Aufstandsbewegung über einen, vielleicht stufenweisen, Übergang Algeriens zur vollen Unabhängigkeit zu verhandeln. Was ihm vorschwebte, war irgendein Verbund, der noch zu definieren war, innerhalb der

„Französischen Union". Dazu brauchte er auch eine kräftige und selbstbewußte Vertretung des Teils der Moslem-Bevölkerung, der für eine Zusammenarbeit mit dem französischen Bevölkerungsteil zu gewinnen war. Er unternahm bald Versuche, eine solche Gegenelite (gegen die Rebellion) durch Wahlen zu gewinnen; vor allem die Kantonwahlen vom Mai 1960 wurden ein Testfall: sie zeigten, daß die autochthone Bourgeoisie nicht mehr wagte, sich gegen den Willen der Aufstandsbewegung zu manifestieren.

André Malraux, der 1958 vorübergehend Informationsminister war und von ausländischen Journalisten bedrängt wurde, eine mögliche Formel für die staatsrechtliche Zukunft Algeriens zu nennen, sagte damals: „Gleichgültig welches Algerien – vorausgesetzt, daß es ein Algerien *mit* Frankreich ist." Dieser Satz rief einige Entrüstung im Regierungslager hervor. Aber de Gaulle selbst hatte in diesen Wochen seinen Staatsminister Guy Mollet auf die Stelle in einer Rede aufmerksam gemacht, in der auch er die Formel „Algerien mit Frankreich" benutzt hatte. Gegenüber der Verfassung, die nur ein „Algerien *in* Frankreich" kannte, schien das schon ein gewagter Schritt. Um in dieser Richtung überhaupt vorgehen zu können, mußte General de Gaulle drei Voraussetzungen schaffen: Die enge Verbindung der Algerienfranzosen mit der Armee mußte aufgelöst werden. Die Armee mußte wieder ausschließlich dem Pariser Regierungswillen gefügig sein. Und der Aufstandsbewegung mußte klargemacht werden, daß auch sie keinen eindeutigen Erfolg davontragen könne, sich also mit anderen politischen Kräften in der Ausübung der Macht teilen müsse. Die beiden ersten Bedingungen wurden unter großen Schwierigkeiten erfüllt. Die dritte war nicht mehr erreichbar; aber das mußte wohl durch Erfahrung bewiesen werden.

Symbole und Instrumente der Verbindung zwischen Algerienfranzosen und Offizierskorps waren die Wohlfahrtsausschüsse, die nach dem Vorbild des ersten, am 13. Mai in Algerien ausgerufenen Ausschusses in allen Gemeinden gebildet worden waren. Der Oberbefehlshaber, General Salan, hatte am 11. Juni eine entsprechende Verfügung erlassen und damit offensichtlich nicht im Sinne de Gaulles gehandelt, wenn er auch keinen ausdrücklichen Befehl verletzt hatte. Im Oktober 1958 wurde noch die Organisation und Arbeitsweise dieser Ausschüsse und ihr Zusammenwirken mit der kommunalen Verwaltung von Salan festgelegt. Das lief schon auf eine Kraftprobe mit de Gaulle hinaus, der im Hinblick auf die Vorbereitung von Gemeindewahlen am 9. Oktober allen Offizieren befohlen hatte, sich aus Organisationen mit politischem Charakter zurückzuziehen. Als daraufhin in Algier ein Generalstreik erwogen wurde, setzte sich General Massu energisch für den Gehorsam gegenüber General de Gaulle ein. Die Wohlfahrtsausschüsse lebten dann nicht mehr lange. Im Dezember 1958 wurde General Salan abberufen; obwohl de Gaulle an seiner Loyalität zweifelte, geschah es mit ehrenvollen Worten. Fast gleichzeitig versuchte die Regierung mit insgesamt rd. 1500 Versetzungen und Beförderungen, die Armee wieder in die Hand zu bekommen.

Die zivile und die militärische Gewalt in Algerien wurde von jetzt ab wieder auf zwei Schultern verteilt. Der neue Oberbefehlshaber General Challe leitete eine neue Befriedungsoffensive ein und hatte auch sichtbare Erfolge. Die Aufstandsbewegung konnte keine zusammenhängenden Kampfhandlungen mehr durchführen. Sie war dennoch nicht gebrochen. Ihr politischer Wille wurde überall in Rechnung gestellt. Auch die Pariser Regierung mußte sich schließlich offen mit ihm auseinandersetzen – in Verhandlungen.

Verhandeln – aber wie?

Lange bevor sich General de Gaulle dazu entschloß, richtete er an die Aufständischen einen Appell, in dem er einen „Frieden der Tapferen" anbot. Das war am 21. Oktober 1958. Einige geheime Kontakte zwischen einer regierungsnahen algerischen Persönlichkeit und der politischen Spitze der Aufstandsbewegung in Kairo waren vorausgegangen mit dem Ziel, Voraussetzungen für die Abhaltung von Wahlen in Algerien zu schaffen. Aber die Kontakte waren eingeschlafen, als sich die Führung der algerischen „Front der Befreiung" (FLN) im September als „Provisorische Regierung der algerischen Republik" in Kairo konstituiert hatte. In seinem Appell empfahl de Gaulle, die bewaffneten Einheiten der Rebellion sollten sich auflösen und die Soldaten unbehelligt nach Hause gehen. Gleichzeitig wurden der ,,Ausländischen Organisation der Rebellion" Verhandlungen in Paris angeboten, die ihre Eingliederung in das politische Leben Algeriens zum Ziel haben sollten. Diese Aufforderung führte zu nichts. Auch als er im September 1959 formell die Selbstbestimmung anbot und ein erneutes Verhandlungsangebot machte, kam es nicht zu konkreten Kontakten. Das Mißtrauen auf beiden Seiten ließ die vorsichtigen Annäherungsversuche schnell scheitern. Erst weitere Verhandlungsfühler von beiden Seiten brachten im Juli 1960 eine Delegation der ,,Provisorischen Regierung der Republik Algerien" nach Frankreich. Die Verhandlungen begannen in Melun bei Paris, kamen aber über die Präliminarien nicht hinaus. General de Gaulle weigerte sich, die führende Rolle dieser Organisation durch ein Zusammentreffen mit Ferhat Abbas, der formell als Chef der Exilregierung genannt wurde, anzuerkennen. Es war klar, daß Frankreich noch nicht bereit war, der FLN ein exklusives Recht einzuräumen, über die Zukunft Algeriens zu verhandeln. Dazu mußte ein weiteres Jahr vergehen, weitere Kontakte mußten versucht werden, auch mit einzelnen Kampfgruppen der Rebellion, und schließlich mußten die Massen der Moslems selbst in Bewegung geraten oder gesetzt werden. Bei einer Algerienreise de Gaulles im Dezember 1960 kam es nicht nur zu Demonstrationen von Algerienfranzosen gegen de Gaulle, sondern auch zu Gegendemonstrationen von Moslems in einem bisher unbekannten Ausmaß. Sie forderten Verhandlungen zwischen de Gaulle und Ferhat Abbas.

Die ersten fruchtbaren Kontakte wurden dann im Februar 1961 in Genf von de Gaulles früherem Kabinettsdirektor und späteren Premierminister Pompidou geknüpft; dabei spielte schon die Frage der Zukunft der Sahara und ihres Öls eine wichtige Rolle. Dann nahm die Pariser Regierung diese Fäden auf. Im März teilten beide Seiten, die französische Regierung und die FLN-Führung, die Aufnahme von Verhandlungen mit. Bevor diese am 2. Mai 1961 in Evian beginnen konnten, mußte die französische Regierung einen

Generalsputsch niederschlagen. Von allen Schwierigkeiten, die de Gaulle zu überwinden hatte, erwiesen sich schließlich die Probleme, vor die ihn seine Armee und die Algerienfranzosen stellten, als die größten.

Dabei hatte er hier seine ganze Überzeugungskraft und seine Meisterschaft im Umgang mit dem Wort eingesetzt. Er hatte sie mit sorgfältig dosierten, scheinbar beiläufigen Bemerkungen überlistet und gefesselt, hatte sie schrittweise an die Realitäten herangeführt und immer wieder Gelegenheiten gesucht, um durch seine häufige Wiederholung einen wichtigen Begriff seines politischen Konzepts zum Gegenstand der allgemeinen Überzeugung zu machen. Das geschah seit Oktober 1958 mit dem Schlüsselbegriff ,,Selbstbestimmung". Er kam zunächst, umschrieben aber verständlich, in dem Appell für einen ,,Frieden der Tapferen" vor. Die Anhänger von Französisch-Algerien übersahen und überhörten es, weil sie nur eine Aufforderung zur Kapitulation aus dieser Erklärung heraushörten und hören wollten. Ab September 1959 gehörte die Selbstbestimmung dann zum offiziellen Vokabular. An die Adresse der Aufständischen richtete de Gaulle im September 1960, nachdem die Kontakte von Melun abgebrochen waren, die Aufforderung, ,,beim Betreten des Konferenzzimmers die Waffen in der Garderobe abzugeben". Das hieß zunächst immer, die Waffen seien niederzulegen, bevor man verhandeln könne, später genügte dann eine Waffenruhe während der Verhandlungen, und Frankreich selbst ging auch noch mit gutem Beispiel voran. Als de Gaulle 1960 während einer Provinzreise die banale Feststellung traf: ,,Die Moslems sind Moslems", ahnten die meisten Franzosen, wohin die Reise ging, und als er vom ,,algerischen Algerien" sprach, waren die Verhandlungen nicht mehr weit. In der Eskalation von Begriffen, mit denen er die Algerienfranzosen auf das unvermeidliche Ende ihrer Position vorbereitete, spielte die Klarstellung, daß ,,das Algerien von Papa" zu Ende gehe, eine besondere Rolle, weil sie einen dauerhaften Lacherfolg erntete. –

Im Januar 1961, kurz bevor er mit Hilfe der Schweizer Regierung und des Emissärs Georges Pompidou ernsthafte Verhandlungsfühler ausstreckte, ließ de Gaulle die Franzosen in einer

Volksabstimmung zum Prinzip der Selbstbestimmung Stellung nehmen und fand im französischen Mutterland eine Zustimmung von über 75% der abgegebenen Stimmen. Die Kommunisten hatten zur Abgabe von ,,Nein"-Stimmen aufgefordert – nicht weil sie gegen die Selbstbestimmung Algeriens waren, sondern weil sie kein überwältigendes Plebiszit für de Gaulle zulassen wollten. In Algerien hatte die Abstimmung ein zwiespältiges Ergebnis. Zwar betrug der Anteil der ,,Ja"-Stimmen 69 %; aber von den Moslems hatte nur eine Minderheit gewagt, an der Wahl teilzunehmen, und die weitaus meisten Algerienfranzosen hatten mit ,,Nein" gestimmt.

Wie feindlich und mißtrauisch die Stimmung in Algier geworden war, erlebte de Gaulle schon Ende Januar 1960. Die ,,Süddeutsche Zeitung" hatte ein Interview ihres Redaktionsmitglieds Hans Ulrich Kempski mit General Massu veröffentlicht, das als ein Gespräch ,,von Fallschirmjäger zu Fallschirmjäger" begonnen hatte. Darin hatte Massu kritische Äußerungen über de Gaulle gemacht und sich als Anhänger der Formel vom ,,französischen Algerien" bekannt. Er wurde daraufhin sofort aus Algerien abberufen. Die Folge waren Protestkundgebungen, die der Aufregung vom 13. Mai 1958 ähnelten und bei denen wieder aktive Offiziere mit den Zivilisten verbündet waren. In der Nähe der Universität wurden Barrikaden gebaut. Die Polizei hatte 20 Todesopfer. Die Barrikaden verschwanden erst nach einer Woche und nachdem sich General de Gaulle in Uniform über das Fernsehen an die Armee gewandt und ihr erklärt hatte, daß sie ihre Loyalität nicht an Bedingungen knüpfen könne. Er fügte aber auch hinzu: ,,Mit der aufständischen Organisation verhandeln und sie vorab als Regierung des Landes aufbauen – das werde ich nicht tun."

Der Putsch der Generäle und Obristen

Als de Gaulle sich dazu ein Jahr später doch entschloß und als die Verhandlungen von Evian angekündigt waren, brach – wieder in Algier – die Staatskrise aus. In der Nacht zum 22. April 1961 hatten sich vier hochrangige Generäle, darunter zwei ehemalige Oberbefehlshaber, die auf geheimen Wegen nach Algier gekommen waren, an die Spitze eines Offiziersputsches gestellt, der mit Hilfe von Fallschirmregimentern durchgeführt wurde und den Sturz des Regimes zum Ziel hatte.

Eine Gruppe politisch engagierter Obristen hatte den Putsch langfristig vorbereitet. Aus ihrem Kreis heraus war schon im Winter 1960/61 eine ,,Organisation de l'Armée Secrète" (OAS) gegründet worden. Es waren diejenigen Offiziere, die seit Jahren ihre Indochina-Erfahrungen für eine politische Kriegführung nutzbar machen wollten. Sie hatten die Abteilungen der Armee, denen die meisten politischen Aufgaben zufielen, systematisch unterwandert: die ,,Abteilung für psychologische Aktion", die die sogenannten 5. Büros in den Stäben bildeten, dann die 2. Büros mit den traditionellen Aufgaben der Nachrichtendienste, schließlich die ,,Sûreté Militaire" und vor allem die SAS, ,,Sections Administratives Spécialisées", die als besondere Einrichtungen der Militärverwaltung Algeriens immer wichtiger wurden, je länger der Krieg dauerte. Sie bildeten im ganzen Land Stützpunkte, die zugleich militärische und zivile Aufgaben hatten und möglichst viele Helfer aus der autochthonen Bevölkerung rekrutierten. Sie nahmen Umsiedlungen vor und gründeten Hunderte von ,,neuen Dörfern", die oft nur Notunterkünfte für die Bevölkerung zerstörter Siedlungen waren und in denen eine mehr oder weniger intensive Agitation betrieben wurde. Aus diesen Verflechtungen mit der algerischen Bevölkerung und den Bemühungen, immer mehr algerische Mitkämpfer gegen die Rebellion zu gewinnen, ergaben sich bei vielen Offizieren, jedenfalls bei den besten, echte Gewissenskonflikte, als sie bemerkten, daß man in Paris ihren Rückzug vorbereitete. Außer auf diese Apparate stützten die Putschisten ihre Pläne vor allem auf die Einheiten der Fallschirmjäger und der Fremdenlegion.

Die erste Verlautbarung, mit der sich die Generäle Salan, Challe, Jouhaud und Zeller an die Öffentlichkeit wandten, drohte den Verantwortlichen der Pariser Algerienpolitik, insbesondere de Gaulle: ,,Alle diejenigen, die unmittelbar an der Abtretung Algeriens und der Sahara mitwirken, werden vor ein Militärgericht gestellt." In den Pariser Regierungskreisen, in denen viele sich noch der Vorbereitungen vom Mai 1958 erinnerten, erwartete man sofort Fallschirmlandungen bei Paris. Premierminister Debré rief am Abend des 23. April die Pariser Bevölkerung über Rundfunk und Fernsehen auf, sich in Massen „zu Fuß oder im Auto" zu den Flughäfen zu bewegen und sie zu besetzen. „Patriotische Milizen" wurden gebildet, an deren Spitze André Malraux trat. General de Gaulle rief den Ausnahmezustand nach Artikel 16 der Verfassung aus. Er begab sich noch einmal in Uniform vor die Fernsehkameras und sprach von „einer Vierteleinheit pensionierter Generäle" und einer Gruppe „parteiischer und ehrgeiziger Offiziere", die ein Abenteuer begonnen hätten, das auf nichts anders hinauslaufe als „den Staat zu verhöhnen, der Nation das Selbstvertrauen zu nehmen, unser internationales Prestige zu zerstören und unsere Rolle in Afrika in Zweifel zu ziehn". Er befahl allen Soldaten, keiner Anordnung der Usurpatoren Folge zu leisten.

Was sich daraufhin ereignete, wurde als der „Sieg der Transistoren" bezeichnet. Mit Transistor-Geräten verfolgten die Rekruten das Echo der Heimat auf die Ereignisse, deren Zeugen und Mitspieler sie sein sollten. Sie hörten auch, daß die Gewerkschaften einen Generalstreik von einer Stunde „gegen die faschistische Gefahr aus Algier" ausgerufen hatten, der diesmal natürlich ein voller Erfolg war. Viele Offiziere, die ihre Teilnahme am Putsch in Aussicht gestellt hatten, wagten ihren Einheiten keine entsprechenden Befehle mehr zu geben. Am 25. April gab sich General Challe gefangen. Schon drei Wochen später wurden er und General Zeller zu 15 Jahren Gefängnis verurteilt. Die Generäle Salan und Jouhaud tauchten unter. Auf sie beriefen sich, zu Recht oder zu Unrecht, zahlreiche Terrorgruppen, die nun ein Jahr lang in Frankreich und Algerien auf ihre Weise – mit einigen tausend Bombenanschlägen, die viele Hunderte von Todesopfern forderten – gegen die Algerienpolitik protestierten und sich der OAS zurechneten. Eine umfangreiche Säuberung in Armee und Verwaltung führte der OAS weitere unzufriedene Offiziere und Unteroffiziere zu. Andere Offiziere gingen ins Ausland, ebenso einige Politiker, die mit Salan sympathisierten, darunter der frühere Ministerpräsident Bidault. Die Auflösung von drei Fallschirmregimentern war nur der sichtbare äußere Ausdruck der Säuberung, die der Armee auf Jahre hinaus moralische Wunden schlug.

Die Abkommen von Evian und die Folgen

Inzwischen waren die Verhandlungen mit der algerischen Aufstandsbewegung in Evian begonnen und nach einigen Wochen unterbrochen worden, weil die Pariser Unterhändler nicht bereit waren, über die Sahara zu verhandeln. Frankreich wollte Öl und die Versuchsstationen für Atomwaffen und Raketen behalten. In einer Pressekonferenz drohte de Gaulle mit einer ,,Umgruppierung der Bevölkerung" in Algerien, was Plänen entsprach, die beim Premierminister schon lange erörtert wurden und die eine Aufteilung Algeriens in reiche französisch besiedelte Küstenstriche und ein armes Hinterland vorsahen. Das wußten natürlich auch die Rebellen, die auch immer wieder bemerkten, daß Frankreich nach alter Tradition Berber (Kabylen) und Araber gegeneinander auszuspielen suchte. Zwischen den OAS-Gruppen auf der einen und den Attentaten der Aufstandsbewegung auf der anderen Seite erlebte Algerien noch einmal tragische Monate. Schließlich gab de Gaulle die Sahara für die Verhandlungen frei.

Am 18. März 1962 wurden die ,,Abkommen von Evian" unterzeichnet. Bald darauf begann die Flucht der Algerienfranzosen; im Juni, als die Truppen der Aufstandsbewegung in die algerischen Städte einzogen, erreichte diese Fluchtbewegung für mehrere Wochen einen Rhythmus von 8000 bis 9000 am Tag – so viel wie die Schiffe nach Marseille eben fassen konnten. Der Volksentscheid in Algerien, von dem die Unabhängigkeitserklärung abhängig gemacht worden war, brachte eine Zustimmung von 99,7 Prozent. Frankreichs Staatspräsident zog sofort die Konsequenzen – ohne das Parlament mit dem Vorgang zu befassen. Das neue Algerien hatte Garantien für die Rechte der europäischen Minderheit gegeben, die weitgehend theoretisch blieben, und für die Ausbeutung des Sahara-Öls durch französische Gesellschaften, über die nach wenigen Jahren neu verhandelt werden mußte, bis sie schließlich erloschen. Der Marinestützpunkt Mers-el-Kebir durfte noch einige Jahre von Frankreich besetzt bleiben, außerdem sieben Flugplätze und das Atomversuchsgelände der Sahara.

In Frankreich dauerte nach der Abtrennung Algeriens die Unruhe noch an. Den Generälen Jouhaud und Salan konnte schließlich der Prozeß gemacht werden. Jouhaud wurde zum Tode, Salan, dem die Hauptverantwortung zufiel, zu lebenslänglicher Haft verurteilt. General de Gaulle war über die „mildernden Umstände", die man Salan gewährt hatte, so verärgert, daß er das Hohe Militärgericht sofort auflöste und einige Tage später einen Militärgerichtshof mit Offizieren und Unteroffizieren als Richtern gründete, dessen Vorsitzender, General de Larminat, nach einigen Wochen Selbstmord beging. Als das Urteil an General Jouhaud, der als Algerienfranzose immerhin seine Heimat verteidigt hatte, auf Befehl de Gaulles vollstreckt werden sollte, widersetzte sich erfolgreich der Premierminister. Er fand das Todesurteil nicht mehr vertretbar, seitdem das Gericht vor einer Verurteilung Salans zurückgeschreckt war. Premierminister war seit dem 14. April 1962 nicht mehr Michel Debré, sondern Georges Pompidou, der 1959 nach seiner befristeten Tätigkeit als Kabinettsdirektor de Gaulles wieder auf seinen alten Posten zurückgekehrt war: als einer der Bevollmächtigten der Bank Rothschild. Gegen General de Gaulle war schon im September 1960 auf dem Weg zwischen Paris und Colombey-les-deux-Églises, wo er seine Wochenenden zu verbringen pflegte, ein Attentatsversuch unternommen worden. Am 22. August 1962 entgingen er und seine Frau nur wie durch ein Wunder einem Feuerüberfall am „Petit Clamart" bei Paris. Der Organisator, ein Offizier, Bastian Thiry, wurde gefaßt, zum Tode verurteilt und hingerichtet. Die Wogen der Entrüstung und Sympathie, die diesem Attentat folgten, wurden von de Gaulle benutzt, um eine Verfassungsänderung vorzulegen, an die er schon lange gedacht hatte: Mit 62,25 Prozent bei 23 Prozent Enthaltungen stimmten die französischen Wähler am 28. Oktober 1962 dafür, daß in Zukunft der Staatspräsident nicht mehr von einem 80000-

Wahlmänner-Kollegium, also indirekt, gewählt wurde, sondern in direkter Volkswahl auf Grund eines politischen Programms, das damit für sieben Jahre Regierungsgrundlage werden sollte. Die Änderung dieses Punktes der Verfassung hatte Rückwirkungen auf das gesamte Gebäude der Verteilung der Gewalten. Der Staatspräsident wurde nun, wie einer der Exegeten formulierte, „omnipräsent, omnikompetent und omnipotent". Die Verfassungswirklichkeit, die sich herausbildete, machte ihn endgültig zum Stützpfeiler und „starken Mann" des Regimes. Die Rolle eines „Schiedsmannes" konnte er nie mehr unbestritten beanspruchen.

Neben dieser entscheidenden Änderung der Verfassung hatten der Algerienkrieg und sein unrühmliches Ende fühlbare Auswirkungen für viele Millionen Franzosen. Drei Gruppen sind dabei hervorzuheben:

Zunächst die Armee. Sie hatte nicht nur schwere moralische Verletzungen davongetragen, sondern sie war auch seit dem Ende des Zweiten Weltkriegs ständig mit einem Kolonialkrieg beschäftigt gewesen, der an Mut und Ausbildung ihrer Eliten hohe Anforderungen stellte, ihr aber auch eine einseitige Ausrüstung gab. Sie brauchte jetzt einen neuen Geist, eine moderne Ausrüstung und eine neue Aufgabe.

Dann die französische Linke. Sie hatte der Rückkehr de Gaulles, vor allem angesichts der Bedingungen, unter denen er zurückkam, ablehnend oder mißtrauisch gegenübergestanden. Viele ihrer Anhänger hatten aber inzwischen eingesehen, daß er allein in der Lage war, die Entkolonisierung durchzuführen. Die Linksparteien hatten also in den letzten Jahren im Schatten de Gaulles gestanden. Da sie seine Algerienpolitik unterstützten, je deutlicher sie sich abzeichnete, konnten sie ihm nicht auf anderen, sozialen und wirtschaftlichen Gebieten Schwierigkeiten machen. Ihre Anhänger spürten ihre Unsicherheit; sie wirkte sich noch einige Jahre in den Wahlergebnissen aus.

Am stärksten bekamen natürlich alle, die in Algerien beheimatet waren, die Folgen zu spüren. Bei der Volkszählung von 1954 hatte man in den algerischen Departements 984031 französische Staatsbürger gezählt, die nicht Mohammedaner waren. Unter ihnen waren rd. 140000 Juden, von denen etwa 15000 später nach Israel auswanderten. Über 960000 Personen meldeten schließlich Anspruch auf die Rückwandererhilfe an, die ein Gesetz vom Dezember 1961 geschaffen hatte.

Bis auf kleinere Sofortbeträge kam sie für die meisten sehr spät. Aber viele halfen sich selbst, und nicht wenige hatten schon jahrelang vorgesorgt. Über die wirtschaftliche Stärkung, die einige südfranzösische Gebiete – neben jahrelangen Reibereien – den sogenannten „Schwarzfüßen" zu verdanken haben, ist manches geschrieben worden. Weniger bekannt, aber unbestreitbar ist ihr Einfluß auf die Modernisierung des Handels gewesen. Viel nordafrikanisches Kapital wurde im Aufbau von Selbstbedienungsketten und Großmärkten angelegt, die in diesen Jahren überall in Frankreich die typischen „kleinen Gewürzkrämer an der Ecke" zu verdrängen begannen.

Den höchsten Preis für alle Fehler und Versäumnisse zahlten die Algerier, die sich mit der französischen Verwaltung und Armee gegen die Aufstandsbewegung verbunden hatten. Nur ein kleiner Teil wurde mit nach Frankreich genommen, und von diesen verdankten ihr Überleben (meist in Lagern) noch viele der verzweifelten Entschlossenheit ihrer französischen Offiziere, die sie ohne Erlaubnis mit auf die Schiffe verfrachteten. Nie wird man wissen, wieviele erschlagen wurden. Hier einige Zahlen: Im Juni 1960 betrug die Zahl der „Harkis", die in besonderen Einheiten der Armee zusammengefaßt waren, 57500, und die der Moghazni, die die Schutztruppe der „neuen Dörfer" bildeten, 19000. Beide Gruppen bestanden aus besoldeten Angehörigen des französischen Verteidigungssystems. Daneben waren noch rund 1600 Selbstverteidigungseinheiten aufgestellt, die jeweils 20 bis 40 Mitglieder hatten (Zahlen nach Elsenhans, vgl. Lit.-Verz.).

IX. Eine unabhängige Außenpolitik

15. Mai 1962. Wieder gab es eine denkwürdige Pressekonferenz de Gaulles. Sie fand, wie alle seit 1959, in den großen Empfangsräumen des Palais de l'Elysée statt, zwischen goldverzierten Säulen, unter großen Deckengemälden, auf den zierlichen goldfarbenen, mit rotem Plüsch bespannten Stühlchen des Second Empire. 850 Journalisten, einige Beamte, zwei Dutzend Minister verstummten, als ein livrierter Diener die beiden Hälften eines kleinen roten Vorhangs teilte und General de Gaulle durch die Öffnung auf ein Podium trat, sich an einen kleinen Tisch setzte und nach einigen einleitenden Bemerkungen um Fragen bat. Das alles war ein Ritus geworden. Entweder hörte man überhaupt nur die Fragen, die bestellt wurden, oder man kannte sie unter denen, die jetzt nacheinander vorgetragen wurden, leicht heraus.

Der Kampf um die Europa-Politik

An diesem Tag war eine Frage zur politischen Zusammenarbeit in Europa fällig. Denn ein Projekt für eine europäische politische Zusammenarbeit, für das sich General de Gaulle sehr eingesetzt hatte, war in einer Sitzung der europäischen Außenminister am 17. April 1962 endgültig gescheitert. Sein Unterhändler, der Botschafter Christian Fouchet, einer seiner ältesten Mitarbeiter, hatte den Partnern nacheinander zwei Entwürfe präsentiert. Sie enthielten seine, de Gaulles, Vorstellungen von europäischer Partnerschaft: einer Zusammenarbeit der Staaten ohne gemeinsame Behörden, ohne supranationale Elemente. Der Entwurf hatte zunächst so ausgesehen, daß auch die schon bestehenden Gemeinschaftsorgane den Mechanismen der politischen Zusammenarbeit untergeordnet, also zu einem Schattendasein verurteilt werden sollten. Aber das hatte er sich abhandeln lassen. Die neuen Organisationsformen – regelmäßige Konferenzen der Regierungschefs und der Minister, ein Sekretariat, das sie vorbereitete – sollten schließlich nur für die bisher nicht praktizierte politische Zusammenarbeit, die gemeinsame Außenpolitik und den Versuch einer europäischen Verteidigungspolitik gelten. Daran sollte aber auch die europäische parlamentarische Versammlung mitwirken dürfen. Die Partner wollten ihn nun auf Formen einer stufenweisen Entwicklung der politischen Zusammenarbeit festlegen. Darüber hinaus sollte das Prinzip der Integration auch in diesen Vertrag eingehen. Darauf ließ sich de Gaulle nicht ein, und daran scheiterte das ganze Projekt, das mehr enthielt als alles, was später an politischer Zusammenarbeit in Europa langsam zurechtgeleimt wurde. Aber das war auch nur der formale Grund des Scheiterns. Die Beweggründe lagen tiefer.

Die englische Kandidatur für die Europäischen Gemeinschaften war schon angemeldet und General de Gaulle sah in ihr ein trojanisches Pferd der Amerikaner. In den Sitzungen der Fouchet-Kommission war immer genau soviel über die Beziehungen zu England und Amerika geredet worden wie über die Vertragsbestimmungen selbst. Holland und Belgien wollten überhaupt ihre Unterschrift unter ein Abkommen über die politische Zusammenarbeit an den vorhergehenden Beitritt Englands zur Europäischen Wirtschaftsgemeinschaft binden. Der englische Außenminister Heath hatte ein paar Tage zuvor eine Rede gehalten, in der er die Pläne für die politische Zusammenarbeit zwar begrüßte, europäische Verteidigungspolitik aber nur in Verbindung mit der NATO anerkannte – also gegen de Gaulle Stellung bezog. Der amerikanisch-französische Gegensatz in europäischen Fragen war schon unüberbrückbar geworden. Die USA verhandelten außerdem mit Moskau über ein Atom-Versuchs-Verbot, das von de Gaulle als neues Hindernis auf seinem Weg zu einer eigenen Atomwaffe begriffen wurde – also zu dem Instrument, das Frankreichs politischen Rang verkörpern sollte.

Er hatte für seine Vorschläge zur politischen Zusammenarbeit die Unterstützung Adenauers gefunden und eine vermittelnde

Haltung der Italiener. Er war davon ausgegangen, daß die kleinen Partner schon folgen würden, und hatte darum viel Kraft und Prestige aufgewandt, um das Projekt durchzusetzen, war zweimal nach Bonn gereist, einmal, im Juli 1961, um allen beteiligten Regierungschefs seine Pläne zu erläutern. Ihr Scheitern hatte ihn verletzt, und er machte seinem Ärger in dieser Pressekonferenz Luft:

„Ich glaube nicht, daß Europa eine lebendige Wirklichkeit sein kann, wenn es nicht Frankreich mit seinen Franzosen, Deutschland mit seinen Deutschen, Italien mit seinen Italienern usw. umfaßt. Dante, Goethe und Chateaubriand gehören ganz Europa, gerade weil sie in erster Linie Italiener, Deutsche und Franzosen waren. Sie hätten Europa keinen großen Dienst erwiesen, wenn sie Staatenlose gewesen wären und in einem integrierten ‚Esperanto' oder ‚Volapük' gedacht und geschrieben hätten."

Und: „Es gibt gegenwärtig keine Möglichkeit durchzusetzen, daß eine ausländische Mehrheit widerstrebenden Nationen ihren Willen aufzwingen könnte. Vielleicht gäbe es in diesem integrierten Europa überhaupt keine Politik mehr. Das würde die Dinge sehr vereinfachen. Dann würden sich diese Leute vielleicht einem Außenstehenden anschließen, der ihnen eine Politik zu bieten hätte. Vielleicht gäbe es dann einen Einiger – aber er wäre kein Europäer. Vielleicht werden gewisse Vorschläge dieses oder jenes Anhängers der europäischen Integration manchmal davon inspiriert. Dann sollte es gesagt werden. Sehen Sie, wenn man von großen Dingen spricht, denkt man gern an die Wunderlampe, die Aladin nur zu reiben brauchte, um der Wirklichkeit entrückt zu werden. Doch es gibt keine Zauberformel, die es ermöglichte, etwas so Schwieriges wie ein geeintes Europa zu schaffen."

Damit waren die Anhänger des integrierten Europa als Träumer, wenn nicht als Einbläser im Dienst Amerikas abgekanzelt. Die fünf volksrepublikanischen Minister Pierre Pflimlin, Paul Bacon, Robert Buron, Jean Fontanet und Maurice Schuman reichten noch am Abend ihre Demission ein. Der seit langem schwelende Gegensatz der Europa-Politiker der IV. Republik zu General de Gaulle war unüberbrückbar geworden. Alte Fäden wurden schon längst innerhalb des oppositionellen Lagers wieder geknüpft. Im

Januar 1962 hatten Guy Mollet, der Sozialist, und Antoine Pinay, der Konservative, gemeinsam mit anderen Parteivertretern an einem Essen teilgenommen. Pinay erklärte seinen Austritt aus der Regierung mit der sich immer deutlicher abzeichnenden Haltung de Gaulles zur NATO. Es bedurfte nur eines Anlasses, um diese Opposition auch im Parlament zu gemeinsamem Handeln zusammenzuführen. Den Anlaß bot der Volksentscheid für die Direktwahl des Staatspräsidenten, der in anfechtbarer Weise das Parlament umging. Mit ihm begründete die Opposition eine Zensurentschließung, die eine Mehrheit von 280 Stimmen erhielt. Auf den Sturz der Regierung antwortete de Gaulle mit der Auflösung des Parlaments. Die Neuwahl brachte den alten Parteien schwere Niederlagen bei. Die politische Mitte war so stark zusammengeschmolzen, daß André Malraux sagen konnte: „Zwischen uns und den Kommunisten steht bald nichts mehr."

General de Gaulle hatte am Ende des Algerienkriegs nicht nur außenpolitisch die Bewegungsfreiheit, die er suchte. Er hatte nun auch innenpolitisch die Hände frei. Seine außenpolitische Aktion verlief bald nach folgenden Leitlinien:

Die Europaverträge, deren Nutzen für Frankreich er erkannt hatte, wurden von ihm nicht in Frage gestellt. Er veränderte aber, soweit es möglich war, die Gewichte der einzelnen von den Verträgen geschaffenen Einrichtungen und die Struktur der ganzen Konstruktion: Als Ergänzung zum Gemeinsamen Markt für Industriewaren setzte er bis 1964 mit ultimativen Mitteln einen Gemeinsamen Agrarmarkt durch, indem er auf Fristen und Grundsätze pochte, die in den Römischen Verträgen für die Ausarbeitung einer gemeinsamen Agrarpolitik niedergelegt waren. Marktregelungen waren das Ergebnis. Die Preisgarantie für die wichtigsten Agrarprodukte hatte im Frankreich der IV. Republik durch ein Quotensystem nur für bestimmte Mengen gegolten. Nach jeder Ernte wurde lange über das „Quantum" verhandelt, für das der Staat einen Preis über Weltmarktniveau garantierte. Für die Agrarlobby im Parlament war dies die wichtigste Aufgabe. Nun wurde im europäischen Maßstab die Preisgarantie ohne Mengenbegrenzung gewährt. So wurde sie bald die Quelle einer Überproduktion insbesondere von Milchprodukten, Weizen und Zucker. Für ihren Export außerhalb der Grenzen der Gemeinschaft zahlen die europäischen Behörden Zuschüsse aus einer Kasse, die durch Importzuschläge gebildet wird. Mit diesen Zuschlägen (oder „Abschöpfungsbeträgen", weil Importgewinne abgeschöpft werden) wird die Einfuhr von Nahrungsmitteln aus Gebieten außerhalb der Gemeinschaft „bestraft". Grundlegendes Prinzip des Agrarmarkts ist die Präferenz für die innerhalb seiner Grenzen erzeugten Produkte.

Als die Brüsseler Behörden durch die Verwaltung der mit diesem System zusammenfließenden und wieder zur Verteilung kommenden Beträge einen Machtzuwachs erhielten, der ihnen das Gewicht eines Superministeriums zu geben schien, und als sie auch einen ähnlichen Rang beanspruchten, da benutzte de Gaulle 1965 dieses Argument, um ihre Kompetenzen überhaupt einzuschränken. Er verschaffte dem Ministerrat, mit dem sich die Europäische Kommission gleichgestellt glaubte, ein klares Übergewicht. Dann erzwang er auch noch eine Änderung der Verfahrensweisen im Ministerrat. Er machte Mehrheitsentscheidungen, wenn sie gegen seine Interessen verstießen, unmöglich. So hatte er schließlich die bescheidenen supranationalen Züge aus dem Vertrag über die Europäische Wirtschaftsgemeinschaft ausgeklammert. Nur beim Agrarmarkt, wo sie Frankreich nützlich waren, führte er sie ein. Im Ringen um diese Korrekturen an den Verträgen und der Vertragspraxis brachte das Jahr 1965 der Europapolitik de Gaulles einen weiteren Fortschritt: Man beschloß die Fusion der drei Verträge und ihrer Einrichtungen – Europäische Wirtschaftsgemeinschaft (EWG), Europäische Atom-Gemeinschaft (Euratom) und Europäische Gemeinschaft für Kohle und Stahl (Montan-Union) – und man ließ bei dieser Gelegenheit die Geburtsmerkmale einer Europäischen Föderation, die der Montan-Union als der ersten Konstruktion der „Väter-Europas" – Robert Schuman, Konrad Adenauer und Alcide de Gasperi – noch anhafteten, weitgehend verschwinden. Dem Druck Frankreichs mußte 1967 auch der Präsident der Brüsseler EWG-Kommission, Professor Walter Hallstein weichen, der wegen seiner Auffassung von den Kompetenzen der Kommission bei de Gaulle in Mißkredit gekommen war.

Vom Atlantik zum Ural ...

Die Elemente, aus denen General de Gaulle dann eine neue, von seinen Vorstellungen geprägte, Europa-Politik formen wollte, waren einmal der deutsch-französische Vertrag vom 22. Januar 1963 und bald darauf zahlreiche Vorstöße, zunächst rein rhetorischer Art, nach Osteuropa. Ab Sommer 1964 begann eine Periode systematischer gegenseitiger Besuche seiner Minister mit den verschiedenen Regierungen Osteuropas, einschließlich der sowjetischen. Beim Besuch des polnischen Ministerpräsidenten Cyrankiewicz in Paris sprach er die Hoffnung aus, „daß ein Tag kommen möge, an dem im Interesse eines konstruktiven Einvernehmens vom Atlantik bis zum Ural ganz Europa seine eigenen Probleme lösen will, vor allem die Frage Deutschlands ...“. Und ab Juni 1966 begann er mit einem großen Besuchsprogramm in der Sowjetunion eine Reihe spektakulärer Reisen in die osteuropäischen Länder. Er hatte für die Ankunft in Moskau den 25. Jahrestag des deutschen Einfalls in die Sowjetunion gewählt und verkündete hier die Entspannungsdevise, mit der er einer ganzen Nachkriegsperiode das Motto gab: „Détente, entente et coopération“ – durch Entspannung zu Einvernehmen und Zusammenarbeit. Erst ein halbes Jahr später beschloß auch der Atlantikrat die Aufnahme von Entspannungsbemühungen. De Gaulle wollte mit seiner Geste vor allem den europäischen Partnern und nicht zuletzt der Bundesrepublik ein Beispiel geben: „Bis ganz Europa es dahin bringt, daß es über die Mittel und Wege einig wird, die es diesen unerläßlichen Zielen entgegenführen, veranlaßt alles, so dünkt uns, Frankreich und die Sowjetunion, dies unter sich jetzt schon zu tun.“

Auflockerung der Bündnisse

Um Europa aus der Erstarrung der Blöcke zu lösen, verließ de Gaulle 1966 selbst die NATO, d.h. die integrierte militärische Organisation des Atlantischen Bündnisses; am Bündnis selbst hielt er fest. Für diesen aufsehenerregenden Schritt hatte er aber auch noch zwei andere Motive: Der Platz, den Frankreich bisher im Bündnis eingenommen hatte, entsprach nach de Gaulles Ansicht nicht seinem Rang, insbesondere war er nicht mit der Verantwortung vereinbar, die dem französischen Staatspräsidenten zufiel, seitdem er seinem Land eine Atomstreitmacht gegeben hatte. Er wollte entweder gleichberechtigt mit den anderen Atommächten USA und England an weltpolitischen Entscheidungen beteiligt sein oder sich auf das Argument zurückziehen, daß der Einsatz von Atomwaffen nur für die höchsten vitalen Interessen einer Nation befohlen werden könne und dieser Befehl unteilbar sei. Er wollte letzten Endes freie Hand in allen Entscheidungen über Krieg und Frieden behalten. Frankreich dürfe sich nicht im Schlepptau Amerikas in einen Krieg hineinziehen lassen, so lautete vereinfacht die Parole. Allein wegen des Beispiels, das er damit im Bündnis gab, waren Spannungen mit Washington unvermeidlich.

Gestützt auf seinen eigenen relativ unabhängigen Status im atlantischen Bündnis und wegen des Interesses, das er damit natürlich in Moskau fand, forderte er auch die Mitglieder des Warschauer Pakts, insbesondere Polen und Rumänien, zu einer stärkeren Betonung ihrer nationalen Interessen auf. In Danzig sagte er am 10. September 1967: ,,Frankreich hat Polen keine Ratschläge zu geben, aber es hofft, daß Sie ein wenig weiter zu blicken wissen und etwas größer sehen, als Sie es bis jetzt zu tun gezwungen waren ... Es gibt Widerstände; wir Franzosen wissen sie zu überwinden, weil die Zukunft es verlangt. Sie verstehen, was ich sagen will.“ Er wollte das diplomatische Spiel in der Welt zu mehr Pluralität zurückführen und vollzog darum auch 1964 ohne Rücksicht auf Washington den Austausch von Botschaftern mit Peking. Die Unabhängigkeit, die er innerhalb des westlichen Bündnisses suchte, hinderte ihn nicht, im Falle ernster Verwicklungen sofort seine uneingeschränkte Bündnistreue zu erklären. Das tat er, als Präsident Kennedy ihm einen Sonderbotschafter schickte, um ihn über die Installierung sowjetischer Raketenwaffen auf Kuba zu unterrichten, und das geschah ebenso am Tag des Einmarsches sowjetischer Panzer in Prag gegenüber dem atlantischen Oberbefehlshaber. ,,Wenn es einen Krieg gibt, wird Frankreich an Ihrer Seite stehen. Aber es wird keinen Krieg geben.“ So hatte sich de Gaulle Ende Oktober 1962 zu Dean Acheson geäußert, noch bevor dieser ihm die Luftaufnahmen von Kuba hatte zeigen können. Und ähnliches ließ er auch am 21. August 1968 dem NATO-Oberbefehlshaber mitteilen. Aber er nahm gegenüber dem amerikanischen Engagement in Vietnam eine völlig entgegengesetzte Haltung ein. Überzeugt, daß Washington hier einen schweren Fehler beging, warnte er Präsident Johnson schon in einem Gespräch, das er 1963 nach der Beisetzung des ermordeten Kennedy mit ihm führte, und er ließ es auch später weder an Warnungen noch an vermittelnden Gesten fehlen. Als er keine Wirkung sah, ging er zu Brüskierungen über. Am 31. August empfing er in Pnom Penh den dort akkreditierten Vertreter Nordvietnams, und am 1. September forderte er in einer großen öffentlichen Rede im Sportstadion der kambodschanischen Hauptstadt die Vereinigten Staaten auf, sich ,,zum Rückzug ihrer Truppen in einer vernünftigen und klar festgesetzten Frist“ zu entschließen – eine Forderung, die Nordvietnam mit denselben Worten für die Aufnahme von Waffenstillstandsverhandlungen gestellt hatte. Die Bedingungen für einen Friedensschluß könnten, so meinte er, heute nicht anders sein als 1954 in Genf: ,,die Neutralität der Völker Indochinas und ihr Recht auf Selbstbestimmung“.

,,Der Rang“ und das Atom, oder: Visionär und Machiavellist

Die Politik, die de Gaulle in Europa und innerhalb des westlichen Bündnisses betrieb, unterschied sich von der der IV. Republik in der Tat durch den ,,Rang“, den er für Frankreich beanspruchte. War die Europapolitik zehn Jahre vorher auf der Grundlage der Gleichberechtigung der Partner aufgebaut worden und im Bewußtsein des Schutzes, den sie durch die USA genossen, so ging de Gaulle zwar nicht wörtlich aber doch praktisch davon aus, daß Frankreich in Europa eine Führungsrolle zufalle und daß die Vereinigten Staaten keinen dominierenden Einfluß beanspruchen könnten, da ihre Anwesenheit auf dem europäischen Kontinent ja ebenso den eigenen Interessen wie dem Schutz der europäischen Verbündeten diente. Die Europapolitik der IV. Republik war auch schon aus dem Bemühen entstanden, die Zukunft des Kontinents, insbesondere die Zukunft Deutschlands nicht einfach den Amerikanern zu überlassen. Dank der damaligen Schwäche Frankreichs waren die Vereinigten Staaten aber mehr und mehr vor allem als Protektoren empfunden worden. Dem wollte er entschlossen ein Ende setzen. Dazu sollte ihm einmal die Rangerhöhung Frankreichs dienen, die er sich vom Besitz der Atombombe versprach, dann eine neue Organisation Europas, und, da diese nicht gelang: ein enges deutsch-französisches Bündnis.

Schließlich ging er von einer Analyse der sowjetischen Politik aus, die auch den amerikanischen Schutz weniger dringend machte. Er sah das politische Ziel der Sowjets in Europa in der Erhaltung des status quo, des mit dem zweiten Weltkrieg Erreichten. Eine weitere Expansion traute er ihnen in Europa nicht zu, weil er annahm, daß der Kreml selbst sie sich nicht mehr zutraute – nach den Unruhen in Berlin und Mitteldeutschland (1953) sowie in Polen und Ungarn (1956) und nach dem sowjetisch-chinesischen Schisma, das er lange voraussah.

Auf diesen Prämissen baute er ein großes Spiel zwischen Washington, Moskau und Bonn auf, ein Spiel, in dem er den einen als Visionär, den anderen als ein neuer Machiavelli und vielen als eine Mischung aus beiden erschien – mit einem kräftigen Zusatz von Donquichotterie. Er suchte alle mit den magischen Formeln seiner großen geschichtlichen Entwürfe zu fesseln, abzulenken, einzuschüchtern oder mitzureißen. Das starke verbale Element seiner Politik fand vorzugsweise hier ein Prüffeld. Schließlich war er von 1940 bis 1944 in die Geschichte eingetreten mit keiner anderen Waffe als dem Wort, das er regelmäßig von Radio London aus der Welt und Frankreich verkündete. Nicht alles, was er nun sagte („Europa vom Atlantik zum Ural") glaubte er wirklich herbeiführen zu können. Dann sollten ihm seine Formeln wenigstens dazu dienen, seinen Zeitgenossen (und nicht zuletzt seinen Wählern) eine Faszination anstelle der Realitäten zu bieten, die er auch nicht ändern konnte. So sagte er am 21. Juli 1966 in Bonn, vier Wochen nach seiner aufsehenerregenden Rußlandreise: ,,Ich will von dem sprechen, was heute möglich erscheint und lange genug unmöglich war: von einem Europa, das nach und nach zunächst die Entspannung, dann ein Einvernehmen, schließlich die Zusammenarbeit finden würde, das sich ganz wiederfinden würde, und in dem das ganze Deutschland natürlich eine wesentliche Rolle zu spielen hätte. Das eine geht mit dem andern einher: das ganze Europa und das ganze Deutschland." – Er hatte in Moskau bestätigt gefunden, daß es bei den Sowjets keine Voraussetzungen für ein ,,ganzes Deutschland" gab – und eilig hatte er es damit auch nicht.

Auf diesem Hintergrund sind die Ereignisse und Entscheidungen zu sehen, die zwischen 1959 und 1969 die großen Stationen der Außenpolitik de Gaulles bildeten und die sich, wie schon erwähnt, im wesentlichen zwischen Paris, Bonn, Washington und Moskau abspielten – abgesehen von einer großen Kursberichtigung im Nahen Osten und in der arabischen Welt.

Wie er mit seiner vertraulichen Note an Washington und London vom 17. September 1958 eine neue Organisation der Verantwortlichkeiten im atlantischen Bündnis verlangt hatte – ,,eine Organisation auf weltweiter politischer und strategischer Ebene, welche die Vereinigten Staaten, England und Frankreich umfassen müßte" –, so setzte er ein Jahr später am 3. November 1959 mit einer Rede vor den Offizieren der drei Kriegsakademien aller Waffengattungen ein innenpolitisches Signal für den Aufbau eines neuen Verteidigungs-Instruments. Er gab ihm einen zentralen Platz in seinem außen- und innenpolitischen Konzept: ,,In allem, was eine Nation ausmacht, und vor allem in dem, was die unsere ausmacht, gibt es nichts Wichtigeres als die Verteidigung." Und der Grundsatz, dem er alles unterordnete, hieß: ,,Frankreichs Verteidigung muß französisch sein. Das ist eine Notwendigkeit, die in den letzten Jahren nicht mehr erkannt wurde." Um es ganz klar zu machen, daß seine Grundsätze einer Abkehr von der integrierten Verteidigung der NATO gleichkamen, fügte er noch hinzu: ,,Das System der Integration hat sich überlebt." Und er kündigte auch klar die Waffen an, auf denen nun vor allem die Verteidigung

Frankreichs beruhen sollte: ,,Das, was man eine force de frappe nennt, was jederzeit und überall zur Wirkung kommen kann. Es versteht sich, daß die Grundlage dieser Streitmacht die atomare Bewaffnung sein wird."

Als ein Jahr später, am 8. Dezember 1960, die Nationalversammlung die Budgetmittel ,,für gewisse militärische Ausrüstungen" genehmigte, wurde das Atomwaffenprogramm und die auf ihm fußende nationale Verteidigungs-Strategie öffentlich diskutiert – und war sofort heftig umstritten. Es war nicht mehr zu übersehen, daß Frankreich im atlantischen Bündnis eigene Wege ging, die sich immer stärker von der amerikanischen Führungsmacht entfernen mußten. Das Tempo des Aufbaus der ersten operativen Elemente der atomaren ,,force de frappe" Frankreichs wurde auch von einem gewissen Wettlauf mit militärpolitischen Gegenzügen Washingtons bestimmt. Zu diesen Gegenzügen gehörten die bereits erwähnten amerikanisch-sowjetischen Verhandlungen über einen Atomversuchsstop, die am 25. Juli 1963 in Moskau zur Unterzeichnung eines entsprechenden Abkommens führten. Später war es das amerikanische Angebot einer Multilateralen Atomstreitmacht (MLF) an die NATO-Verbündeten, insbesondere an die Bundesrepublik. Die Entwicklung der französischen Atomwaffe auf der einen und die Verhandlungen um die MLF auf der anderen Seite führten von 1963 bis 1966 zu heftigen Auseinandersetzungen, Verdächtigungen und Spannungen zwischen Paris und Washington, in deren Mittelpunkt immer wieder die Bundesrepublik geriet.

In dieser Zeitspanne entstanden die wichtigsten Voraussetzungen und die ersten Einheiten der französischen Atomwaffe:

50 Flugzeuge vom Typ Mirage IV, die mit Atombomben ausgerüstet wurden, waren Ende 1964 in Dienst gestellt und Ende 1965 operationell. Sie waren angesichts ihrer Verwundbarkeit schon damals kein überzeugendes Instrument mehr; sie verdankten ihre Aufstellung vor allem dem politischen Interesse an einer schnellen Bestätigung Frankreichs als Atommacht.

18 Abschußrampen für Mittelstreckenraketen waren 1968 auf dem ,,Plateau d'Albion" in der Haute Provence fertiggestellt. Sie

wurden 1970 und 1971 mit Atombomben ausgerüstet und galten 1980, angesichts der technischen Entwicklung der sowjetischen Atomwaffe, als überholt. Sie sollen tiefer eingebunkert oder durch ein moderneres Waffensystem ersetzt werden.

1962 wurden die Pläne für eine kleine Serie von fünf Atom-U-Booten mit jeweils 16 Mittelstreckenraketen fertiggestellt. Am 27. März 1967 erfolgte der erste Stapellauf. Diese erste Einheit, der ,,Redoutable", wurde 1971 operationell, vier weitere folgten im Abstand von jeweils etwa zwei Jahren. Die Mittelstreckenraketen, mit denen sie ausgerüstet sind, haben eine Reichweite von 3000 bis 3500 km und eine Zielgenauigkeit von einem Kilometer. Dieses Waffensystem wird modernisiert und ausgebaut.

Zehn Jahre lang – von 1960 bis 1970 – hatte Frankreich eine ,,unabhängige Verteidigung", die mehr oder weniger auf dem Papier stand. Als Ende 1960 die ersten Pläne vorgelegt wurden, gab es darüber auch keinen Zweifel: es würde ,,eine Lücke von zehn Jahren in der Wirksamkeit der französischen Verteidigungs-Anstrengungen geben". Für diese Zeitspanne basierte die Sicherheit Frankreichs – uneingestanden – auf einer Wette: Der Westen sei auch ohne Frankreich stark genug, um jeden Krieg in Europa zu verhindern, falls die Sowjetunion ihre Politik bis zu Kriegsdrohungen steigern sollte, was de Gaulle aber für ausgeschlossen hielt. Die französische Atomwaffe, die den Vereinigten Staaten so manche Probleme aufgeben sollte, entstand also in ihrem Schutz. Man kann dieses Vorgehen ,,zynisch" nennen. Aber bevor man zu solchen Wertungen greift, muß man berücksichtigen, daß Frankreich für die Entwicklung seiner Atomwaffe – anders als England – keinerlei technische Unterstützung von den Vereinigten Staaten erhielt. Diese Erfahrung schien das Bild zu bestätigen, das sich de Gaulle von ,,den Angelsachsen" machte. Er empfand sie gerade in diesen Jahren als gemeinsame Gegenspieler gegen seine atomaren Projekte und gegen seine Europapolitik.

Im Dezember 1962 traf er den englischen Premierminister Macmillan zu einem Meinungsaustausch auf Schloß Rambouillet bei Paris. Es ging um Englands Beitritt zum europäischen Gemeinsamen Markt, aber die Frage einer europäischen Atomstreitmacht lag auch in der Luft. Die Engländer brauchten eine neue Raketengeneration für ihre Atomrüstung. Macmillan mußte damit rechnen, daß gemeinsame Pläne für einen neuen amerikanisch-englischen Flugkörper („Skybolt") nicht mehr verwirklicht würden, weil die USA andere Entwicklungen vorzogen, die eine größere politische Abhängigkeit Englands mit sich brachten. Er sollte zwei Tage nach dem Gespräch von Rambouillet den amerikanischen Präsidenten in Nassau auf den Bahamas treffen. Die Möglichkeit, jetzt ein englisch-französisches Einvernehmen zu suchen, bot sich also an. Aber weder Macmillan noch de Gaulle schnitten ernsthaft dieses Thema an. Keiner wollte seine Karten verspielen, weil jeder wußte, daß er sie letzten Endes für ein anderes Spiel brauchen würde und daß beide Spiele einander ausschlossen.

Die Gründe für die Zurückhaltung de Gaulles sind eindeutig: Zunächst einmal wollte er nach guter französischer diplomatischer Tradition nicht der „demandeur" sein, derjenige, der etwas haben möchte (für das dann der andere einen Preis verlangen kann). Vor allem aber wollte er weder die Engländer im Gemeinsamen Markt sehen noch mit ihnen eine europäische Atomwaffe aufbauen, an der dann auch andere Europäer, die Bundesrepublik insbesondere, ein Mitspracherecht verlangen konnten. Beides paßte nicht in seine Europapolitik. Es waren im Gegenteil die beiden Elemente, mit denen die USA sein außenpolitisches Konzept und seine Pläne für eine eigene Atomrüstung stören wollten.

Über eine multilaterale europäische Atommacht wurde seit vielen Monaten in geheimen Zirkeln unter den Staatsmännern gesprochen. Adenauer war vom NATO-Oberbefehlshaber General Norstad für diese Idee gewonnen worden. Er hatte sich bemüht, auch General de Gaulle dafür zu gewinnen. Bei einem Besuch von Premierminister Debré im Oktober 1960 in Bonn hatte er die Meinung vertreten, daß der amerikanische Präsident, es war damals noch Eisenhower, über die einschränkenden Atom-Bestimmungen hinwegkomme, wenn Frankreich und die Bundesrepublik gemeinsam diese Waffen zur Verfügung des (amerikanischen) NATO-Oberbefehlshabers in Europa verlangten.

Auf etwas ähnliches lief nun das Ergebnis der Verhandlungen

zwischen Macmillan und Kennedy im Dezember 1962 in Nassau hinaus: Der englische Premierminister, der auf seine ,,Skybolts" verzichten mußte, bekam amerikanische ,,Polaris"-Raketen für U-Boote unter der Bedingung, daß er sie in eine multilaterale europäische Atomstreitmacht einbringe, zu der die USA dann noch die gleiche Zahl von Raketen ihrerseits beisteuern wollten. Über die englischen ,,Polaris"-Raketen in der atlantischen Streitmacht sollte die englische Regierung selbst auch eine bedingte nationale Verfügungsgewalt haben, nämlich – so hieß es im Kommuniqué – ,,wenn seine höchsten nationalen Interessen auf dem Spiel stehn". Das galt bald auch in England selbst als eine mehr theoretische Einschränkung des erzwungenen Verzichts auf die eigene Verfügungsgewalt.

Briefe von Kennedy und Macmillan an de Gaulle boten Frankreich eine gleiche Regelung an. Es war klar, daß er das nicht wollte. Er hätte auf die eigene Atomwaffe verzichtet und dafür einen atomaren Gemeinschaftsbesitz zur Verfügung eines amerikanischen Generals eingetauscht und gleichzeitig England, das für ihn wieder einmal das trojanische Pferd der Amerikaner blieb, in den europäischen Einrichtungen gehabt.

Drei Wochen später, am 14. Januar 1963, schlug er den Engländern in einer Pressekonferenz endgültig die Tür nach Europa zu. Weitere acht Tage später, am 22. Januar, schloß er mit Adenauer den deutsch-französischen Vertrag. Im Wettlauf mit den Amerikanern um den Einfluß in Europa hatte er – so konnte es ihm scheinen – die erste Runde gewonnen. Er sollte sehr bald erfahren, daß er sich da keine Illusionen zu machen hatte. Das Tauziehen zwischen Paris und Washington um die Bundesrepublik trat in ein Stadium, in dem Frankreich nicht der Stärkere war.

Das Werben um die Bundesrepublik

Die deutsch-französischen Beziehungen hatten sich schon während der IV. Republik in sehr vertrauensvoller Weise entwickelt. Als beispielsweise Adenauer und sein Außenminister von Brentano am

6. November 1956 zu einem seit langem festgesetzten Besuch in Paris erschienen, während die Regierung Mollet in den schwierigen Entscheidungen für den Abbruch des Suez-Abenteuers stand, saßen beide buchstäblich „mit am Tisch" (vgl. Wilhelm G. Grewe: Rückblenden, – siehe Lit.-Verz.). Zwei Monate später wurde dem deutschen Verteidigungsminister Franz Josef Strauß von seinem französischen Kollegen Bourgès-Maunoury die französische Raketenversuchsanlage in der Sahara gezeigt. Das führte zu mehreren Abkommen über eine Zusammenarbeit „bei der Entwicklung und Produktion moderner Waffen". Es wurde die Grundlage für dreiseitige Abmachungen zwischen Bonn, Paris und Rom. Anfang 1958 entstand dann zwischen Strauß und dem neuen französischen Verteidigungsminister (und Gaullisten) Jacques Chaban-Delmas eine Abmachung über eine gewisse deutsche Beteiligung an atomaren Entwicklungen. Es war eine geheime zweiseitige Zusatzerklärung zu dem französisch-italienisch-deutschen „Rüstungsdreieck". Die französischen Entwicklungen auf dem militärischen Gebiet der Atomtechnik waren damals zwar in ihren ersten Anfängen. Aber im April 1958 unterschrieb Ministerpräsident Félix Gaillard immerhin schon die Anweisungen und den Zeitplan für vier atomare Sprengversuche in der Sahara, deren erste für März 1960 vorgesehen wurde und zu diesem Termin auch tatsächlich stattfand. Mit einem „Hurra für Frankreich" konnte de Gaulle die Geburt der französischen Atomwaffe begrüßen.

Er hatte im September 1958 in seinem langen Gespräch mit Bundeskanzler Adenauer in Colombey-les-deux-Églises die Grundlagen für eine gute deutsch-französische Zusammenarbeit gelegt und dem deutsch-französischen Verhältnis von Anfang an einen besonders wichtigen Platz in seinen Überlegungen gegeben. Aber dazu gehörte auch der Umstand, daß die Bundesrepublik keine Atomwaffe besaß, auf ihre Herstellung verzichtet hatte und nach den Plänen de Gaulles auch keinen Zugang zu ihr bekommen sollte. Schon vor der erfolgreichen Begegnung mit Adenauer und vor der Übersendung der Noten an Washington und London über eine enge Zusammenarbeit der drei Atommächte des Westens (zu denen er Frankreich schon zählte) hatte er durch seinen Armeeminister Guillaumat bei Strauß klarstellen lassen, daß die geheime Zusatzerklärung Strauß/Chaban-Delmas keine Gültigkeit mehr haben könne. Dieser Punkt blieb ein wichtiges Element in seinen Beziehungen mit der Bundesrepublik. Später, nach dem Abgang Adenauers, hat er das starke deutsche Interesse an der Multilateralen Atommacht (MLF), die Kennedy der NATO anbot – und die sich von einer U-Boot-Flottille zu einem Überwasser-Verband entwickelt hatte – zunächst ironisch, dann sarkastisch behandelt und schließlich offen bekämpft.

Im Juli 1964 erklärte er in Bonn dem Bundeskanzler Erhard, daß Frankreich seine Atomwaffen auch zur Verteidigung Europas baue und daß darum über technische und finanzielle Beiträge der Bundesregierung gesprochen werden könne. Als Erhard nach den Möglichkeiten einer deutschen Mitsprache bei ihrem Einsatz fragte, bekam er darauf keine Antwort. Im Januar 1965 drohte er Erhard, daß der deutsch-französische Vertrag mit einem Beitritt der Bundesregierung zur MLF unvereinbar sei. Im gleichen Zeitabschnitt sprach sein Außenminister Couve de Murville gegenüber einer kleinen Gruppe deutscher Korrespondenten von seinen Spannungen mit Außenminister Schröder, der ein starker Verfechter der MLF-Pläne war. Als die Journalisten meinten, es gebe ja auch in der Bonner Regierungsmehrheit noch andere Strömungen, die CSU habe sich gerade für ein besonderes Verhältnis zu Frankreich ausgesprochen, bekamen sie von Couve die Antwort: „Ach, Herr Strauß will immer noch mit uns die Atombombe machen, und Sie wissen genau, daß das nicht geht. Wohin soll das also führen?" – Stützte sich diese Bemerkung noch auf die Erinnerung an die Abmachung Strauß/Chaban-Delmas von 1958? Oder vielleicht auf ein starkes Interesse, das von dem CSU-Politiker bekundet worden war, nachdem Couves Staatssekretär im Außenministerium Michel Habib-Deloncle im September 1963 in Straßburg erklärt hatte, die französische „Force de frappe" könne „allen europäischen Nationen zur gemeinsamen Verteidigung dienen"? Oder hatte Couve noch andere Motive? Strauß hatte sich in dieser Zeit öffentlich für europäische Atomwaffen ausgesprochen, die einer „europäischen Autorität" unterstellt und im Einvernehmen mit den USA gehandhabt werden sollten. Auch das war nicht mit der französischen Politik in Einklang zu bringen. Sicher ist, daß in der Zeit des Tauziehens um das amerikanische MLF-Angebot in Paris ein Versteckspiel mit den europäischen Möglichkeiten der französischen „Force de frappe" getrieben wurde und daß dieses Spiel manchen verwirrte – nicht nur in der Bundesrepublik. Sowohl in Washington wie in Moskau wurden solche Versuchsballons irritiert verfolgt.

In den Jahren, in denen Adenauer regierte, gab es andere Prioritäten. Schon seine zweite Begegnung mit General de Gaulle, am 26. November in Bad Kreuznach, stand im Zeichen der sowjetischen Berlin-Drohung. Sie blieb vier Jahre lang, bis zur Kuba-Krise im Oktober 1962, das beherrschende Thema für die deutsche Außenpolitik. In dieser Zeit fand die deutsche Bundesregierung ihre stärkste Stütze an der unbeirrten Haltung de Gaulles: Wenn die Sowjets zum Krieg entschlossen wären, dann werde man ihn so oder so bald haben. Da das aber sicher nicht der Fall sei, brauche man ihnen keinen Schritt nachzugeben. Im Gegenteil: Jede Verhandlungsbereitschaft führe nur zu weiteren Forderungen.

Das entsprach der Ansicht Adenauers; aber in Washington und vor allem in London wollte man die Krise durch Verhandlungen entschärfen, die nach Adenauers und de Gaulles Ansicht nur zu einem schlechteren Status für Berlin führen konnten. Dabei war und ist das französische Engagement in Berlin ein unmittelbares französisches Interesse. Seine Rechte in der alten Reichshauptstadt sind, solange es eine deutsche Frage gibt, eine juristische Schlüsselposition für das Mitspracherecht an der Zukunft Europas, und sie sind gleichzeitig eine sichtbare Bestätigung für seine Zugehörigkeit zu den „großen Vier". Das gute Verhältnis Adenauer–de Gaulle beruhte also, bei aller gleichzeitig vorhandenen gegenseitigen Achtung und Sympathie, auf wichtigen Interessen. Bei de Gaulle war es, über die Tagesprobleme hinaus, auch noch das Interesse an einer Bundesrepublik vom Zuschnitt dessen, was Adenauer bot: ein Land von der Größenordnung Frankreichs, das mit der Vergangenheit zu kämpfen hatte, zwar seine Gleichberechtigung forderte, sich aber doch in manchen Fällen mit einem ehrenvollen ,,zweiten Platz" – nach Frankreich – zufriedengab und dessen Führung eindeutig nach dem Westen, vor allem nach Frankreich orientiert war. In seiner äußeren Form erinnerte es an den Rheinbund Napoleons. Allein die Tatsache, daß sich dieser Kanzler eine linksrheinische Hauptstadt ausgesucht hatte, war für einen französischen Offizier, der die Erinnerung an drei deutsch-französische Kriege in sich trug, entwaffnend.

Für Adenauer, der den Bolschewismus als die größte Gefahr ansah, war dieser französische General nicht nur in den Jahren der Berlin-Krise ein beruhigender Partner. Er sah in ihm auch einen letzten Garanten vor der Gefahr, daß Frankreich kommunistisch werde – eine Gefahr, die er nach dem Zusammenbruch der politischen Mitte in Frankreich überschätzte. So richtete er sich darauf ein, daß er in Europa nicht besser fahren konnte – bei allen Einschränkungen, die er auch machte – als mit diesem Mann.

Hinzu kam, daß sich die deutsch-amerikanischen Beziehungen verschlechterten, weil von Anfang an kein Vertrauensverhältnis zwischen Adenauer und Kennedy entstehen wollte. Der Zustand verschlechterte sich noch nach dem Bau der Berliner Mauer, als sich bei Adenauer die Ansicht bildete, die amerikanische Regierung bevorzuge Willy Brandt nicht nur als Berliner Bürgermeister, sondern auch als seinen Wahlkampfgegner. General de Gaulle hatte am frühen Morgen des 13. August, als ihn sein Außenminister Couve de Murville schon vor sechs Uhr wecken ließ, um ihm mitzuteilen, in Berlin werde eine Mauer gebaut, mit der Frage reagiert: ,,Haben die Amerikaner begriffen?" Als Couve ihm antwortete, in Washington werde überlegt, ob die drei Westmächte gemeinsam oder einzeln protestieren sollten, antwortete er: ,,Also haben sie nichts begriffen. Dann kann ich mich wieder hinlegen." In diesem Sinne bestärkte er auch Adenauer in dem Gefühl, von den Amerikanern im Stich gelassen zu sein, und stellte sich selbst um so entschlossener auf seine Seite.

Im Sommer 1962 empfing er zunächst den Bundespräsidenten Lübke als Gast in Paris und bereitete anschließend dem Bundeskanzler Adenauer einen Triumphzug durch Frankreich. Auf den Schlachtfeldern der Champagne nahm er eine deutsch-französische

Truppenschau mit ihm ab. In Reims nahm er mit ihm an einem Dankgottesdienst teil: er kniete neben ihm in der Kathedrale. In Reden feierte er ihn als ,,einen großen Deutschen, einen großen Europäer, einen großen Mann, der Frankreichs Freund ist, der glaubt und bekundet, daß er damit seinem eigenen Lande dient, und der aus diesem doppelten Grunde bei uns zutiefst Achtung und Zuneigung erweckt".

Im September 1962 erwiderte er diese Besuche mit einer großen Staatsvisite, die ihn, immer umjubelt, durch mehrere deutsche Städte führte. Auf dem Marktplatz in Bonn schlug er den Ton aller seiner Reden an, indem er vom ,,großen deutschen Volk" sprach. In Duisburg sprach er in einem Stahlwerk zu Arbeitern, in Hamburg zu jungen Offizieren, in Ludwigsburg zur deutschen Jugend. Für viele seiner zahlreichen Auftritte hatte er einen Teil der Ausführungen oder die ganze Rede deutsch einstudiert. Es war klar: er warb um die Deutschen. Er wollte sie für seine Europapolitik gewinnen.

Er hatte ihnen schon lange vorher, und zwar in mehreren Erklärungen seit 1959, klarzumachen versucht, daß sie in diesem Europa endgültig auf die Gebiete jenseits der Oder und Neiße zu verzichten hätten, keine Atomwaffen haben würden und sich an ein langes Nebeneinander zweier deutscher Staaten gewöhnen müßten, ,,die ihre gegenseitigen Verbindungen und Beziehungen auf allen praktischen Gebieten vermehren sollten", bis eines Tages ,,die Wiedervereinigung der beiden getrennten Teile zu einem einzigen Deutschland ... in einer ganz Europa umfassenden Organisation für Zusammenarbeit, Freiheit und Frieden" möglich sei.

Während seiner Reise durch die Bundesrepublik im September 1962 begannen die Vorarbeiten zu einem deutsch-französischen Vertrag, der nun wenigstens zwischen diesen beiden Partnern, den wichtigsten unter den sechs Mitgliedern der EWG, die politischen Beziehungen herstellen sollte, die de Gaulle mit den Fouchet-Plänen zwischen den Partnern des Gemeinsamen Markts vergebens herzustellen versucht hatte. Er hatte zunächst an eine feierliche Erklärung gedacht. Adenauer verlangte, um seine Nachfolger zu binden, die Form eines Vertrages, der nach seiner Unterzeichnung in Paris am 22. Januar 1963 noch von den Parlamenten ratifiziert werden mußte. Das erwies sich als schwierig.

In Bonn hatte nicht nur die parlamentarische Opposition, sondern auch ein Teil der Abgeordneten des Regierungslagers Bedenken gegen eine deutsch-französische Sonderrolle. Der Vertrag konnte erst ratifiziert werden, nachdem eine Präambel ihn in die atlantischen und europäischen Verpflichtungen der Bundesrepublik eingebunden hatte. General de Gaulle, der von einer Offensive Washingtons mit Hilfe der deutschen Parteien überzeugt war, ließ seine Enttäuschung deutlich erkennen: ,,Verträge sind wie Rosen und junge Mädchen, sie haben ihre Zeit." Wenn man schließlich feststellen müsse, daß der Vertrag schon seinen Wert verlor, bevor er überhaupt angewandt wurde, dann wäre das nicht der erste Fall in der Geschichte.

Er ließ sich aber schließlich nicht nur von seinen taktischen Überlegungen leiten, sondern erkannte dem deutsch-französischen Vertrag, der die beiden Regierungen zu enger Zusammenarbeit verpflichtete, einen Wert an sich zu. Solange er regierte, trat er einmal im Jahr, meist von mehreren Ministern begleitet, die Reise nach Bonn an; nach jeweils einem halben Jahr empfing er den Bundeskanzler und einen Teil der Bundesregierung in Paris. Als man im Juli 1963 in Bonn das deutsch-französische Jugendwerk gründete und als der zuständige Bundesminister für Familie und Jugend mit ihm über die Möglichkeit sprach, die für das Jahresbudget der neuen Organisation ursprünglich vorgesehene Summe (20 Millionen DM) zu verdoppeln, erhob er diese Anregung sofort zum Beschluß.

Die verschiedenen Krisen, denen die gaullistische Verhandlungsstrategie die europäische Zusammenarbeit aussetzte, und dann das Tauziehen um die multilaterale Atomstreitmacht ließen einige Jahre mühsam unterdrückter Spannungen zwischen Bonn und Paris folgen. Erst mit dem Ende dieser Auseinandersetzungen, das ungefähr mit der Bildung einer Regierung der Großen Koalition in Bonn zusammenfiel, begann wieder eine relativ ruhige Entwicklung der deutsch-französischen und europäischen Beziehungen.

Als General de Gaulle im Juni 1966 nach Moskau fuhr, machten anfängliche Besorgnisse sehr schnell der Einsicht Platz, daß er sich völlig bündnisgerecht verhalten hatte. Er hatte beispielsweise im Kreml eine Aufforderung Breschnjews, die DDR anzuerkennen, mit der sofortigen Klarstellung erwidert: ,,Ostdeutschland ist ein künstliches Gebilde, das von Ihnen geschaffen wurde und mit dem wir nichts zu tun haben. Täuschen Sie sich nicht. Wir werden es nicht anerkennen. Denn wenn wir es täten, so würden wir nicht nur dem Versprechen untreu werden, das wir formell der Bundesrepublik gegeben haben, sondern auch unserer eigenen Politik, die nicht auf die Erhaltung des jetzigen Zustandes in Europa gerichtet ist, sondern auf seine Überwindung."

In den folgenden Jahren empfahl er der jeweiligen Bundesregierung, mutiger in ihrer Ostpolitik vorzugehen und vor allem nicht nur Gespräche mit den kleineren Ostblockländern zu führen. Getreu dem Grundgedanken seiner Politik, die diplomatische Landschaft Europas in Bewegung zu bringen, warb er sowohl in Moskau wie in Bonn für eine größere Gesprächsbereitschaft zwischen beiden Ländern. Nach dem Konzept, das er verfolgte, mußte die Bundesregierung den Verzicht auf Atomwaffen mit letzter Konsequenz einhalten. So manövrierte er auch zusammen mit Moskau gegen die MLF.

Es war klar, daß es in seinen Überlegungen, die Deutschland und seine Zukunft betrafen, eine russische Komponente gab. Sie läßt sich aus seinen gelegentlichen Äußerungen und Gesten ziemlich deutlich erkennen und sie war wenig Schwankungen unterworfen. Aufschlußreich für die beharrliche Ausdauer, mit der er seine Leitbilder verfolgte, ist die Zusammenfassung, die er in seinen ,,Memoiren der Hoffnung", dem Bericht über seine neun Regierungsjahre, von seinem ersten Gespräch mit Chruschtschow Ende März 1960 in Paris gab.

Danach hat er damals an den Anfang seiner Ausführungen zum Thema Deutschland noch einmal den Plan gestellt, den er im Dezember 1944 in Moskau Stalin vortrug – und für den Stalin kein Interesse zeigte. Es ging ihm zu dieser Zeit nicht nur um die Annexion des Saarlandes, die Abtrennung des linken Rheinufers, die Internationalisierung des Ruhrgebiets – Forderungen, die für Stalin natürlich im Vordergrund standen –, sondern auch um die Organisation des Rests, der nach den Amputationen im Osten und Westen noch vom Deutschen Reich übrigblieb. Diesen Rest wollte er ,,als Konföderation organisiert (sehen) und auf keinen Fall als ein zentralisiertes Reich". Und er betonte, diese Lösung hätte, wäre Stalin darauf eingegangen, ,,nicht das deutsche Volk auseinandergerissen". Offensichtlich wäre in seiner Vorstellung praktisch jede Lösung für Deutschland durchzusetzen gewesen, über die sich die Sowjet-Union und Frankreich geeinigt hätten: ,,Dies Programm, wenn Rußland und Frankreich es sich zu eigen gemacht hätten, wäre die Grundlage der ganzen Lösung geworden."

Dieser Punkt ist festzuhalten: Ein sowjetisch-französisches Einvernehmen in der deutschen Frage hatte 1944 nach de Gaulles Meinung alle Aussicht, sich gegen die Angelsachsen durchzusetzen. Um wieviel größer war dann zwanzig Jahre später die Wahrscheinlichkeit, eine Deutschlandpolitik zu verwirklichen, wenn außer Rußland und Frankreich auch noch Deutschland selbst von ihrer Richtigkeit überzeugt werden konnte?

Ein solcher Grundgedanke fügte sich mühelos in das Konzept ein, das de Gaulle an diesem Tage Chruschtschow weiter vortrug: Ohne eine vorausgehende Entspannung sei keine Entwicklung in der deutschen Frage möglich. Wenn diese Entspannung eingetreten sei – man war mitten in der Berlin-Krise –, dann lasse sich vielleicht über eine Konföderation von zwei oder auch drei deutschen Staaten reden. (Die Sowjets hatten damals die Drei-Staaten-Theorie entwickelt: Berlin als freie Stadt. General de Gaulle selbst hatte 1944 u. a. an einen süddeutschen Staat gedacht.) In jedem Fall müsse das zukünftige deutsche Gebilde zum Westen gehören, und zwar in enger Verbindung mit Frankreich – sonst wäre nämlich Frankreich gezwungen, sich auf die Vereinigten Staaten zu stützen, was weder in seinem noch im russischen Interesse liegen könne. Dagegen käme eine Verbindung der deutschen Kraft mit dem sowjetischen Imperium nicht in Frage. „Wenn das deutsche Volk je das Lager wechseln sollte, so wäre das Gleichgewicht in Europa gestört, und dann wäre der Krieg nicht mehr weit." Im übrigen aber: er, de Gaulle, sei jederzeit bereit, Kontakte zwischen den beiden deutschen Staaten zu fördern.

Natürlich gehört in dieses Bild auch eine Bemerkung über deutschen Atomwaffen-Besitz. Diese Bemerkung erfahren wir wieder von de Gaulle selbst aus den Memoiren: „Deutschland darf nicht mehr in die Lage kommen, Schaden zu stiften, und darum auch über keinerlei Atomwaffen verfügen." Das war am Tag nach der ersten französischen Atom-Explosion zugleich ein Versprechen, daß es keine deutsch-französische Zusammenarbeit bei Atomwaffen geben werde.

Der Platz der USA

Dies alles waren unveränderliche Elemente der Deutschland- und Europa-Konzeption de Gaulles – auch wenn er sie 1966 in Moskau mit noch mehr positiven Zügen zugunsten der Bundesrepublik und mit mehr Ansporn zu einer Auflockerung der Beziehungen zwischen Atlantik und Ural vertrat. Dabei blieb aber eine Frage offen: Welchen Platz hatten die Vereinigten Staaten in diesem Konzept? „Die NATO dauert nicht ewig", hatte er zu Chruschtschow im März 1960 gesagt. Hieß das, daß er sie aushöhlen und schließlich beseitigen wollte?

Als er am 7. März 1966 den Austritt aus der NATO vollzog, konkret: den Austritt Frankreichs aus der integrierten Befehlsstruktur der militärischen Organisation des Atlantikpakts, dem Frankreich weiter angehört – da sah in den USA mancher den Verdacht bestätigt, de Gaulle wolle die Amerikaner aus Europa vertreiben. Sein „Europa vom Atlantik zum Ural" sei ein neutralisiertes Europa, das von den Sowjets und einem Lehnsherrn Moskaus in Paris kontrolliert werden solle (vgl. John Newhouse: De Gaulle and the Anglo-Saxons, – siehe Lit.-Verz.). Sicher ging ein solcher Verdacht viel zu weit. Er war ebenso unbegründet wie die amerikanische Sorge, de Gaulle wolle gemeinsam mit den Deutschen eine Atomwaffe aufbauen – eine Sorge, die Außenminister Rusk noch 1964 in Paris aussprach und von der ihn de Gaulle befreite. Ende Juni 1966 sagte er im Kreml, er sei „nicht traurig darüber, daß die Sowjetunion ein Gegengewicht gegen amerikanische Hegemonietendenzen bildet, aber wir ärgern uns ebensowenig darüber, daß die Amerikaner die sowjetischen Hegemonietendenzen ausbalancieren". Er rechnete noch mit einer langen Anwesenheit der Amerikaner in Europa, und zwar in der Bundesrepublik. Er hat Bonn nie aufgefordert, nach seinem Beispiel aus der NATO-Integration auszutreten. Er wußte – oder hat schnell erfahren –, daß die Sowjets nicht Frankreich, sondern nur den USA (oder sich selbst) zutrauten, die militärische Entwicklung der Bundesrepublik zu kontrollieren. Was war also sein „Europa vom Atlantik zum Ural"? – Für die Gegenwart eine Formel, die Frankreich – und vielleicht auch Europa – etwas mehr Bewegungsfreiheit geben konnte. Und sonst eine ferne Vision, die von den beiden Eckpfeilern seines Weltbildes bestimmt wurde: dem Willen, Europa wieder einen Platz zwischen den heutigen Weltmächten zu sichern, und der Überzeugung, daß die Nation als Organisationsprinzip menschlichen Zusammenlebens alle Ideologien überdauern werde.

Bündniswechsel in Nahost und andere Theatercoups

Die Spannungen mit den USA fanden 1967, als das Projekt der multilateralen Atomstreitmacht längst begraben war, einen neuen Brennpunkt: im Nahen Osten. General de Gaulle benutzte Anfang Juni 1967 den „Sechs-Tage-Krieg" Israels gegen Ägypten, um das Netz der Beziehungen Frankreichs zu diesem Teil der Welt ganz neu zu ordnen. Er ließ die früher privilegierten Beziehungen zu Israel völlig einfrieren und spielte die „arabische Karte". Die Tatsache, daß Israel den Krieg auslöste, gab ihm dazu den Anlaß, die Beweggründe lagen tiefer. Er hatte immer die äußerst engen Beziehungen zu Israel für falsch gehalten, weil sie dazu führten, daß

Frankreich innerhalb eines weiten Gebiets am östlichen Rande des Mittelmeers nur auf einem schmalen Feld gute diplomatische Stützen hatte. Dabei spielten Fragen der Ölversorgung noch keine Rolle – jedenfalls nicht für ihn. Als er 1958 die Regierung übernahm, hatte er ein französisches Engagement beim Aufbau eines nuklearen Forschungszentrums in Israel vorgefunden und sofort scharf kritisiert; er hatte es dann verringert. Solange der Algerienkrieg dauerte, spielten solche Überlegungen keine große Rolle; die Beziehungen zur arabischen Welt waren ohnehin gestört. Nach 1962 wurden sie nach und nach normalisiert. Die außenpolitischen Manöver de Gaulles, die eine Auflockerung der Blöcke anstrebten und Frankreich selbst schon einen Hauch von Blockfreiheit gaben, boten günstige Voraussetzungen zu ihrer weiteren Entfaltung.

Im Mai 1967 hatte er Israel öffentlich und diskret, aber immer energisch vor Kriegshandlungen gewarnt. Der Gedanke lag nahe, denn Ägypten hatte den Golf von Akaba, eine Versorgungsstraße Israels, blockiert. „Nach Frankreichs Ansicht", so ließ er verkünden, „hat jeder Staat in diesem Raum sein Lebensrecht. Wir halten die Eröffnung von Feindseligkeiten für die schlimmste der gegenwärtigen Möglichkeiten. Folglich wird der Staat, der als erster zu den Waffen greift, nicht Frankreichs Zustimmung und noch weniger seine Unterstützung finden." General de Gaulle hatte dieses Kommuniqué des Ministerrats selbst diktiert. Sobald Israel angriff, zog er daraus die Konsequenzen: ein Waffenembargo für alle Staaten im Kriegsgebiet, das praktisch fast ausschließlich Israel traf. Es war für die israelische Armee, die wesentlich mit französischen Waffen ausgerüstet war, ein schwerer Schlag. Dann benutzte er die UNO-Debatten, um sich klar auf die arabische Seite zu schlagen, und das hieß: auf die sowjetisch-arabische. Denn der Krieg trieb Ägypten und seine Verbündeten mehr noch als bisher ins sowjetische Lager. Diese Entwicklung hatte de Gaulle vorausgesehen („noch ein solcher Krieg, und wir werden auch die Chinesen im Mittelmeer haben", sagte er an einem der ersten Kriegstage). Seine Empörung war echt, aber die taktische Konsequenz, die er daraus zog, entsprach einem ruhigen Kalkül. Da er sich der arabischen Welt nähern wollte und da diese Welt in diesem Augenblick eine Schwenkung nach Moskau unternahm, schwenkte er mit. Nie waren die Stellungnahmen seines Vertreters im Weltsicherheitsrat den sowjetischen Positionen näher als in diesen Wochen. Ministerpräsident Kossygin reiste zweimal über Paris nach New York. Spannungen mit den USA und auch mit den europäischen Verbündeten waren die unvermeidliche Folge. Das Argument de Gaulles hieß: die arabischen Staaten haben jetzt wenigstens noch einen Verbündeten außerhalb der Dritten Welt oder des Ostens, nämlich Frankreich.

Die Spannungen mit den Vereinigten Staaten erreichten natürlich in diesen Monaten einen neuen Höhepunkt. Aber man hatte sich daran gewöhnt, daß de Gaulle für seine weltpolitische Sonderrolle ständig ein Element der Irritation zwischen Paris und Washington brauchte. Von 1965 bis 1967 griff er mehrfach die Rolle des Dollar als Weltwährung spektakulär und massiv an – aber nur verbal, auch wenn er einmal, 1965, größere Dollarguthaben in Gold umtauschen ließ. Schließlich brüskierte er, und zwar im Juli 1967, bei einem offiziellen Besuch in Kanada, die ganze angelsächsische Welt.

In der frankophonen Provinz Quebec beschuldigte er sie, die französischsprachige Bevölkerung seit zwei Jahrhunderten zu unterdrücken. Er begrüßte das erwachende Selbstbewußtsein der von französischen Einwanderern abstammenden Kanadier. „Einem gewaltigen Staat benachbart, dessen Dimensionen allein schon euer Wesen bedrohen, schwillt bei euch die Woge an, die verlangt, daß die stürmische moderne Entwicklung vor allem eure eigene Sache sei." So sprach er am 26. Juli in Montreal. Und eine andere Rede in der gleichen Stadt schloß er mit den Worten: „Es lebe das freie Quebec!" – Die Reaktion der kanadischen Regierung zwang ihn, seine Reise abzubrechen.

Zu neuen Ufern?

Ein Jahr später war der große gaullistische Versuch, Bewegung in die Weltpolitik zu bringen oder vorhandene Bewegung zu nutzen

– in Europa, in Indochina, im Nahen Osten, in Kanada und in Südamerika (das er 1964 bereiste) – zu Ende. Die Unruhen des stürmischen Mai 1968 hatten ihn innenpolitisch geschwächt, und zwei außenpolitische Ereignisse hatten ihm die Grenzen seiner Konzeption deutlich gemacht: Zunächst hatten der Einmarsch der sowjetischen Panzer in Prag am 21. August 1968 und die bald darauf verkündete Breschnjew-Doktrin gezeigt, daß sich ein pluralistisches Staatensystem noch nicht so bald entwickeln würde. Zwar bezichtigten er und sein Außenminister Debré bei den regelmäßigen Konsultationen die Bonner Regierung der Mitschuld an der Entwicklung in der Tschechoslowakei. Deutsche Stellen hätten sich zu eifrig bemüht, die Emanzipationstendenzen in Prag wirtschaftlich zu unterstützen, und dadurch aus dem ideologischen Problem für die Sowjetführung auch ein Problem des politischen Gleichgewichts gemacht. Aber er spürte wohl, daß er mit diesen Vorwürfen etwas zu weit ging.

Dann gab es im November 1968 eine internationale Währungskrise und, von ihr veranlaßt, eine Währungskonferenz in Bonn, die zweierlei offenbarte: die Schwäche des Franc und der wirtschaftlichen Position Frankreichs und die Stärke der D-Mark und der Bundesrepublik. Die Erfahrungen, die de Gaulle machte, hinterließen eine nachhaltige Wirkung. Sein Wirtschafts- und Finanzminister François-Xavier Ortoli fuhr nach Bonn unter der Voraussetzung, daß sowohl eine Aufwertung der D-Mark denkbar sei wie eine Abwertung des Franc, gegen den sich eine starke internationale Spekulation richtete. Er konnte eigentlich ziemlich beruhigt fahren, denn er wußte, daß auch die Vertreter der amerikanischen und der britischen Regierung die Aufwertung der D-Mark verlangen würden. In Bonn begegneten dann alle zum erstenmal einem unüberwindlichen deutschen „Nein". Wer in Paris die Presseberichte auf sich wirken ließ, der mußte den Eindruck haben, daß der „politische Zwerg", als der die Bundesrepublik lange gegolten hatte, jetzt wirkungsvoll die wirtschaftlichen Muskeln spielen ließ. Der Bundeswirtschaftsminister, Professor Karl Schiller, der zunächst alle Delegationsführer zu Einzelgesprächen in dem schmucklosen Gebäude des Wirtschaftsministeriums in Duisdorf bei Bonn empfing, gab Ortoli eine professorale Interpretation der französischen Wirtschafts- und Währungslage, verglichen mit der Bundesrepublik. Er machte deutlich, daß es keinen anderen Ausweg gebe als die Abwertung des Franc. Nachdem die französische Delegation schließlich eine solche Lösung in Aussicht gestellt, aber von der Zustimmung ihrer Regierung abhängig gemacht hatte, gab sie der Bundesfinanzminister Franz Josef Strauß bereits der Öffentlichkeit preis. General de Gaulle erfuhr die Wendung der Dinge aus dem Agenturfernschreiber der AFP. Er versuchte mehrfach, den Bundeskanzler telefonisch zu erreichen. Kurt-Georg Kiesinger blieb nicht erreichbar. Das geschah freitags. Am Sonntag wurde ein französischer Ministerrat einberufen, de Gaulle fragte jeden nach seiner Meinung und entschied dann, daß Frankreich nicht abwerte.

Die Verärgerung über Bonn, die bei de Gaulle zurückblieb, wurde von Michel Debré, seinem Außenminister – Couve de Murville war inzwischen zum Premierminister ernannt worden – genutzt, um ihm eine Studie seines Ministeriums zuzuleiten, die eine engere Zusammenarbeit mit London als Gegengewicht gegenüber Bonn empfahl. Bei Debré war das ein alter Gedanke: er wollte damit auch den Integrationstendenzen in Europa endgültig einen Riegel vorschieben. So kam es zu dem Versuch de Gaulles, ein Gespräch mit England einzuleiten. Am 4. Februar 1969 empfing er den neuen britischen Botschafter Christopher Soames zu einem Mittagessen und sprach von der Möglichkeit politischer Konsultationen zunächst mit England, dann mit anderen europäischen Partnern und mit dem Ziel, einen „politischen Rat" zu bilden, an dem außer England und Frankreich noch die Bundesrepublik und Italien teilnehmen sollten. Der Gemeinsame Markt werde dann am besten nur noch in Form einer Freihandelszone weitergeführt. Wichtig sei, daß England und Frankreich zunächst in zweiseitigen Gesprächen eine gemeinsame politische Grundlage fänden, dies vor allem im Hinblick auf die USA.

So lautet die Zusammenfassung, die Soames von dem Vorschlag gab. Seine Darstellung wurde von Paris bestritten. Wichtig war aber vor allem, daß Premierminister Wilson den Faden gar nicht aufnahm, sondern sofort die Partner Frankreichs unterrichtete und damit den ganzen Vorschlag bewußt unbrauchbar machte.

Der Vorgang schuf manche Verwirrung in Europa. Man erkannte, daß de Gaulle neue Wege suchte. Ende Februar und Anfang März 1969 empfing er den neuen US-Präsidenten Nixon, den er sich schon früher als amerikanischen Präsidenten gewünscht hatte, in Paris. Beide zeigten sich daran interessiert, die französisch-amerikanischen Spannungen abzubauen. Der französische Präsident erschien Nixon auch als ein nützlicher Partner bei dem Versuch, einen Ausweg aus dem amerikanischen Engagement in Vietnam zu finden. Am 8. Mai begannen in Paris offizielle Besprechungen zwischen den USA und einer Delegation von Nordvietnam. Aber zu diesem Zeitpunkt war General de Gaulle bereits – am 28. April 1969 – zurückgetreten.

X. Vom Mai 1968 bis zum Rücktritt de Gaulles

Am 15. März 1968 überschrieb der Innenpolitiker von „Le Monde" Pierre Viansson-Ponté einen größeren Lagebericht mit den Worten: „Wenn sich Frankreich langweilt . . ." Die Franzosen nähmen weder direkt noch indirekt an den Erschütterungen der Welt teil. Darum langweilten sie sich. Ganz besonders langweilten sich General de Gaulle und die Jugend. Und er schloß mit den Worten: „In diesem kleinen auf das Hexagon reduzierten Frankreich, das nicht wirklich unglücklich ist und auch nicht floriert, das mit aller Welt in Frieden lebt, aber keinen Einfluß auf die Ereignisse hat, sind Leidenschaft und Phantasie ebenso notwendig wie Wohlstand und Freizeit."

Rückblende: Die Wahlen von 1965 und 1967

Der Bericht ist oft als Beweis für die Ruhe vor dem heraufziehenden Sturm zitiert worden. Man muß ihn aber auch als Ausdruck einer gedrückten Stimmung werten, die einem Popularitätsverlust des Regimes entsprach. Ende 1965 hatte General de Gaulle für seine Wiederwahl zwei Wahlgänge gebraucht und hatte für einen Augenblick erwogen, das Amt niederzulegen. Er hatte im ersten Wahlgang nur 44,6 v.H. der Stimmen erreicht, der Kandidat der Vereinten Linken, François Mitterrand, hatte 31,7 v.H. und Jean Lecanuet, ein bis dahin ziemlich unbekannt gebliebener Senator, überzeugter „Europäer" und Kandidat der politischen Mitte, war auf 15,6 v.H. der Stimmen gekommen – etwas mehr als die Parteien der Mitte 1962 an Wählern zusammengebracht hatten. Daß sich General de Gaulle einer Stichwahl stellen mußte, wurde als eine „Rache der Europäer" empfunden. Jean Monnet, dessen Wort in ihrem Lager immer eine starke Resonanz hatte, erklärte vor dem zweiten Wahlgang, daß er Mitterrand, dem Kandidaten der Vereinten Linken, seine Stimme geben werde, weil dieser sich eindeutig für ein politisches Europa nach dem Muster der bestehenden Verträge ausgesprochen habe. An eine Wahlniederlage de Gaulles dachte niemand. Er erhielt schließlich 54,5 v.H., Mitterrand 45,5 v.H. der Stimmen.

Bei der Parlamentswahl vom März 1967 entging das Regierungslager sogar nur knapp einer Niederlage. Es behielt dank einer Einheitsliste eine Mehrheit von einer Stimme in der Nationalversammlung. Der Partner der Gaullisten, der unabhängige Republikaner Giscard d'Estaing, drohte unbequem zu werden. Das alles führte zu einer zähen innenpolitischen Diskussion um relativ unbedeutende Fragen und damit zum Eindruck der Langeweile.

Die Universitäten und die organisierte Linke

In dieser Atmosphäre zündete ein Funke – ohne daß man es gleich bemerkte. Am 22. März besetzte eine Gruppe Studenten das Verwaltungsgebäude der Philosophischen Fakultät, die von der übervölkerten Sorbonne in den Vorort Nanterre ausgelagert worden war. Sie hatten eine Reihe von Forderungen gestellt, die nicht erfüllt worden waren; so wollten sie zum Beispiel die Internatsräume der Studentinnen noch nach Einbruch der Dunkelheit aufsuchen oder ihre Freundinnen mit auf ihre Zimmer nehmen dürfen. Die Fakultät wurde für eine Woche geschlossen. Die Studenten installierten sich dann in der Sorbonne. Am 29. März besetzten sie einen großen Hörsaal und veranstalteten eine Kundgebung, auf der deutsche, italienische und holländische Studenten über die „revolutionäre Bewegung" auf ihren Universitäten berichteten. Anfang April wurde erneut die wieder eröffnete Fakultät in Nanterre das Zentrum der Unruhe. Der Dekan, Professor Grappin, erinnerte sich später, daß in diesen Wochen viele Telefongespräche von Nanterre nach Berlin geführt wurden, wo die Freie Universität schon eine Studentenrevolte erlebt hatte. Paris merkte sich zum ersten Mal den Namen eines Studenten deutscher Herkunft, Daniel Cohn-Bendit, der in Frankreich aufgewachsen war, weil seine jüdischen Eltern hier Zuflucht gesucht hatten. Der Vater hatte nach dem Krieg wieder die deutsche Staatsbürgerschaft angenommen. Der „rote Dany" – er hatte außer der roten Weltanschauung auch rote Haare – wurde schließlich die Gallionsfigur der ganzen Meuterei, die Frankreich an den Rand einer Revolution brachte.

Am 3. Mai wurde die Sorbonne geschlossen, nachdem sie von der Polizei besetzt worden war. Als man am 5. Mai vier Studenten im Schnellverfahren zu Gefängnisstrafen verurteilte, wurden die Zusammenstöße zwischen Studenten und Polizei immer härter. Die Nacht zum 11. Mai blieb als „Nacht der Barrikaden" im Gedächtnis der Zeitgenossen. Rund 60 Barrikaden mußten von der Polizei nacheinander gestürmt werden. Es gab 400 Verletzte, 188 Autos wurden in Brand gesteckt oder schwer beschädigt. Zum Bau der Barrikaden und als Wurfgeschosse dienten die Pflastersteine. Nach und nach wurden mehrere Straßenkilometer aufgewühlt. Am 13. Mai wurde ein Generalstreik gegen die Polizeimaßnahmen ausgerufen, mehrere hunderttausend Menschen, hauptsächlich Arbeiter und Studenten beteiligten sich an einem Protestmarsch. Am 14. Mai begann die Besetzung von Fabriken, ein Streik breitete sich auf die Transportmittel aus. Am 20. Mai schätzte man die Zahl derjenigen, die streikten oder durch Streiks zur Arbeitseinstellung gezwungen waren, schon auf zehn Millionen; es wurde aber noch schlimmer. General de Gaulle hatte vom 14. bis 18. Mai einen Staatsbesuch in Rumänien gemacht. Als er zurückkam, merkte er, daß er „die Ereignisse nicht mehr in den Griff bekam". Mit diesen Worten kennzeichnete er selbst später seine und seiner Regierung Ohnmacht gegenüber den immer weiter um sich greifenden Unruhen, den Zeichen der Lähmung von Wirtschaft und Verwaltung, der Auflösung und Anarchie. Überall tauchten Spruchbänder und Plakate auf, die forderten „10 Jahre sind genug" oder „Adieu de Gaulle!" Im zentralisierten Frankreich hatte sich die Meuterei, die inzwischen auf alle Universitätsstädte und mehrere Industriezentren übergegriffen hatte, schnell gegen die Spitze des Staates gerichtet.

Die Kommunistische Partei und die Gewerkschaften, die ursprünglich den studentischen Unruhen mißtrauisch gegenübergestanden hatten, beteiligten sich immer stärker, um den Kontakt zu den Massen nicht zu verlieren. François Mitterrand sprach am 28. Mai davon, daß er mit einer „provisorischen Regierung von zehn Mitgliedern" die Macht in Frankreich übernehmen könne. Aber bei den Studenten fand weder er noch beispielsweise Jean-Paul Sartre, der sich auch wieder zu Wort meldete, ein begeistertes Echo.

Dank der Konkurrenz zwischen den privatwirtschaftlichen Rundfunksystemen von Radio Luxemburg und Europe 1 erlebten die Franzosen Tag und Nacht jede Phase der Entwicklung, jede Polemik, jeden Vermittlungsversuch über die Transistoren mit, sofern sie nicht für Benzin Schlange standen oder endlose Wege zu Fuß gingen. Die Mauern und Straßen wurden mit Aufschriften bedeckt wie: „Die Phantasie an die Macht!" Oder: „Es ist verboten, zu verbieten." Die Forderung vom 22. März, nachts in den Internaten der Mädchen schlafen zu dürfen, war längst überholt. Selbst das spielte sich auf der Straße ab. Neben der Empörung war ein Element von Lebensfreude in dem ganzen Taumel, und soweit man über Frankreich hinausdachte, berief man sich auf den „Frühling in Prag". Einen „Sozialismus in Freiheit" proklamierte man hier wie dort. Die Kommunistische Partei hatte schon bald die Unruhe in bewährte Formen der sozialen Auseinandersetzung zu kanalisieren versucht. Die mit ihr verbundenen CGT-Gewerkschaftler waren sofort bereit, einer Einladung von Premierminister Pompidou zu Tarifverhandlungen zu folgen, die am 25. Mai im Arbeitsministerium in der rue de Grenelle begannen. Nach 25 Stunden war eine Einigung erzielt, der Mindestlohn wurde in der Industrie um 30 v.H. angehoben, in der Landwirtschaft noch stärker. Aber als der alte kommunistische Gewerkschaftler Benoît Frachon mit seinem jüngeren Nachfolger Georges Seguy das Ergebnis der „Grenelle-Abkommen" den Streikenden bei den Renault-Werken erklären wollte, wurden sie abgewiesen. Die KPF sah sich in der Gefahr, die sie am meisten irritierte: sie fürchtete, von links überholt zu werden.

In der Gewerkschaftsbewegung und darüber hinaus auf der Linken wurden zwei unterschiedliche Tendenzen sichtbar: Die eine, die von der KPF vertreten wurde, wollte die Unruhe benutzen, um möglichst schnell möglichst viel materielle Vorteile für die Arbeiter herauszuholen. Die andere wollte die Unruhe verlängern und vertiefen, um gesellschaftliche und politische Veränderungen zu erreichen. Sie fand sich in der CFDT-Gewerkschaft, in der sich bald Edmond Maire mit Denkschriften „für eine gemeinsame Strategie der Arbeiterbewegung" und für das programmatische Ziel der Arbeiter-Selbstverwaltung hervortat; 1971 wurde er zum Generalsekretär gewählt. Dieser Organisation strömten im Mai 1968 zahlreiche neue junge Mitglieder zu (vgl. auch Kapitel XIII, – S. 250f.).

Wer damals die Ereignisse verfolgte, konnte sich nicht dem Eindruck entziehen, daß die Kommunistische Partei dem Regime eine Brücke baute, damit es der Unruhe mit praktischen sozialen Mitteln Herr werden konnte. Ein geheimes Einvernehmen zwischen Premierminister Pompidou und der CGT-Gewerkschaft schien nicht ausgeschlossen.

Wie de Gaulle schließlich Herr der Lage wurde ...

In dieser Situation gelang es de Gaulle schließlich doch, das Gesetz des Handelns wieder in die Hand zu bekommen – durch eine List. Dies jedenfalls ist die allgemeine Lesart geworden. Aber war es wirklich ein gut kalkuliertes Unternehmen, das ihn am 29. Mai zunächst buchstäblich von der Bildfläche verschwinden, dann bei den französischen Truppen in Baden-Baden wieder auftauchen ließ und das er am 30. Mai nachmittags mit einer kurzen Rundfunkansprache so beendete, daß die ganze Aufregung der vergangenen vier Wochen wie ein Geisterspuk verflogen war? – Oder war es vielmehr ein intuitives Spiel mit dem Schicksal, das ihn an diesen beiden Tagen aus der Krise – auch aus einer ungewöhnlichen Krise seines Selbstbewußtseins – wieder herausführte? Ein Beobachter, der diese Vorgänge vom besten Platz zwischen Bühne und Kulisse verfolgen konnte, ein Bewunderer des Generals, Michel Jobert, damals Kabinettsdirektor des Premierministers Georges Pompidou, läßt die Frage offen. Er schreibt (Michel Jobert: L'autre regard, – vgl. Lit.-Verz.): „Vieles ist gesagt, geschrieben und geflüstert worden über diese plötzliche Abreise vom 29. Mai (von der auch der Premierminister nicht unterrichtet war, E. W.). Für die einen waren die gepackten Koffer, der Abschied von der versammelten Familie untrügliche Anzeichen. Es war wirklich der Abgang. Für die andern war es eine wunderbare List, wie sie ihm schon mehrfach eingefallen war. Die Militärs haben verschiedene Erklärungen dafür, daß er nach Baden-Baden reiste, um die französische Armee wiederzufinden und General Massu. Auf seine Enthüllungen muß man noch warten ... Der General kam jedenfalls niedergeschlagen an und flog aufgekratzt wieder ab." – Und dann gibt es die Erklärung, mit der sich de Gaulle selbst Georges Pompidou anvertraute, am 30. Mai nachmittags, als sichtbar eine Wende der Ereignisse eingetreten war: „Es war nah dran ... und ich bin nicht sehr stolz auf mich." Aus nachgelassenen Aufzeichnungen Pompidous, die 1982 veröffentlicht wurden, kann man schließen, daß diese Wendung „Es war nah dran ..." das Eingeständnis de Gaulles enthielt, er habe seinen Rücktritt erwogen. Auch General Massu, zu diesen Veröffentlichungen befragt, erklärte: „Er war müde und entmutigt. Er wollte von der Präsidentschaft abtreten."

Kurz der Ablauf der Ereignisse: Als am Mittwoch, dem 29. Mai, die Regierungsmitglieder im Elysée zum Ministerrat erschienen, erfuhren sie, daß General de Gaulle abgereist sei. Niemand konnte sagen, wohin. Am Nachmittag erfuhr man, daß er zunächst mit Hubschrauber nach Colombey-les-deux-Églises geflogen war, dann – immer von seiner Frau begleitet – nach Baden-Baden zum Befehlshaber der französischen Truppen in Deutschland. Am Abend flog er nach Colombey zurück. In Paris liefen Gerüchte um, die mit seiner Abdankung rechneten. Sie stützten sich auf technische Vorbereitungen, die der völlig ahnungslose Premierminister „für alle Fälle" getroffen hatte. Am nächsten Morgen, dem 30. Mai, wurden Truppenbewegungen am Stadtrand von Paris gemeldet. Ihr Sinn und Zweck wurde nie bekannt.

Politische Kreise brachten sie mit dem Besuch de Gaulles bei der Armee in Verbindung. Am Mittag kündigte de Gaulle eine Rundfunkerklärung für 16.30 Uhr an. Warum wollte er sich nicht, wie sonst, im Fernsehen zeigen, sondern nur, wie zu Kriegszeiten, im Rundfunk hören lassen? Ganz Frankreich hörte zu, wie er die Auflösung der Nationalversammlung und Neuwahlen ankündete und außerdem erklärte: ,,Frankreich ist von einer Diktatur bedroht. Man will es zwingen, sich mit einer Regierung abzufinden, die in der nationalen Verzweiflung natürlich im wesentlichen die des Siegers wäre, das heißt des totalitären Kommunismus." Eine Stunde später bewegte sich eine halbe Million bis eine Million Menschen zum Triumphbogen. Die Gaullisten hatten sich siegessicher wieder auf die Straße gewagt. Die Kommunistische Partei verkündete als eine der ersten Organisationen, daß nun alles nach den üblichen Regeln der Wahlkämpfe verlaufe. An den Tankstellen gab es wieder Benzin und am Wochenende fuhr ganz Frankreich ins Grüne. Der Mai war vorüber. Einige Gruppen von Studenten zogen noch vor einige Fabriktore mit der Losung ,,élection – trahison". Die Wahl sei ein Verrat. Einer der jungen Deutschen, die in den nächsten Tagen wegen Beteiligung an den Unruhen ausgewiesen wurden, rühmte sich, die griffige Parole erfunden zu haben. Aber sie hatte keine Wirkung. Die Wahlbeteiligung war mit 80 v.H. recht gut und die Gaullisten zogen mit 294 von 485 Abgeordneten in die Nationalversammlung ein. Nie zuvor und nie wieder erreichten sie ein solches Ergebnis. Alle anderen größeren Parteien erlitten schwere Verluste, nicht zuletzt die Kommunisten. Sie fielen auf die 20-Prozent-Grenze zurück, an der für sie die Irritation des Abstiegs beginnt.

... und welche Konsequenzen er zog

Eine Überraschung brachte die Regierungsbildung: Pompidou, auf dessen Konto im allgemeinen das gute Abschneiden der Gaullisten gebucht wurde, weil er in den aufregenden Tagen ein ruhender Pol geblieben war, und der außerdem die Auflösung des Parlaments als Mittel zur Beendigung der Krise empfohlen hatte, wurde nicht wieder Premierminister. Seinen Platz nahm jetzt der langjährige Außenminister Couve de Murville ein. Auf einigen wichtigen Ministerposten sah man Gaullisten, die zum linken Flügel ihrer Organisation gezählt wurden. Der langjährige Wirtschafts- und Finanzminister Giscard d'Estaing, Wortführer des kleinen Koalitionspartners der Unabhängigen Republikaner, mußte ebenfalls sein Amt abgeben. Außenminister wurde Michel Debré.

Offensichtlich war de Gaulle nicht bereit, sich auf diesem Wahlerfolg auszuruhen, der als ein Ergebnis der Angst großer Wählerschichten vor der Anarchie gesehen werden mußte. 1967 hatte er die Vorwürfe überhört, die seiner Regierung wegen „mangelnden Reformwillens" und „konservativer Tendenzen" von vielen Seiten gemacht worden waren. Jetzt dachte er selbst über Reformen nach.

Eine Universitätsreform drängte sich auf. Sie wurde einem neuen Erziehungsminister, Edgar Faure, dem Ministerpräsidenten der IV. Republik, der sich als Einzelgänger zur gaullistischen Fraktion geschlagen hatte und dort auf dem linken Flügel stand, anvertraut. Der Erziehungsminister des Monats Mai, der Gaullist Alain Peyrefitte, hatte am 28. Mai, als ihm sein Arbeitsbereich, die Universitäten und die Schulen, völlig entglitten war, demissioniert. Er schrieb anschließend die ersten Entwürfe zu einem Buch, das erst zehn Jahre später erschien, dann eine Auflage von über einer Million Exemplaren erreichte und den Titel „Le Mal Français" bekam: das französische Erbübel. Er sah es, so wie die revoltierenden Studenten, in den verknöcherten Formen der Gesellschaft, in denen Frankreich gefangen geblieben war. Er bemühte sich nachzuweisen, daß die alten zentralistischen Strukturen und die Privilegien seiner Eliten der Entwicklung Frankreichs zu einem modernen Staat im Wege stünden. Was er als Therapie empfahl, drehte sich um den Begriff der „Partizipation", der schon lange zum politischen Wortschatz de Gaulles gehörte und von dem sich der General auch jetzt inspirieren ließ.

Nach der Sommerpause gab de Gaulle die ersten ausführlichen Hinweise auf eine Staatsreform, die er beabsichtigte. Sie sollte die

Lehren enthalten, die er selbst aus den Ereignissen des Mai 1968 zog. Da sie zu nichts anderem führten als zu seinem Sturz, der natürlich auch noch von anderen Entwicklungen und Kräften herbeigeführt wurde, scheint es zunächst einmal geraten, der Frage, was der Mai 1968 im französischen Bewußtsein bewirkte, weiter nachzugehen. Doch vorher ist eine andere Konsequenz der Mai-Ereignisse kurz festzuhalten, die nur indirekt auf die Revolte zurückging: Am 14. Juli, dem Nationalfeiertag, wurden alle Gefangenen amnestiert, die „wegen subversiver Handlungen im Zusammenhang mit den Ereignissen in Algerien" verurteilt worden waren, an der Spitze der zu lebenslänglicher Haft verurteilte General Salan. Im Juni waren schon der ehemalige Ministerpräsident Bidault und einige andere Verbündete Salans unbehelligt aus dem Exil zurückgekehrt. Das war der „Dank de Gaulles an die Armee". Die Bedeutung seines kurzen Besuchs bei General Massu am 29. Mai 1968 wurde damit noch einmal unterstrichen und auch das Dilemma, in dem er sich an diesem Tag befunden hatte.

Die Lehren des Mai

Die Studenten vom Mai 1968 und auch die Arbeiter, die sich ihnen vorübergehend anschlossen, waren Sturm gelaufen gegen Hierarchien und überkommene Ordnungen. Sie umzustoßen, das war die erklärte Forderung. Man fand sie bald wieder, weniger traumhaft verkündet und auf konkrete Tatbestände bezogen, in Veröffentlichungen der Planungsbehörde, die sich ja immer als Wortführer der Modernisierung gefühlt hatte. Sie münzten die Forderung um in Argumente gegen den allmächtigen Staat und für eine stärkere Dezentralisierung. Einige junge Technokraten und Wissenschaftler arbeiteten sie aus. Einer davon, Jacques Delors, der außerdem auch noch mit der CFDT-Gewerkschaft verbunden war, der nach links abgedrifteten Organisation christlicher Gewerkschaftler, wurde Ende 1969 von Premierminister Chaban-Delmas in sein Arbeitskabinett geholt. Er beauftragte ihn mit der Bearbeitung der sozialen Fragen, mit Kontakten zu den Gewerkschaften und der Ausarbeitung eines Gesetzes, das ein Recht auf fortschreitende Berufsausbildung festlegte. In einer Regierungserklärung von Chaban-Delmas hieß es 1970: ,,Wir sind ein Land der Kasten und halten anachronistische Trennwände zwischen den sozialen Schichten aufrecht. Wir sind eine blockierte Gesellschaft." – Vor dem Mai 1968 hätte man eine solche Sprache nicht in einem Regierungsprogramm gefunden. Zum Thema ,,blockierte Gesellschaft" war auch 1970 eine beachtliche Arbeit des Soziologen Michel Crozier erschienen (vgl. Lit.-Verz.).

Die schnelle Erhöhung des gesetzlich garantierten Mindestlohns um mehr als 30 v. H. enthielt praktisch das Versprechen, von nun an überhaupt die Schere der Löhne und Gehälter zu verengen. Daran haben sich alle späteren Regierungen mehr oder weniger gehalten. Keine hat dagegen verstoßen.

Die meisten Unternehmen werden monarchisch regiert. 1975 lag ein Entwurf vor, der nicht weiterkam, weil sowohl Unternehmer wie Gewerkschaften ihn ablehnten – zum Teil sogar aus einem sehr ähnlichen Grund: beide fürchteten um die Macht, die sie derzeit über die Angehörigen ihres Betriebs oder ihrer Gewerkschaft hatten. Aber die Rechte der Gewerkschaften sind damals durch etwas stärkere Beachtung früherer Gesetze praktisch größer geworden als vor 1968.

Die Sozialistische Partei und die ihr nahestehende CFDT-Gewerkschaft haben die ,,Arbeiterselbstverwaltung" zum Programm erhoben. Sie können beide keine Wege weisen, die praktisch dahin führen. Aber sie haben Denkanstöße aufgenommen und weitergegeben. Ein ,,Zentrum junger Unternehmer" arbeitete ein Projekt aus für ,,die Betriebsform von 1985". Es geht von einer ,,Mitverantwortung" der Betriebsangehörigen aus.

Hier muß man auch auf Einzelphänomene hinweisen: Fälle, in denen Betriebe, die stillgelegt oder eingeschränkt werden sollten, von ihren Arbeitern besetzt und vorübergehend weitergeführt wurden. Ein aufsehenerregender Fall wurde 1973 das Uhrenwerk Lip in Besançon. Hier hatten die Unternehmer versagt und durch die Pleite eine hochqualifizierte Arbeiterschaft zur Verzweiflung getrieben. Sie stürzte sich in das kühne, aber illegale Experiment der ,,Arbeiterselbstverwaltung". Es beschäftigte einige Jahre lang die Behörden. Hier hatte sich die Erinnerung an den Mai 1968 noch als Traum ausgewirkt.

Dann muß man natürlich den Beitrag des Mai 68 zur Entkrampfung und Entfesselung der sexuellen Beziehungen und zur Emanzipierung der Frau berücksichtigen. Und schließlich wurden in den Regionen und Provinzen, die starke ethnische Minderheiten aufweisen, wie die Basken, oder wo starke historische Traditionen lebendig sind, wie in der Bretagne, diese autonomen Kräfte aktiviert. Das war zunächst eine spontane Erscheinung. Später suchten die Reste der längst aufgesplitterten Bewegung vom Mai 68 ein Betätigungsfeld überall dort, wo sie einfach die Unruhe weiter schüren konnten. Manches, was beispielsweise der ,,okzitanischen Bewegung" in Südfrankreich eine etwas künstliche Bedeutung gibt, erklärt sich so.

Die ,,Partizipation" bei de Gaulle

Anfang September 1968 kündigte General de Gaulle in einer Pressekonferenz die Folgerungen an, die er aus den Ereignissen des Mai zu ziehen gedachte. Er sprach von Reformen, ,,mit denen wir die Partizipation einführen oder, dort, wo es sie schon gibt, weiterentwickeln", und nannte dann drei Bereiche, die von diesen Reformen zuerst erfaßt werden sollten: die Verwaltung der Regionen, dann der Senat, der als Ausdruck der aktiven Kräfte der Regionen neu formiert werden sollte und dem er auch die Aufgaben des bestehenden ,,Wirtschafts- und Sozialrats" zugedacht hatte, und schließlich als dritten Bereich die Betriebe. Er sprach von einer ,,neuen Infrastruktur Frankreichs". Sie sollte von den Regionen als ,,wesentlichem lokalen Element" ausgehen. Ihre Entwicklung wiederum sollte von der ,,Partizipation" aller interessierten Kräfte geprägt werden.

Was er unter ,,Partizipation" verstanden wissen wollte, das war grundsätzlich schon in einigen Verordnungen niedergelegt, die 1959 und zwischen 1965 und 1967 von seinen Regierungen erlassen worden waren. 1959 schuf er einen gesetzlichen Rahmen für die Gewinnbeteiligung der Arbeiter und Angestellten. Sie geschah auf freiwilliger Grundlage, war aber für die Unternehmen mit gewissen Vergünstigungen verbunden. 1967 verpflichtete ein Gesetz alle Betriebe mit über hundert Beschäftigten, ihren Mitarbeitern einen Teil des Reingewinns auszuschütten, der fünf Jahre festgelegt bleibt und dann, je nach Wunsch der Empfangsberechtigten, in Aktien umzuwandeln oder auszuzahlen ist. In der Begründung zu diesen Maßnahmen wurde darauf hingewiesen, daß die Gewinnbeteiligung ein erster Schritt in Richtung auf eine Mitverantwortung der Arbeiter in den Betrieben sei. Rund 5 Millionen Arbeiter profitieren heute von den Gewinnausschüttungen – die meisten in bescheidenem Ausmaß.

Mehrfach hatte de Gaulle die Partizipation als den Schlüsselbegriff für einen „dritten Weg" aus der Problematik der zivilisatorischen Entwicklung, einen Weg zwischen Kapitalismus und Kommunismus gekennzeichnet. Er hatte betont, daß die Gewinnbeteiligung allein nicht ausreiche, daß „alle auch ausreichend über die Entwicklung des Unternehmens informiert sein müssen und daß sie durch frei gewählte Vertreter an der Gesellschaft und ihren Aufsichts- oder sonstigen Räten teilnehmen können, um ihre Interessen, ihre Standpunkte und ihre Vorschläge geltend zu machen". Das sah er aber als eine weitere Stufe der Entwicklung an, und er unterschied immer zwischen diesen Befugnissen und der Leitung des Unternehmens, deren Entscheidungen er nicht beeinträchtigt sehen wollte. Man kann also „Partizipation" nicht durch „Mitbestimmung" übersetzen, obwohl seine Gedanken in diese Richtung gingen. Er war auch nicht der Meinung, daß man die Mitsprache der Betriebsangehörigen auf die Gewerkschaften und ihre Zentralen übertragen solle, obwohl er im Dezember 1968 durch Gesetz den Gewerkschaften das Recht zuerkannte, Betriebssektionen zu bilden und durch sie in die sozialen Auseinandersetzungen im Unternehmen einzugreifen. Er wies gern darauf hin, daß er 1945 zum ersten Mal in Frankreich die Bildung von Betriebsräten durch ein Gesetz ermöglicht habe. Ihre Rechte waren noch sehr begrenzt. Aber im Bewußtsein der Franzosen – auf der politischen Rechten wohl mehr als auf der Linken – gilt er als ,,ein Mann von linken Tendenzen".

Was er mit der Neuordnung der Verwaltung Frankreichs vorhatte, war ohne Zweifel für französische Verhältnisse revolutionärer als sein Konzept von der Verwirklichung der Partizipation in den Betrieben, die er nur schrittweise und in den beschriebenen Grenzen einführen wollte. Man hat in der öffentlichen Diskussion der folgenden Monate weniger von seiner Regionalreform gesprochen als von der Reform des Senats, weil um sie der große Streit entbrannte. Aber in Wirklichkeit ging die Regionalreform, die er schließlich vorlegte, erstaunlich weit: Er wollte echte regionale Einheiten bilden, die mehrere Departements umfassen und Entscheidungsbefugnisse, eine weitgehende finanzielle Autonomie sowie eine beratende Körperschaft aus gewählten kommunalen und berufsständischen Vertretern haben sollten. Man brauchte nur eines Tages noch zur Direktwahl der Vertreter des Regionalparlaments überzugehen und man hätte den von Paris ernannten und mit Vollmachten ausgestatteten Regionalpräfekten eine Kraft gegenüber- oder zur Seite gestellt, die sich leicht in Richtung auf eine autonome Bretagne oder ein selbstverwaltetes Elsaß in Bewegung setzen konnte. Man sah in Paris auch diese Gefahren und überlegte, wie man ihnen durch den Zuschnitt und die Abgrenzung der einzelnen Regionen begegnen sollte. Aber de Gaulle appellierte ausdrücklich an den Stolz der alten Provinzen: ,,Die Auvergne und ihre Auvergnaten, die Bretagne und ihre Bretonen, Lothringen und seine Lothringer, die Provence und ihre Provenzalen, obwohl sie alle offiziell seit 1789 vergessen wurden, sie haben im Herzen der Franzosen nie aufgehört zu bestehen ...", sagte er in einem Fernsehinterview. Wieviel Mut gegenüber der eigenen Geschichte darin zum Ausdruck kam, ermißt man am besten aus der Tatsache, daß keiner der beiden Nachfolger den Gedanken einer Regionalstruktur wieder aufgriff und daß alles, was von ihnen unter der Kennzeichnung ,,Regionalisierung" verordnet wurde, nur sehr wenig über eine Dezentralisierung in der Departementsstruktur hinausging.

Als wunder Punkt des großen Reformkonzepts erwies sich die

Tatsache, daß er auf der einen Seite der Region wirkliche Entscheidungsvollmachten geben, dem Senat aber die begrenzten legislativen Befugnisse entziehen wollte, die er seit 1946 hat. Der Senat hatte in den letzten Jahren mehrfach der staatlichen Exekutive Schwierigkeiten gemacht. In dieser zweiten Kammer, deren Einwendungen letztlich immer von der Abgeordnetenkammer, der Nationalversammlung, überstimmt werden können (gelegentlich nur mit qualifizierten Mehrheiten, was dann Kompromisse erzwingt), hatte die politische Mitte eine starke Position behauptet; denn die Senatoren werden durch die Vertreter der kommunalen und provinziellen Selbstverwaltungskörperschaften gewählt. Anfang Oktober 1968 war gerade ein neuer Senatspräsident gewählt worden: Alain Poher, seit 1966 Präsident des Europaparlaments und Kandidat einer „Zentrums-Union". Die „Europäer" verschiedener politischer Richtungen hatten sich für seine Wahl stark gemacht. In dieser Atmosphäre wirkte der Versuch, dem Senat eine neue Zusammensetzung und einen neuen Platz in der Verfassung zu geben, wie eine „Entmachtung". Das mobilisierte ungeahnte Kräfte, und damit begann der eigentliche politische Ansturm auf die Verfassungsreform de Gaulles.

Der Volksentscheid und das Ende

Die Tatsache, daß de Gaulle die Verfassungsreform durch einen Volksentscheid verabschieden wollte, weil er einen direkten Dialog mit dem Volk suchte, dessen Ergebnis als Plebiszit wirken konnte, verärgerte die meisten Parlamentarier. Auch die wirtschaftliche Entwicklung, die Frankreich an den Rand einer Währungskrise gebracht hatte, verschlechterte das politische Klima. Für große außenpolitische Auftritte war seit dem Ende des Prager Frühlings kein Anlaß, und erst recht nicht seit der Verkündung der Breschnjew-Doktrin. Sie störte den großen Entwurf einer Politik „zwischen Atlantik und Ural" doch sehr empfindlich.

Der Streit um den Senat konnte niemanden begeistern. Nun trat auch noch ein deutlicher Riß in der Regierungskoalition zu Tage.

Valéry Giscard d'Estaing, der Wortführer der Unabhängigen Republikaner, der kleinen konservativ-liberalen Gruppe, die seit 1959 zusammen mit den Gaullisten die Mehrheit bildete, zur Zeit allerdings als parlamentarische Kraft wieder entbehrlich war, wandte sich gegen einen Volksentscheid. Er tat es mit grundsätzlichen Argumenten und aus Rücksicht auf den Senat, in dem er einen relativ starken Anhang hatte. Später fehlten zu einer Mehrheit bei der Volksabstimmung gerade soviel Stimmen wie man mit Sicherheit dem Einfluß Giscard d'Estaings zumessen konnte.

Dann passierte ein kleiner, aber unwägbarer, jedenfalls stark beachteter politischer Zwischenfall. Der frühere Premierminister Pompidou hatte im Januar 1969 während einer politischen Informationsreise in Rom zu Journalisten erklärt: ,,Es ist für niemanden ein Geheimnis, daß ich für das Amt des Staatpräsidenten kandidieren würde, wenn ein Nachfolger für General de Gaulle gewählt werden müßte.'' Das war zwar durchaus im Einklang mit den Worten, die General de Gaulle selbst zweimal im Zusammenhang mit dem Wechsel des Premierministers nach dem letzten großen Wahlsieg gebraucht hatte: Pompidou, so hatte er noch im September 68 bei einer Pressekonferenz gesagt, solle sich ,,vorbereiten auf jedes Amt, das die Nation ihm eines Tages übertragen könnte''. Und er hatte ihn zu einer ,,Reserve für die Republik'' ernannt. Aber als Pompidou durch seine Äußerung daran erinnerte – und er tat es wenige Wochen später in der Schweiz auf andere Weise noch einmal –, erweckte er damit bei vielen Wählern doch auch den Eindruck: ein Abgang de Gaulles könne keine schlimmen Folgen haben – es bleibe schließlich Pompidou.

Die Volksabstimmung fand am 27. April 1969 statt. General de Gaulle hatte durch Provinzkundgebungen für Zustimmung geworben. In Quimper in der Bretagne hatte er bretonisch gesprochen. Am Vorabend der Abstimmung hatte er erklärt, er werde zurücktreten, wenn die ,,Nein''-Stimmen in der Mehrheit bleiben sollten.

Die Abstimmung ergab 53,17 Prozent ,,Nein''-Stimmen. Seit dem Referendum von 1962, als es um die Direktwahl des Staatspräsidenten gegangen war, war die Zahl der ,,Ja''-Stimmen bei fast gleicher Wahlbeteiligung von 13150000 auf 10515000 zurückgegangen. Paris hatte sogar zu fast 56 Prozent mit „Nein" gestimmt. Als kurz nach Mitternacht die Auszählung klar zu übersehen war, ließ General de Gaulle aus dem Elyséepalast mitteilen, er werde am Mittag des gleichen Tages seine Funktion niederlegen. Kein Artikel der Verfassung verlangte von ihm diese Konsequenz. Nur die Vorstellung, die er sich selbst von seiner Legitimation machte und von seinem Verhältnis zum französischen Volk, erklärt den Schritt. Von Colombey-les-deux-Églises, wo er sich ein paar Tage aufhielt, begab er sich nach Irland, wo er die Wahl des neuen Staatspräsidenten abwartete. Georges Pompidou hatte schon am 29. April seine Kandidatur angemeldet. Er wurde am 15. Juni 1969 gewählt. General de Gaulle sandte ein Glückwunschtelegramm und hüllte sich dann wieder in Schweigen. Einige Monate später ließ er erklären, er werde die Regel des Schweigens, die er sich zur Richtschnur machte, nur durchbrechen, wenn irgendjemand, sich auf ihn berufend, Erklärungen abgeben würde, denen er nicht zustimmen könnte.

Schon bald sollte sich herausstellen, daß der Nachgaullismus durch eine erstaunliche Wertbeständigkeit seiner wichtigsten Forderungen und Errungenschaften charakterisiert bleiben sollte. Die großen Entscheidungen seiner zehn Regierungsjahre, um die es jedesmal starke Auseinandersetzungen gegeben hatte – die Direktwahl des Staatspräsidenten, die Atomwaffen, der Austritt aus der NATO, die unabhängige Außenpolitik – wurden Bestandteile des Programms aller großen Parteien.

XI. Die großen Turbulenzen und die kleinen Leute

Mit „Turbulenz" bezeichnet man, nach dem Großen Duden-Lexikon, „einen Zustand, der durch Wirbelbildung und Zerfall dieser Wirbel sowie durch unregelmäßige Schwankungen im Strömungsverlauf gekennzeichnet ist ... Der Zustand entsteht bei Strömungen, wenn sie durch äußere oder innere Ereignisse gestört werden oder eine kritische Strömungsgeschwindigkeit überschreiten".

Es gehört nicht viel Phantasie dazu, diese Definition von der Physik auf die Soziologie zu übertragen. Wieviele Wirbel müssen entstehen, wenn viele Millionen Menschen in kurzer Zeit ihren Lebensgewohnheiten entrissen und gezwungen werden, sich schnell neuen Verhältnissen anzupassen, während gleichzeitig starke Kräfte der Beharrung das soziale Leben weiter bestimmen? Und was ist bei einer Bevölkerungsbewegung, ähnlich wie bei der Strömung von Flüssigkeiten oder Gasen, die „kritische Strömungsgeschwindigkeit"? In der Physik kann man sie konkret messen. In der menschlichen Wirklichkeit ist man auf Signale angewiesen. War nicht der Mai 68 ein solches Signal?

Vom Bauernvolk zum Industriestaat

Die Statistik hat seit dem Mai 1968 gelernt, darauf zu achten, in welchem Tempo die Franzosen durcheinandergewirbelt werden. Von 1968 bis 1975 haben 7,4 Millionen Franzosen das Departement gewechselt. Es dürften kaum weniger zwischen 1958 und 1968 gewesen sein, als die Bevölkerungsbewegung ihre große Beschleunigung erfuhr. Und außerdem: Man mußte nicht erst das Departement wechseln, um die zentrifugalen Tendenzen der Modernisierung, der Anpassung an den europäischen Markt und an den Weltmarkt und des rapiden Rückgangs der Agrarbevölkerung, verbunden mit einer stürmischen Industrialisierung, am eigenen Leib zu erfahren. Ein Vergleich ist in Frankreich von rechts bis links sehr beliebt: Wir mußten in 30 Jahren jene industrielle Revolution nachholen, für die England 200 Jahre und Deutschland 150 Jahre brauchten. In dieser kurzen Zeit mußten sich die Franzosen aus einem Bauernvolk in eine Industrienation verwandeln. Das hinterließ Wunden. – In Wirklichkeit erstreckte sich die Industrialisierung natürlich nicht auf 30 Jahre. Aber in dieser Zeit wurde ein solcher Rückstand aufgeholt, daß wesentliche Veränderungen im Gesicht und Charakter Frankreichs die Folge waren.

Hier müssen einige Zahlen genannt werden, um deutlich zu machen, was mit den „Veränderungen im Gesicht und Charakter Frankreichs" gemeint ist: 1931 war das Verhältnis zwischen Stadt- und Landbevölkerung ziemlich ausgeglichen: 50,8 v. H. Stadtbevölkerung standen 49,2 v. H. Landbevölkerung gegenüber. Zur Landbevölkerung zählen dabei alle, die in Gemeinden mit unter zweitausend Einwohnern leben. Die Zahl entspricht also nicht den aktiv in der Landwirtschaft tätigen Menschen. Sie umschreibt keine Berufsgruppe, sondern ein Lebensgefüge und ein menschliches Klima. Bis 1946 hatte sich wenig geändert: 53,2 v. H. Stadt- und 46,8 v. H. Landbevölkerung. Aber bis 1975, der letzten Volkszählung, hatte sich das Bild völlig gewandelt: 72,2 v. H. Stadtbevölkerung standen nur noch 27,1 v. H. Landbevölkerung gegenüber. Da die Entwicklung weiterging, kann man ohne Risiko behaupten: Vom Kriegsende bis 1980 ist die ländliche Bevölkerung um mehr als die Hälfte geschrumpft; zu ihr zählt höchstens noch ein Viertel der Franzosen. Wenn sie sich trotzdem oft wie ein Bauernvolk verhalten, beweist das nur, daß der menschliche Geist nicht immer dem Tempo gewachsen ist, in dem sich die Lebensumstände ändern. Das ist nicht neu; aber wer über die Entwicklung urteilen will, muß sich daran erinnern.

Die Entwicklung verläuft noch steiler nach unten, wenn man nur die Zahl der aktiv in der Landwirtschaft tätigen Menschen zählt: 1931 waren es 36 v. H. der Bevölkerung Frankreichs, 1946 immer noch 36 v. H. Und 1975 waren es nur noch 11 v. H. – kaum mehr als ein Zehntel, während es vor 30 Jahren mehr als ein Drittel war. Um eine konkrete Zahl zu nennen: Zwischen 1968 und 1975 erlebte Frankreich sein stärkstes Bevölkerungswachstum seit Menschengedenken. Aber seine Landwirtschaft verlor gleichzeitig eine Million Arbeitskräfte.

Das bedeutete keineswegs einen Rückgang der Produktion. Im Gegenteil: Mit dem Schrumpfen der Agrarbevölkerung ging eine große Veränderung der Strukturen Hand in Hand und eine Mechanisierung, die zusammen mit veränderten Marktbedingungen und Anbaumethoden zu einer starken Vermehrung der Erträge führte. Die Zahl der Kleinbetriebe unter fünf ha, die 1929 noch 2160000 betragen hatte, ging bis 1970 auf 420000 zurück. Auch die Zahl der Betriebe, die über eine Fläche von 5 bis 20 ha verfügen, ging im gleichen Zeitraum von 1310000 auf 506000 zurück. Dagegen blieb die Zahl der Mittel- und Großbetriebe ungefähr gleich oder stieg leicht an: fast 400000 Betriebe zwischen 20 und 50 ha, und über 30000 Betriebe mit über 100 ha. Die Zahl der Traktoren stieg zwischen 1950 und 1975 von 150000 auf 1400000, die Zahl der Erntemaschinen stieg um das Dreißig- bis Vierzigfache.

Was diese Zahlen nur teilweise widerspiegeln, ist ein Wandel der Mentalität. Man darf ihn aber nicht überschätzen. Soviel Beweglichkeit sich derjenige abverlangt, der den Hof verläßt, um in der Stadt Arbeit zu suchen und sich damit einem harten Konkurrenzkampf zu stellen, so schwer ist es den Zurückbleibenden geworden, sich an Regeln des Wettbewerbs zu gewöhnen. Hier muß ein kurzer Rückblick auf die Geschichte eingefügt werden: Als Frankreich 1871 mit dem Aufstand der Pariser Commune zum ersten Mal eine mächtige Arbeiterrevolte erlebt und blutig niedergeschlagen hatte, suchte sich die aufsteigende politische Kraft der neuen Republik eine sichere Stütze im Bauerntum. Die radikalsozialistischen Minister betrieben systematisch eine protektionistische Politik. Sie wurde später auch von der Landwirtschaft auf die Industrie übertragen. Der Protektionismus wurde ein Wesenszug Frankreichs – bis man sich nach dem Zweiten Weltkrieg dem Weltmarkt öffnete und vom Protektionismus abwandte. Der europäische Gemeinsame Markt bot der französischen Industrie Übergangserleichterungen. Der europäische Agrarmarkt erhielt der Landwirtschaft einen großen Teil behördlichen Schutzes. Aber von ihm profitieren am meisten Betriebe einer gewissen Größenordnung; die großen Märkte begünstigen im allgemeinen nicht die kleinen Existenzen.

Verfall der „petite boutique"?

Die immer relativ starke Schicht des französischen Kleinhandels hatte in den fünfziger Jahren noch ihr traditionelles Gesicht. Das kleine Lebensmittelgeschäft an der Ecke, die junge Frau, die eine Boutique für Modeartikel oder Hüte hat, die Witwe, die einen Kurzwarenladen betreibt, das alte Ehepaar, das Antiquitäten feilhält, das waren typisch französische Existenzen – neben einer Unzahl von kleinen Bäckern, Konditoren, Charcutiers, Metzgern und Weinhändlern. Den Wein fand man oft in Verbindung mit dem Holz- und Kohlenhandel. Bis 1950 gingen 90 Prozent vom Umsatz des Einzelhandels durch solche kleinen Geschäfte. Diese Zahl ging bis 1978 auf 58 v.H. zurück. Allein zwischen 1963 und 1970 nahm die Zahl der Milch- und Käseläden um 46 v.H. ab, die der Gemüsegeschäfte um 39 v.H., der Kurzwarenläden um 21 v.H. Ebenso beendeten zwischen 1954 und 1970 in jedem Jahr fünf Prozent, also zwischen 40000 und 50000, der kleinen Handwerksbetriebe ihre Tätigkeit. Zwei Drittel von ihnen verschwanden endgültig. Trotzdem wurde 1972 die Zahl der Handwerksbetriebe noch auf über 700000 geschätzt. Inzwischen kann man sogar davon ausgehen, daß ihre Zahl langsam wieder ansteigt. Aber es sind oft andere als die traditionellen Berufe. Auch mit den kleinen Läden ist es ähnlich: Neue Geschäfte für Sportartikel, Schallplatten, Blumen und Schönheitspflege machen die unrentabel gewordenen Kurzwaren- und Gemüseläden mehr als wett. Aber das beweist nur die Hartnäckigkeit, mit der sich die Lebensform des Kleinhandels in Frankreich hält. Die Zahl der Familien, die in dieser Schicht ihre Existenz wechselten, erreicht dennoch Millionenhöhe. Daneben verlor der Bauernstand, früher „das Rückgrat der Nation", in rund dreißig Jahren, also in einer Generation, über zwei Millionen kleiner und kleinster Betriebe. Und während diese Veränderungen ins Bewußtsein drangen, stieg – zwischen 1973 und 1982 – in diesem verwundeten Sozialkörper auch noch die Zahl der Arbeitslosen von 350000 auf über 2 Millionen. Wer fragt da noch, wo in Frankreich soziale Unruhe entsteht?

Der Zerfall der Strukturen und die allgemeine Bevölkerungsbewegung schufen auch eine Fülle praktischer Probleme. Wo sollten die Menschen hin, die ihren Platz räumten? Es gibt verlassene Dörfer und es gibt Städte, die aus den Nähten platzen. Wie sieht das für den einzelnen aus, wie hat es sich gerade in der Zeit ausgewirkt, in der die Spannung nach Entladung suchte?

Wohnungen für 54 Millionen Franzosen

Einer der Väter der Raumplanung (Aménagement du Territoire) in Frankreich, Philippe Lamour, gab dazu 1967 folgende Illustration (vgl. Lit.Verz.): „Der gegenwärtige Zustand der Wohnungen und die Langsamkeit, mit der wir ihre Erneuerung betreiben, sowie die Formen der Neukonstruktion, sind unvereinbar mit der Entwicklung der Bevölkerung. Selbst wenn wir bis 1985 zehn Millionen neue Wohnungen bauen und damit die gegenwärtige Zahl der städtischen Wohnungen verdoppeln, werden wir nicht mehr erreichen als die Erhaltung des Umfangs, der uns heute an Wohnraum zur Verfügung steht ... Von den zwölf Millionen Wohnungen, die heute in den Städten gezählt werden, haben nämlich zwei Millionen noch kein fließendes Wasser und zwei weitere Millionen noch kein Wasserklosett. Ein Badezimmer fehlt noch acht von diesen zwölf Millionen. Mehr als eine Million Wohnungen sind überbelegt und dreieinhalb Millionen haben weniger als zwei Zimmer. 1970 werden sieben Millionen Häuser über siebzig Jahre und drei Millionen über hundert Jahre alt sein. Nur weil es in Italien, Spanien und Portugal noch schlimmer ist, bildet Frankreich nicht das Schlußlicht des westeuropäischen Wohnungsmarkts."

Als Lamour das schrieb, hatte der Bau von Wohnungen schon starke Fortschritte gemacht, der Rhythmus wurde noch beschleunigt, auch die Modernisierung der Haushalte machte schnelle Fortschritte. Heute (1982) haben 90 v. H. der Arbeiterhaushalte einen Eisschrank, 78 v. H. eine elektrische Waschmaschine. Aber um den Preis welcher Anstrengungen, welcher Korrekturen an den Wertmaßstäben wurde das erreicht? Wieviel von den Lebensgewohnheiten der „douce France", des sanften Frankreich, wurde dabei geopfert? – Allein die Tatsache, daß Wohnungen so teuer sind wie in anderen westeuropäischen Industrieländern auch – Sozialwohnungen sind vergleichsweise schlechter oder teurer, jedenfalls gibt es weniger als in der Bundesrepublik –, verlangte eine Anpassung, die schnell erfolgen mußte und Irritationen hinterließ.

Gerade in diesem Zusammenhang ist als weiterer wichtiger Faktor der sozialen Bewegung das große Bevölkerungswachstum zu nennen, das Frankreich zwischen 1944 und 1970 erlebte. Bis zu diesem Zeitpunkt kam der Babyboom für westeuropäische Verhältnisse einer Bevölkerungsexplosion gleich. Sie ist nach der Ansicht aller Experten nicht nur mit der Höhe der Familienzulagen erklärbar. Jahrzehntelang hatte Frankreichs Bevölkerungszahl um 40 Millionen geschwankt. 1946 betrug sie 41,6 Millionen, 1954 (immer in Millionen): 42,8, 1962: 46,2, 1968: 49,8, 1975: 52,6, 1982: 54,3. – (Die Zahlen der eingewanderten Ausländer sind darin enthalten.) Im unruhigen Jahr 1968 war die Zahl der Franzosen unter Zwanzig so groß wie nie zuvor oder danach. Sie machte 33,8 v. H. der Bevölkerung aus. Als zehn Jahre später wieder eine Reihe von Gründen zusammenkam, nicht zuletzt eine starke Jugendarbeitslosigkeit, die es verständlich gemacht hätten, wenn die studentische Jugend erneut auf die Straße gegangen wäre, rechnete ein innenpolitischer Beobachter, bewußt simplifizierend, aus: Es fehlen einfach in der Bevölkerungspyramide die 40000 jungen Menschen um Zwanzig, die 1968 das Gros der Pariser Barrikadenkämpfer stellten.

Die bäuerlichen wie die feudalen Traditionen Frankreichs sind wesentlich stärker als das Gewicht, das Adel und Bauerntum heute noch im Sozialkörper haben. Zu beiden Traditionen gehört ein großer Respekt vor dem Erbe und damit vor der Hierarchie von Besitz und Geltung. Die soziale Ungleichheit in Frankreich ist also nicht nur eine Frage der Einkommensverhältnisse. Aber die Einkommen sind ebenfalls ein Ausdruck der Wertmaßstäbe in der Gesellschaft.

Nach einem Bericht der OECD vom Jahre 1976 repräsentierte die Einkommensschichtung in Frankreich die größten Ungleichheiten unter allen Industrieländern. Den 20 v.H. Haushalten, die über die höchsten Einnahmen verfügten, flossen insgesamt 47 v.H. des Gesamtbetrages aller Einkommen zu. Das Fünftel der Haushalte mit den niedrigsten Einnahmen mußte sich demgegenüber mit insgesamt 4 v.H. der Summe aller Einkommen begnügen. Auf dem zweiten und dritten Platz dieser Rangliste der Ungleichheiten folgten übrigens die USA und die Bundesrepublik. 1975 hatte die französische Regierung selbst eine Kommission eingesetzt, um diese Zustände zu untersuchen. Sie gab folgendes Beispiel: ,,Wenn man eine Stufenleiter von hundert repräsentativen Haushaltseinkommen aufbaut, dann hat der zehnte Haushalt von oben zehnmal so viel Einkommen wie der zehnte von unten. Der Abstand wäre natürlich noch viel größer, wenn man den ärmsten mit dem reichsten Haushalt vergleichen wollte.“ Das Finanzministerium hielt eine solche Ziffer bereit. Danach betrug der Abstand zwischen der untersten Stufe der Altersrente und dem Durchschnittseinkommen der 2500 höchstbezahlten Industriemanager 1:210.

Nun geben solche Zahlen, wenn man sie als absolute Maßstäbe nimmt, ein falsches Bild. Zunächst einmal sind es Bruttoziffern, die weder durch Steuerabzug noch durch alle möglichen Zulagen, vor allem Familienzulagen, auf ihre realen Proportionen gebracht worden sind. Außerdem berücksichtigen sie nicht die Kumulation verschiedener Einkünfte. Nach sorgfältigen statistischen Erhebungen hat ein Haushalt in Frankreich im Durchschnitt 1,9 Einkommen, und selbst die Haushalte alleinstehender Personen haben im Durchschnitt 1,4 Einkommen. Außerdem hat das angeführte Beispiel einen Ausgangspunkt, der inzwischen überwunden ist: die skandalös niedrigen Renten eines Personenkreises, der nicht mehr richtig in den Genuß der erst nach dem Krieg entwickelten Altersversicherung kam. Da gab es Renten von 40 Francs. Seit 1976 gibt es ein „Altersminimum", das mit einem Schlag die skandalösesten Zustände beendete und dann noch von Jahr zu Jahr um 80 bis 100 Francs im Monat auf 1200 Francs im Frühjahr 1980 aufgebessert wurde. Von diesen Berichtigungen abgesehen, kann als Regel der Beurteilung gelten: Die Einkommensunterschiede bleiben groß. Sie sind aber kaum größer als etwa in der Bundesrepublik. Seit einigen Jahren wird eine Politik der größeren Angleichung durch die systematische Erhöhung der niedrigen Einkommen und eine gewisse Stagnation der Kaufkraft in den oberen Einkommensstufen betrieben. Lag 1967 das durchschnittliche Netto-Einkommen der höheren Führungskräfte noch 4,6mal über dem Durchschnittseinkommen der Arbeiter, so war dieser Abstand bis 1978 auf das 3,4fache geschrumpft. Aber auch das sind schematische Werte. Sie verbergen die große Zahl derer, die von administrativen Maßnahmen kaum erfaßt werden und die in Armut und Elend leben. In einer Untersuchung des Wirtschafts- und Sozialrats vom Frühjahr 1979 werden sie auf 2,5 bis 4 Millionen geschätzt.

Die größten Ungleichheiten produziert das Steuersystem – das große Übergewicht der indirekten über die direkten Steuern, das am stärksten diejenigen Haushalte belastet, die ihr Einkommen bis auf den letzten Pfennig in Konsumgüter umsetzen müssen. Und noch schwerer wiegt die als Sport geübte Praxis der Steuerhinterziehung, die natürlich am wenigsten von den Lohn- und Gehaltsempfängern ausgeübt werden kann.

Es gibt außerdem Ungleichheiten regionaler Art. Der Westen und der Süden Frankreichs sind – wenn es um wirtschaftliche Aufstiegsmöglichkeiten geht – benachteiligt gegenüber Paris und allem, was einer Achse Rhein–Rhône nahekommt. Bei den Zwanzig- bis Dreißigjährigen wirkt sich immer noch ein starkes Bestreben aus, „raufzugehen" nach Paris. Schließlich befinden sich in Paris, nach einer sorgfältigen Ermittlung aus dem Jahr 1976, zwei Fünftel aller höheren Führungskräfte der Verwaltung und drei Viertel der Zentralverwaltungen von den fünfhundert größten Unternehmen des Landes. Dagegen sind inzwischen Lothringen und das nordfranzösische Industriegebiet weniger attraktiv geworden wegen des Rückgangs der Arbeitsmöglichkeiten in der Textil- und in der Stahlindustrie. Um solche Unterschiede auszugleichen und allen Regionen ein vergleichbares Wachstum zu sichern, wurde ein Amt für Regionalplanung („Aménagement du Territoire") geschaffen, das gelegentlich selbständiges Ministerium war, sonst dem Premierminister zugeordnet ist und das eine der typischen Errungenschaften der V. Republik blieb. General de Gaulle sprach zwar gern verächtlich über die „Technokraten", gab ihnen aber eine Menge Arbeit. Hier geht es nun darum, den von Modernisierung und Fortschritt weniger begünstigten Gebieten in ihrer Entwicklung nachzuhelfen, die Verlagerung oder Neugründung von Unternehmen anzuregen und zu begünstigen, Prämien für Arbeitsplätze auszusetzen, Verkehrswege und andere Kommunikationsmittel zu schaffen, kurz: die Infrastruktur der Entwicklungsgebiete zu verbessern.

Der Staat hat sich nicht nur um die Entwicklungsgebiete Frankreichs bekümmert. Um der Konkurrenzfähigkeit der Industrie nachzuhelfen, hat er sich für die Bildung von Unternehmen eingesetzt, die eine Spitzenstellung einnehmen können. So viel staatliches Bemühen um die wirtschaftliche Ausrüstung Frankreichs ist keineswegs als Dirigismus empfunden worden, es entspricht einer langen Tradition. Sie hatte immer eine Kehrseite: die Selbstverständlichkeit, mit der die Unternehmer vom Staat Subventionen oder andere Hilfen für den Wettbewerb erwarteten. Über diese Mentalität hat sich eigentlich erst die Wirtschaftspolitik des Premierministers Raymond Barre ab 1976 entschlossen hinweggesetzt.

Was vorher an Strukturveränderungen in der Industrie vor sich ging, sah im wesentlichen so aus: Kurz vor dem Krieg arbeiteten 39 v.H. der industriellen Arbeitskräfte in Betrieben, die weniger als zehn Mitarbeiter hatten. Im ersten Nachkriegsjahr dürfte die Struktur kaum anders gewesen sein. Dann hat sich diese Zahl der handwerklichen Industriebetriebe regelmäßig verringert, um sich Anfang der sechziger Jahre auf einem Niveau von 15 v.H. zu stabilisieren.

Von diesem Zeitpunkt an bemühte sich der Staat um die Bildung leistungsfähiger Unternehmen in verschiedenen Branchen. Das war ein im V. Wirtschaftsplan (für die Jahre 1965 bis 1970) klar ausgesprochenes Ziel. Er begann mit den Sektoren, in denen er bereits einen beherrschenden Einfluß hatte: Die Ölgesellschaft ERAP wurde 1965 gegründet, dann fusionierten noch einige große Banken und ebenfalls einige Versicherungsunternehmen. 1966 wurde mit der Stahlindustrie ein Konzentrations- und Rationalisierungsplan abgesprochen – der hohe Subventionen kostete, aber nicht die erwarteten Früchte zeitigte. Schließlich gab es einen wenig erfolgreichen „Plan Calcul" für die Industrie der elektronischen Rechenzentren und Datenbanken, und ganz allgemein gibt es seit Oktober 1967 im Wirtschaftsministerium ein „Büro für die Fusion und Neugruppierung von Unternehmen".

Das Ergebnis dieser Konzentrationsbemühungen sieht so aus, daß heute eine kleine Gruppe von 0,5 v.H. der Unternehmen nicht weniger als 40 v.H. der Arbeitskräfte beschäftigt. Auf sie allein gingen 1967 60 v.H. der Investitionen zurück. Die zehn führenden Firmen bestreiten 23 v.H. des Exports. In der Liste der 100 größten Unternehmen der Welt fanden sich 1977 – neben elf deutschen – auch acht französische. Zu den besonderen Exportleistungen Frankreichs gehört eine relativ bedeutende Ausfuhr schlüsselfertiger Industriewerke in den verschiedensten Branchen: mechanische, elektrische und chemische Industrie. Eine leistungsfähige Luftfahrt-Industrie (Renommierprodukt: ,,Airbus", auch wenn er ein europäisches Erzeugnis mit einigen Anleihen an die amerikanische Technik ist) und eine vielseitige Atomindustrie (die vom Reaktor bis zur Aufbereitungsanlage den gesamten Zyklus der Verarbeitung beherrscht) ergänzen den Eindruck der sicheren Position Frankreichs in der Spitzengruppe der technischen Entwicklung.

Trotzdem wird die Außenhandelsbilanz erst ausgeglichen, weil die Landwirtschaft und der Waffenexport große und sichere Devisenbringer sind. Die Exportleistungen der Landwirtschaft stiegen seit Gründung des europäischen Agrarmarkts in großen Sprüngen an. Sie machten bis zu 25 v.H. in einem Jahr aus. 1974 erreichten die Agrarexporte 40 Milliarden – fast 20 v.H. des Gesamtexports. Im Jahr 1979 brachten sie noch an die 17 Prozent der Deviseneinnahmen. Ende 1979 wurde darum ein führender Agrarpolitiker, Michel Debatisse, langjähriger Vorsitzender des größten Bauernverbandes, als Staatssekretär ins Landwirtschaftsministerium berufen mit der besonderen Aufgabe, neue Möglichkeiten des Agrarexports zu entwickeln und damit die Ölpreislücke schließen zu helfen.

Der Waffenexport und die ,,unabhängige Verteidigung"

Die Ausfuhr von Waffen nimmt seit Jahren ständig und regelmäßig zu. Sie beträgt heute gut 5 v.H. des Gesamtexports. 1971 machte sie 2,5 v.H. aus. Sowohl die Gesamtausfuhr wie der Waffenexport sind in einer ziemlich stetigen Aufwärtsentwicklung. Die Rüstungsindustrie hat rund 290000 Arbeitsplätze, von denen weit mehr als die Hälfte zum staatlichen oder nationalisierten Sektor gehören. Das erklärt die positive Einstellung der Gewerkschaften zum Waffengeschäft. Von den Bestellungen in Höhe von 23 Milliarden Francs, die die französische Rüstungsindustrie 1978 erhielt, entfallen 60,9 v.H. auf die Flugzeugindustrie. Sie ist seit Jahren die ,,Milchkuh" im Waffengeschäft. Sie ist aber gleichzeitig auch das typische Beispiel für den Exportzwang, dem die französische Rüstungsindustrie unterliegt. Ohne Auslandsaufträge und nur auf die Bestellungen des Verteidigungsministeriums angewiesen, würden die Produktionsstätten der Flugzeugindustrie oft monatelang ohne Auftrag, also nicht lebensfähig sein. Für andere Bereiche der Rüstung gilt: Das Gesetz der „unabhängigen Verteidigung" verlangt von der französischen Rüstungsindustrie eine solche Vielfalt von originären Produkten, daß sie die Entwicklungskosten gar nicht aufbringen könnte, wenn sie sich nicht viel größere Absatzmärkte zu schaffen wüßte.

Das Ergebnis: Frankreich ist seit Jahren der drittgrößte Waffenlieferant der Welt. Die USA lieferten 1978 fast 47 v. H. aller Waffenexporte, die Sowjetunion 27 v.H. und Frankreich 11 v.H. Es folgen Großbritannien mit 4 v.H. und die Bundesrepublik mit 2 v.H. An der Bevölkerungszahl gemessen steht Frankreich sogar an erster Stelle der Exporterlöse aus dem Waffengeschäft. Die Hauptkunden Frankreichs sind die arabischen Länder, insbesondere die Ölexporteure. In manchen Jahren steht der Nahe Osten mit 60 bis 70 v.H. der Waffenausfuhr weit an der Spitze der Exporterfolge der französischen Rüstungsindustrie. In diesem Fall geht das Waffengeschäft Hand in Hand mit den allgemeinen Interessen der französischen Außenpolitik. In anderen Fällen, z.B. bei den Waffenkäufen Südafrikas, gibt es da Divergenzen, die der französischen Diplomatie Probleme schaffen – die ihr aber erst seit Mitterrand von der Regierung abgenommen werden. Sie hatte die Priorität der Rüstungsindustrie und ihre Bedeutung für die unabhängige Verteidigung und außenpolitische Sonderrolle zu respektieren.

„Concorde" und andere Beispiele staatlicher Lenkung

Es gibt einige warnende Beispiele für ungeschickte und kostspielige Eingriffe des Staates in wirtschaftliche Planungen. Immer kamen Milliarden-Verluste für die Steuerzahler dabei heraus. Fast immer wurden die Entscheidungen getroffen, ohne das Parlament oder andere gewählte Instanzen einzuschalten. Das spektakulärste

Beispiel ist die ,,Concorde", das französisch-englische Überschall-Verkehrsflugzeug, das, je nach Flugziel, 110 oder 120 Passagiere mit einer Geschwindigkeit von 2300 Stundenkilometern über den Ozean befördern kann. Nur 16 dieser Maschinen wurden gebaut. Bei etwa 250 verkauften Maschinen wäre eine Amortisation der Entwicklungskosten denkbar gewesen. 13 bis 15 Milliarden Francs beträgt der Verlust allein für den französischen Steuerzahler. Sie wurden einem Prestigeobjekt geopfert, für das die Regierungen allerdings eine starke Zustimmung in einer schlecht informierten Öffentlichkeit fanden. Auch für die meisten Gewerkschaften waren die ,,Concorde"-Bilanzen tabu. – Ein Gegenbeispiel ist hier aber der ,,Airbus" – das französisch-deutsch-holländisch-englisch-spanische Großraum-Passagierflugzeug. Es kann mit einer Serie von 400 und mehr verkauften Maschinen rechnen. – Hier baut das gleiche französische Unternehmen, und die Initiative ging ebenfalls vom Staat aus. Aber es war viel weniger Prestigedenken im Spiel.

Total war das Verlustgeschäft mit ,,dem größten europäischen Schlachthof" an der Porte de la Villette in Paris, der als zentraler Viehmarkt und moderner Schlachthof für ein großes Einzugsgebiet vorgesehen war. Ein Gelände von 55 ha wurde etwa zur Hälfte mit gewaltigen Anlagen bebaut. Dann stellte man fest, daß der Betrieb nie rentabel sein würde. Mit einem Umsatz von 75000 t jährlich hätte er vielleicht rentabel werden können. Im zweiten Jahr ging der Umsatz aber schon von 50000 t auf 40000 t zurück, und es war abzusehen, daß er weiter zurückgehen würde, weil die Benutzer von seinen hohen Preisen vertrieben wurden. Daraufhin faßte man den Entschluß, die für 1,2 Milliarden Francs errichteten Anlagen abzureißen und das Gelände der Stadt Paris wieder zur Verfügung zu stellen, was weitere Verluste verursachte.

Nicht ganz so negativ sind andere Operationen verlaufen, in denen die staatliche Planung ebenfalls die Maßstäbe verlor, Entscheidungen ohne sorgfältige Marktstudien traf, die Ausführung schlecht mit örtlichen Stellen koordinierte und Risiken mit der Zukunft einging, die die Zukunft dann nicht honorierte. Immerhin besteht hier noch die Hoffnung, daß nach langen Jahren die

Dimensionen stimmen werden, die man im Überschwang und im ersten Elan der Modernisierung Frankreichs ziemlich maßlos, jedenfalls nach einem zu großen Maßstab festsetzte. Das gilt – um nur sie zu nennen – von drei Großprojekten, in die auch viel Prestige der jeweiligen Regierungen investiert wurde: dem Industriehafen von Fos bei Marseille, dem Ölhafen Antifer nördlich von Le Havre und dem Geschäfts- und „Wolkenkratzer"-Viertel La Défense im Westen von Paris.

In der Nähe der kleinen alten Gemeinde Fos ist ein Komplex von Hafen- und Industrieanlagen, eine Entladestation für Gastanker, eine Kopfstation für Ölleitungen entstanden. Er sollte sich zu einem „Rotterdam am Mittelmeer" entwickeln. Ein Stahlwerk mit eigenen Hafenanlagen übernahm einen Teil der Produktion Lothringens, wo diese Entscheidung die sozialen Konflikte verschärfte, die durch die weltweiten Probleme der Stahlindustrie ausgelöst wurden. Weder in Fos noch in Lothringen sind die Werke ausgelastet. Der Staat hat an mehreren Stellen Milliardenkredite geben müssen. Von 5500 ha Industriegelände bei Fos sind etwa 3500 mit einem guten Dutzend meist großer Unternehmen besiedelt worden. Die Region und ihre Selbstverwaltungsorgane sehen mit Genugtuung, daß die angekündigte Neuansiedlung von mehreren hunderttausend Menschen sehr viel langsamer vor sich geht als man ursprünglich befürchten mußte – wenn überhaupt die alten Pläne noch realisierbar sind. Seit fünf Jahren sind kaum neue private Investitionen erfolgt. Die Kapitalgeber halten sich zurück.

Auf Rotterdam berief man sich auch, als 25 Kilometer nördlich des kleinen Atlantikhafens von Le Havre ein Ölhafen für Großtanker gebaut wurde. Beide Projekte, Fos und Antifer, wurden übrigens im gleichen Jahr, 1969, in Angriff genommen. Der Bau der Hafenanlagen von Antifer kostete eine Milliarde Francs. 1976 wurden sie eingeweiht. Sie nehmen heute etwa die Hälfte der französischen Öleinfuhren auf. Aber ein großes internationales Verteilungszentrum ist nicht entstanden. Der Bau von Ölleitungen nach Deutschland und Skandinavien wurde vertagt. Rotterdam übt seine Funktionen weiter aus.

Die Großproduktion von Büro-Etagen in Hochhäusern, die im

Westen von Paris und in Verlängerung der großen Achse der Champs-Elysées einen neuen repräsentativen Stadtteil entstehen ließen, fand auch zu einem ungünstigen Zeitpunkt statt. Diesmal war es nicht so sehr die internationale wirtschaftliche Entwicklung als die Tatsache, daß in verschiedenen Teilen des Siedlungsgebiets von Paris und in der Stadt selbst ein Überangebot von neuem Büroraum mit einem Nachlassen der Konjunktur zusammenfiel. 1975 hatte nach Angaben der Pariser Industrie- und Handelskammer der unvermietete Büroraum im Bereich der Hauptstadt ein Ausmaß von 1200000 Quadratmetern.

Zu einer gerechten Beurteilung dieser Zustände gehören Gegenbeispiele; denn das Übergewicht des Staates gegenüber den Organen der Selbstverwaltung oder gegenüber dem Spiel der wirtschaftlichen Kräfte hat natürlich nicht nur Nachteile. Das eklatanteste dieser Beispiele ist die Verlegung der Pariser Markthallen aus dem Zentrum der Stadt in den Vorort Rungis, nahe beim Flughafen Orly. Seit Jahrzehnten wurde von dieser Verlegung gesprochen. Das Verkehrschaos, das die Pariser Innenstadt jeden Morgen erlebte, und die hygienischen Zustände lieferten genügend Argumente. Aber die verbrieften Rechte einiger Korporationen, die noch an mittelalterliche Zunftrechte erinnerten, standen im Wege. Hinter diesen Rechtspositionen kämpften starke Interessen, deren Lobbies die Parteien der Mitte und der Rechten aktionsunfähig machten. Auf der Linken arbeiteten in der gleichen konservativen Richtung die Gewerkschaften – wegen der Arbeitsplätze. Der gaullistische Staat setzte sich endlich 1962 über alle hinweg und traf, zur Erleichterung der Parteien, die notwendige Entscheidung.

XII. Die unvollendete Amtszeit

Mitte März 1969 hielt der Abgeordnete des Departements Cantal, der frühere Premierminister Georges Pompidou, vor der Jahresversammlung der Industrie- und Handelskammern einen Vortrag, von dem zwei Monate später, im Mai, wieder viel die Rede war, nämlich während des Wahlkampfs für die Nachfolge de Gaulles. Weitere zwei Monate später, im Juli, schien es dem neuen Staatspräsidenten Georges Pompidou angezeigt, noch einmal auf seine Rede vom März zurückzukommen und einiges richtigzustellen. Man habe ihm „vorgeworfen, eine Lobrede auf den Profit gehalten zu haben". – Was hatte er im März gesagt? Damals, als die letzte Volksabstimmung de Gaulles vor der Tür stand und jeder wußte: Falls die „Nein"-Stimmen überwiegen und der General zurücktritt, dann wird Pompidou kandidieren. Er hatte sich folgendermaßen ausgedrückt:

„Man muß wissen, was man will. Frankreich hat sich entschlossen, in ein System internationaler Konkurrenz einzutreten und sich darauf zu verlassen, daß es die wirtschaftliche Schlacht besteht. Damit sanktioniert es das Gesetz des Profits, das diesen Wettbewerb regelt. Der Staat muß zulassen, daß unsere Unternehmen Geld verdienen. Die Sozialpolitik kommt später. Sie ist nur dann möglich und in dem Maße, in dem die Unternehmen schon Geld verdient haben. Das allgemeine Interesse verlangt wachsende Gewinne unserer Unternehmen."

Im Juli als Staatspräsident kommentierte er sich selbst: „Will man etwa, daß unsere Unternehmen Geld verlieren? Ich habe nie gesagt (wie es behauptet wurde): Bereichert euch!" Er habe verlangt, daß man den Unternehmen die Möglichkeit gebe, Geld zu verdienen und so im internationalen Wettbewerb zu überleben. Die monatelange Auseinandersetzung um Ausdrucksweise und Inhalt seiner Rede war charakteristisch für das Bild, das sich ein großer Teil der Öffentlichkeit von Pompidou machte. Er hatte sich schon als Premierminister vor allem der beschleunigten Industrialisierung angenommen. Ihr galt sein Ehrgeiz als Staatspräsident. Nach weitverbreiteter Ansicht verfolgte er dieses ehrgeizige Projekt mit den Methoden und der Einstellung eines Bankiers. Aber Georges Pompidou war keineswegs nur oder in erster Linie ein Bankier. Doch ein Bankier war er auch.

Der Weg des Georges Pompidou

Er war Kind eines Lehrers und Kleinbauernsohns der Auvergne; der Vater gehörte der Sozialistischen Partei an. Er blieb sein Leben lang geprägt vom Bild der Bauern seiner Heimat: konservativ, selbstbewußt, skeptisch, fleißig, nicht leicht aus der Ruhe zu bringen und überzeugt, daß Maßstäbe, die Generationen für richtig gehalten hatten, jetzt nicht völlig falsch sein konnten. Dazu gehörte wohl auch ein gewisses Mißtrauen gegenüber den Deutschen. Und ein Hang zum Gold im Sparstrumpf, was in diesem Fall hieß: in den Kellern der Bank von Frankreich.

Montboudif in der Auvergne blieb das Ferienland, als der Vater nach Albi versetzt wurde und für den Sohn die Gymnasialzeit begann. Das war nun eindeutig der Süden: die Sonne und der blaue Himmel des Mittelmeers, die alten Sprachen, die Kunst, die Toleranz, die Lebensfreude, die Bohème ... Dann fand Georges Pompidou als Klassenprimus in der III. Republik, diesem Staat der Advokaten und Lehrer, in dem man Talente nicht gerne verkommen ließ, den Weg nach Paris auf eine der hohen Staatsschulen, die Ecole Normale Supérieure. Und von ihr in das Berufsziel: Studienrat für Französisch an einem der renommiertesten Gymnasien, an denen Paris seine Eliten auf die höheren Weihen der schulischen Erziehung vorbereitete. Ein Lehrersohn, der selbst in den Schuldienst geht, hat die jakobinische Tradition Frankreichs doppelt geerbt. Pompidou blieb sein Leben lang Jakobiner: unbedingter Anhänger des Zentralstaats.

Bei Kriegsende begegnete ihm das Schicksal mit einem Vorschlag, der sein Leben völlig änderte. Ein Mitschüler von der Normale Supérieure, der in der Résistance zu de Gaulle gekommen war, nahm ihn mit ins Arbeitskabinett des Generals und Provisorischen Regierungschefs, wo man gerade einen Verbindungsmann zum Unterrichtswesen brauchte. Zwanzig Jahre später arbeitete dieser Schulkamerad immer noch im Schatten de Gaulles, aber Pompidou war der Premierminister des Generals und Staatspräsidenten geworden.

In der Zwischenzeit war er durch einen ehemaligen Nachhilfeschüler zum Bankhaus Rothschild gekommen und war dort in wenigen Jahren bis in die Leitung des alten Unternehmens aufgestiegen. Er hatte in Aufsichtsräten von Öl- und Versicherungsgesellschaften gesessen. In seinen Mußestunden hatte er eine ,,Anthologie der französischen Poesie" herausgegeben. Sobald er Geld verdiente, sammelte er moderne Kunst. Als er Premierminister war, passierte es, daß er ein Flugzeug nahm, um in Lausanne für eine Stunde eine Gemäldegalerie aufzusuchen, in der ihn ein Maler interessierte. Als Staatspräsident ließ er die privaten Räume des historischen Elyséepalastes durch Meister des modernen Designs ausgestalten. Daß man nach Pompidous Tod seinen Namen dem modernsten Pariser Museum gab, das den schöpferischen Kräften der Gegenwart auf allen Gebieten gewidmet ist, war das Mindeste, was er als Nachruhm erwarten konnte; denn die Pläne stammten bis in Details von ihm. Und daß dieses Museum – das ,,Centre Georges Pompidou" – so viel Besucher hat wie alle anderen Pariser Museen zusammen, würde ihm als Dank der Nachwelt wohl genügt haben, wenn er es gewußt hätte. Aber dieses Bild eines aus armen Verhältnissen emporgestiegenen Staatsdieners und Mäzens ist bei weitem nicht vollständig, wenn man nicht den Stolz hinzufügt, mit dem er sagte: ,,Auf meinem Stuhl (als Regierungschef) hat noch kein größerer Anhänger der freien Marktwirtschaft gesessen als ich." Wachstumsziffern und Exporterfolge waren für ihn auch Poesie. Tatsächlich lag während seiner Regierungsjahre die wirtschaftliche Wachstumsziffer Frankreichs regelmäßig zwischen fünf und sechs Prozent und damit an der Spitze der westlichen Industriestaaten.

Wenn er 1969 zum Nachfolger de Gaulles gewählt wurde, dann waren dafür vielleicht folgende tiefere Gründe maßgebend: Die Franzosen wollten sich nicht brüsk vom Gaullismus abwenden, sondern suchten einen langsamen Übergang in den Nachgaullismus. Sie trauten Pompidou eher das Format eines freigewählten und mit großen Vollmachten ausgestatteten Staatschefs zu als seinem wichtigsten Mitbewerber, dem Senatspräsidenten Poher, und dies nicht zuletzt darum, weil er – auch im Stil seines Wahlkampfs – ein moderneres Frankreich verkörperte.

Die Wahl und die neuen Einflüsse

Sein Wahlsieg war keineswegs vom ersten Augenblick an sicher. Nachdem Alain Poher, der nach der Verfassung als Interimspräsident die Geschäfte im Elyséepalast führte, seine Kandidatur angemeldet hatte, schien der Ausgang der Wahl zunächst ziemlich offen. Die ersten Meinungsumfragen ermittelten für Pompidou 43 v.H. und für Poher 34 v.H. der Stimmen. Warum sollte nicht im zweiten Wahlgang die gesamte bisherige Opposition zur Wahl des Senatspräsidenten aufrufen, der im Zentrum der Abstimmungsschlacht gegen de Gaulle gestanden hatte? Aber das geschah nicht. Die Kommunisten empfahlen Stimmenthaltung, und die Sowjetbotschaft ließ erkennen, daß ihr der Gaullist Pompidou lieber sei als der ,,Europäer" Poher. Das Lager der schon zersplitterten Parteien der Mitte spaltete sich. Ein ,,Centre Democratie et Progrès" (CDP), zu dem Politiker aus mehreren der alten Zentrumsparteien gehörten, insbesondere René Pleven, der frühere Ministerpräsident, und Jacques Duhamel, trat von nun ab dem Regierungslager bei. Valéry Giscard d'Estaing mit seinen ,,Républicains Indépendants" (RI), der sich in der Volksabstimmung gegen de Gaulle gewandt hatte, und der von Poher aufgefordert worden war, selbst zu kandidieren, unterstützte Pompidou. Er kehrte damit ins gaullistische Lager zurück, zu dem er 1962 gestoßen war; in einer Aussprache mit Pompidou hatte dieser eine positivere Haltung als de Gaulle gegenüber den Europäischen Gemeinschaften und gegenüber der englischen Kandidatur versprochen. Die Sozialisten traten im ersten Wahlgang mit einem eigenen Kandidaten an, im zweiten unterstützten sie Poher.

Das Ergebnis war: 57,5 v. H. der Stimmen für Pompidou, 42,4 v. H. für Poher bei fast 31 v. H. Stimmenthaltungen und 4,5 v. H. ungültigen Stimmzetteln. Die Linke trat im zweiten Wahlgang, der nur eine Stichwahl zwischen den beiden erfolgreichsten Kandidaten ist, nicht mehr in Erscheinung – außer in der einen oder anderen Form der Stimmenthaltung. Das Resultat Pohers – 7,8 Millionen Stimmen – zeigte, daß die alte politische Mitte der IV. Republik noch über ein Wählerpotential verfügte, das nicht so unbedeutend war wie die Zahl ihrer Vertreter im Parlament. Pompidou berief zum Premierminister den langjährigen Präsidenten der Nationalversammlung Jacques Chaban-Delmas, einen Gaullisten aus der heroischen Zeit der Résistance, in der er den Tarnnamen Chaban getragen hatte. Außerdem signalisierte er die Absicht, die Politik der „unabhängigen Verteidigung" unverändert im Sinne de Gaulles fortzusetzen, indem er den früheren Premierminister Debré zum Verteidigungsminister ernannte. Außenminister wurde Maurice Schumann, der während des Krieges in London der Sprecher der „Freien Franzosen" gewesen war, in der IV. Republik aber als Staatssekretär von Robert Schuman am Quai d'Orsay gesessen und 1962 die Regierungsmannschaft de Gaulles wegen der Europapolitik verlassen hatte. Der ehemalige Volksrepublikaner war inzwischen der gaullistischen Fraktion beigetreten. Seine Ernennung sollte eine offenere Europapolitik ankündigen und gleichzeitig die Gaullisten beruhigen.

Der neue Premierminister erregte bald einiges Aufsehen durch die Wahl seiner Mitarbeiter, unter denen mehrere zur Linken gezählt wurden, wo der eine oder andere auch für den früheren Ministerpräsidenten Mendès-France tätig gewesen war. Er kündigte in seiner Regierungserklärung tiefgreifende soziale Reformen an und sprach von einer „neuen Gesellschaft". Da er als erster nach mehreren Jahren das Parlament wieder zu einer Abstimmung über die Regierungserklärung aufforderte, erhielt er für diese Geste wie für sein mutiges Programm eine ungewöhnlich starke Zustimmung:

369 Stimmen gegen 85. Der Sozialist Mitterrand erklärte auf der Tribüne: „Ich zweifle nicht an Ihrer Aufrichtigkeit, wohl aber, wenn ich Ihre Koalition betrachte, an einem Erfolg Ihres Programms."

Tatsächlich war die Amtszeit von Chaban-Delmas, die bis zum Juli 1972 dauerte, von Auseinandersetzungen innerhalb der Regierungsmehrheit und innerhalb der gaullistischen Partei und auch von Spannungen zwischen Staatspräsident und Premierminister durchzogen. Zu Chabans Rede über die „Neue Gesellschaft" hatte Pompidou in einem vertraulichen Gespräch gesagt: „Die Gesellschaft ist, was sie ist. Man muß mit ihr leben. Nichts ist schlimmer, als die Franzosen zum Träumen zu bringen ... Der Ehrgeiz Chabans steht in keinem Verhältnis zu seinem Auftrag. Er weiß, daß ich während meiner Amtszeit mindestens einen, wenn nicht zwei Nachfolger für ihn ernennen werde. Und nun eröffnet er Zukunftsaussichten für zwanzig und dreißig Jahre ..." – Es scheint, daß das Zerwürfnis zwischen Staatspräsident und Premierminister mit dieser Rede, die Pompidou wohl durch ein Mißverständnis nicht frühzeitig bekannt geworden war, begann (vgl. auch Alain Peyrefitte: Le Mal Français, – siehe Lit.-Verz.).

Einige Gesetze, die nicht viel Aufsehen erregten, aber für die gesellschaftliche und staatliche Entwicklung neue Wege wiesen, blieben aus dieser Zusammenarbeit zurück: ein Gesetz, das die Fortbildungsmöglichkeiten für Berufstätige stark erweiterte und den Betrieben entsprechende Auflagen gab, und ein Gesetz für die Verwaltung der Regionen, das nicht so weit gehen konnte wie die Reform, an der General de Gaulle 1969 scheiterte, mit der man aber die Tür zur Dezentralisierung aufstieß. Außerdem rühmte sich Pompidou, daß auf sein Drängen hin die französische Wirtschaft das Monatseinkommen an die Stelle des Wochenlohns setzte. Sonst litten diese Jahre noch unter den Nachwehen des Mai 1968 und unter häufigen sozialen Auseinandersetzungen, in denen sich schon die Vorboten der Wirtschaftskrise von 1973/74 bemerkbar machten: die Entwertung des Dollars und ihre politischen und wirtschaftlichen Auswirkungen.

Die Früchte des wirtschaftlichen Wachstums konnte Pompidou als Staatspräsident kaum genießen, obwohl er so viel dazu beigetragen hatte. Äußerlich bleibt seine Amtszeit mit zwei eindeutigen Schwächeperioden des Franc verbunden. Kurz nach seiner Wahl, im Juli 1969, mußte er eine Abwertung von 12,5 v.H. durchführen. Es war die seit dem Mai 1968 unvermeidlich gewordene Kursberichtigung der Währung, der General de Gaulle im November 1968 noch hatte ausweichen können. Dann mußte er kurz vor seinem Tode, im Januar 1974, den Franc aus dem europäischen Währungsverbund lösen und dem freien Devisenmarkt überlassen, was einer Abwertung von etwa 5 v.H. im Verhältnis zur D-Mark, der Währung des wichtigsten Handelspartners, gleichkam.

Die ersten Amtsjahre Pompidous litten unter einem allseitigen Mißtrauen. Bei den Gaullisten war man immer auf der Hut vor Abweichungen von der Linie des Generals. Obwohl de Gaulle sich mit öffentlicher Kritik völlig zurückhielt, sprach er zu den wenigen Besuchern, die er in Colombey empfing, ziemlich abschätzig über die neue Ära: „Man muß verstehen – und ich verstehe es –, daß ein Weg zu den Gipfeln nicht ohne Unterbrechungen und Ruhepausen möglich ist. Wir sind also im Augenblick in einem Abstieg. Aber ich bin sicher, daß die Höhen auch wieder ihre Anziehungskraft auf Menschen von Charakter ausüben ..." Das sollte einem Brief entnommen sein, der ihm – unwidersprochen – öffentlich zugeschrieben wurde. Am 9. November 1970 starb er an einem Herzversagen. Die Formalitäten seiner Beisetzung waren von ihm selbst festgelegt worden, und zwar so, daß die Regierung kaum in Erscheinung treten konnte. Sie veranstaltete in der Kathedrale von Notre-Dame in Paris einen Trauergottesdienst, zu dem die halbe Welt prominente Trauergäste sandte. Der Sarg de Gaulles machte nur den kurzen Weg zwischen seinem Haus, der kleinen Kirche und der Familiengruft von Colombey-les-deux-Églises. Der kleine Ort erlebte eine nationale Wallfahrt.

Am 18. Juni 1972, dem Gedenktag des Londoner Appells zur

Résistance, weihte Pompidou ein durch allgemeine Spenden finanziertes Lothringer Kreuz ein, das von einem Hügel bei Colombey-les-deux-Églises die lothringische Ebene weithin überragt. Seine Rede war ein Treuebekenntnis zu den Lehren de Gaulles und leitete in seiner kurzen Amtszeit eine letzte Phase ein, die durch enge Anlehnung an den gaullistischen Teil der Regierungsmehrheit und an seine orthodoxe Kernmannschaft gekennzeichnet war. Anstelle von Jacques Chaban-Delmas berief er de Gaulles früheren Armeeminister Pierre Messmer zum Premierminister.

Die Neuwahl des Parlaments im März 1973 brachte Veränderungen und schwächte die Regierungsmehrheit, wie es nach den Angstwahlen vom Juli 1968 nicht anders zu erwarten war. Aber diese Veränderungen hielten sich in Grenzen, die Vereinte Linke konnte die Ernte ihres gemeinsamen Vorgehens noch nicht einfahren: ihre Union war noch zu neu und wirkte noch zu zweckbedingt als Wahlmanöver.

Bald danach, Anfang Juni 1973, mußte Pompidou zum ersten Mal seine Amtsgeschäfte unterbrechen wegen einer krebsartigen Erkrankung, von der man schon lange gerüchteweise sprach und die ihn am 2. April 1974 hinwegraffte. Nun erst wußte man, daß er seit zwei Jahren, manchmal schwer, darunter gelitten hatte, und man ahnte, daß die Krankheit wahrscheinlich größere Initiativen verhindert hatte und es nicht dazu kommen ließ, daß Frankreich neue Wege entschlossener beschritt.

London statt Bonn? – Die Außenpolitik

Immerhin, seiner Außenpolitik konnte er ein Profil geben. Das lag wohl daran, daß er sie vom Anfang bis zum Ende als seine Domäne betrachtete. Er kümmerte sich auch sonst mehr und detaillierter um die laufende Regierungsarbeit als General de Gaulle es getan hatte; sein Nachfolger Giscard d'Estaing entwickelte diese Gewohnheit in noch stärkerem Maße. Aber das galt bei Pompidou für die meisten Ressorts doch noch von Fall zu Fall und in dem Maße, in dem die Probleme ihre Bedeutung bekamen. Für die

Außenpolitik dagegen fühlten sich die Staatspräsidenten der V. Republik, so auch er, immer unmittelbar verantwortlich.

Es war klar, daß die französische Außenpolitik nach de Gaulle ihre Dimensionen zurücknehmen mußte. Sie konnte nicht mehr versuchen, weltweit eine Rolle zu spielen. Da das Regime aber nur in der internationalen Wirkung Glanz bekommen konnte, bot sich dem Staatspräsidenten als Feld für eine persönliche Aktivität Europa an. Das entsprach auch seiner persönlichen Überzeugung, und es kam der Aufnahme einer größeren Zahl von Anhängern der alten Europapolitik in die Regierungsmehrheit und in die Regierung entgegen. Ihnen gegenüber löste Pompidou gleichzeitig ein Wahlversprechen ein, wenn er beschloß, die Hauptschwierigkeit, die der europäischen Zusammenarbeit in den letzten Jahren im Wege gestanden hatte, auszuräumen. Das war die Frage der Aufnahme Englands in den Gemeinsamen Markt. Sie entschied sich bei der Haager Konferenz der europäischen Staats- und Regierungschefs im Dezember 1969, deren Zustandekommen weitgehend durch Pompidous positive Einstellung möglich geworden war. Sie öffnete den Weg für den Beginn von Beitrittsverhandlungen mit England, Irland, Dänemark und Norwegen im Juli 1970.

Es lag für Frankreich nahe, angesichts dieser Frage, die von Paris so lange zurückgedrängt worden war, das europäische Bündnissystem zu überdenken, wie de Gaulle selbst es ein Jahr vorher schon getan hatte. Ein engeres Verhältnis zu England bot sich als Gegengewicht gegen die immer stärker werdende Bundesrepublik an, deren neue sozial-liberale Regierung außerdem schon ihre Gesprächsbereitschaft nach Osten bekundet hatte. Für Pompidous natürliche Skepsis gegenüber dem deutschen Partner waren das brauchbare Gesichtspunkte; sie wurden im Laufe der Jahre immer wichtiger.

1969 versuchte er, die Frage des englischen Beitritts in engerem Einvernehmen mit der Bundesrepublik zu lösen. Zur diplomatischen Vorbereitung der Haager Konferenz wurde ein Mitarbeiter nach Bonn entsandt. Für den neuen französischen Staatspräsidenten konnte es nicht nur darum gehen, England den Weg in die europäischen Gemeinschaften zu öffnen. Aus innenpolitischen

Gründen mußte er sehr auf die Bedingungen achten, zu denen Frankreich diesen Beitritt erlaubte. Diese Einzelheiten entschieden sich zum Teil erst auf der Konferenz selbst, und zwar so, daß eine Verärgerung bei Pompidou zurückblieb. Sie war verstärkt worden durch Rivalitäten, die vielleicht mehr die Rivalitäten der Apparate als der beiden verantwortlichen Männer waren, die aber den Eindruck erweckten, daß man sowohl in Bonn wie in Paris den Erfolg der Konferenz für sich buchen wollte – der am besten als gemeinsamer Erfolg zu verbuchen war.

Mit dem Kommuniqué der Haager Konferenz wurde auch ein neuer Anlauf zu einer organisierten politischen Zusammenarbeit in Europa unternommen. Er führte zwar erst nach Jahren zu dem angestrebten Erfolg, einer regelmäßigen Konferenz der europäischen Staats- und Regierungschefs, aber das geschah doch nach den Grundsätzen, auf die man sich im Haag einigen konnte. Damals ging es darum, überhaupt einmal den müßigen theologischen Streit zwischen den Anhängern supranationaler Lösungen und den Verteidigern der nationalen Unabhängigkeit zu beenden. Dazu bot Pompidou die Hand. Er hatte, wie alle anderen, der Konferenz Vorschläge zur politischen Zusammenarbeit unterbreitet, in denen es hieß: „Die Außenminister sollten in regelmäßigen Abständen zusammentreffen, um über die Probleme der Außenpolitik und die Beziehungen Europas mit der übrigen Welt, insbesondere mit den Vereinigten Staaten und Ländern des Ostens, zu beraten und den Versuch zu unternehmen, die Außenpolitik zu harmonisieren ... Wir müssen unbedingt ein politisches Klima schaffen. Europa muß sich in den Dienst der Entspannung stellen, und unsere Einheit müssen wir mit besonderen Gesten demonstrieren, z. B. den freien Verkehr der Menschen untereinander ermöglichen, indem wir die Grenzkontrollen abschaffen."

Er unterschrieb im Abschlußkommuniqué den gemeinsamen Auftrag an die Außenminister, „in der Perspektive der Erweiterung die Frage zu prüfen, wie man am besten Fortschritte auf dem Gebiet der politischen Einigung erzielen könne". Er zögerte auch nicht, die Formel zu unterschreiben, daß „die Europäischen Gemeinschaften unbestritten der Urkern der Europäischen Einheit" seien und daß sie „eine politische Zielsetzung" hätten. Das alles führte bald zu einem gemeinsamen „Luxemburger Bericht", in dem die Modalitäten für regelmäßige Beratungen der Außenminister über internationale Fragen festgelegt wurden und den die Minister am 20. Juli 1970 in Brüssel bestätigten. Mit diesem Beschluß ging man über die scharfe Trennungslinie, die de Gaulle zwischen den wirtschaftlichen Institutionen der Europäischen Gemeinschaft (EG) und den Organisationsformen der Europäischen Politischen Zusammenarbeit (EPZ) erhalten wollte, hinweg. Ein derart pragmatisches Verfahren entsprach ganz dem Temperament Pompidous. Wenn es später doch noch zu kleinlichen Unterscheidungen in dieser Frage kam, dann lag die Ursache dafür zum Teil in seiner stärkeren Anlehnung an den gaullistischen Teil der Regierungsmehrheit, auf die er sich stützte. Sie lag nicht zuletzt aber auch bei den europäischen „Supranationalen" oder „Integristen", die ihrerseits den ideologischen Streit nicht beenden konnten.

Was Pompidou von der Haager Konferenz noch als einen persönlichen Erfolg nach Hause brachte, war die Übereinkunft der Regierungen, in einem „Integrationsprozeß" und in Etappen „eine Wirtschafts- und Währungs-Union zu schaffen". Die Modalitaten dazu hatte die EG-Kommission geliefert, wo der französische Vizepräsident Raymond Barre die Federführung bei den Vorschlägen gehabt hatte.

Im Oktober 1972, nachdem der Beitritt Englands und der drei anderen europäischen Staaten beschlossen war und Frankreich ihm in einer Volksabstimmung – mit einer sehr schwachen Wahlbeteiligung (60 v. H.) – zugestimmt hatte, lud Pompidou zu einer neuen Konferenz der europäischen Staats- und Regierungschefs nach Paris ein. Diesmal war das Hauptthema die Wirtschafts- und Währungs-Union. Man beschloß einen Zeitplan für ihren Aufbau bis zum Jahre 1980. Die Entwicklung der westlichen Währungen, die Abkehr des Dollars vom Goldstandard, eine neue erfolgreiche Spekulation gegen den Franc, schließlich die Verschärfung der Krise durch die Ölpreisentwicklung ließen diese Pläne scheitern. Sie wurden 1978 in anderer Form wieder aufgegriffen. Aber in der Zeit, in der sie zum ersten Mal formuliert wurden, war Pompidous Stellung innerhalb der Währungsdiskussion des Westens so, daß US-Präsident Nixon die Modalitäten der Abkehr des Dollars von der Golddeckung zunächst mit ihm besprach. Das Ergebnis ihrer Konferenz Mitte Dezember 1971 auf den Azoren wurde noch im Laufe desselben Monats von allen Industrieländern, insbesondere von der Bundesrepublik und England, gebilligt.

Ein anderer Aspekt der Europa-Pläne Pompidous, der ebenfalls unter der Ungunst der Umstände litt, betraf das Mittelmeer. Ohne direkt einen Mittelmeerpakt anzustreben, wollte er doch zwischen den Anrainern des Mittelmeers eine Entwicklung einleiten, die den Gegensatz der Weltmächte aus diesem Raum, soweit es noch ging, fernhielt und später einmal verdrängen konnte. Allein die Spannungen im Nahen Osten, dann die Spannungen unter den Maghreb-Ländern und andere politische Voraussetzungen ließen das Projekt bald in Vergessenheit geraten. Pompidou selbst vergaß es nie. Auch wenn er nicht mehr davon sprach, ließ er sich noch davon leiten. Dabei verband sich in seinen Vorstellungen nicht nur das französische Sicherheitsbedürfnis mit einer Beruhigung dieses Raums. Er suchte auch innerhalb der europäischen Gemeinschaft, der er damals schon die Aufnahme Spaniens und Portugals empfahl, ein mediterranes Gegengewicht gegen den starken Norden zu schaffen. Das entsprach bei ihm einem tiefen Bedürfnis nach Gleichgewicht und – in diesem Fall – seiner Vorliebe für den Süden Europas.

Der Blick nach Osten machte ihm Sorge. Sie entsprach dem tiefverwurzelten Mißtrauen mehrerer Generationen gegenüber der mitteleuropäischen Entwicklung, seitdem das Deutsche Reich gegründet, die russische Oktober-Revolution ausgebrochen, der Erste Weltkrieg überstanden, das Habsburger Reich zerfallen und schließlich als letzte Folge aller dieser Umwälzungen Hitler in Deutschland an die Macht gekommen war. Er hatte nicht dasselbe Vertrauen zur Bundesrepublik wie de Gaulle, der sich ihr einfach überlegen fühlte – die letzten Monate ausgenommen, aber das hatte ihn ja auch schon nachdenklich werden lassen.

Pompidou hatte aber auch größere Sorgen als de Gaulle mit der Sowjetunion. Inzwischen war auch eine Verschiebung im Kräfteverhältnis unter den Weltmächten in Gang gekommen. Außerdem versuchte der Kreml gelegentlich Druck auf Pompidou auszuüben, was zu de Gaulles Zeiten nicht vorgekommen war. Dann hatte er von einer Reise in die Sowjetunion im Oktober 1970 eine Erinnerung mitgebracht, die er als ein Schlüsselerlebnis für den zynischen Umgang der Sowjetführung mit ihren Machtmitteln betrachtete: Breschnjew hatte ihm die Raketenstation Baikonur in Sibirien vorgeführt. Man hatte einen Raketenabschuß in seiner Gegenwart vorgenommen, und während die Rakete über dem Pazifischen Ozean elektronengesteuert explodierte, hatte Breschnjew gemeint, man könne sich jetzt auch vorstellen, wie sie über Paris explodiere. Pompidou war die Antwort nicht schuldig geblieben, aber er vergaß die Drohung nicht. Was seine Ostpolitik von der de Gaulles unterschied, war die Meinung, die er sich von den Absichten der Sowjetführung machte. Während de Gaulle davon ausging, daß sie nichts anderes als die Festigung des Status quo in Europa wolle und wollen könne, zog er es vor, die Frage nach den Absichten und Möglichkeiten völlig offenzulassen. Sein Alpdruck wurde die „Finnlandisierung Europas"; er gebrauchte in kleineren Kreisen mehrfach diesen Ausdruck.

Dieses Wort enthielt in gebündelter Form das doppelte Mißtrauen, das er der Sowjetunion wie dem „deutschen Nationalismus" entgegenbrachte. Was er unter dem letzteren verstand – nämlich die unberechenbare Präsenz des Willens zur Wiedervereinigung – dafür hatte er 1972 bei der Eröffnung der Olympischen Spiele in München selbst ein Symptom entdeckt. Der spontane Beifall, mit dem die Sportler aus der DDR von den bundesdeutschen Zuschauern begrüßt wurden, hatte ihn stark beeindruckt. Er förderte formell die deutsche Ostpolitik und stellte sich hinter die Bundesregierung, wenn es um die grundsätzliche Frage der Entspannung, des Ausgleichs mit dem Osten und des Gesprächs mit

Moskau ging. Aber er verbarg in vertraulichen Gesprächen nicht die Sorge, daß Bonn mit dieser Entspannungspolitik nationale Ziele verbinde, und dieser Gedanke schien ihm Schwindel zu bereiten. Es war um so schwerer, dieses Mißtrauen bei ihm auszuräumen, als er sich mit Brandt „nichts zu sagen hatte" und ihn die internationale Popularität des Bundeskanzlers irritierte. Mit Edward Heath, dem britischen Premierminister, fand er dagegen schnell ein vertrauensvolles Verhältnis. Als Willy Brandt im September 1971 auf einen Kurzbesuch zu Breschnjew nach Oreanda ans Schwarze Meer flog, ohne Paris vorher unterrichtet zu haben, war die Wirkung, die die Agenturnachricht im französischen Ministerrat ausübte, so, als sorgte die deutsch-russische Geschichte alle fünfzehn oder dreißig Jahre für ein neues „Rapallo". (In Rapallo hatte Walter Rathenau 1922 mit dem sowjetischen Außenminister Alexander Tschitscherin ein Abkommen geschlossen, das den gleichzeitigen Versuch einer Aussöhnungspolitik mit dem Westen Lügen zu strafen schien – das jedenfalls in Frankreich so interpretiert wurde.) Natürlich beruhigte man sich in Paris schnell wieder über die Oreanda-Reise und wenig später drückte Pompidou sogar sein Vertrauen gegenüber diesem Vorgang aus. Aber das Wort „Verrat" tauchte dann schließlich doch wörtlich in einem offiziellen deutsch-französischen Gespräch auf, als einer seiner hohen Beamten mit dem gleichrangigen deutschen Diplomaten über die Wiener MBFR-Verhandlungen diskutierte. Diese Verhandlungen über eine „gleichzeitige ausgewogene Truppenreduzierung" in Europa waren schon von de Gaulle abgelehnt worden. Pompidou blieb bei dieser Ablehnung einer Zone besonderen Rechts in Mitteleuropa nicht nur wegen der Probleme, die daraus für die europäische Zusammenarbeit entstehen konnten, sondern ebenso wegen des Verdachts, daß sich in dieser Zone die Annäherung der beiden deutschen Staaten vollziehen solle.

In Washington, das er Ende Februar 1970 besuchte, warnte er, das Gleichgewicht in Europa könne schneller als vermutet ins Rutschen kommen. Man solle die Stabilität der Nachkriegskonstruktion nicht überschätzen. Er warb für eine möglichst starke militärische Anwesenheit der USA in Europa, und das hieß praktisch in der Bundesrepublik; aber er hatte klargemacht, über eine Rückkehr in die NATO-Integration sei mit ihm nicht zu sprechen. Sein Verhältnis zu Präsident Nixon war bis in die letzten Monate von gegenseitigem Respekt getragen. Von seiner Amerikareise behielt er jedoch den Mißklang in Erinnerung, der durch eine heftige antigaullistische Demonstration in Chicago verursacht worden war – ein kleines aber überfallartiges Ereignis, das seine Frau und er als beleidigend empfunden hatten. Er gab Abreisepläne erst auf, als er hörte, daß Nixon einen Akt der Wiedergutmachung plante und am Abend in New York zu einem großen Essen kommen werde, das zunächst ohne seine Beteiligung vorgesehen war. Wenn es im letzten Amtsjahr Pompidous wieder französisch-amerikanische Verstimmungen am laufenden Band gab, dann erreichten sie nur selten die Ebene der Präsidenten. Sie spielten sich vor allem zwischen den Außenministern Michel Jobert und Henry Kissinger ab. Natürlich hatte die gegenseitige Irritation nicht nur persönliche Gründe – aber die gab es auch. Sachlich verzieh man es Kissinger zur Zeit Pompidous in Paris nicht, daß er bei einer Rede zum „Europajahr" den Mächten des alten Subkontinents nur noch „regionale Bedeutung" zugebilligt und sich entsprechend auch verhalten hatte. Die Pariser Verhandlungen Kissingers mit einer Vietnam-Delegation wurden dagegen auch von Pompidou mit allen Kräften gefördert.

Ernsthafte Meinungsverschiedenheiten tauchten zwischen Washington und Paris erst wieder in den letzten Monaten vor dem Tode Pompidous auf. Sie wurden durch die Ölprobleme ausgelöst, die zunächst als Verknappungsprobleme infolge des vierten israelisch-arabischen Kriegs, des sogenannten „Yom Kippur-Kriegs" entstanden, und bald danach durch die sprunghafte Verteuerung der Ölpreise um 300 Prozent. Frankreich widersetzte sich entschieden einer gemeinsamen amerikanisch-europäischen Energie-Politik, weil es keine Gemeinsamkeit der Interessen anerkennen wollte. Die Abhängigkeit der Europäer vom Nahost-Öl, so wurde in Paris argumentiert, sei unendlich viel größer als die der USA, die sich zunächst aus Ölquellen des amerikanischen Kontinents und im Ernstfall im eigenen Lande versorgen könnten.

Frankreich war bald isoliert, es betrieb auf dem Hintergrund dieser Isolierung aber eine eifrige und egoistische Ölpolitik in den arabischen Ländern. Ministerreisen wurden zu Besuchen von Handelsvertretern in Öl, Waffen und Industrieausrüstungen, Preisvorteile hatte Frankreich dadurch im ganzen aber nicht, und da die befürchtete Verknappung ausblieb, erwies sich der ganze Eifer als wenig sinnvoll. Doch die konstante Weigerung, eine Identität europäischer und amerikanischer Interessen anzuerkennen, lag auf einer beharrlichen Linie der französischen Außenpolitik. Man konnte erwarten, daß sie in weniger spektakulären Formen vertreten wurde, nicht aber, daß eine französische Regierung diese Linie leichtfertig verließ. Das sollte sich auch mehrere Jahre später, nämlich 1980, als durch die Umwälzungen im Iran und durch den sowjetischen Einmarsch in Afghanistan die Sorgen vor einer Ölverknappung ganz andere Formen annahmen, wieder deutlich zeigen.

XIII. Das Zwischenspiel der „Vereinten Linken“

Am 27. Juni 1972 morgens um 5 Uhr unterschrieben François Mitterrand, der Erste Sekretär der Sozialistischen Partei (PS) und Georges Marchais, der Generalsekretär der Kommunistischen Partei Frankreichs (KPF = PCF), ein „Gemeinsames Regierungsprogramm“, das beide Parteien im Falle eines Wahlsiegs für fünf Jahre binden sollte. Das Dokument war nach einer Verhandlungsdauer von drei Monaten zustande gekommen. Man hatte umfangreiche Delegationen an die Arbeit gesetzt. Der Herausgeber von „Le Monde“, Jacques Fauvet, sprach von einem historischen Datum, „das wichtigste für die Linke“, so meinte er, „seit der Spaltung auf dem Kongreß von Tours am 30. Dezember 1920“. Eine Wiedervereinigung der beiden Parteien erschien manchem möglich – wenn auch in weiter Ferne.

Vielleicht wären einige Kommentare etwas nachdenklicher ausgefallen, wenn man alle Erklärungen gekannt hätte, mit denen die beiden Delegationsführer das Ereignis in den eigenen Reihen begleiteten. Sie wiesen Widersprüche auf. Mitterrand erklärte bald bei einer Tagung der Sozialistischen Internationale in Wien – was er ähnlich aber auch sonst offen sagte –, daß die Linksunion nur regierungsfähig sein werde, wenn die Sozialistische Partei in ihr eine führende Position erlange. Der gesunde Menschenverstand hätte es kaum anders formulieren können, denn offensichtlich waren die Wähler nur unter dieser Voraussetzung bereit, der Linksunion zu einer Mehrheit zu verhelfen. Die Kommunistische Partei war aber von Anfang an nicht bereit, sich einer sozialistischen Führung unterzuordnen. Als Marchais das gemeinsame Regierungsprogramm am 29. Juni, drei Tage nach der Unterzeichnung, seinem Zentralkomitee vorlegte, unterstrich er in seinem Bericht, daß „der Erfolg dieses völlig neuen Experiments letzten Endes von der Fähigkeit unserer Partei abhängt, die aktive Unterstützung der Volksmassen zu erhalten ... und in jeder Etappe ein Kräfteverhältnis herzustellen, das ausreicht, um die Widerstände zu überwinden, die nicht ausbleiben werden". Diese Rede wurde aber erst 1975 veröffentlicht. Sie enthielt noch weitere überraschende Klarstellungen.

Der Mythos der Volksfront

1972, als das Gemeinsame Regierungsprogramm verkündet wurde, und noch lange danach, beschwor man die Volksfront von 1936. Damals hatte man wesentlich weniger konkrete Abmachungen als diesmal getroffen. Die Kommunistische Partei hatte die Regierung des Ministerpräsidenten Léon Blum zwar unterstützt, hatte aber nicht daran teilnehmen wollen. Das sollte jetzt anders werden. Es war nur natürlich, daß sie eine dritte Unterschrift akzeptierte, die erst das alte Spektrum der Volksfront wieder herstellte. Auch das schien dafür zu sprechen, daß sie sich auf weitere Kompromisse einrichtete. Im Herbst 1972 wurde das Gemeinsame Regierungsprogramm noch von Robert Fabre unterzeichnet, der am 4. Oktober zusammen mit mehreren anderen Abgeordneten die Radikalsozialistische Partei verlassen und eine „Bewegung der linken Radikalen" (Mouvement des Radicaux de Gauche) gegründet hatte. Entsprechend den liberalen Traditionen seiner Partei fügte Robert Fabre seiner Unterschrift noch einen Zusatz bei, der die anderen zu nichts verpflichtete, aber ankündigte, daß er bei Neuverhandlungen das vorgesehene Programm der Verstaatlichungen noch einmal zur Erörterung gestellt sehen wolle – was jeder nur im Sinn einer Reduzierung der Sozialisierungsmaßnahmen verstehen konnte. Das sollte später ein weiteres wichtiges Element für das Auseinanderfallen der Linksunion werden. 1972 erschienen diese Widersprüche sekundär angesichts des langen Wegs und der Hindernisse, die die beiden führenden Parteien der Linken überwunden hatten, um sich zusammenzufinden – zu einem sehr praktischen Zweck übrigens: für einen gemeinsamen Wahlkampf, der ihnen bessere Aussichten bei der Neuwahl der Nationalversammlung im März 1973 versprach.

Die gegenseitige Rivalität war ein Element ihrer Parteigeschichte, und niemand hatte erwartet, daß sie mit der Unterzeichnung eines Gemeinsamen Regierungsprogramms beigelegt sei. Als sich 1920 die 3200 Delegierten, Anhänger des ,,Moskauer Modells", für einen Beitritt zur ,,Dritten Internationale" erklärten, bildeten sie die überwältigende Mehrheit des Sozialistischen Parteikongresses in Tours. Nur 1000 Delegierte blieben bei der alten Partei und dem alten Namen SFIO (= Section Française de l'Internationale Ouvrière). Die Mehrheit nahm die Parteizeitung mit, ,,L'Humanité", das Sprachrohr des wortgewaltigen Jean Jaurès, auf den sich nun allerdings die Minderheit berief.

In den zwanziger Jahren war nach und nach aus der Kommunistischen Partei eine Organisation von Sektierern geworden, die Mitgliederzahlen waren zurückgegangen. Ende 1932 hatte sie nur noch 30000 Mitglieder – statt der rund 130000, deren Delegierte in Tours den ,,Moskauer Weg" vorgezogen hatten. 6,8 v.H. der Wähler gaben dieser Partei noch ihre Stimme. Aber sie hatte einen neuen, jungen Generalsekretär, Maurice Thorez. Er war 1930 in Moskau zum ,,Sekretär der französischen Sektion der Komintern" ernannt und an die Spitze der Partei gestellt worden. Mit ihm wurde 1934, ein Jahr nach Hitlers Machtübernahme, die Politik der Isolierung aufgegeben. Die Volksfronttaktik führte im September 1935 zur Übereinkunft zwischen Kommunisten, Sozialisten und Radikalsozialisten und brachte den drei Parteien im Mai 1936 einen großen Wahlsieg, bei dem die Sozialisten zur stärksten Parlamentsfraktion aufrückten, die Kommunisten aber den größten Stimmenanteil dazugewannen. Überhaupt blieb die KP die große Nutznießerin der Volksfront: Zwischen 1933 und 1936 stiegen ihre Mitgliederzahlen von 30000 auf 280000 an.

Dann kam die schwierige Periode des Hitler-Stalin-Pakts und schließlich die heroische Zeit der Résistance, aus der die KP mit 28,6 v.H. der Stimmen als die stärkste Wählerpartei hervorging. Als Regierungspartei konnte sie dann auch ihre Organisation und ihren Platz im Lande stark ausbauen und konsolidieren. Während der ganzen Zeit der IV. Republik hatte sie rd. 25 v.H. der Wähler bei sich behalten. Seitdem de Gaulle die Regierung übernommen hatte, war dieser Anteil auf 19 bis 22 v. H. zurückgegangen. 1965 hatte sie sich an der Kandidatur Mitterrands für die Wahl zum Staatspräsidenten beteiligt, weil sie sich nicht dem wahrscheinlichen Stimmenrückgang aussetzen wollte, den sie mit einem eigenen Kandidaten riskierte. Außerdem hatte ihr damaliger Generalsekretär Waldeck Rochet, der 1961 Nachfolger von Thorez geworden war, wieder begonnen, die Partei langsam auf eine Volksfrontlinie zu bringen.

Für die Sozialisten hatte es 1965 keinen großen Sinn mehr, noch eine Wahlkoalition mit der Mitte zu versuchen; denn die Mitte war seit 1962 offensichtlich im Zerfall begriffen. Die meisten Kandidaten der sozialistischen Parteien konnten sich in ihren Wahlkreisen nur dann noch im zweiten Wahlgang durchsetzen, wenn sie ein Wahlbündnis mit den Kommunisten eingegangen waren. Das führte 1971 auf dem Kongreß von Epinay zu einem Führungswechsel in der sozialistischen Partei, wo inzwischen schon Alain Savary auf Guy Mollet gefolgt war. Die Partei legte damals auch ihren alten Namen SFIO ab, nannte sich also nicht mehr Französische Sektion der Arbeiter-Internationale, sondern Parti Socialiste (PS). Der Erste Sekretär der Partei, François Mitterrand, hatte bisher sozialistischen Randgruppen angehört. Er ließ sich sofort ein Mandat für Verhandlungen mit der KPF geben. Dazu konnte sich die Partei um so leichter entschließen, als die Kommunisten eine ideologische Distanzierung von Moskau vorgenommen hatten. Nach dem Einmarsch der sowjetischen Panzer in Prag am 21. August 1968 hatte das Politbüro seine „Mißbilligung" und seine „Opposition gegenüber jeglicher militärischer Einmischung in die Verhältnisse eines souveränen Staates" zum Ausdruck gebracht. Diese mutige Sprache, für die vor allem der bereits erkrankte Generalsekretär Waldeck Rochet verantwortlich war, hatte die Partei später zwar nur noch abgeschwächt wiederholt, aber auch nie widerrufen. Waldeck Rochets Nachfolger wurde sein Mitarbeiter Georges Marchais, der, zunächst stellvertretend, ab 1970 praktisch das Amt des Generalsekretärs ausübte. So verlief der innere Weg der beiden Parteien bis zu den Verhandlungen um ein gemeinsames Regierungsprogramm.

Daß beide Parteien diese Verhandlungen unter einer relativ neuen Führung aufnahmen, schien damals nicht unwichtig. Denn sie erhofften sich als Ergebnis ihrer Annäherung auch einen gewissen Wandel im Wesen des Partners – jedenfalls hofften die Sozialisten auf eine demokratische Entwicklung bei den Kommunisten.

Bei der Sozialistischen Partei war François Mitterrand nicht zuletzt darum Erster Sekretär geworden, weil der linke Flügel, die sogenannte CERES-Gruppe, sich für ihn entschieden hatte. CERES ist das Sigel für „Centre d'Etudes, de Recherches et d'Education Socialistes" (Zentrum für sozialistische Studien, Forschung und Erziehung). Die Gruppe bildete sich unter Führung einiger junger Absolventen der ENA, der „Hohen Schule" der Verwaltungselite; unter ihnen waren für die Ausprägung ihres Gedankenguts insbesondere Jean-Pierre Chevènement und Didier Motchane verantwortlich. Sie hat sich aber auch an der Gründung von Betriebsgruppen besonders stark beteiligt; ihre Bemühungen um die KPF sind auf aktiven Wettbwerb und die Überzeugung gegründet, daß man die Kommunisten auf ihrem eigenen Gelände schlagen kann – und manchmal auch mit ihren Methoden. Sie hat sich, wenn man ihre eigenen Angaben resümiert, zum Ziel gesetzt, die Dekadenz der sozialistischen Partei aufzuhalten durch eine Erneuerung marxistischen Gedankenguts in unorthodoxer Form. Mitterrand war weder dem Alter noch der geistigen Herkunft nach ein Prototyp der CERES-Gruppe, ohne die er 1971 nicht an die Spitze der Partei gelangt wäre. Beim Parteikongreß von 1979 hat er, nach jahrelangem Zerwürfnis, seine Position mit ihrer Hilfe gehalten. In seinem Verhältnis zu dieser Gruppe, die zwischen 1973 und 1980 25 bis 18 v.H. der Parteimitglieder erfaßte, zeigte sich besonders deutlich sein Führungsstil. Er zeichnet sich aus durch ein großes taktisches Geschick innerhalb einer sehr persönlich gehandhabten Strategie.

Mitterrands politische Laufbahn hatte mit der Flucht aus deutscher Kriegsgefangenschaft begonnen. Ein kurzes Engagement in einer Vichy-Organisation, die ihm eine Auszeichnung eintrug, gilt bei den einen als Jugendsünde, bei anderen als Tarn-Manöver. Seine Leistung für den Widerstand wird nicht bestritten. Er schuf eine Fluchthelfer-Organisation für Kriegsgefangene, bildete Widerstandsgruppen, und hatte dabei 1943 einen ersten Konflikt mit General de Gaulle, den er in London und in Algier aufsuchen konnte. Mit 30 Jahren wurde er Minister für die ehemaligen Kriegsgefangenen und Deportierten. Schließlich war er in zwanzig Jahren vierzehnmal Minister in zahlreichen Ressorts. Er gehörte zu der kleinen Partei der linken Mitte, die sich UDSR nannte (= „Demokratische und Sozialistische Union der Résistance"). In der Jugend hatte man ihn seiner streng katholischen Erziehung wegen eher zur Rechten gezählt. Gewisse Erinnerungen an diese Zeit blieben lebendig: „Immer, wenn ich zwischen Paris und der Provinz an der Kathedrale von Vézelay vorbeikomme (wo Bernhard von Clairvaux zum Kreuzzug aufrief), halte ich an ...", so erzählt er gern. Dort habe er seine wichtigsten Entscheidungen getroffen. Im Parlament ist er ein scharfer Debattierer. In seiner Sprache hat er, wenn er will, literarisches Format. Seitdem er, ab 1965, vor Massen spricht, weiß man, daß er auch charismatische Züge hat. Aber er bleibt ein Einzelgänger, auch seine engsten Freunde fragen sich oft, worauf er hinauswill. Ein breiteres Urteil sieht in ihm einen Pragmatiker – oder einen Opportunisten. Wer sich der weniger vorteilhaften Lesart anschließt, verweist meist auf eine nie ganz aufgeklärte Begebenheit im Jahre 1959, als der Wagen Mitterrands in Paris, in der Nähe seiner Wohnung, mit einer Maschinengewehr-Garbe beschossen wurde – wenige Sekunden nachdem Mitterrand ihn verlassen hatte. Später ergab sich aus den Erzählungen des „Attentäters", daß die ganze Sache mit Wissen des Betroffenen, also Mitterrands, abgelaufen war. Was stand dahinter? Hatte der Attentäter das Einverständnis des in Aussicht genommenen Opfers gesucht, um einen Fememord, der geplant war, zu verhindern? Warum hatte er dann ausgeplaudert? Oder sollte Mitterrand nur lächerlich gemacht werden? Das Ermittlungsverfahren wurde erst eingestellt, nachdem Mitterrand 1965 gegen General de Gaulle kandidiert hatte. Seine Parteigänger weisen darauf hin, daß er von

1958 an unentwegt in Opposition zu dem ersten Staatspräsidenten der V. Republik stand. Jean Monnet, der seine Urteile vorsichtig zu formulieren pflegte, hielt ihn für einen zuverlässigen Anhänger einer fortschreitenden Vereinigung Europas auf der Grundlage der Gleichberechtigung seiner Völker. Für Georges Marchais zeichnete er sich nach 1977 durch den unwiderstehlichen Hang zur Flucht vor dem Klassenkampf und zu ,,den Sünden der Sozialdemokratie" aus.

Marchais selbst ist einfacher zu fassen. Er ist das besonders gelungene Produkt einer klassischen Parteikarriere einschließlich der Ausbildung auf den Kaderschulen der Parteiführung. Bis zu seinem siebenundzwanzigsten Jahr führte er das normale Leben eines jungen unpolitischen Metallarbeiters – ein umstrittenes Jahr in der deutschen Rüstungsindustrie eingerechnet. Er reagiert ungewöhnlich scharf auf die Frage, ob er 1942 freiwillig oder gezwungen als Facharbeiter in die deutsche Flugzeugindustrie ging. Auch wenn es erzwungen war, so war es nicht heroisch; andere entzogen sich der Aufforderung durch Flucht in den Untergrund. Nachdem er 1947 in die Partei eingetreten war, stieg er zunächst parallel in der Partei und in der Gewerkschaft (CGT) auf. 1956 wurde er endgültig für politische Aufgaben ausersehen. Er wurde Sekretär der Föderation Seine-Sud, wo er im Schatten des prominentesten Mitglieds, Maurice Thorez, arbeitete. Noch im gleichen Jahr rückte er als stellvertretendes Mitglied bis zum Zentralkomitee vor, 1959 in gleicher Eigenschaft bis zum Politbüro, und 1961 wurde er Politbüromitglied und Sekretär für die Parteiorganisation. Als er die Stellvertretung und schließlich die Nachfolge des erkrankten Waldeck Rochet antrat, zweifelte niemand, daß die russischen Genossen diese Wahl des eifrigen Apparatschiks gutgeheißen hatten. Wenn sich dann schließlich mit seinem Namen eine gewisse Distanzierung der Partei von Moskau verband, so war es immer klar, daß es im Politbüro eine entsprechende Strömung gab. Nicht er hatte ihr seinen Stempel aufgedrückt, sondern sie ihm. Aber das geschah mit einer gleichzeitigen Entfaltung seiner Persönlichkeit, deren Zeugen die Franzosen geworden sind. Als man ihn 1971 gewählt hatte, stellten sich noch manche alte Mitglieder des Politbüros, auch vor Fremden, ungeniert die Frage, ob er der wichtigsten Anforderung der neuen Zeit gerecht werden könne: für die Partei einen guten Eindruck auf dem Bildschirm zu machen. Er entspreche vielleicht zu sehr dem Bild des ungeschlachten, wenn nicht gar rüpelhaften oder bedrohlichen Kommunisten. In der Tat hatte sein wichtigster innenpolitischer Gegenspieler, der gaullistische Generalsekretär, auf ihn die bekannte Frage gemünzt: „Wenn dieser Mann Autostop machen sollte, würden Sie ihn mitnehmen?" Diesen Eindruck überwand Marchais innerhalb weniger Jahre mit großem, ans Geniale streifenden Talent, so daß er längst eine Zugnummer der Fernsehprogramme ist – wo er nach eigenem Belieben den Clown, den gutmütigen Nachbarn von der Ecke oder den Klassenkämpfer mit dem Messer zwischen den Zähnen darstellt – und immer mit sicherem Publikumserfolg. Innerhalb der Partei hat er die Atmosphäre einer freieren Diskussion herzustellen gewußt, ohne jemals die Mechanismen des „demokratischen Zentralismus" zu gefährden. Die letzte Entscheidung liegt immer bei der durch Kooptation und Moskauer Segen gebildeten Spitze. Von dieser Spitze ist auch er nur ein Teil. Diesen Eindruck bestätigten mehrere Teilnehmer an den Bemühungen der Linken zur Aktualisierung des gemeinsamen Regierungsprogramms.

Die kritischen Punkte im Gemeinsamen Programm

In diesen Verhandlungen spielten vier Fragen eine besondere Rolle. Sie betrafen die demokratische Grundordnung, die Verstaatlichungen in der Wirtschaft, die Sicherheits- und die Europapolitik. Hier waren längere Verhandlungen nötig, bis man zu Kompromissen kam.

Die schwierigste innenpolitische Frage war das Problem des Machtwechsels zwischen Regierung und Opposition. Die kommunistische Partei war bereit, eine Formel zu unterschreiben, nach der eine Volksfrontregierung immer von einer Mehrheit des Volkes getragen sein müsse, sie wollte aber hinzufügen: da sie sich ja nur für die Interessen des Volkes einsetze, werde sie das einmal gewonnene Vertrauen auch unschwer behalten. Das eröffnete weite Möglichkeiten für die Interpretation des Volkswillens. Die Sozialisten machten schließlich eindeutig klar, daß mit ihnen kein Regierungsbündnis möglich sei, wenn nicht ausdrücklich in regelmäßigen, direkten und geheimen Wahlen die Zustimmung des Volkes gesucht werde, und wenn nicht eine klare Verpflichtung unterschrieben werde, die Regierung auch wieder in die Hände der Opposition zu legen, falls der Wählerwille das verlange. Die Forderung wurde schließlich akzeptiert.

Über die Ausweitung des staatlichen Wirtschaftssektors, der in Frankreich schon seit Kriegsende ziemlich groß ist, wurde zäh und detailliert verhandelt. Das Ergebnis: Neun namentlich genannte Großbetriebe, die eine Monopolstellung hatten oder doch einen Wirtschaftszweig beherrschten, oder die im wesentlichen von staatlichen Aufträgen lebten, wie Rüstungsbetriebe, sollten „nationalisiert“, d. h. in öffentliche Hände überführt werden. Die Sozialisten erklärten dazu, daß das nach ihrer Ansicht nicht den Übergang in Staatsbesitz bedeuten müsse. Außerdem sollten im Bank- und Versicherungsgewerbe, in dem schon alle Groß-Unternehmen seit dreißig Jahren entprivatisiert waren, auch noch die restlichen Unternehmen dem öffentlichen Sektor zugeführt werden.

Die Zugehörigkeit Frankreichs zum Atlantikpakt wurde von beiden Partnern der Vereinten Linken bestätigt. Allerdings wurde als Ziel der französischen Außenpolitik „die Auflösung beider Militärblöcke, des Atlantikpakts wie des Warschauer Vertrags“ proklamiert. Die KP meinte außerdem, Frankreich könne im Atlantikpakt bleiben und gleichzeitig einen Nichtangriffspakt mit der Sowjetunion schließen.

In der Europapolitik wurden die bestehenden Verpflichtungen anerkannt. Allerdings sollte es das Ziel der französischen Politik sein, die Europäischen Gemeinschaften „von der Herrschaft des Großkapitals zu befreien und ihre Einrichtungen zu demokratisieren“.

Vielversprechende Wahlerfolge

Alle Wahlen, die seit der Unterzeichnung des Gemeinsamen Regierungsprogramms im Sommer 1972 abgehalten wurden, brachten der Linken eindeutige Erfolge – am meisten den Sozialisten. Sie wurden schon bei den Parlamentswahlen vom März 1973 fast genauso stark wie die Kommunistische Partei. Beide erhielten rund fünf Millionen Stimmen. Für die Kommunisten bedeutete das Stabilität bei 21,3 v.H. der Stimmen. Die Sozialisten, die gemeinsam mit der kleinen Gruppe der „linken Radikalen" von Robert Fabre auf 20,7 v.H. der Stimmen kamen, hatten damit stark aufgeholt. Seit 1967 war ihre Wählerschaft ständig geschrumpft. Damals waren sie gemeinsam mit der Radikalsozialistischen Partei und einigen Randgruppen als „Demokratisch-Sozialistische Föderation der Linken" (FGDS) in den Wahlkampf gegangen und hatten 18,8 v.H. der Stimmen erreicht, was sie gerade noch als Stabilisierung im Vergleich zu ihrem eigenen (ungünstigen) Wahlergebnis von 1962 (15,2 v.H.) interpretieren konnten. Die Kommunisten hatten mit 22,5 v.H. eindeutig die Führung auf der Linken. Dann begann ein schneller Abstieg für die Sozialisten: Im Juni 1968 erreichte die FGDS 16,5 v.H. (die KPF: 20 v.H.) und 1969 bei den Präsidentschaftswahlen hatte ihr Kandidat Gaston Defferre, der gleichzeitig Pierre Mendès-France als kommenden Premierminister präsentierte, nur 5,7 v.H. der Stimmen, während es der Kommunist Jacques Duclos auf 21,5 v.H. gebracht hatte. Die Parlamentswahl von 1973 zeigte dann, daß die Wähler die Erneuerung und den Linksruck der Sozialistischen Partei honorierten. François Mitterrand konnte mit Recht auch einen persönlichen Wahlerfolg darin sehen.

Er konnte sich 1974 als Einheitskandidat der Vereinten Linken bei der Neuwahl des Staatspräsidenten präsentieren und erreichte 49,2 v.H. der Stimmen. Der Abstand gegenüber dem Sieger der Wahl, Valéry Giscard d'Estaing (50,8 v.H.), betrug weniger als 400000 Stimmen. Die kommunistische Partei hatte damals nach Ansicht aller Beobachter ihre ganze Kraft eingesetzt, um einen

Wahlsieg Mitterrands zu ermöglichen. Die Linke feierte das Ergebnis als einen großen Erfolg gemeinsamer Anstrengungen. Sie wurden zunächst fortgesetzt.

Als im Frühjahr 1976 mit Kantonalwahlen ein Teil der Departementsversammlungen neu gewählt werden mußte, überstieg der Anteil der Wählerstimmen für die Linke, Splittergruppen eingerechnet, eindeutig die Grenze von 50 Prozent. Aber die eigentliche Sensation war die Tatsache, daß die Sozialisten an die 30-Prozent-Grenze heranrückten, während die Kommunisten bei 20 bis 21 v.H. stehenblieben bzw. leicht zurückgingen. Man fragte sich, wieweit die Taktik der KPF, die sich offensichtlich mit dem Namen von Georges Marchais verband, dieser Entwicklung standhalten würde.

Der „Sozialismus in den Farben Frankreichs"

Den stärksten Ausdruck der Volksfrontlinie der Partei und ihrer Hinwendung zum sogenannten „Eurokommunismus" – ein gerade dabei häufig gebrauchter Begriff – brachte der 22. Parteikongreß der KPF im Februar 1976. Schon die äußeren Anstrengungen, die die Partei dabei machte, um sich als Volkspartei einzuprägen, waren gewaltig. Der Kongreß endete mit einem Fest in mehreren großen Messehallen, in denen Orchester, Tanzgruppen und Sänger aus vielen Provinzen und Ländern auftraten. Aber im Mittelpunkt standen einige spektakuläre Entscheidungen und Erklärungen. Sie betonten die neue politische Linie, die mit dem Schlagwort „Sozialismus in den Farben Frankreichs" gekennzeichnet wurde. Aber die Partei legte auch Wert auf die deutliche Abgrenzung gegenüber den Sozialisten. Der Arbeiterklasse sollte klargemacht werden, daß sie nach wie vor nur eine Vertreterin ihrer Interessen habe, die KPF, und daß diese Partei mit der Zeit gehe.

Der wichtigste Beschluß des 22. KP-Kongresses bestand darin, den Begriff der „Diktatur des Proletariats" aus dem Parteiprogramm zu streichen, „weil er das, was wir dem Land vorschlagen, nicht mehr zum Ausdruck bringt", wie Marchais formulierte. Er fügte hinzu: „Unter den Bedingungen, die in Rußland im Jahr 1917 herrschten, brauchte man die Diktatur des Proletariats, um erfolgreich den Sozialismus aufzubauen ... in Frankreich umfaßt die Arbeiterklasse heute 44,5 v.H. der im aktiven Lebensalter stehenden Bevölkerung ... Das gibt uns die Möglichkeit, eine Mehrheit des Volkes für den Wandel der Gesellschaft und für den Sozialismus zu gewinnen."

Sowjetischen Stimmen, die vor dieser ideologischen Abweichung vom Leninismus gewarnt hatten, antwortete er: „In unseren Gedanken ist kein Platz für die Vorstellung, man könne den Mehrheitswillen des Volkes in irgendeinem Augenblick vielleicht durch kleine entschlossene Gruppen ersetzen. Diese Illusion ... könnte unsere revolutionäre Bewegung nur in die Isolierung und in die Niederlage führen ... Welches immer die Wege sein mögen, auf denen unser Land zum Sozialismus kommt, in jeder Etappe müssen die politische Mehrheit und die arithmetische Mehrheit miteinander übereinstimmen." Das war für die Eingeweihten eine klare Auseinandersetzung mit Moskauer Ideologen. Marchais distanzierte sich aber auch noch ausdrücklich in der Frage der Menschenrechte: „Es ist nur natürlich, daß wir unsere Ablehnung gegenüber jeder Art der Unterdrückung der freien Meinungsäußerung offen zum Ausdruck bringen. Das haben wir auch gegenüber gewissen Vorfällen in der Sowjetunion getan. Wir können in der Tat nicht zulassen, daß das kommunistische Ideal von unrechten oder unbegründeten Handlungen befleckt wird."

Bei der Abgrenzung von den Sozialisten reklamierte er für sich und seine Partei einen festen ideologischen Boden. So sagte er zu einem Grundlagenbeschluß der Sozialistischen Partei über die Arbeiter-Selbstverwaltung als Fernziel: „Man kann nicht das Studium und die Vorbereitung der Mittel zur Verwirklichung des Sozialismus einfach durch magische Worte und modische Begriffe ersetzen! – Das Kollektiveigentum an den großen Produktionsmitteln, die Planwirtschaft, die Macht der Arbeiter und der bestimmende Einfluß einer Partei, die die Vorhut bildet, weil sie sich am wissenschaftlichen Sozialismus inspiriert – das sind die Gesetze des Sozialismus. Es gibt keine anderen."

Den Anspruch der Sozialisten, die Zahl der Betriebszellen ihrer Partei in naher Zukunft von 600 auf 1000 zu erhöhen – während die KPF sich die zehntausendste Betriebszelle zum Ziel setzen konnte – verhöhnte er: „Keine einzige der sozialistischen Betriebszellen bedeutet einen Gewinn für die Arbeiterschaft ..."

In seiner Rede zum Gemeinsamen Regierungsprogramm vor dem Zentralkomitee vom 29. Juni 1972, auf die man sich in den Zellen immer wieder berief, hatte er von der Sozialistischen Partei gesagt: „Jenseits eines, echten oder unechten, Willens zu sozialen und demokratischen Reformen sind ihre dauerhaften Züge: die Furcht, daß sich die Arbeiterklasse und die Massen tatsächlich in Bewegung setzen; das Zaudern vor dem Klassenkampf mit dem Großkapital; der Hang zum Kompromiß mit diesem und zur Zusammenarbeit der Klassen."

Und er hatte seine Unterschrift unter das Gemeinsame Regierungsprogramm gerechtfertigt mit den Worten: „Wir betrachten es als einen Schritt nach vorn, der es erlaubt, die günstigsten Bedingungen zu schaffen, um die Massen in Bewegung zu setzen für unsere Ideen, für unsere Lösungen und für unsere Ziele."

Zu diesen „günstigsten Bedingungen" gehörte für ihn auch alles, was dem neuen Parteibekenntnis zur Pluralität mehr Glaubwürdigkeit geben konnte: das Spiel mit dem „Eurokommunismus" und die gelegentliche Distanzierung von Moskau. Er traf sich seit dem Herbst 1975 mehrfach mit Enrico Berlinguer, dem Generalsekretär der italienischen KP. Bei der ersten Begegnung wurde ein Kommuniqué veröffentlicht, das unter anderem ihr gemeinsames Eintreten für den demokratischen Pluralismus und für die Möglichkeit einer Wachablösung zwischen Mehrheit und Minderheit betonte. Aber er akzeptierte nur zögernd den Begriff „Eurokommunismus" und zeigte sich immer besorgt, er könne als eine Art „Dritte Kirche" verstanden werden. Auch nach seiner Rückkehr von der Ostberliner Gipfelkonferenz der europäischen kommunistischen Parteien im Juni 1976, bei der man Breschnjew zum Verzicht auf den Begriff vom „proletarischen Internationalismus" zwang und wo Marchais seine Distanzierung von Moskau ziemlich offen betrieb, warnte er nachdrücklich vor der Versuchung, dem „Eurokommunismus“ eine organisierte Form zu geben. Im übrigen gab es zu keinem Zeitpunkt eine völlige Übereinstimmung in allen wesentlichen Fragen zwischen der französischen, der italienischen und der spanischen KP.

Der Bruch – und wie es dazu kam

Ein Wandel in der Ausrichtung der Partei vollzog sich dann im Laufe des Jahres 1977. In den Beziehungen zur KPdSU blieben zwar, zumindest äußerlich, Spannungen bestehen. Marchais war der einzige Führer der großen kommunistischen Parteien des Westens, der nicht an der 60-Jahrfeier der Oktoberrevolution teilnahm. Aber in Frankreich selbst hatte er die ideologische Linie wieder so verhärtet, daß ein Bruch zwischen den Kommunisten und Sozialisten unvermeidlich wurde.

Bei den Gemeindewahlen im März 1977 hatte die Vereinte Linke außerordentliche Erfolge errungen. Von allen 39 Großstädten über 100000 Einwohnern verwaltete sie nun 22. Daß Paris in den Händen der Regierungsmehrheit geblieben war und in Jacques Chirac einen gaullistischen Bürgermeister bekommen hatte, konnte nicht überraschen. Der rote Gürtel um die Stadt war dafür noch roter geworden. Von insgesamt 182 Städten mit einer Einwohnerzahl zwischen 30000 und 100000 hatten nun 133 eine Linksmehrheit. Betrachtete man die beiden Kategorien gemeinsam, so hatte die Linke von den 221 Städten über 30000 Einwohner jetzt 155 verteidigt oder erobert – während sie 1971 nur in 99 von diesen Städten eine Mehrheit erreicht hatte. In den Städten unter 30000 Einwohnern war der Vergleich schwieriger, weil sie nicht alle gesetzlich gezwungen waren, Einheitslisten zu wählen. Aber hier waren die Mehrheitsverhältnisse offensichtlich nur in den vielen tausend sehr kleinen Gemeinden relativ stabil geblieben. Dagegen verlor die Regierungsmehrheit 112 von 350 Ortschaften zwischen 9000 und 30000 Einwohnern, die sie bis zum 22. März 1977 verwaltet hatte. Soweit man an die einzelnen Kandidatenlisten politische Maßstäbe anlegen konnte – was für die Masse der sehr kleinen Orte meist nicht der Fall war – wurde ein Stimmenverhältnis von 52 zu 48

v. H. zugunsten der Linken gezählt. Kommunistische Vertreter waren nun Amtspersonen für 40 v. H. der Bevölkerung. Die Partei saß nicht nur in der Verwaltung von 155 Städten über 30000 Einwohnern – sie stellte in 71 von ihnen den Bürgermeister. Dies alles für sechs Jahre. Bisher hatte sie in 51 dieser Städte einen beherrschenden Einfluß gehabt und in allen anderen nur einen sehr geringen oder gar keinen Anteil an der Verwaltung ausgeübt.

Man muß diese Zahlen vor Augen haben, wenn man sich fragt, warum die KP im Sommer 1977 zu einer Taktik überging, die mit dem Bruch der Vereinten Linken endete. Man hat dann zumindest die eine Antwort: sie hatte auf keinen Fall ein Interesse, ihre ideologische Linie schon vorher zu stark zu spannen. Sie wollte den Geländegewinn der Gemeindewahl mitnehmen. – Unmittelbar danach begann sie dann aber eine weite und mit großem Nachdruck betriebene Kampagne zur umfangreichen Vermehrung des verstaatlichten Sektors innerhalb der Forderungen des Gemeinsamen Regierungsprogramms. Mit Hunderttausenden von Unterschriften forderte sie z. B. die Überführung der gesamten Stahlindustrie in die öffentliche Hand. Ihre Bürgermeister hatten an dieser Kampagne einen starken Anteil. Hier entstand die eigentliche Bruchstelle für die Verhandlungen zur Aktualisierung des Gemeinsamen Programms.

Als die KPF im Mai ihre Forderungen für die Neuformulierung des Programms vorlegte – und sofort mit einem öffentlichen Werbefeldzug unterstützte –, stellte man fest, daß sie jetzt die Verstaatlichung von 1450 Unternehmen forderte. Es handelte sich um die im Programm von 1972 vorgesehenen neun Unternehmensgruppen und Banken einschließlich aller Filialen, in denen ein zu nationalisierendes Stammhaus mit 51 v. H. der Anteile vertreten war, ferner um drei weitere Unternehmensgruppen sowie um alle Betriebe der Stahlindustrie. Nach einer Berechnung der Wirtschaftszeitung „Les Echos" wären allein mit der neuen Interpretation des Gemeinsamen Programms von 1972 – die neun Großunternehmen und ihre nun erst ins Blickfeld gerückten Filialbetriebe – 26 v. H. der Industriearbeiterschaft, 45 v. H. des Exports und 55 v. H. der Investitionen in den staatlichen Sektor überführt worden.

Als die Verhandlungen Ende September scheiterten, hatten sich die Positionen einander soweit genähert, daß die Kommunisten nur noch die Verstaatlichung von weiteren 729 Betrieben forderten und die Sozialisten in 230 Fällen einzuwilligen bereit waren. Aber die Verhandlungen hatten ein Bild ergeben, das die Nebenbedingungen der KP fast wichtiger erscheinen ließ als die Zahl der Betriebe. Sie verlangten eine Unternehmensstruktur, die – nach der Erfahrung mit den früher nationalisierten Betrieben – der kommunistisch geleiteten CGT-Gewerkschaft einen starken Einfluß gesichert hätte. Sie verlangten weiter eine Neuordnung der Regierungskompetenzen in dem Sinne, daß ein großes Wirtschafts- und Planungsministerium diesen ganzen verstaatlichten Sektor verwalten sollte. Dafür meldete Georges Marchais seine Kandidatur an. Und sie verlangten eine neue Aufteilung der Kompetenzen im Innenministerium, in dem ein Sektor „Innere Sicherheit" vor allem die Polizei umfassen sollte – und den natürlich die KPF nicht beanspruchen konnte. Dafür beanspruchte sie dann einen Staatssekretär für die Innere Verwaltung, d. h. die Auswahl der Präfekten und die Überwachung der Kommunalverwaltungen.

In die Praxis und in die Region übertragen hieß das: Die Städte, die Wirtschaft und das Hinterland beispielsweise der Kanalküste wären unter dominierenden kommunistischen Einfluß gekommen und ähnlich auch die lothringische Landschaft. Manche Beobachter übersahen nicht, daß das auch strategische Bedeutung haben konnte, die sich schlecht in eine Status-quo-Politik oder in die sowjetisch-amerikanische Entspannung einfügte. Die NATO hätte ihre Verbindungswege durch Frankreich als höchst unsicher betrachten und aus ihren Krisenplänen streichen müssen. Aber am meisten fiel auf, daß damit eine kommunistische Position aufgebaut werden sollte, die unter anderem Namen doch einer Politik der „Diktatur des Proletariats" wieder sehr verwandt war. François Mitterrand stellte in einer öffentlichen Rede später die Frage, ob hier nicht etwa der Schwerpunkt der kommunistischen Verhandlungstaktik und zugleich ihr Grund für den Abbruch gelegen hätte. Noch später warf er ebenfalls die Frage auf, wieweit die außenpolitischen Aspekte des Volksfrontexperiments vielleicht für die KPdSU ein Motiv gewesen wären, sich energischer als vorher für die Beendigung des Versuchs einzusetzen. Es hatte nämlich mehrfach Anzeichen dafür gegeben, daß die Sowjetunion die Aussicht eines radikalen Regimewechsels in Frankreich zurückhaltend und kritisch verfolgte.

Getrennte Wege

Wenn sich die Partei je vor die Entscheidung gestellt gesehen hatte, zwischen der Verbrüderung mit den anderen Linksparteien Frankreichs und der engen Anlehnung an die Bruderpartei im Osten zu wählen, dann hatte sie sich nun eindeutig wieder für den alten Weg entschlossen. Und die Frage, ob außenpolitische Motive Moskaus oder die eigene Analyse der inneren Kräfteverhältnisse in Frankreich ihren neuen Weg in die Isolierung bestimmten, hat kein entscheidendes Gewicht. Die Partei war von Anfang an entschlossen, sich nicht durch ihre Wahlbündnisse in Positionen drängen zu lassen, die sie von den zentralen Kräften der kommunistischen Weltbewegung zu weit entfernten. Diese Gefahr sah sie 1977 gegeben für den Fall der Regierungsbildung durch eine siegreiche sozialistische Partei. Sie hatte außerdem selbst in den Jahren offensichtlicher Spannungen mit der KPdSU nie eine Position bezogen, die den außenpolitischen Interessen Moskaus in einem wichtigen Punkt widersprach. Wenn sie mit anderen kommunistischen Parteien darauf bestanden hatte, daß man 1976 in Berlin den Begriff des „proletarischen Internationalismus" vermied, der zu sehr mit der bedingungslosen Unterwerfung unter die Interessen der Sowjetunion belastet war, dann hatte sie sich in der Folgezeit doch bemüht, die neuen Begriffe der „internationalistischen Solidarität" oder der „sozialistischen Solidarität" mit einem Inhalt zu füllen, der vom alten Begriff und seinem Inhalt nicht weit entfernt war. Für sie sollte – das war der Unterschied – das Gesetz der unbedingten Solidarität der kommunistischen Interessen keine Einbahnstraße mehr sein. Der Kreml sollte in Frankreich auch auf ihre Interessen Rücksicht nehmen – die sie aber bereitwillig den großen Zielen der Weltbewegung und ihrer Führung unterordnete.

Das Resultat der beiden Wahlgänge vom März 1978 war schließlich eine Bestätigung der alten Regierungsmehrheit. Das Stimmenverhältnis im zweiten Wahlgang war knapp: 49,3 v.H. für die Kandidaten, die sich auf das Gemeinsame Regierungsprogramm der Linken bezogen hatten, gegenüber 50,5 v.H. für die Kandidaten der Mehrheit; einige wenige Abgeordnete (0,2 v.H.) waren in keinem Schema unterzubringen. Aber in der Realität der Mandatsverteilung nach dem Gesetz der Mehrheitswahl mußte sich die Linke doch eindeutig abgeschlagen sehen: Von ihr waren 201 Abgeordnete gewählt worden, vom Regierungslager 289. Zwischen dem ersten und dem zweiten Wahlgang, als für die Kenner der Verhältnisse in den Wahlkreisen das Rennen schon gelaufen war, hatte sie noch einmal eine Kehrtwendung angedeutet, die nichts anderes als ein Täuschungsmanöver war: Sie hatte innerhalb von drei Stunden eine verkürzte Fassung des Gemeinsamen Regierungsprogramms unterschrieben, den monatelangen Streit als beendet und das Resultat als „ausgezeichnet" erklärt. Um so leichter konnte sie später alle Schuld für das Scheitern der Volksfronthoffnungen bei den Massen auf die Sozialisten schieben.

Robert Fabre war der erste, der, noch in der Wahlnacht, das Gemeinsame Regierungsprogramm für tot erklärte; er wurde bald von der Führung der kleinen „Bewegung der linken Radikalen" abgelöst. Bei der Sozialistischen Partei war die Enttäuschung am größten, weil außer dem gemeinsamen Mißerfolg auch noch ein eindeutiger Stillstand in der Aufwärtsbewegung ihrer Wählerstimmen, in einigen Gegenden ein Rückgang, zu verzeichnen war. Aber die Partei beschloß dennoch, an der Unionsstrategie festzuhalten. Praktisch hieß das nur: man blieb bei der Unionsphraseologie und ging anderen Bündnissen strikt aus dem Weg. Die KPF hatte längst begonnen, die Unionsstrategie nur noch auf die Massen zu beziehen, nicht auf die Führung der anderen Linksparteien. Das hieß praktisch: sie wandte sich an die sozialistischen Wähler, um sie vom Verrat durch Mitterrand und die Parteispitze zu überzeugen.

Während der folgenden zwei Jahre nahm diese neue Strategie der Partei immer konkretere Formen an. Je deutlicher sich damit die innenpolitische Isolierung abzeichnete, desto fester wurden wieder die Beziehungen zur Sowjetunion. Im Januar 1980 machte Georges Marchais mit einer starken Parteidelegation einen mehrtägigen Besuch in Moskau, wo dies Ereignis stark hervorgehoben wurde. Es war seit über fünf Jahren die erste Reise Marchais' in die Sowjetunion. Das Ergebnis war die eindeutige Rückkehr der KPF unter die sowjetische Führung der kommunistischen Weltbewegung. Sie fand ihren stärksten Ausdruck in einer vehementen Verteidigung des sowjetischen Einmarsches in Afghanistan durch Marchais, der sich immer wieder rühmte, seine Argumente von Breschnjew selbst erhalten zu haben. Die Partei ließ sich auch nicht von den kritischen Reaktionen der italienischen und spanischen Kommunisten beeindrucken. Sie hatte nach den Worten Mitterrands „ihren Platz als älteste Tochter ihrer Kirche wieder eingenommen". Trotzdem betonte sie, daß sie „am Eurokommunismus mehr denn je festhalte". Sie nahm auch noch vorsichtig Distanz gegenüber der Verbannung des sowjetischen Gelehrten und Bürgerrechtlers André Sacharow. Aber das blieb in dem Rahmen, den schon der 23. Parteikongreß 1979 gezogen hatte: In den sozialistischen Ländern, insbesondere in der Sowjetunion sei die Bilanz der demokratischen und sozialistischen Errungenschaften trotz gelegentlichen Versagens „im ganzen positiv" zu werten.

Bei den anderen Parteien und Organisationen der Linken hatte sich der Verlust der Unionsdynamik Anfang 1979 in ersten Anzeichen ausgewirkt. In der Sozialistischen Partei verstärkte sich damals die von dem Abgeordneten Michel Rocard vertretene Strömung, die die bisherige Taktik entschiedener überdenken wollte, die aber auch noch keine neuen Bündnisse vorschlug. Sie konnte beim Parteikongreß vom April 1979 nur eine starke Minderheit bilden. Aber Meinungsumfragen gaben der Sozialistischen Partei mit einer Kandidatur Rocards bei der Präsidentschaftswahl vom April/Mai 1981 eindeutig bessere Aussichten als mit einer neuen Kandidatur Mitterrands. Einen Erfolg sagten sie keinem voraus. Und auf keinen Fall entsprach die Volksmeinung dem Anhang Rocards in der Partei, wo sein Lager beim Kongreß vom April 1979 auf gut 20 Prozent der Delegierten kam.

Die Gewerkschaften

Die Gewerkschaften hatten in der Zeit des Gemeinsamen Regierungsprogramms ebenfalls eine stärkere Aktivität entfaltet. Zwischen der CGT, die unter kommunistischer Führung steht, und der CFDT, deren Generalsekretär Edmond Maire der Sozialistischen Partei angehört, konnten immer wieder gemeinsame Aktionen verabredet werden. Sie gingen nach dem März 1978 stark zurück und wurden nach dem Wahlsieg Mitterrands 1981 nicht wieder aufgenommen. Die Wirtschaftskrise und die Gefahren des Arbeitsmarkts trugen dazu bei, aber in einigen Fällen waren es auch eindeutig die politischen Ereignisse, so die Auseinandersetzungen um den Sowjet-Einmarsch in Afghanistan. Die Wahl der Schiedsmänner (prud'hommes) in arbeitsrechtlichen Fragen brachte im Dezember 1979 der Gewerkschaft CGT – Force Ouvrière, die sich von der Volksfrontpolitik immer distanziert hatte, klare Gewinne. Ihr Generalsekretär André Bergeron gehört auch der Sozialistischen Partei an, wurde dort aber gelegentlich als Vertreter einer sozialdemokratischen Richtung mit dem Parteiausschluß bedroht. Die Ämterverteilung nach den sozialistischen Wahlsiegen vom Mai/Juni 1981 zeigte die engere Verbindung der CFDT mit der Partei.

Damit die in diesem Buch gelegentlich genannten französischen Gewerkschaften in ihrer Bedeutung und ihrer Stellung zueinander besser gewertet werden können, seien hier einige Zahlen angefügt. Die Mitgliederzahlen entsprechen in allen Fällen den Angaben, die die Organisationen selbst machten. Sie werden darum mit Vorbehalt wiedergegeben, weil diese Verbände bei solchen Gelegenheiten oft die Zahl der „ausgegebenen Karten" mitteilen, nicht die Zahl derjenigen, die tatsächlich irgendeinen Mitgliedsbeitrag zahlen.

Die CGT, Confédération Générale du Travail, Generalsekretär: Henri Krasucki, Mitglied des Politbüros der KPF, gab 1978 die Zahl von rund 2400000 Mitgliedern an, davon 200000 betriebliche Führungskräfte. Bei den Wahlen der Schiedsmänner (prud'hommes) im Dezember 1979 erhielten ihre Kandidaten 42,5 v.H. der

Stimmen. Von den betrieblichen Führungskräften erhielt sie 16,8 v. H. der Stimmen.

Die CFDT, die Confédération Française Démocratique du Travail, entstand 1964 durch Spaltung aus der CFTC, der alten christlichen Gewerkschaft, deren verbleibende Mitglieder der neuen Organisation vorwarfen, daß ihre Statuten „sich nicht genug vom Marxismus distanzieren". Generalsekretär: Edmond Maire, Mitglied der Sozialistischen Partei. Eine Million Mitglieder, davon 120000 betriebliche Führungskräfte. Ihre Kandidaten erreichten 1979 bei den Wahlen der Schiedsmänner 23,1 v. H. der Stimmen. Von den betrieblichen Führungskräften stimmten 18 v. H. für sie.

Die CGT-FO, Confédération Générale du Travail – Force Ouvrière, entstand 1947 durch Abspaltung von der CGT und als Protest gegen ihre kommunistische Führung. Generalsekretär: André Bergeron, Mitglied der Sozialistischen Partei. 900000 Mitglieder, zumeist in staatlichen Betrieben wie Post oder Gas- und Elektrizitätsgesellschaft und in der Verwaltung. Bei den Schiedsmannswahlen, die 1979 nur in der privaten Wirtschaft stattfanden, erreichte sie 17,5 v. H. der Stimmen, 14 v. H. bei den betrieblichen Führungskräften. Das galt als Erfolg und bedeutet, angesichts ihres wesentlich stärkeren Einflusses im öffentlichen Sektor, daß sie ihrer Bedeutung nach kurz hinter der CFDT rangiert.

Die CFTC, die Confédération Française des Travailleurs Chrétiens, Präsident: Jean Bornard, 400000 Mitglieder. Bei den Schiedsmannswahlen 1979 rund 7 v. H. der Stimmen; ebenso bei den betrieblichen Führungskräften.

Die CGC, Confédération Générale des Cadres, Generalsekretär: Jean Menu, 300000 Mitglieder. 5,1 v. H. der Stimmen bei den Schiedsmannswahlen 1979, 36 v. H. aller Stimmen der betrieblichen Führungskräfte.

Man rechnet damit, daß insgesamt höchstens 25 v. H. der französischen Arbeiter und Angestellten gewerkschaftlich organisiert sind. Die Wahlbeteiligung bei den Schiedsmannswahlen betrug 63,3 v. H. Die Organisationen befinden sich in einem ständigen Wettbewerb, manövrieren aber gleichzeitig auch mit einem geschärften Blick für die möglichen Reaktionen der Basis.

XIV. Die Suche nach der verlorenen Mitte

Am 31. Mai 1974 flog der deutsche Bundeskanzler Helmut Schmidt mit einem Hansa-Jet zu einem privaten Besuch beim neuen Staatspräsidenten Valéry Giscard d'Estaing nach Paris. Die acht Passagierplätze der Maschine waren nicht alle besetzt, kein Minister begleitete den Kanzler, sondern nur eine Gruppe von drei oder vier hohen Beamten aus verschiedenen Ministerien, deren Fachwissen man möglicherweise brauchte. Helmut Schmidt saß seit 14 Tagen im Palais Schaumburg, Valéry Giscard d'Estaing seit vier Tagen im Elysée. Er hatte erst vor zwei Tagen seine Regierung gebildet. Bei der Zeremonie seines Amtsantritts hatte er gesagt: ,,Mit diesem Tag beginnt eine neue Ära der französischen Politik." Drei Wochen danach, bei seinem ersten großen Diplomatenempfang, sollte er sagen, daß auch seine Außenpolitik ,,das Kennzeichen des Wandels tragen" werde. Später, als so manche Reformen auf der Strecke geblieben waren, weil ihm der Wind der Wirtschaftskrise und der weltpolitischen Spannungen ins Gesicht wehte, sollte man gelegentlich sagen, Giscard habe vor allem die Formen und Formeln verändert; sachlich verlaufe die Amtszeit in den Spuren der jüngsten Vergangenheit. Wie die meisten lakonischen Bemerkungen ist auch diese zu einfach.

Das Telefon zwischen Paris und Bonn

Die Form jedenfalls, in der er seinen Bonner Gast eingeladen hatte, war für das diplomatische Protokoll mehr als ungewohnt. Noch am Tage seiner Amtseinführung hatte er zum Telefon gegriffen, um sich beim Bundeskanzler für die Glückwünsche zu bedanken und seine eigenen für die Übernahme der Kanzlerschaft zu wiederholen. Es sollte der Anfang zahlreicher Telefongespräche zwischen dem Elyséepalast und dem Palais Schaumburg werden. Im Laufe dieses Gesprächs hatte er schließlich vorgeschlagen, man solle am besten doch gleich zusammenkommen und ausführlicher miteinander sprechen. Er meinte, man solle einmal versuchen, gemeinsame Ziele zu setzen, bevor die Amtsroutine und die bürokratischen Apparate mit ihren vorformulierten Denkprozessen jeden in ihren Bann zu schlagen suchten. So kam die improvisierte Reise Schmidts nach Paris zustande. Sie sprachen an diesem frühlingshaften Wochenende mehrere Stunden miteinander, die Fachleute bekamen wenig zu tun, und nach dem Abendessen begleitete der Staatspräsident seinen Besucher, von einer aufgeräumten Menge begleitet, meist Journalisten, denen sich die Passanten anschlossen, durch die rue du Faubourg St. Honoré zu dem zweihundert Meter entfernt liegenden Hotel. Was für die Außenwelt ein ungewöhnliches Schauspiel war, kam ihnen schon wie Gewohnheit vor; denn als sie beide Finanzminister gewesen waren, vor Monaten noch, hatten sie sich bei internationalen Konferenzen in der gleichen Weise telefonisch verabredet und dann im Hotel über die einzunehmende Haltung verständigt.

Bundeskanzler Schmidt faßte auf dem Rückflug das Ergebnis der Unterhaltung in 17 Punkten zusammen, entwickelte daraus gleich einige Weisungen und meinte, diese Art der Zusammenarbeit müsse „auf allen Ebenen durchschlagen". Zwei der 17 Punkte bezogen sich auf Kardinalfragen der Außenpolitik. Sie berührten den Kern eines deutsch-französischen Einvernehmens. Jeder sollte den anderen – Punkt 1 – vor Gesprächen mit der Sowjetunion konsultieren. Das war für Frankreich eine Garantie, daß es Ereignisse wie die Krim-Reise Brandts zu Breschnjew nicht mehr als Überraschung erleben werde. Beide wollten auch – Punkt 2 – intensivere Konsultationen über ihre Beziehungen zu den USA pflegen. Das sollte die Bundesrepublik vor plötzlichen französisch-amerikanischen Spannungen sichern. Die Beziehungen zu Washington wollte der neue französische Staatspräsident überhaupt „entkrampfen", und nicht nur das: er wollte sie vor allem entspannen. Seine Erfahrungen hatten ihn gelehrt, daß eine aktive Europa-Politik nicht möglich war bei gleichzeitigen Spannungen zwischen Paris und Washington.

Die neuen Vorsätze entsprachen seinem eigenen Wesen und Temperament. Seitdem er in der französischen Politik auftauchte, fiel er zunächst dadurch auf, daß er eine immense Aktenkenntnis und eine Unzahl gespeicherter Daten mit größter Gelassenheit stundenlang vor einem skeptischen Publikum ausbreitete, das von soviel müheloser Sachkenntnis überwältigt schien. So verliefen gewöhnlich seine Auftritte in der Nationalversammlung, seit er mit 33 Jahren als Staatssekretär des Wirtschafts- und Finanzministeriums in die Regierung eingetreten war. Manchmal stellte man nachträglich fest, daß er mit größter Selbstverständlichkeit falsche Zahlen genannt hatte oder daß sie ihm unterlaufen waren – aber das konnte nie den Eindruck einer unbezweifelbaren Kompetenz und subjektiven Korrektheit in Frage stellen. Und dieser Minister ließ sich ebenso ungezwungen im Pullover, im Tennisdreß oder im Badeanzug vor der Kamera vernehmen oder in der Metro – welcher Minister fährt schon mit der Metro? – fotografieren. Er tat es auch bewußt. Seiner Herkunft aus dem Großbürgertum, das sich gern mit dem Adel vermählte und Adelstitel erbte, konnte etwas Volksnähe nur gut tun. Als er später im Elyséepalast Müllkutscher zum Frühstück einlud oder Lastwagenfahrer zum Abendessen aufsuchte, fragte man sich natürlich, wieweit auch Wahltaktik dabei sei. Aber die Wahl lag entweder hinter ihm oder, bei siebenjähriger Amtszeit, weit vor ihm. Und im übrigen machte ihm die Landschaft, aus der er kam, solche Gesten auch ungezwungen möglich: Das Industrie- und Verwaltungszentrum Clermont-Ferrand geht nahtlos in eine bäuerliche Umgebung über. An der imaginären Nahtstelle liegt der hübsche kleine Ort Chamalières, der früher ein Kurort von regionalem Ruf war. Dort liegt der Familienbesitz und dort war er, „der Herr vom Schloß“, gleichzeitig auch Bürgermeister. So war es schon bei seinem Großvater gewesen, der ebenfalls als Politiker eine nationale Karriere machte. Im Alter von 29 Jahren bewarb sich Valéry Giscard d'Estaing um den Wahlkreis des geachteten Großvaters und wurde ohne Schwierigkeiten gewählt. Bald war es so, als sei der Weg zu höchsten Staatsämtern für den jungen Politiker, der selbstverständlich die großen Staatsschulen durchlaufen hatte, vorgezeichnet.

,,Aber seit Sie ins Elysée eintraten", so schrieb eines Tages der Innenpolitiker von ,,Le Monde", der allerdings der Linken näherstand als den Giscardisten, ,,scheinen Sie manchmal zu entdecken, daß die Menschen nicht alle gut sind, daß der Erfolg nicht immer schon beim Horoskop oder bei der Erbschaft liegt, daß die Staatsgeschäfte komplex sind, die Intrigen häufig, die Mißerfolge unvermeidlich, die Politiker wie Wölfe und die Staaten wie kalte Ungeheuer." Wer immer die Reaktionen von Staatspräsident Giscard d'Estaing während der Amtszeit verfolgt hat, wird gelegentlich dieses Gefühl von zerstörten Illusionen gehabt haben, aber auch den Eindruck, daß er alle diese Prüfungen ohne ernste Schäden und mit Gelassenheit überstand.

Programm und Kräfte der Innenpolitik

Schon lange vor dem Präsidentschaftswahlkampf vom April/Mai 1974 hatte er sein politisches Programm verkündet: ,,Frankreich will von der Mitte aus regiert werden." Bereits 1956, als er seinen ersten Wahlkampf um ein Abgeordnetenmandat führte, hatte er ähnlich, nur etwas präziser, erklärt: ,,Frankreich ist immer von der rechten Mitte aus regiert worden. Ich stehe mitte-rechts." Als Staatspräsident hat er 1976 sein Bild von der französischen Gesellschaft und seine Ansicht vom Ergebnis ihrer stürmischen Entwicklung in den letzten dreißig Jahren in einem kleinen Buch ,,Französische Demokratie" geschildert und dort dargelegt, daß nach seiner Meinung eine neue breite Mittelschicht im Entstehen begriffen ist, ,,die unsere von Freiheit und Fortschritt geprägte Gesellschaft wählen wird". Als er das 1975 schrieb, konnte er noch hoffen, daß mit dem Ende der großen soziologischen Umwälzungen in Frankreich, mit dem Ausklang der stürmischen Industrialisierung und mit dem neuen Zuschnitt der Landwirtschaft auch schnell eine wirtschaftliche und soziale Beruhigung eintreten werde. Die Fortdauer der internationalen Wirtschaftskrise hat diesen Ausgleich zumindest verlangsamt. Die Mehrheit der Franzosen bekannte sich Anfang der achtziger Jahre immer noch zu der Ansicht, daß der Klassenkampf in ihrem Lande eine Realität sei.

Gewiß gab es seit 1978 keine Links-Union mehr. Im Parteienspektrum wurde aber auch keine Möglichkeit erkennbar, ein großes Lager der Mitte zu bilden, das in sich selbst einen Ausgleich der Gegensätze finden kann. Ein solches Lager ist nur denkbar, wenn die Sozialisten eine wesentliche Kraft bilden und wenn diese entschlossen den Flirt mit den Kommunisten beendet haben und dabei doch als Arbeiterpartei anerkannt werden. – Als Giscard sein Buch schrieb, pflegte er in kleineren Kreisen zu sagen: „Es gibt in Frankreich eine breite sozialdemokratische Strömung. Sie findet leider nur keinen entsprechenden Ausdruck in der Parteienlandschaft, jedenfalls nicht in der Sozialistischen Partei." Einige Gesten gegenüber Sozialisten vom gemäßigten Flügel ließen erkennen, daß er eine solche Entwicklung begünstigen würde, wenn sich die Gelegenheit böte. Nun hatten sich die Sozialisten seit Anfang der siebziger Jahre von der Mitte abgewandt, weil die alte Mitte als eine entscheidungsfähige politische Kraft ausgefallen war. Die ganze Operation hätte also damit anfangen müssen, daß man wieder eine glaubwürdige Mitte aufbaute. Das konnte aber nur auf Kosten der Gaullisten gehen, die ein sehr breites Spektrum von Meinungen und Interessen umfassen. Diese Gedanken und Hintergedanken wurden mit der Wahl Giscard d'Estaings ein Bestandteil der französischen Innenpolitik.

Seine Wahl wurde möglich, weil er im ersten Wahlgang den gaullistischen Kandidaten Jacques Chaban-Delmas, den Präsidenten der Nationalversammlung, überrundete. So kam er in die Stichwahl zusammen mit François Mitterrand, dem Kandidaten der Vereinten Linken. Sein Vorsprung vor Chaban-Delmas war vor Beginn des Wahlkampfs fraglich. Nach den Meinungsumfragen lag der gaullistische Kandidat einige Punkte vor ihm. Das änderte sich nach dem 13. April 1974. An diesem Tag veröffentlichten 43 führende Gaullisten, die nicht an einen Erfolg ihres Kandidaten gegenüber Mitterrand glaubten, einen Aufruf zugunsten von Giscard d'Estaing; an ihrer Spitze stand der Innenminister Jacques Chirac. Außerdem wurde Giscard von der gesamten alten Mitte unterstützt. Der Vorsitzende des Demokratischen Zentrums (Centre Démocrate – CD), Jean Lecanuet, selbst Präsidentschaftskandidat 1965 gegen de Gaulle, der bisher in der Opposition gestanden hatte, trat gemeinsam mit ihm in Wahlversammlungen auf. Damit war die Zustimmung auch jenes politischen Flügels, der an der NATO- und Europa-Politik der IV. Republik festgehalten hatte, gesichert.

Giscard d'Estaing erreichte im ersten Wahlgang 32,6 v. H. der Stimmen nach Mitterrand, auf den 43,2 v. H. entfielen. Chaban-Delmas war mit 15 v. H. klar auf den dritten Platz verwiesen und aus der Stichwahl verdrängt. Im zweiten Wahlgang konnte Giscard d'Estaing den Kandidaten der Vereinten Linken mit wenig mehr als 400000 Stimmen schlagen. Er erreichte 50,8 v. H., Mitterrand 49,2 v. H.

Neuer Premierminister wurde Jacques Chirac, der sich sofort bemühte, den Bruch im gaullistischen Lager zu überwinden. Die politische Mitte, insbesondere das Demokratische Zentrum von Jean Lecanuet, war relativ stark in der neuen Regierung vertreten. Außerdem standen in der ersten Regierungsliste zwei Radikalsozialisten: Jean-Jacques Servan-Schreiber als Minister für Reformen und Françoise Giroud, die inzwischen die von beiden begründete Zeitschrift „Express" leitete, als Staatssekretär für Frauenfragen. Servan-Schreiber wurde nach vier Tagen wieder von seinem Amt, das er noch nicht angetreten hatte, entbunden, weil er gegen französische Atomversuche im Pazifik Stellung genommen und dabei seine Opposition gegen die nukleare Bewaffnung Frankreichs erneuert hatte. Immerhin hatte seine Ernennung zusammen mit dem starken Gewicht der „Europäer" in der Regierung genügend Aufsehen erregt, um sofort die Frage nach den langfristigen politischen Absichten des Staatspräsidenten aufzuwerfen. Jean Lecanuet, der neue Justizminister, hatte schon während des Wahlkampfes erklärt: „Es öffnen sich Perspektiven für einen Wechsel der Mehrheit." Er ließ nach der Wahl keinen Zweifel, in welchem Sinne das interpretiert werden sollte. Er rechnete nach der Niederlage Mitterrands mit der Bereitschaft der Sozialisten oder eines Teils dieser Partei zur Mitarbeit in einer Regierungskoalition der Mitte. Die Voraussetzung dafür wollte er unter anderem durch eine Rückkehr zum Verhältniswahlsystem schaffen, die den Zwang zu Wahlbündnissen aufheben würde. Damit wäre der Vereinten Linken eine wichtige politische Grundlage entzogen. Da sich aber im Laufe der kommenden Jahre keine Bewegung bei den Sozialisten zeigte, die einer solchen Taktik entgegenkam, verschwanden diese Überlegungen mehr und mehr aus der Diskussion. Bei den Gaullisten blieb jedoch der Verdacht zurück, daß sich Giscard leicht über sie hinwegsetzen würde, wenn er jemals die Möglichkeit sehen sollte, eine neue breite Mitte zu bilden – die dann sehr viel Ähnlichkeit mit der alten „dritten Kraft" der IV. Republik haben würde.

Von den angekündigten Reformen wurden vorzugsweise solche verwirklicht, die wenig Geld kosteten oder die Beziehungen der Sozialpartner nicht strapazierten, wie es die angekündigte Reform der Betriebsverfassung tun würde. Dazu ließ die Wirtschaftskrise zu wenig Spielraum. Nur die Mindesteinkommen und insbesondere die Mindestsätze der Altersversorgung wurden aufgestockt. Was sonst an Reformen beschlossen wurde, griff mehr in Lebensgewohnheiten und überlieferte Vorstellungen ein: Die Großjährigkeit wurde auf 18 Jahre festgesetzt; für die Unterbrechung der Schwangerschaft wurde eine Fristenregelung getroffen, das Scheidungsrecht wurde vereinfacht, die politische Zensur für Filme wurde aufgehoben, der Strafvollzug humanisiert. Die Opposition bekam das Recht, beim Conseil Constitutionnel, der obersten Verfassungsinstanz, Gesetze als nicht verfassungskonform einzuklagen. Der Staatsrundfunk wurde in vier selbständige Programmgesellschaften, drei fürs Fernsehen, eine für den Hörfunk, zerschlagen. Sie sollten mehr Unabhängigkeit entwickeln, was allerdings nur sehr begrenzt gelang, da die Spitze der Unternehmen weiter von der Regierung ernannt wird und dabei die „Selbstzensur" auf den verschiedenen Programmetagen gedeiht. Einige Reformgesetze konnten nicht mit den Stimmen der Regierungsparteien durchs Parlament gebracht werden; die Regierung verließ sich dann auf die Opposition, womit sie das Mißtrauen der Gaullisten verstärkte.

Die Distanzierung der Gaullisten

Aber es ging nicht um diese Dinge, als es zum Zerwürfnis zwischen Giscard d'Estaing und seinem Premierminister Chirac kam, sondern um die Strategie gegenüber der Linken. Es ging insbesondere um Fragen der Wirtschaftspolitik und eine eventuelle Vorverlegung der Wahlen. Jacques Chirac konnte erklären, er habe demissioniert, weil er nicht die Vollmachten bekommen hätte, die er verlangte. Das war ein in der V. Republik ungewohnter Vorgang. Die Premierminister warteten bisher darauf, daß der Staatspräsident sie nicht mehr brauchte und ihnen den Abschied gab – auch wenn die äußeren Formen etwas anders verliefen.

Giscard d'Estaing benutzte die Gelegenheit, den Gaullisten, die schon nicht mehr den ersten Platz im Staat besetzten, auch den zweiten zu entziehen. Er ernannte den parteilosen Außenhandelsminister und Wirtschaftsprofessor Raymond Barre, früheren Vizepräsidenten der Europäischen Gemeinschaft, zum Premierminister. Worauf der ehrgeizige und dynamische Jacques Chirac die neue Lage benutzte, um die gaullistische Organisation unter seiner straffen Leitung als eine sehr kritische, manchmal oppositionelle Kraft des Regierungslagers neu aufzubauen. Er erhielt mit dieser neuen Organisation, der Sammlungsbewegung für die Republik (RPR), die stärkste Fraktion (148 Abgeordnete) bei den Parlamentswahlen vom März 1978, die den Bruch der Vereinten Linken besiegelten. Aber als er im Mai 1979 eine oppositionelle Kampagne bei der Wahl des Europa-Parlaments geführt hatte, erlitt seine Partei eine empfindliche Niederlage. Sie mußte sich mit 16,3 Prozent der Stimmen zufriedengeben.

Als weitaus stärkste Formation erwies sich bei dieser Gelegenheit eine neue Gruppierung, deren Name „Union für die Französische Demokratie" die Verwandtschaft zum Programm des Staatspräsidenten betonte und in der konservative, liberale und christdemokratische Gruppierungen einen losen Zusammenschluß eingegangen waren: die Unabhängigen Republikaner (RI), die alte Formation Giscards, dann die Restgruppe der Radikalsozialisten unter ihrem Vorsitzenden Servan-Schreiber und das Zentrum der Sozialen Demokraten (CDS, aus dem Centre Démocrate hervorgegangen), dessen Vorsitzender Lecanuet auch der Vorsitzende der neuen Organisation wurde. Alle legen großen Wert auf ihre Autonomie innerhalb des Dachverbandes. Was sie zusammenhielt, war die Gefolgschaft hinter dem Staatspräsidenten. Das brachte ihnen schon bei der Parlamentswahl von 1978 21,5 v.H. der Stimmen und 137 Mandate ein und ermöglichte ihnen bei der Europawahl 1979 mit 27,6 v.H. der Stimmen einen eindrucksvollen Wahlsieg, dessen Bedeutung nur durch ihre organisatorische Schwäche erheblich gemindert wurde.

Das Ergebnis dieser Entwicklung war eine gefestigte Position des Staatspräsidenten. Er konnte, so schien es, mit relativer Zuversicht seiner Wiederwahl für sieben Jahre im Mai 1981 entgegensehen. Das gab seiner Außenpolitik ein Element der Dauer, wie es die Hauptverantwortlichen in demokratisch regierten Ländern selten kennen. Auch wenn es sich schließlich als trügerisch erwies – dies Element teilte sich seinem Wirken mit. Er konnte langfristig planen und stetig handeln – womit nicht gesagt ist, daß er es in allen Fällen tat. Aber für einige wichtige Bereiche zeichnete sich ein Konzept ab, das diese Stetigkeit aufwies. Es umfaßte das Europa des Gemeinsamen Marktes und Afrika, und innerhalb Europas meinte es vor allem die deutsch-französischen Beziehungen.

Die Wirtschaftspolitik und die Verteidigungsdoktrin waren in dieses Konzept einbezogen. Die Wirtschaftspolitik war überhaupt das verbindende Element zwischen den verschiedenen Bereichen.

Die europäische Grundlage des Konzepts

Doch konnte dies alles nicht einfach als Abstieg von den Höhen weltpolitischer Entwürfe gewertet werden, die der Außenpolitik de Gaulles das Gepräge gaben. Es entsprach auch dem Zug der Zeit. In den sechziger Jahren hatte für alle die Sicherheitspolitik im Vordergrund gestanden. Sie verlor in den siebziger Jahren zumindest vorübergehend ihre Priorität, weil sich die Mächte im Klima der Entspannung einrichteten. Dafür stellte dann die wirtschaftliche Entwicklung, die plötzliche Einsicht in die Knappheit der Rohstoffe und die Problematik unaufhörlichen Wachstums die Nationen vor andere Existenzfragen. An diesen Fragen zeigte sich die Abhängigkeit der europäischen Länder von ihren gemeinsamen Beziehungen zur Dritten Welt.

Was Giscard d'Estaing schon als Wirtschafts- und Finanzminister bewegt hatte und was nun für ihn als Staatspräsident eine Aufgabe seiner Außenpolitik werden konnte, war eine neue Weltwirtschaftsordnung, und es war klar, daß Frankreich Verbündete brauchte, wenn es auf Washingtons Platz und Rolle in diesem Zusammenhang Einfluß nehmen wollte. Also rückte auch für ihn die Europapolitik wieder in den Vordergrund, und es lag nahe, daß er die Initiativen und Tendenzen seines Vorgängers, an denen er eng beteiligt gewesen war, überprüfte und neu ordnete.

Es hatte keinen Sinn mehr, ein englisches Gegengewicht gegen die Bundesrepublik zu suchen. London fiel als Partner in europäischen Fragen für Paris aus. Seine eigenen wirtschaftlichen Probleme, seine unveränderte Abhängigkeit von den USA, ein französisch-englischer Interessengegensatz in zahlreichen Fragen, in denen die Verständigung mit Bonn sehr viel leichter war, standen jeder engen Zusammenarbeit im Wege. Es wurde im Laufe der Zeit auch klar, daß jede stärkere Anlehnung an England das komplizierte diplomatische Gefüge stören mußte, das Frankreich seit den Zeiten de Gaulles eine Sonderrolle zwischen Ost und West ermöglicht – einen Hauch von „Blockfreiheit" bei gleichzeitiger Bündnistreue – und das die große Mehrheit der politischen Kräfte erhalten will.

Der Platz der Bundesrepublik: Partner und Konkurrent

Im übrigen hatte sich der politische Beweggrund Pompidous, nach England zu blicken, auch verflüchtigt: die Sorge vor einer westöstlichen Schaukelpolitik Bonns. Mit der Unterzeichnung der Schlußakte der ,,Konferenz für Sicherheit und Zusammenarbeit in Europa" am 1. August 1975 in Helsinki schien das Ost-West-Verhältnis vorerst geregelt, die Rolle der Bundesrepublik schien festgeschrieben, die deutsche Frage auf die Möglichkeiten wirtschaftlicher und kultureller Beziehungen zu den Menschen im anderen Teil Deutschlands reduziert. Jedenfalls gab es zum ersten Mal seit dreißig Jahren keine internationale Deutschland-Diskussion mehr, und die Bundesrepublik hatte sich auf diese Realität eingestellt. In diesem Sinne war mit der Regierung Schmidt in Bonn eine illusionslose Generation ans Ruder gekommen, während in Paris mit Giscard d'Estaing eine Betrachtungsweise einkehrte, für die das Geschichtlich-Hintergründige nicht mehr Gewicht hatte als die Erfahrungen einer 25jährigen Zusammenarbeit mit der Bundesrepublik. Hier zeigte sich erneut, daß angesichts der unvermeidbaren Präsenz der Geschichte in den deutsch-französischen Beziehungen das persönliche Vertrauen unter den Verantwortlichen wichtiger ist, als es normalerweise in den zwischenstaatlichen Beziehungen heute sein kann.

Das deutsch-französische Verhältnis wurde damit keine Idylle. Jeder Versuch, wie dieser, es unmittelbar und von Gleich zu Gleich zu gestalten, kann nicht über Elemente des Wettbewerbs hinwegsehen, die in Frankreich in starkem Maße das Denken bestimmen, wenn es um den Nachbarn im Osten geht. Die Versuche Giscard d'Estaings, seinen eigenen Landsleuten die wirtschaftliche Entwicklung der Bundesrepublik als Beispiel vorzuhalten, lösten Irritationen aus. Er konnte auch kaum den Eindruck vermeiden, daß hier nicht nur ein wirtschaftliches, sondern ein innenpolitisches Modell angeboten wurde. Sobald sich Anlässe ergaben wie die dramatische Auseinandersetzung mit den Terrorgruppen in der

Bundesrepublik oder die Diskussion um die sogenannten ,,Berufsverbote", entluden sich aufgestaute Affekte in Pressekampagnen – die sich auch schnell wieder beruhigten, weil die Resonanz in der Bevölkerung schwach blieb. Ja, vielleicht war sogar der ungewöhnlich scharfe Ausbruch antideutscher Gefühle im Herbst 1977 und die nachfolgende Beruhigung und Überleitung zu einer positiven Betrachtungsweise nichts anderes als ein reinigendes Gewitter – so etwas wie die Katharsis im antiken Drama. Die alten Schablonen reichten offensichtlich nicht mehr aus. Die Angriffe standen im Widerspruch zu einer Welle von Mitgefühl, das die Bevölkerung, vor allem in der Provinz, gegenüber den Deutschen empfand, die damals gerade durch die Entführung und Ermordung des Arbeitgeberpräsidenten Schleyer und durch andere tragische Ereignisse im Terroristendrama schwer geprüft waren. Auffallend ist jedenfalls, daß danach eine ruhige Betrachtungsweise die Regel blieb. Sie hinderte manche Politiker nicht daran, die Deutschlandpolitik Giscards kritisch nach Abweichungen von der gaullistischen Linie zu prüfen. Es geschah aber ohne antideutsche Affekte.

Als Anfang 1979 ein Treffen von vier westlichen Regierungschefs auf Guadeloupe stattfand, an dem der Bundeskanzler zusammen mit den Präsidenten der USA und Frankreich sowie dem britischen Premierminister teilnahm, demonstrierte der gaullistische Parteivorsitzende Chirac sein ,,Erstaunen darüber, daß Deutschland mit einem Schlag den Größten gleichgestellt wurde, obwohl es nicht im UN-Sicherheitsrat sitzt, keine wirksame Verteidigung hat und sich für seine Sicherheit ganz auf die amerikanische Politik verläßt". Er fand damit nicht viel Echo. Im Grunde war die Öffentlichkeit in Frankreich, soweit sie sich für gleichberechtigte Partnerschaft überhaupt gewinnen läßt, längst bereit, die engeren deutsch-französischen Beziehungen als die beste Lösung anzusehen – oder zumindest als das ,,kleinere Übel". Damit hatte die Europa- und Deutschlandpolitik, die für Paris nach wie vor eine Einheit bildet, genügend solide Grundlagen wiedergefunden. Sie werden von keiner politischen Gruppierung in Frankreich – abgesehen von der kommunistischen Partei – noch ernsthaft in Frage gestellt.

Der Wettbewerbscharakter bedingt, daß diese Europa- und Deutschlandpolitik von der allgemeinen Entwicklung Frankreichs nicht zu trennen ist. Giscards Hauptaugenmerk in der Wirtschaftspolitik galt der Stabilität des Franc und dem Ausgleich der Zahlungsbilanz. Das war angesichts des Mangels eigener Energiequellen und der außerordentlichen Verteuerung der Öleinfuhren nur möglich durch erhöhten Export, also durch eine erhöhte Fähigkeit zum Wettbewerb. Sie wurde durch eine Wirtschaftspolitik erzwungen, die auf Kräftigung der gesunden Betriebe hinauslief, aber eine ungewohnte Zahl von Konkursen in Kauf nahm und steigende Arbeitslosenziffern. Die unpopulären Auswirkungen einer solchen Politik hat nach der Verfassung der Premierminister zu tragen, und Raymond Barre ist ein klassischer Vertreter dieser Rolle geworden. Das Ergebnis der Anstrengungen war eine Gesundung des Außenhandels, der 1976 ein Defizit von 22,8 Milliarden Francs aufwies und 1978 einen Überschuß von 2 Milliarden. 1979 konnte Frankreich die japanischen Ausfuhrziffern überholen und zum ersten Mal den dritten Platz unter den Exportländern einnehmen.

Gegen die steigenden Devisenabflüsse für Ölimporte versucht Frankreich sich durch die wachsende Produktion von Kernenergie zu schützen. Der schnelle Ausbau der Atomkraftwerke soll dazu führen, daß 1985 die Hälfte des Strombedarfs aus Kernenergie gedeckt wird. Neben diesen Anstrengungen wurde gleichzeitig der Militärhaushalt erhöht. Die Ausrüstung mit konventionellen Waffen, die lange zugunsten der atomaren Rüstung vernachlässigt worden waren, wurde modernisiert und verstärkt. Eine Aufwertung des Heeres und seiner Rolle neben den nuklearen Kampfmitteln trat deutlich in Erscheinung. Das führte zu Diskussionen, in denen der Regierung eine Abkehr von der gaullistischen Militärpolitik unterstellt wurde. Tatsächlich handelte es sich nicht um eine Abkehr, aber um einige Ergänzungen, die die französischen Möglichkeiten erweiterten, auf dem Kontinent eine militärische Rolle zu spielen. Es wurde klargemacht, daß Frankreich nach wie vor nicht bereit sei, innerhalb der Vorwärtsverteidigung der NATO einen Abschnitt zu übernehmen, daß es sich aber die Mittel zulege, um im konkreten Fall und nach eigener Entscheidung einen solchen Platz auszufüllen.

Im Februar 1978 ging Giscard in einem Fernsehinterview zum wiederholten Male auf diese Frage ein und betonte besonders, es sei nicht gut, wenn es als starke konventionelle Streitmacht in Europa nur die Bundeswehr gebe. Es entstünde ein politisches und militärisches Ungleichgewicht, das sich in Krisenzeiten schlecht auswirken müßte. „Alle wesentlichen Entscheidungen würden dann praktisch von Deutschland getroffen. Darum ist es wichtig, daß Frankreich die Mittel hat, um im Eventualfall einer Krise an allen Diskussionen über den Einsatz konventioneller Mittel beteiligt zu sein."

Im gleichen Jahr sagte er zum wirtschaftlichen Kräfteverhältnis, Frankreich müsse eine mit der Bundesrepublik vergleichbare Größenordnung haben, „da Europa eine gleichgewichtige Struktur haben soll und nur als Konföderation organisiert werden kann". Das war auch schon Pompidous Meinung. Es wurde dabei immer in Rechnung gestellt, und Giscard drückte es auch gelegentlich so aus, daß Frankreich mit seinem größeren politischen Spielraum ein wirtschaftliches Übergewicht der Bundesrepublik in gewissen Grenzen verkraften könne.

Europa und die USA

Auf diesen Grundlagen begann eine neue Phase der französischen Europapolitik, die frühere Überlegungen entschlossen aufgriff. Am 9. und 10. Dezember 1974 trat in Paris eine Gipfelkonferenz der europäischen Staats- und Regierungschefs zusammen, bei der beschlossen wurde, „wenigstens dreimal jährlich" als Europäischer Rat zusammenzutreten und die politische Zusammenarbeit zu intensivieren. Man beschloß ferner die Bildung eines europäischen Regionalfonds – ein Instrument, das ein finanzielles Zugeständnis der Bundesregierung voraussetzte und das die Briten zur Bedingung gemacht hatten. Auch sonst mußte die Bundesregierung gelegentlich nachhelfen, um englisch-französisches Einvernehmen herzustellen. Die Sitzungen des Europäischen Rats, die regelmäßig stattfanden, waren von sehr unterschiedlicher Bedeutung. Aber für sie galt, nach den Worten des französischen Außenministers Sauvagnuarges, daß „die Barrieren zwischen der politischen Zusammenarbeit als ausschließlicher Angelegenheit der Regierungen und dem Aktionsradius der Gemeinschaft aufgehoben waren". Giscard hat diesen ungaullistischen Weg, den Pompidou zögernd eingeschlagen hatte, einigermaßen konsequent fortgesetzt. Zu den Beschlüssen, die im Europäischen Rat gefaßt wurden, gehörte ein Europäisches Währungssystem (EWS), das nach langen Beratungen im März 1979 in Kraft trat. Praktisch bedeutete dieser Beschluß, daß Frankreich einem europäischen Währungsverbund beitrat, dessen Mitglieder sich gemeinsame Regeln für ihre Währungspolitik auferlegten und der ihnen einen Schutz vor spekulativen Auswirkungen der Währungs-Unsicherheit, insbesondere des Dollarverfalls, bieten soll.

Im gleichen Frühjahr 1979 wählten die neun Mitgliedsländer der Europäischen Gemeinschaft zum ersten Mal gemeinsam und in direkten Wahlen ihre parlamentarische Versammlung. Auch das war ein Beschluß, dem eine deutsch-französische Absprache vorausgegangen war. Wenige Monate vor der Wahl war, neunzigjährig, Jean Monnet als letzter der „Väter Europas" gestorben. Bei der Trauerfeier stand der Bundeskanzler neben dem französischen Staatspräsidenten. Monnet war Anfang Januar 1975, nach dem Beschluß über die Bildung des „Europäischen Rats", demonstrativ von Giscard empfangen worden und hatte beim Verlassen des Elysée-Palasts darauf hingewiesen, wie sehr er, nach seinen Meinungsverschiedenheiten mit General de Gaulle, nun wieder mit der Europapolitik dieses Hauses übereinstimme.

Wie groß oder wie gering die praktische Bedeutung einzelner Gesten und formaler Fortschritte in der Europapolitik auch immer waren – für die Ost-West-Politik stellte die deutsch-französische Zusammenarbeit ein völlig neues Element dar, weil sich ihre Gemeinsamkeit nach beiden Richtungen auswirkte. Daß „jeder Zwiespalt zwischen Bonn und Paris wie geweihtes Brot für die Sowjets ist" – diese Überzeugung hatten in Paris schon die Begründer der französischen Europapolitik zu Anfang der fünfziger

Jahre vertreten. Wenn ihre Maxime auch in der Folgezeit nicht immer das gleiche Gewicht gehabt hatte, so hatte sie doch niemand entscheidend verletzt. Sie ist eine der Grundwahrheiten der französischen wie der deutschen Nachkriegspolitik geblieben.

Aber sobald es sich um Amerika handelte, lagen die Dinge anders. Wenn Paris europäische Interessen gegenüber den USA betonte, geriet Bonn gewöhnlich in einen Zwiespalt. Sicher hatte es auch deutsch-amerikanische Differenzen gegeben: einen „Hähnchen-Krieg", bei dem es um die Einfuhr amerikanischer Schlachthühner ging und – ernster – ein „Nein" Willy Brandts bei der Benutzung deutscher Häfen durch amerikanische Streitkräfte für den Nachschub im israelisch-ägyptischen „Yom-Kippur"-Krieg im Oktober 1973. Aber das war selten, meist neueren Datums und geschah nicht in Absprache mit Paris.

Nun hatte sich inzwischen allerdings das Klima zwischen Washington und Paris gebessert. Soweit Frankreich noch eine „unabhängige Außenpolitik" oder eine „Sonderrolle im Bündnis" beanspruchte, geschah das ohne provozierende Gesten und möglichst unterkühlt. Entscheidend Neues passierte aber nicht. Drei Wochen nach dem Amtsantritt von Giscard d'Estaing stimmte sein Außenminister Sauvagnuarges in Ottawa einer atlantischen Erklärung zu, an der schon sein Vorgänger Jobert mitgearbeitet hatte. Der Vergleich der verschiedenen Entwürfe zeigt keine gravierenden Unterschiede. Der endgültige Text bezeichnete die Anwesenheit der amerikanischen Truppen als „unersetzlich" und „unentbehrlich". Er bescheinigte aber auch den britischen und französischen Atomstreitkräften, daß sie „eine eigene Rolle spielen, die zur globalen Abschreckungskapazität des Bündnisses beiträgt". Auch die Spannungen um die Energiepolitik wurden abgebaut. 1975 und 1976 nahmen die USA an einer Nord-Süd-Konferenz in Paris teil, die eine Initiative Frankreichs zur Überwindung des Gegensatzes zwischen den Industrie- und den Entwicklungs- und Rohstoffländern darstellte. Die gelegentlichen Gegensätze entwickelten sich aus dem Verfall der Kaufkraft des Dollars. Sie führten bei mehreren Gelegenheiten zu gemeinsamen oder gleichgerichteten Vorstellungen von Bonn und Paris gegen die Wirtschafts- und Währungspolitik Washingtons. Bei einer Konferenz der Höchstverantwortlichen der sechs größten Industrieländer, zu der Giscard im November 1975 nach Schloß Rambouillet eingeladen hatte, wurden mit Präsident Ford Abmachungen über die Intervention der Nationalbanken getroffen, später wurde mehrfach Präsident Carter gemeinsam aufgefordert, dem weiteren Absinken des Dollarkurses entgegenzuarbeiten. Außerdem gab es mit Carter Auseinandersetzungen um die Schwankungen seiner Ostpolitik, bei denen ebenfalls Bonn und Paris die gleichen Argumente fanden.

Mehr allerdings als nur Auseinandersetzungen, nämlich eine Kraftprobe, entwickelte sich aus dem Versuch Präsident Carters, Geschäfte der deutschen und französischen Atomindustrie mit Drittländern zu stoppen. Es handelte sich um einen großen deutschen Exportauftrag für Brasilien und einen kleineren französischen für Pakistan. Die Argumente Carters bezogen sich auf die militärischen Gefahren, die von der Verbreitung gewisser Techniken ausgehen konnten. Zu diesem Thema entwickelten sich Beratungen mit dem Ziel, solche Gefahren zu bannen. Da aber sowohl auf deutscher wie auf französischer Seite beim Abschluß der beanstandeten Lieferverträge alle bestehenden Kontrollverpflichtungen beachtet worden waren, wandten sich beide Regierungen gegen die Form und die Auswirkungen der amerikanischen Intervention in ihre Handelspolitik und hielten dabei Tuchfühlung. Angesichts der Tatsache, daß Frankreich und die Bundesrepublik gegenüber den Möglichkeiten der Atomtechnik zwei verschiedenen Kategorien von Mächten angehören, war es eine prekäre und befristete gegenseitige Anlehnung. Aber sie hielt den Ereignissen stand.

Selbstverständlich ist der Kreis der Fragen, in denen die europäischen Regierungen ohne Konsultation mit Washington handeln, in Paris größer als in Bonn. Doch die Art, in der sich beide Regierungen untereinander konsultieren, hat inzwischen einen Grad der Vertrautheit, der durch keine andere Beziehung erreicht wird. Die enge Verflechtung der beiden Volkswirtschaften, die füreinander die größten Lieferanten und die besten Kunden sind, ergänzt dieses Bild. Sie verlangt gerade in krisenhaften Zeiten eine gute gegenseitige Abstimmung. Wohin sollte es führen, wenn sich jeder allein, etwa durch – offene oder versteckte – protektionistische Maßnahmen, zu schützen suchte? Doch nur zu einer Eskalation von Abwehrmaßnahmen, unter der schließlich beide leiden würden. Soweit in den internationalen Beziehungen die wirtschaftlichen Fragen noch Priorität haben, wird sich also an dem Bemühen um Gemeinsamkeit wenig ändern. Seitdem die Ost-West-Spannung um den sowjetischen Einmarsch in Afghanistan ausbrach, stellte sich allerdings die Frage, wieweit die Probleme der Sicherheit wieder eine absolute Priorität bekommen sollten und mit ihnen auch der Solidaritätsanspruch der Blockmächte. Dieser muß sich auf Bonn immer anders auswirken als auf Paris.

„Giscard der Afrikaner"

Die vielfältigen Beziehungen, die Frankreich mit Afrika verbinden, und der Platz, den es in seinem Sicherheitsdenken einnimmt, haben während der Regierungszeit von Giscard d'Estaing eine besondere Rolle gespielt. Ende 1979 setzte eine Pariser Zeitschrift über eine lange und kritische Reportage von der Afrikapolitik Frankreichs den Titel: „Giscard der Afrikaner". Er hat nicht nur mit wechselndem Erfolg versucht, die Verbindungen zu den Maghreb-Staaten Nordafrikas wieder enger zu knüpfen. Die Entwicklungen, die Schwarzafrika seit Beginn der siebziger Jahre erlebte, zwangen ihn, gerade hier die französischen Interessen deutlich zu demonstrieren – auch militärisch. Er konnte sich dabei auf ein enges Geflecht von Abkommen stützen, die die französische Präsenz in Afrika auf verschiedene Weise sicherstellen. Eine breite Grundlage bildet die Entwicklungshilfe. Das Budget des Ministeriums für die Kooperation, das sie enthält, ist mit vier Milliarden Francs (= 1 Prozent des Staatshaushalts von 1980) nicht überwältigend hoch. Aber es ist für mehrere arme Staaten die Quelle, aus der sie ihre Verwaltungskräfte zahlen. Ferner gibt es Kredite aus verschiedenen französischen und europäischen Kassen und es gibt vor allem das Abkommen von Lomé, das 1979 erneuert wurde. Es ist für 58 Entwicklungsländer zwischen Afrika und dem Stillen Ozean, die auf diese Weise mit der Europäischen Gemeinschaft verbunden sind, eine Absatzgarantie für die Masse ihrer Erzeugnisse und eine Garantie für stabile Einnahmen. Außerdem sind über 11000 französische Entwicklungshelfer, Lehrer und Techniker in Afrika tätig.

Darüber wölben sich Militärhilfeabkommen mit 16 Staaten im frankophonen Afrika einschließlich einiger ehemals belgischer Kolonialgebiete. Daneben wurden sieben Beistandspakte mit afrikanischen Regierungen (einschließlich Madagaskar, die Komoren und Dschibuti) abgeschlossen, zwei davon zur Zeit von Giscard d'Estaing. Sie sehen unter anderem fünf ständige militärische Stützpunkte vor. Anfang 1979 befanden sich unter verschiedenen Titeln insgesamt 14000 Angehörige der französischen Streitkräfte, zum Teil kurzfristig, in verschiedenen Teilen Afrikas (und bei der UNO-Truppe im Libanon).

Internationales Aufsehen erregten mehrere befristete militärische Interventionen, die die Mobilität der eigens zu diesem Zweck ausgebildeten Eingreifverbände der französischen Armee illustrierten – allerdings in einem Fall auch ihre Abhängigkeit von Großraum-Transportflugzeugen, die sie bei den USA leihen müssen. Im Mai 1978 befreiten französische Luftlandetruppen aus der Stadt Kolwezi in der Provinz Shaba der Republik Zaire (ehemals Belgisch-Kongo) 3000 Europäer, die durch das Eindringen von Rebellen aus dem benachbarten Angola eingeschlossen worden waren. Im gleichen Monat kämpften französische Flugzeuge in Mauretanien und französische Fremdenlegionäre und Flugzeuge kämpften auf Anforderung der Regierung von N'Djamena im Tschad. 1979 nahmen französische Truppen an einem Machtwechsel in der Zentralafrikanischen Republik teil und im Januar 1980 schickte Paris fliegendes Material und setzte Kriegsschiffe in Bewegung, als im Süden Tunesiens ein Aufstandsversuch mit eingesickerten Kräften aus Libyen begonnen wurde. 1979 wurden zwei Staffeln Kampfflugzeuge in Dschibuti stationiert, deren Aufgabe es ist, den seit 1975 zwischen dem Persischen Golf und dem „Horn von Afrika" patroullierenden kleinen Flottenverband zu unterstützen. Im Persischen Golf zeigte jahrelang nur Frankreich regelmäßig seine Flagge.

Die französische Regierung antwortete mit allen diesen Maßnahmen auf das, was Giscard mehrfach als „Versuche zur Destabilisierung Afrikas“ kennzeichnete. Er führte sie zum Teil auf Libyen zurück, vor allem aber auf die Sowjetunion und die in Afrika operierenden 40000 Kubaner. Französisch-sowjetische Gipfelgespräche verliefen seit 1977 nicht mehr ohne einen Hinweis Giscards auf „den globalen Charakter der Entspannung“, und er ließ keinen Zweifel daran, daß er dabei vor allem Afrika im Auge hatte. Im Juni 1977 unterschrieb Breschnjew bei einem Frankreich-Besuch ein Kommuniqué, in dem er diesen „globalen Charakter“ anerkannte.

Die französischen Analysen gehen davon aus, daß die Sowjetunion in Afrika mit Hilfe Kubas und der DDR Räume besetzt, in denen die westliche Präsenz schwach geworden ist, daß sie dabei nicht unbedingt systematisch vorgeht, außer wahrscheinlich in zwei Gebieten: am sogenannten „Horn Afrikas“, das den Ölrouten vom Persischen Golf benachbart ist, und in einem Gürtel vor Südafrika, der ein Aufmarschgebiet für den zu erwartenden Kampf um die Zukunft des rohstoffreichen Landes bildet. In den Memoiren des früheren amerikanischen Außenministers Kissinger hat die Rolle, die Frankreich hier im Interesse des Westens spielte, eine überraschende Anerkennung gefunden: „Die Vorstellung, ein unabhängiges Frankreich sei dem Westen nützlich, wurde, als de Gaulle sie aussprach, lächerlich gemacht; doch er sollte Recht behalten. Unter Pompidou und später unter seinem großartigen und fähigen Nachfolger Valéry Giscard d'Estaing folgte die französische Außenpolitik oft einem schwierigen Kurs, sie war jedoch ernsthaft und konsequent. In ihren Grundsätzen ließ sie sich mit unseren Vorstellungen vereinbaren, wenn auch ihre Taktiken gelegentlich entnervend waren. Zeitweilig war sie stetiger und vernünftiger als unsere Politik (so Ende der siebziger Jahre in Afrika).“ – Außer Grundsätzen und dem weltpolitischen Kräfteverhältnis hatte sie allerdings auch einige egoistische Motive, z. B.

die Rohstoffpolitik, vor allem die Sicherung des Uran-Nachschubs für die französische Atomindustrie. Auf der oppositionellen Linken fand man außerdem im Stil der Politik Giscards gegenüber Afrika „neokolonialistische Züge". Man nahm insbesondere Anstoß an den engen Beziehungen, die er zum Staatsoberhaupt der Zentralafrikanischen Republik, dem „Kaiser Bokassa I.", unterhalten hatte, und den Geschenken, die dabei ausgetauscht wurden. Als „Diamanten-Affäre" wirkte die Polemik fort bis zum Wahlkampf vom April/Mai 1981.

Die Außenpolitik behielt in Afrika wie in Europa den von General de Gaulle festgelegten Kurs der Entspannung entschlossen bei, nahm dabei auch neue Spannungen mit den USA in Kauf, verstand die Ost-West-Entspannung aber immer illusionslos als Ergebnis des Gleichgewichts der Kräfte und war streng darauf bedacht, zur Erhaltung dieses Gleichgewichts beizutragen. 1979 beklagte die französische Regierung, daß „das Verhältnis der Kräfte zwischen den Bündnissystemen in Ost und West – zwingende Voraussetzung für weitere Fortschritte der Entspannung – sich unaufhörlich zu Lasten des Westens verschlechtert". Sie beteiligte sich zwar formell nicht an den Nachrüstungsberatungen und -beschlüssen der NATO-Integration, zog aber eigene Konsequenzen. Während des Sommers 1980 wurden Maßnahmen zum Ausbau der mobilen Abschreckungskraft der französischen Nuklearstreitkräfte mit neuen Raketensystemen und Waffen beschlossen.

Als es im Vorfeld dieser Entscheidungen zu einer öffentlichen Diskussion kam, tauchte auch der Gedanke an gemeinsame europäische oder „deutsch-französische" Nuklearstreitkräfte auf. Damit wurde ein nach wie vor äußerst sensibler Punkt berührt. Die Regierung wies solche Überlegungen sofort entschieden zurück. Sie berief sich darauf, daß die Bundesrepublik auf Atomwaffen verzichtet habe, ging aber auch von jahrelangen Erfahrungen im Bündnis aus. Sie wollte von sich aus nichts dazu beitragen, was einen „Abkoppelungseffekt" europäischer und amerikanischer Verteidigungskapazitäten zur Folge haben könnte. Und sie hat verstanden, daß die Bundesrepublik nur an einen Schutz durch amerikanische Waffen glaubt, daß sie sich nicht an Frankreich wenden wird, wenn dieser Schutz für sie unglaubwürdig werden sollte. Aber sie hat ebenfalls begriffen, daß es im Interesse Frankreichs liegt, die Bundesrepublik nicht mit irgendwelchen Sorgen über die Wirksamkeit des atlantischen Bündnisses allein zu lassen.

Diese Erfahrung kann als gefestigt gelten. Sie fand nach dem Ende der Amtszeit Giscards ihre erneute Bestätigung, als unter einer völlig anderen Regierung die Diskussion um die Sicherheit Europas wieder auflebte. Angefacht von Zweifeln in den politischen Weg der Bundesrepublik, förderte sie dieselben Elemente zu Tage wie schon in den siebziger Jahren: Das gleichzeitige Festhalten an der „Unabhängigen Verteidigung" und am atlantischen Bündnis. Die Sorge vor jeder Entwicklung, die einen Abkoppelungseffekt der USA von Europa zur Folge haben könnte und hier insbesondere das Interesse, daß die Bundesrepublik fest zu ihren Verpflichtungen für die Stationierung neuer Mittelstreckenraketen im Rahmen des NATO-Nachrüstungsprogramms stand. Schließlich auch das Dilemma, in dem sich Frankreich immer befand, wenn es der Bundesrepublik bezüglich des Engagements französischer Streitkräfte konkrete Zusicherungen geben wollte – ohne dabei seine Strategie, die Abschreckungs-Strategie einer Nuklearmacht, für alle eventuellen Fälle festzulegen. Die Treue zu seinen Bündnisverpflichtungen, auch zur Verpflichtung eines sofortigen militärischen Beistandes, wie er im Vertrag über die Westeuropäische Union festgelegt ist, hat es mehrfach bekräftigt. Im Februar 1982 beschlossen Staatspräsident Mitterrand und Bundeskanzler Schmidt außerdem einen „vertieften Meinungsaustausch über Sicherheitsfragen" zwischen beiden Regierungen. Giscard d'Estaing hatte vor dem Wahlkampf, in dem er scheiterte, ebenfalls schon in Aussicht gestellt, dem deutsch-französischen Dialog diese Dimension zu geben. Ob er konkrete Ergebnisse haben wird, die das erwähnte Dilemma überwinden, bleibt abzuwarten.

Giscards Niederlage

Die Ablösung Giscards durch Mitterrand hatte in der Welt, auch in Frankreich selbst, nicht zuletzt im Lager des Siegers, eine gewisse

Überraschung ausgelöst. Der Wahlsieg zeichnete sich vor dem ersten Wahlgang (26. April 1981) kaum ab, wurde durch dessen Ergebnisse aber schon wahrscheinlich. Langfristige Entwicklungen hatten, so konnte man im Rückblick feststellen, dank einer günstigen Konjunktur die große politische Wachablösung möglich gemacht. Die Verfassung der V. Republik hatte ihr, das stellte man nicht ohne Erstaunen fest, einen durchaus geeigneten Rahmen geliefert.

Zu den langfristigen Entwicklungen gehörte die Auswirkung der internationalen Wirtschaftskrise, die 1974, fast gleichzeitig mit der Amtszeit von Giscard d'Estaing, begonnen hatte, von ihm aber wohl erst spät in ihrem Ausmaß erkannt worden war. Er versprach immer noch einen Konjunkturaufschwung, als die Zahl der Arbeitslosen, die 1974 noch 400000 betragen hatte, schon auf 1,8 Millionen zuging. Er hatte keineswegs übersehen, daß diese Krise von Frankreich Strukturänderungen verlangte, verließ sich dabei aber, zusammen mit seinem Premierminister Raymond Barre, vor allem auf den natürlichen Ausleseprozeß. Dabei kam er in den Verdacht, den seine politischen Gegner natürlich förderten, daß ihn die menschlichen Begleitumstände des Zusammenbruchs zahlreicher, meist familiär geführter Betriebe gleichgültig ließen. Schließlich mußte er sich den Vorwurf gefallen lassen, daß seine ganz auf Stabilität der Währung ausgerichtete, harte Wirtschaftspolitik die fortschreitende Inflation, die schließlich 13 Prozent betrug, doch nicht verhindern konnte.

Ihm blieb auch, angesichts der wirtschaftlichen und sozialen Spannungen, immer weniger Spielraum für die Reformen, die er zu Beginn seiner Amtszeit angekündigt hatte. So ergab sich in den letzten Amtsjahren der Eindruck, daß der Reformwille, mit dem er 1974 noch Wähler gewonnen hatte, dem konservativen Milieu, aus dem er stammte, und dem liberalen Gleichmut, den er gern zur Schau trug, zum Opfer gefallen war. Dazu kamen einige „Affären", die das Bild seiner Regierungszeit und sein eigenes verdunkelten. Eine betraf ihn selbst, wurde von ihm aber nicht ernst genug genommen: Die Diamanten, die er vom „Kaiser Bokassa I." von Zentralafrika (s. S. 272) zum Geschenk erhalten hatte, wurden mit der Nachsicht in Verbindung gebracht, die er lange gegenüber diesem sehr willkürlichen Herrscher bewiesen hatte – bis er ihn schließlich unter Begleitumständen, die auch wieder zu Verdächtigungen führten, absetzen ließ.

Doch waren die wichtigsten Gründe dafür, daß ihm die Mehrheit für eine Erneuerung seiner Amtszeit fehlte, rein innerpolitischer Natur. Auch er mußte schließlich erkennen, daß die Franzosen wenig Neigung haben, sich vierzehn Jahre lang von demselben Mann mit königlichen Vollmachten regieren zu lassen. Das hatte schon General de Gaulle erfahren müssen. Insbesondere sprach sich eine eindeutige Mehrheit der Jungwähler bei allen Meinungsumfragen für Mitterrand aus; diese Wählerschicht umfaßte angesichts der Herabsetzung des Wahlalters auf 18 Jahre, die Giscard eingeführt hatte, allein 6 Millionen Wähler.

Zu den Faktoren, die die Abneigung förderten, gehörte auch der jahrelange Streit innerhalb der Regierungsmehrheit, den das Zerwürfnis zwischen ihm und seinem früheren Premierminister Chirac ausgelöst hatte (s. S. 259). Der gaullistische Flügel des Regierungslagers fühlte sich gedemütigt – nicht zuletzt durch eine parlamentarische Taktik der Regierung, die die starke Fraktion der Gaullisten ständig vor die Alternative stellte, ihre pauschale Zustimmung zu Gesetzen zu geben, an denen sie Änderungen wünschte, oder aber das Risiko von Neuwahlen auf sich zu nehmen. Diese Mißstimmung gegenüber Giscard d'Estaing wurde im Wahlkampf von drei gaullistischen Kandidaten, darunter den beiden früheren Premierministern Debré und Chirac, noch mit allen Mitteln gefördert. Sie führte dazu, daß ihm nach den Berechnungen aller ernsten Untersuchungen der Wahlergebnisse im entscheidenden Wahlgang 15 bis 16 Prozent der gaullistischen Stimmen fehlten.

Das alles konnte von vornherein die Aussicht auf eine Wiederwahl des amtierenden Staatspräsidenten als sehr reduziert erscheinen lassen. Denn schließlich hatte er 1974 nur mit einem Vorsprung von 400000 Stimmen über Mitterrand gesiegt. Wer von denen, die damals schon gegen ihn stimmten, sollte wohl jetzt für ihn sein? Aber so einfach stellte sich die Sache nicht dar. Ebenso gespalten wie das Regierungslager trat die Linke zur Wahl an. Die Kommunistische Partei hatte diesmal die Einheitsstrategie abgelehnt. Ihr Generalsekretär und Kandidat Georges Marchais kämpfte eindeutig nicht nur gegen Giscard d'Estaing, sondern ebenso gegen einen Wahlsieg Mitterrands. Und außer Washington und Bonn hatte auch Moskau deutlich genug zu erkennen gegeben, daß man berechenbare Verhältnisse vorziehe und keinen Sieg Mitterrands wünsche. Giscard d'Estaing kam sogar in den Verdacht, daß er sich im Mai 1980, mitten in der Afghanistan-Krise, durch ein unerwartetes Zusammentreffen mit Breschnjew in Polen das sowjetische Wohlwollen „erkaufen" wollte. Wie immer er selbst zu solchen Überlegungen gestanden haben mag – es war nach aller Erfahrung keineswegs abwegig, die einfache Rechnung aufzustellen, daß der bekannte konservative Reflex der Franzosen vor der Wahlurne einerseits und offene oder geheime Manöver der KPF gegen einen sozialistischen Wahlsieg andererseits schließlich doch als Sperriegel gegen einen großen Kurswechsel ausreichen würden.

Beide Faustregeln erwiesen sich aber als unbrauchbar. Die starken gesellschaftlichen Veränderungen im französischen Wahlkörper machten für viele Wähler die Grenzen zwischen „rechts" und „links" durchlässiger. Was Giscard als eine Entwicklung zu seinen Gunsten im Sinne eines neuen ihm ergebenen Lagers der politischen Mitte gedeutet hatte, wirkte sich dabei gegen ihn aus. Bis in die Reihen der gehobenen Kaderkräfte und der standesbewußten freien Berufe hinein wechselten im April, Mai und Juni 1982 viele Wähler, die früher für Kandidaten der Rechten oder der Mitte zu stimmen gewohnt waren, zu den Sozialisten über. Und dann wirkte der unerwartete Rückgang der kommunistischen Stimmen auf rund 15 Prozent verstärkend in der gleichen Richtung. Er ließ die KPF zum ersten Mal als eine mittlere politische Kraft erscheinen, nicht mehr stark genug, einem linken Staatspräsidenten ihren Willen aufzuzwingen. So war der Weg für den Wahlsieg Mitterrands frei.

XV. Der Sozialismus à la française

Am 10. Mai 1981 wurde der Kandidat der Sozialistischen Partei, François Mitterrand, mit 15714598 Stimmen (51,75 Prozent) gegen 14647787 Stimmen (48,24 Prozent), die für Giscard d'Estaing abgegeben wurden, zum Staatspräsidenten gewählt. Fast 86 Prozent der Wähler hatten sich an der Abstimmung beteiligt. Das Ergebnis war eindeutig, stellte aber keinen Erdrutsch dar. Unmittelbar nach der Amtsübernahme verfügte das neue Staatsoberhaupt eine Neuwahl der Nationalversammlung. Dabei erwies sich die Richtigkeit seiner Vorausschau, die davon ausging, daß sein Sieg eine Dynamik entwickeln werde, die auch die parlamentarischen Mehrheitsverhältnisse grundlegend ändern könnte.

Sie veränderten sich über alle Erwartungen. Die Sozialistische Partei und die von ihr geförderten Kandidaten befreundeter Gruppen erhielten am 21. Juni 285 Mandate, 39 mehr als die absolute Mehrheit. Die Kommunistische Partei mußte sich mit gut 16 Prozent der Stimmen, auf die 44 Mandate entfielen, erneut den fühlbaren Rückgang ihrer Anhängerschaft bestätigen lassen. Bei den Sozialisten sprach man diesmal von Erdrutsch, konnte aber bei genauer Nachprüfung der Einzelergebnisse nicht übersehen, daß auch dieser große Sieg vor allem durch den Zerfall der alten Mehrheit zustandegekommen war. So wurde es nachgewiesen von François Goguel, einem der Altmeister der französischen Politologie und insbesondere der Erforschung des Wählerverhaltens in zwei Aufsätzen, die „Le Monde" veröffentlichte (10./11. Nov. 1981): „Das Ausmaß des Wahlsieges der Linken im Juni 1981", so schrieb er, „war nicht einer vermehrten Zahl ihrer Wähler zuzuschreiben, sondern dem beträchtlichen Ausfall von Wählern der Rechten. Von denen, die sie 1978 wählten, hat diesmal tatsächlich fast ein Viertel (und damit ein Zehntel der Wählerschaft) nicht an der Stimmabgabe für die neue Nationalversammlung teilgenommen. Es hat sich kein ‚Elan' zugunsten der Linken entwickelt, sondern die Stimmen der Rechten sind zusammengebrochen." – Jeder konnte durch eigene Beobachtungen diese Deutung der Vorgänge ergänzen. Ein großer Teil der Wähler, die sich am 10. Mai geschlagen sahen, zeigte kein Interesse mehr, an der Parlamentswahl überhaupt noch teilzunehmen. Statt der 85,8 Prozent aller Wahlberechtigten, die am 10. Mai zu den Urnen gingen, waren es am 14. Juni nur noch 70,3 Prozent. Die wichtigste Entscheidung war am 10. Mai gefallen. Die überragende Bedeutung, die die Präsidentenwahl im Bewußtsein der französischen Wähler erhalten hat – und die man als eine indirekte Zustimmung zur Verfassung der V. Republik werten kann –, drückte sich darin auch aus.

Beide Wahlerfolge wurden von denen, die jahrelang vergeblich auf einen Erfolg der „Vereinten Linken" gehofft hatten, mit Freudenkundgebungen, aber ohne jede Art von Ausschreitungen gefeiert. Die Kommunistische Partei reklamierte nach Verkündung des Ergebnisses der Präsidentenwahl bei einer Kundgebung an der Place de la Bastille, zu der die Sozialistische Partei aufgerufen hatte, sofort ihren Anteil am Erfolg. „On a gagné!" („Der Sieg ist errungen!"), hinter dieser unpersönlichen Formel verbarg sie die Tatsache, daß sie bis vor vierzehn Tagen noch alles getan hatte, um den sozialistischen Erfolg zu schmälern und dann erst eine taktische Schwenkung vornahm, die wenig überzeugte. Sie war ihren Wählern gefolgt, für die die Linksunion nicht nur ein kurzer Versuch gewesen war und von denen schon im ersten Wahlgang viele für Mitterrand gestimmt hatten.

Der neugewählte Präsident gab den Feierlichkeiten seiner Amtseinführung einige symbolische Züge. Der Elysée-Palast erlebte eine lange Umarmung zwischen Mitterrand und seinem früheren Regierungschef Mendès-France sowie den ersten Einbruch aufgeräumter Fröhlichkeit bewährter Parteikader in die traditionellen Formen des Protokolls. Ein Volksfest begann mit einem Besuch Mitterrands in Panthéon, dem bislang etwas vergessenen Tempel des Ahnenkults der Republik. In den für die Fernsehkameras erleuchteten Gewölben legte er drei Rosen an drei Sarkophagen nieder. Sie galten dem Widerstandskämpfer Jean Moulin, dem Sozialistenführer Jean Jaurès und einem Mann, Victor Schoelcher, der sich im 19. Jahrhundert für die Rechte der Eingeborenen in den Kolonien und gegen den Sklavenhandel eingesetzt hatte, und der damit eine Symbolfigur für das Vertrauenskapital der französischen Linken in der Dritten Welt war.

Bald meinte man, Mitterrand hätte gut und gerne auch noch eine vierte Rose auf das Grab de Gaulles in Colombey-les-deux-Eglises legen lassen können, so sehr nahm seine Amtsführung gaullistische Züge an. Aber das war vielleicht ein voreiliges Urteil. Wer ihm näher stand, sah in der Auszeichnung Jean Moulins den Versuch einer späten Korrektur der ganz auf General de Gaulle bezogenen Widerstandslegende. Die innere Résistance, zu der sich auch Mitterrand zählte, sollte gegenüber der Londoner Gruppe, die schließlich die Führung übernahm, aufgewertet werden. Die linke Komponente des Widerstandes wurde damit auch stärker betont.

Natürlich wußte er, daß viele seine späte Verbindung zum Sozialismus als opportunistisches Kalkül ansahen, als die einfache Entscheidung für den einzigen noch erfolgversprechenden Weg zur Macht, der ihm verblieb. Betonte er darum jetzt so stark seine Prinzipientreue? Ein langes politisches Leben und die Auseinandersetzung mit vielen Gegnern unter den verschiedensten Umständen ließen ihn nie die Gefahren des Augenblicks übersehen. Wenn er in Deckung gehen mußte – vor einer herausfordernden Frage beispielsweise, einem unbedachten Wort – konnte man sicher sein, daß er instinktiv die richtige Wendung fand. Er hatte von den Füchsen gelernt. Aber erwartet man das nicht von einem Politiker, der so hohe Verantwortung trägt? War nicht Giscard d'Estaing gelegentlich als „naiv" verdächtigt worden?

In dem Maße, in dem das neue Personal in Führungsstellen einrückte, stellte man fest, wieviel Treueverhältnisse es über bittere Jahre hinweg zwischen Mitterrand und alten Mitarbeitern gab. Das paßte zu gewissen romantischen Zügen und idealistischen Wertungen. Also ist die Prinzipientreue vielleicht doch ein Wesenszug – oder ein Ergebnis politischer Klugheit und Erfahrung. Jedenfalls wird sie bei Mitterrand nicht in Ideologie ausarten. Von den Ideologen in seiner Partei hat er immer, auch wenn er mit ihnen taktierte oder menschlich sympathisierte, eine letzte Distanz gewahrt. Zum Sozialisten will er geworden sein, zum Marxisten irgendwelcher Schattierung hat ihm immer viel gefehlt. Er selbst hat sein Verhältnis zu den Lehren von Karl Marx einmal spontan so charakterisiert: „Ich bin kein Marxist, denn ich stimme nicht mit dem überein, was der Marxismus als Weltanschauung darstellt, auch nicht mit einzelnen Punkten seiner Dialektik. Aber so, wie Marx die Geschichte erklärt, ist sie meinem eigenen Verständnis am nächsten. Nur: Wenn man nicht die ganze marxistische Philosophie übernehmen will und schon gar nicht in der Lage ist, sie auszulegen, dann kann man auch nicht sagen, man sei Marxist. Ich gebe gern zu: Das ist mir auch ganz recht."

Als er 1981 beginnen konnte, seine Vorstellungen in praktische Politik umzusetzen, beschrieb er seinen „Sozialismus à la française" selbst als „Sozialdemokratie mit Strukturänderungen".

Die erste Regierung, die er berief, umfaßte die Vertreter aller Tendenzen der Sozialistischen Partei, ferner einige Fachleute und Vertreter kleiner Randgruppen, die Mitterrands Wahl unterstützt hatten: die linksliberale Gruppe der „Bewegung der Linksradikalen" (MRG) und schließlich Michel Jobert, den früheren Außenminister Pompidous, der eine „Bewegung der Demokraten" gegründet hatte, die ohne große Resonanz geblieben war. Mitterrand machte ihn zum Außenhandels-Minister und knüpfte durch ihn die ersten Fäden zu arabischen Staaten, die eine stärkere Rücksichtnahme auf Israel durch ihn vermuteten. Am liebsten hätte er aus solchen versprengten Gruppen und einigen Linksgaullisten, die sich ihm näherten, ein kleines Lager bürgerlicher Progressisten entwikkelt, aber dafür war die Zeit zu kurz und die Zersplitterung dieser Kräfte zu groß. Man sah aber deutlich, daß ihm die alte Volksfront-Konstellation von 1936 als Leitbild vorschwebte. Dazu gehörten dann vor allem die Kommunisten. Er nahm sie erst nach der Parlamentswahl in seine Regierung auf.

Dieses Zögern entsprach, wie sich herausstellte, einem doppelten Kalkül. Er wollte den Einbruch in die antikommunistische Wählerschaft der Mitte erweitern. Das gelang ihm; aus dieser Schicht floß den Sozialisten manche Stimme zu in der Absicht, jedenfalls in der Hoffnung, die neue Staatsführung von der Unterstützung durch die Kommunisten unabhängig zu machen. Dann wollte er aber auch der Kommunistischen Partei selbst noch die Respektabilität vorenthalten, die sie nach allen taktischen Irrtümern suchte, um ihre Wahlschlappe vom 26. April zu überwinden. Auch diese Rechnung ging auf. Obwohl ihn nun keine Sorge um parlamentarische Mehrheiten mehr dazu zwang, ließ er die Sozialistische Partei mit der KPF über eine gemeinsame Grundlage für die Regierungsarbeit verhandeln und die Kommunisten zwingen, einen Text zu unterschreiben, der sein eigenes Wahlprogramm zur Richtschnur der Zusammenarbeit machte und in dem ferner die endgültige außenpolitische Zuständigkeit des Staatspräsidenten betont war. Andere außenpolitische Konzessionen verbaler Art verlangte er von ihnen kaum. Der unterzeichnete Text war in den Punkten, die sich auf Afghanistan und Polen bezogen, so gehalten, daß ihn die KPF in ihrem Sinn interpretieren konnte. Die Entscheidung, kommunistische Minister in die Regierung zu nehmen, war bei Mitterrand schon vorher gefallen. Als die KP-Führung es begriff – oder wußte –, stellte sie auch gewisse Bedingungen. Sie verlangte und bekam nicht nur drei Ministerien, die man ihr geben wollte, sondern vier. Und die Minister wurden nicht von Mitterrand und Mauroy, seinem Premierminister, allein ausgesucht, sondern von ihr vorgeschlagen.

Am Tag nach der Neubildung der Regierung erklärte das amerikanische State-Department in einem Kommuniqué: „Ton und Inhalt unserer Beziehungen als Bündnispartner werden durch die Aufnahme von kommunistischen Ministern in die Regierung in Mitleidenschaft gezogen.“ Sichtbare politische Konsequenzen für das französisch-amerikanische Verhältnis ergaben sich aber nicht.

Da Mitterrand in den anstehenden Ost-West-Fragen – dem Nachrüstungsbeschluß der NATO, der Haltung gegenüber der Intervention der Sowjetunion in Afghanistan und ihrem Druck auf Polen – eng an die Seite der Amerikaner rückte, erschien er bald als der zuverlässigste Verbündete. „Er spricht wie wir" (was die Sowjetunion angeht), bemerkte Präsident Reagan in einer Unterhaltung mit der „New York Times", nachdem sich beide auf der Gipfelkonferenz der westlichen Industriestaaten Ende Juli in Ottawa begegnet waren. Wenige Monate später mußte Mitterrand anläßlich seiner Teilnahme an der Zweihundertjahrfeier der Schlacht von Yorktown darauf hinweisen, daß es in der Wirtschaftspolitik wie in der Einstellung zu den oppositionellen Kräften in Mittel- und Südamerika sehr wohl Unterschiede und folglich Reibungen gebe, sie änderten aber nichts an den „tiefen Gründen eines notwendigen Bündnisses". Auch die Beziehungen zwischen Bonn und Paris waren inzwischen im wesentlichen wieder im alten Gleis.

Offensichtlich legte der neue Staatspräsident Wert darauf, durch einige klare Gesten eine außenpolitische Beruhigung über seinen Kurs herbeizuführen und damit die innerpolitischen Maßnahmen abzuschirmen. Er begann zügig, die in seinem Wahlprogramm angekündigten Reformen einzuleiten. Sein Premierminister Mauroy mußte nach einigen Monaten den Wirtschafts- und Finanzminister Delors, der sich öffentlich für eine „Pause" eingesetzt hatte, zur Ordnung rufen und ließ dabei erkennen, daß der wesentliche Teil des Reformprogramms in zwei Jahren abgeschlossen sein sollte. Offensichtlich wollte Mitterrand den Elan der ersten Phase nutzen. Der Wandel („le changement") wurde eine der meistgebrauchten Vokabeln in Regierungsverlautbarungen und Ministerreden. Die Kommunistische Partei benutzte sie allerdings noch häufiger. Manches ging ihr offensichtlich noch nicht schnell genug, aber sie betonte, auch wenn sie vorsichtig Kritik übte, ihre Loyalität. Mitterrand hatte am Tage der Aufnahme kommunistischer Minister in die Regierung eine Stellungnahme veröffentlichen lassen, die im wesentlichen an die Sozialistische Partei gerichtet war und in der sich der Satz fand: „Kein Augenblick der

Unachtsamkeit wird uns erlaubt sein ..." Er selbst hatte früher einmal das Verhältnis von Kommunisten und Sozialisten verglichen mit „zwei Hunden vom selben Hof, die sich gegenseitig belauern", weil das Kräfteverhältnis zwischen ihnen noch nicht endgültig klargestellt ist. Davon schwang auch in dieser Stellungnahme einiges mit.

Das Reformprogramm

Für die Regierungsarbeit wurde bald der Grundsatz aufgestellt: das Wahlprogramm des Kandidaten Mitterrand gelte als „Charta"; es werde erfüllt, setze aber auch Grenzen. So habe beispielsweise die Nationalisierung der noch nicht verstaatlichten Kreditinstitute und der neun Industriegruppen, die schon im gemeinsamen Regierungsprogramm der Linken von 1972 verzeichnet waren, als beschlossene Sache zu gelten, jede weitere Veränderung zwischen dem privaten und dem öffentlichen Wirtschaftssektor setze aber eine erneute Zustimmung der Wähler voraus. In Wirklichkeit war der Liste von 1972 inzwischen die Stahlindustrie hinzugefügt worden. Aber sie war dermaßen an den Staat verschuldet, daß allein schon die Umwandlung dieser Verpflichtungen den Besitzwechsel ermöglichte.

Das Wahlprogramm hatte aus 110 Punkten bestanden, die ihrerseits ein abgemildertes Destillat aus einem „Programm für die achtziger Jahre" bildeten, das die Sozialistische Partei nach dem Linksruck ihrer Führungsmannschaft im Jahre 1979 auf einem Sonderparteitag verabschiedet hatte und das die Handschrift des linken Flügelmannes Chevènement trug. Von diesen 110 Punkten war nach knapp einem Jahr eine bemerkenswert große Zahl in Gesetzesform verabschiedet oder auf den Weg gebracht.

Als das größte Reformwerk galt bei der Regierung selbst die Dezentralisierung. Sie wurde noch 1981 durch zwei grundlegende Gesetze eingeleitet, die das Parlament in zwei Sondersitzungen verabschiedete. Sie verlagerten die Exekutive in den Départements und in den Regionen auf die Selbstverwaltungsorgane. Mitte 1982 waren allerdings zahlreiche wichtige Kompetenzen, die ihnen übertragen werden sollten, noch nicht geklärt. Das galt insbesondere für das Ausmaß der Budget-Hoheit. Die Allmacht der Präfekten ist durch diese Gesetze, deren Durchführung mit den Kantonalwahlen vom März 1982 begann, aber schon gebrochen. Auch die Amtsbezeichnung ist verschwunden. Aus Vollzugsorganen der Zentralverwaltung wurden Kontrollorgane, denen die Entscheidungen der Selbstverwaltungskörperschaften nicht mehr zur Genehmigung vorliegen. Wie allerdings mit den neuen Aufgaben der Selbstverwaltungsorgane die Trennung von Legislative und Exekutive aufrechterhalten wird und wie überhaupt eine vierstufige Gliederung der Entscheidungsebenen – Gemeinde, Département, Region, Staat – im einzelnen funktionieren soll, das war Mitte 1982 noch ungeklärt. Die Durchführung wurde nach den enttäuschenden Ergebnissen der Kantonalwahlen (s. S. 289) öffentlich von der Regierung verlangsamt.

Das Nationalisierungsprogramm wurde dagegen bis zum Frühjahr 1982 abgeschlossen. Es mußte ein zweites Mal der parlamentarischen Zustimmung unterbreitet werden, weil der Verfassungsrat (Conseil Constitutionnel) Einwände gegen die Höhe der Entschädigungen erhob und einige kleinere Modalitäten bemängelte.

Die Entschädigung wurde meist in Form der Umwandlung von Aktien in Obligationen mit langer Laufzeit und einem guten Zinssatz vorgenommen. Als Gesamtsumme wurde, je nach Quelle, ein Betrag zwischen 40 und 50 Milliarden Francs errechnet. Die neuen Leiter der nationalisierten Unternehmen hatten meist ebenso die hohen Staatsschulen (ENA und Ecole Polytechnique) absolviert wie ihre Vorgänger, mehrere gehörten schon zur Führungsgruppe ihrer Unternehmen, einige wurden auch einfach bestätigt. Die Gewerkschaften gingen bei dieser Ämterverteilung fast leer aus. Die Kommunistische Partei sah einen ihrer erfahrenen Kommunalpolitiker mit der Leitung der (Kohlen-)Grubenverwaltung betraut.

Mit der Ergänzung dieser Gesetze durch eine neue Betriebsverfassung, die zunächst für den öffentlichen Sektor gelten, aber Modellcharakter haben sollte, ging die Regierung behutsam vor. Die „neuen Rechte der Arbeiter in den Betrieben“, die unter den 110 Wahlversprechen vorkamen, waren angesichts der unterschiedlichen Leitbilder, von denen auch die Gewerkschaften ausgingen, nicht leicht zu definieren. Die eingeschlagene Richtung wurde bald klar. Die Belegschaften sollen ein Recht auf vollständige Information über den Geschäftsverlauf bekommen und darum auch Vertreter in den Aufsichtsorganen haben. Diese Vertreter sollen von der Belegschaft direkt gewählt und nicht von den Gewerkschaften bestimmt, sondern allenfalls vorgeschlagen werden. Tarifverhandlungen sollen Vorrang vor staatlichen Reglementierungen haben, und die Betriebsräte sollen kein Vetorecht gegen Entlassungen bekommen. Prinzipiell soll der Entscheidungsspielraum der Unternehmensführung auch bei den nationalisierten Betrieben nicht eingeschränkt werden, doch wirken sich die sozialen Verpflichtungen und die Rücksichtnahme auf die staatliche Wirtschaftspolitik, die ihnen auferlegt sind, praktisch natürlich hemmend auf die unternehmerische Initiative aus.

Nach den wirtschaftspolitischen Vorstellungen der Regierung wird das aber aufgewogen durch die Dynamik planvoller Orientierung, die ihren Ausdruck auch darin finden soll, daß staatliche Stellen und öffentliche Unternehmen in der technologischen Forschung Hand in Hand arbeiten. Die stärkere Mobilisierung der Kräfte in Richtung auf gemeinsame Ziele und der geringere Reibungsverlust durch bessere innerbetriebliche Harmonisierung werden ebenfalls als Vorteile der neuen Ordnung gerühmt, die nach dem Willen Mitterrands aber grundsätzlich weiter durch einen starken privatwirtschaftlichen Sektor charakterisiert bleiben soll.

Sehr schnell und zahlreich wurden Maßnahmen getroffen, die bei den Wahlversprechen im Kapitel über die „Soziale Gerechtigkeit" zusammengefaßt waren: die Anhebung der Mindestlöhne, der Altersrenten und der Familienzulagen. Ein neues Mietrecht begünstigt die Mieter gegenüber den Hauseigentümern. Parallel zu diesen Maßnahmen wurde eine Vermögenssteuer für Vermögen über 3 Millionen Francs (1982: rd. 1,1 Millionen DM) eingeführt, und die höheren Einkommen wurden stärker besteuert. Die Regierung kam aber auch nicht ohne eine Erhöhung von Steuern aus, die alle Bevölkerungsschichten belasteten. Sie schuf sofort 40000 neue Arbeitsplätze in der Verwaltung, insbesondere in der Sozialfürsorge und sah im Staatshaushalt für 1982 weitere 125000 neue Planstellen vor.

Diese Maßnahmen bildeten auch schon einen Teil ihres Programms zur Bekämpfung der Arbeitslosigkeit, das zwei Tendenzen folgte: Erhöhung des Konsums und „Wiedereroberung des französischen Marktes" (ohne formelle Verletzung der EG-Bestimmungen); bessere Verteilung der vorhandenen Arbeit durch Reduzierung der Arbeitszeit (auf 39 Stunden im Jahr 1982, auf 35 Stunden bis 1985) und Vorverlegung des Pensionsalters. Zahlreiche Maßnahmen betrafen nur einzelne Kategorien: Einkommensempfänger, die unter einer niedrigen Steuergrenze bleiben, haben Anrecht auf ein Sparbuch, dessen gleitender Zinssatz die Geldentwertung voll ausgleicht. Gegenüber den jungen Motorradfahrern wurde ein Wahlversprechen eingelöst und die große Mehrzahl der Motorräder von der KFZ-Steuer befreit. Die Intellektuellen erhielten den festen Buchpreis, von dem sie „die Befreiung von der Herrschaft der Marktgesetze mit ihrer standardisierenden Wirkung" erhofften. Und über hunderttausend eingewanderte Arbeiter erhielten eine reguläre Aufenthaltserlaubnis.

Das gehörte zu der ganzen Reihe weltanschaulicher Maßnahmen und Entscheidungen, die schon lange von der französischen Linken gefordert worden waren: Die Abschaffung der Todesstrafe wurde nach einer letzten kurzen, aber heftigen Diskussion, die quer durch die Parteien ging, vom Parlament beschlossen, ebenso die Auflösung des Staatssicherheits-Gerichts sowie der Militärgerichte und die Aufhebung einiger Gesetze, die zur leichteren Verfolgung gewalttätiger Demonstranten von der früheren Mehrheit beschlossen worden waren. Zu Entscheidungen weltanschaulichen Charakters können auch einige Einzelmaßnahmen gezählt werden, wie die Aufhebung der Privatstationen in den öffentlichen Krankenhäusern (Hospitälern) und die Vergütung des Schwangerschaftsabbruchs durch die allgemeine Sozialversicherung (Sécurité Sociale).

Manche dieser Entscheidungen setzten Gegenkräfte in Bewegung: Die weitere Vereinfachung des Schwangerschaftsabbruchs rief natürlich die Kirche auf den Plan, die sich sonst sehr zurückhielt, da sie ihre Gläubigen und selbst ihre Priester längst in allen politischen Gruppen vertreten weiß. Ein Arbeiterpriester ließ sich 1982 in das Führungsgremium der kommunistisch geleiteten CGT-Gewerkschaft wählen. Am stärksten zeigten sich kirchliche Kreise aber betroffen von der vielleicht weniger realen als befürchteten Gefahr, die den privaten, also praktisch konfessionellen Schulen zu drohen schien und von der noch zu reden sein wird. Der Unternehmensverband erschien einige Monate lang als das wichtigste Sammelbecken der Opposition; auch die Neuwahl eines Verbandsvorsitzenden, der mehr Aufgeschlossenheit für eine sozial fortschrittliche Politik mitbrachte, Yvon Gattaz, änderte daran wenig. Sein Vorgänger, François Ceyrac, hatte im Dezember 1981, als er seine Amtszeit beendete, einen Vergleich mit den Spannungen während der Volksfront-Regierung gezogen und behauptet: „Es ist schlimmer als 1936." Im Frühjahr 1982 hatte man den Eindruck, daß das einer ziemlich weitverbreiteten Strömung in der Unternehmerschaft entsprach, die über die wachsenden steuerlichen und sozialen Belastungen und über die Forderungen der Gewerkschaften, insbesondere der CGT, klagten. Die Bauern fühlten sich vernachlässigt und machten ihrer Enttäuschung in einigen spektakulären Einzelaktionen Luft. Das alles war voraussehbar. Etwas weniger erwartet, aber schließlich nicht überraschend, wandten sich die organisierten Umweltschützer gegen die Regierung. Sie hatten sich für die Wahl Mitterrands eingesetzt, weil er eine Revision des umfangreichen Atomenergie-Programms versprach. Die hielt sich dann aber in so engen Grenzen, daß ihre Enttäuschung nicht ausbleiben konnte.

Die Parteien – Klassenkampf oder Pluralität?

Die Oppositionsparteien brauchten einige Zeit, um wieder als glaubhafte Wortführer der verschiedenen Gruppen von Unzufriedenen auftreten zu können. Nach den Wahlresultaten vom Mai und Juni 1981 blieb ihre Zerrissenheit immer noch deutlich sichtbar – trotz vieler Bemühungen, vor allem von seiten der gaullistischen Führung der RPR, eine neue gemeinsame Front zu bilden. Jacques Chirac empfand sich als ihr natürlicher Führer, verstand aber sehr wohl, daß er nicht zu schnell mit diesem Anspruch auftreten konnte. Er hätte nur die Mutmaßungen bestätigt, daß er über eine Strategie der Niederlage Giscards und eines, wie er gehofft haben mochte, halben Sieges von Mitterrand einen schnellen Umweg zur Macht gesucht habe.

Auf seiten der UDF machte sich das Fehlen einer entsprechenden Persönlichkeit noch lange bemerkbar. Die Frage, ob sie als Gesamtverband überleben oder wieder in die Teile auseinanderbrechen würde, die sich immer noch eine große Autonomie bewahrt hatten, war Mitte des Jahres 1982 keineswegs endgültig beantwortet. Für keine der Gruppen stellte sich die Frage, ob sie eine Anlehnung an die Regierung suchen sollte, solange das sozialistisch-kommunistische Bündnis bestand, und niemand rechnete mit seinem schnellen Ende.

Valéry Giscard d'Estaing, der zunächst seine Enttäuschung über das, was er den „Verrat" der gaullistischen Führung nannte, kaum verbarg, dann einige Zeit schwieg, organisierte kurz vor den Kantonalwahlen vom März 1982 ein vorsichtiges „come-back". Er ließ sich in Chamalières, der Gemeinde, deren Bürgermeister er lange gewesen war und wo der Familienbesitz liegt, zum Generalrat (conseil général) seines Départements wählen und gab damit zu erkennen, daß er „wieder von unten an" politisch aktiv werden wolle. Neben ihm war immer noch sein Premierminister Raymond Barre, der im Juni 1981 seinen Wahlkreis in Lyon gut verteidigt hatte, eine Art „Reserve der UDF", vielleicht sogar – nach einer alten Kennzeichnung de Gaulles für rechtmäßige Anwärter auf das höchste Staatsamt – „eine Reserve der Republik".

Der Ausgang von vier Nachwahlen zur Nationalversammlung im Januar 1982, bei denen überall die Kandidaten der Opposition im ersten Wahlgang siegten, zeigte, daß die Wähler des bürgerlichen Lagers, die sich im Mai 1981 Giscard d'Estaing versagt hatten, vielleicht sogar zu Mitterrand übergelaufen waren, meist zu ihren alten Parteien zurückkehrten, während diesmal der Linken der Elan fehlte. Die Kantonalwahlen vom März 1982 bestätigten diesen Eindruck. Sie brachten der Opposition starke Erfolge, doch ließen ihre Resultate letzten Endes nur erkennen, daß sich die Rechte und die Linke in Frankreich nach wie vor die Waage hielten. Diese Wahlergebnisse gaben dem oppositionellen Lager wieder Auftrieb. Sie veranlaßten die Regierung, bei allen Eingriffen in die Strukturen des Landes und die Gewohnheiten der Franzosen, mit größerer Umsicht vorzugehen. Die erste Korrektur des Reformkurses zeichnete sich ab.

Eine weit kräftigere Korrektur, insbesondere der Wirtschaftspolitik, ging von der Abwertung des Franken aus, die am 13. Juni 1982 vorgenommen werden mußte, der zweiten innerhalb von neun Monaten. Dabei war allerdings die erste Währungskorrektur noch sehr weitgehend auf das Konto der Amtszeit von Giscard d'Estaing zu buchen.

Die Widersprüche zwischen den beiden großen Parteien des Regierungslagers wurden dadurch nicht geringer. Ihr Verhältnis blieb distanziert, manchmal gespannt, ihr Bündnis ein Zweckverband. Für die verschiedenen Tendenzen in der Sozialistischen Partei waren die Aufgaben, die die Regierungsverantwortung stellte, so in den Vordergrund gerückt, daß sie zu ihrem Parteikongreß Ende Oktober 1981 in Grenoble von vornherein eine gemeinsame Entschließung eingebracht hatten und seither in den Führungsgremien auch gemeinsam vertreten waren. Immerhin hatten sich die unmittelbaren Anhänger Mitterrands eine absolute Mehrheit in diesen Gremien beschafft.

Ihnen gehörte der neue Erste Sekretär, Lionel Jospin, sein Vertreter Jean Poperen, der Fraktionsführer in der Nationalversammlung, Pierre Joxe, und schließlich auch der Präsident der Nationalversammlung, Louis Mermaz, an. Premierminister Pierre Mauroy galt inzwischen wieder, wie in den siebziger Jahren, in denen er der zweite Mann des Parteiapparats gewesen war, als loyaler Interpret der Gedanken Mitterrands, soweit er sie kannte. Seine vorübergehende Kursabweichung, die ihn 1978/1979 an die Seite von Michel Rocard geführt hatte, war vergessen. Rocard, der immer noch die besten Zensuren bei Meinungsumfragen bekam, und sein Anhang wurden unter Kontrolle gehalten, kamen bei der Ämterverteilung etwas schlechter weg als andere, wurden aber keineswegs dafür „bestraft", daß sie sich Ende 1980 auch schon für den Wettkampf um das höchste Staatsamt formiert hatten – ehe Mitterrand seine Entscheidung bekanntgab, die Rocard sofort respektierte. Jean-Pierre Chevènement legte seine linke CERES-Gruppe auf Eis, antwortete nur sybillinisch auf die Frage, ob sie eigentlich aufgelöst sei, achtete aber immer darauf, daß ihre alten Mitglieder überall gut vertreten waren und schien sich dabei meist einer gewissen Sympathie des Staatspräsidenten zu erfreuen, der ihm auch als Minister für wissenschaftliche Forschung und Technologie ein großes Ressort zurechtgeschnitten und ein bedeutendes Budget gegeben hatte. Schließlich wurde er auch noch mit den Aufgaben des Industrieministers betraut, als der Vorgänger, Pierre Dreyfus, aus Gesundheitsgründen ausschied. Rocard war das Ministerium für Planung und Raumordnung zugefallen, ein gerade für die sozialistische Parteidoktrin wichtiges Ministerium, wo er aber am wenigsten mit den unmittelbaren Problemen zu tun hatte. Beide, Chevènement und Rocard, hatten den zusätzlichen Titel von Staatsministern erhalten, ebenso der Außenseiter Michel Jobert und der Kommunist Charles Fiterman, was sie berechtigte, auch zu allgemeinen politischen Fragen Stellung zu nehmen.

Innerhalb der Regierung galten der Wirtschafts- und Finanzminister Jacques Delors, der Erziehungsminister Savary, Rocard und einige „beigeordnete Minister" als die Vertreter der pragmatischen, eher sozialdemokratischen Linie. Die stärker ideologisch ausgerichteten Wortführer der Partei hielten ihnen in etwa die Waage. Premierminister Mauroy und Innenminister Gaston Defferre bezogen einen ausgleichenden Platz in der Mitte zwischen beiden Lagern. Diese kaum sichtbaren Grenzen kamen immerhin beim Parteikongreß im Oktober 1981 zum Vorschein, als die Diskussion, durch äußere Widerstände bedingt, ins Fahrwasser einer Polemik „gegen die Klassenfeinde von der Unternehmerschaft" geriet.

Eine klassenkämpferische Linie kam natürlich der Haltung der Kommunistischen Partei am nächsten. Sie ließ bei aller Betonung ihrer Loyalität doch immer wieder erkennen, daß ihr der Wandel

(,,le changement") nicht schnell genug ging und nicht weit genug führte. Sie wollte sich eindeutig als marschierender Flügel der Regierungsmannschaft verstehen, in der ihre Minister immer um enge Tuchfühlung bemüht waren. Sie bestritt überzeugend jeden Gedanken an einen Bruch dieser Koalition, die sie als Bündnis für die Dauer der Legislaturperiode interpretierte und machte gelegentlich klar, daß es auch für Mitterrand nicht leicht sein werde, ihre Minister wieder auszubooten – wozu er auch keine Neigung zeigte. Die von ihm eingeschlagene Gangart der Reformen, das verständliche Bemühen, nicht in einen Zweifrontenkrieg der gesellschaftlichen Auseinandersetzung zu kommen, die Hoffnung, trotz aller Aufblähung der Staatsausgaben doch der Inflation durch eine harte Steuer-, aber maßvolle Lohnpolitik mit Unterstützung der Gewerkschaften Herr zu werden, ließen das auch als gut begründet erscheinen.

Für die Kommunistische Partei verband sich mit der Vorstellung einer langen Regierungsbeteiligung die Hoffnung, die 1981 verlorenen Wähler schließlich zurückzugewinnen. Außerdem trat sie damit am besten der Kritik in den eigenen Reihen entgegen, die sich angesichts der taktischen Fehler und offensichtlichen Rückschlage seit 1980 verstärkt zu Wort gemeldet hatte. Eine ganze Gruppe aktiver, teils sogar führender Mitarbeiter der Partei, unter denen Jean Elleinstein, der frühere Leiter des Parteiinstituts für marxistische Studien, sowie der ehemalige Parteikandidat für den Posten des Bürgermeisters von Paris, Henri Fiszbin, die bekanntesten waren, wurde als ,,außerhalb der Partei stehend" erklärt. Damit umging man ein Ausschlußverfahren, das noch größeres Aufsehen erregt hätte. Die Aussicht dieser Dissidenten, mit einer eigenen kommunistischen Partei Fuß zu fassen, mußte als sehr gering veranschlagt werden, solang sie auch keine andere Strategie anbieten konnten als die Links-Union, zu der sich die Partei nun formell wieder bekannte.

Georges Marchais wurde beim 24. Kongreß im Februar 1982 erwartungsgemäß als Generalsekretär bestätigt. Er ließ einen Entschließungsentwurf verabschieden, der von den Fehlern der Vergangenheit sprach, sie aber auf die ,,verspätete Entstalinisierung" und auf die Jahre zwischen 1956 und 1960, also auf die letzten Jahre von Maurice Thorez begrenzte. In seiner Programmrede entwikkelte er eine Doppelstrategie, die einmal die Loyalität gegenüber der Regierungskoalition betonte, gleichzeitig aber die Strategie der Massen und die alte Formel der „Union des französischen Volkes", womit immer eine Mehrheit gemeint ist, in der die Partei das Schwergewicht bildet. Sie fand ihren Ausdruck in dem Satz, daß das Tempo der Veränderung der Gesellschaftsordnung nicht den republikanischen Instanzen, „auch nicht den höchsten", überlassen werden könne, sondern eine Angelegenheit der Volksmassen sei – für die die Partei eine Führungsrolle als historische Aufgabe beansprucht.

In der Praxis findet, nach dieser Rede, die Doppelrolle der Partei einmal ihren Ausdruck in den vier Ministern, dann aber in ihren Betriebszellen und in den Aktionen der von ihr inspirierten CGT-Gewerkschaft, deren Führung im Frühsommer 1982 wechselte: An die Stelle von Georges Seguy als Generalsekretär trat Henri Krasucki, ein geborener Pole, dessen Vater aus politischen Gründen nach Frankreich emigriert war. Seit langem war er der zweite Mann der CGT. Er trat im Januar 1982 mit einem Aufsatz in der Humanité hervor, in dem er die Regierung davor warnte, eine Politik der Aushöhlung oder Zersplitterung der CGT-Gewerkschaft zu treiben. „Wir gehören nicht zu denen, die Schläge hinnehmen... Man muß wissen, was man will", hieß seine Warnung.

Es ist klar, daß die CGT-Gewerkschaft unter seiner Führung eher verschärft die Politik des Klassenkampfes fortsetzt, die ihr die KPF, in deren Politbüro er sitzt, zugewiesen hat. Sie drückte sich schon im Winter 1981/82 in zahlreichen Streiks, Betriebsbesetzungen und anderen Aktionen aus, die alle die Tendenz verrieten, die Regierung auf einen schärferen sozialen Kurs zu zwingen. Natürlich gibt es auch innerhalb der Sozialistischen Partei Gruppen und Tendenzen, die ihr dabei bereitwillig folgen. Durch sie wird immer wieder – gegen den Willen der Regierung – die ideologische Seite der politischen Auseinandersetzung betont. Sie greift dann über auf die verschiedensten Felder und ruft Befürchtungen hervor, die der Regierungspolitik im Wege stehen. Sie beunruhigt vor allem Unternehmer, Gewerbetreibende und Bauern, die allergisch auf die Perspektive einer um sich greifenden Planwirtschaft reagieren, obwohl die Regierung um ihr Vertrauen im Kampf gegen die Arbeitslosigkeit wirbt.

Ein anderes empfindliches Feld für ideologische Auseinandersetzungen ist die Schule. Das starke Gewicht der sozialistischen Lehrer, die natürlich dem Prinzip der Laizität verpflichtet sind und ihm auch Ausdruck geben wollen, löst da immer wieder Diskussionen aus. Sie stellen beispielsweise die Hälfte der Abgeordneten der starken Sozialistischen Fraktion der Nationalversammlung und geben natürlich auch in vielen Landesverbänden oder Ortsvereinen den Ton an. So kommt es häufig dazu, daß der Streit um die privaten, meist konfessionellen Schulen wieder auflebt, bei dem die sozialistische Staatsführung nichts gewinnen kann, denn die Privatschulen werden wegen ihrer Qualität auch von denen geachtet, die sich nicht mit der Kirche verbunden fühlen. Hier könnte ideologischer Eifer nur einen „Religionskrieg" entfesseln, der die Schranken der Legalität durchbricht. 1982 hatten die privaten Schulen noch mehr als 2 Millionen Schüler.

Solche Gefahren sind keineswegs permanent, sie sind latent aber immer vorhanden und treten von Zeit zu Zeit ans Licht. Sie zeigen, daß die sozialistische Staatsführung immer wieder vor das Dilemma gestellt werden kann, den Gesetzen der Pluralität zu folgen, die sie bei den vorhandenen Mehrheitsverhältnissen kaum von einem reformistischen sozialdemokratischen Weg abbringen können, oder aber die politische Auseinandersetzung in den Klassenkampf abgleiten zu lassen, den sie in den dreiundzwanzig Jahren der Opposition so oft berief und der viele Kundgebungen zur Zeit des „Gemeinsamen Regierungsprogramms der Linken" prägte.

Die Außenpolitik: Mehr Kontinuität als Wandel

Die Sozialistische Partei betonte ihre Meinungsverschiedenheiten mit den Kommunisten in der Polenfrage wie überhaupt in der

Bewertung der Ostblock-Verhältnisse. Sie ging dabei auch weiter als der Staatspräsident oder der Premierminister, handelte aber selten ohne ihr Einverständnis. Das Bestreben, die Kommunistische Partei in eine Situation zu drängen, die sie zwingt, ihr Verhältnis zu Moskau zu überdenken oder aber einen weiteren Verlust an Glaubwürdigkeit und damit an Wählerstimmen hinzunehmen, war nicht zu übersehen. Es fügte sich ohne Schwierigkeit in eine außenpolitische Linie, die die Beziehungen zur Sowjet-Union deutlich vernachlässigte – ohne dafür aus Moskau zur Ordnung gerufen zu werden. Der wichtigste Vorwurf, den Mitterrand der Sowjetführung machte, bezog sich auf ihre gesteigerte Rüstung mit Mittelstrecken-Raketen. Er warf ihr vor, die militärischen Kräfteverhältnisse in Europa laufend einseitig zu ihren Gunsten aus dem Gleichgewicht zu bringen. Stärker in den Vordergrund rückte er aber die moralischen Vorwürfe: die Vergehen gegen das Selbstbestimmungsrecht der Völker und gegen die Menschenrechte. Außenminister Cheysson stellte schon bald nach dem 10. Mai klar, daß es keinen Austausch von Besuchen auf hoher und höchster politischer Ebene zwischen Paris und Moskau geben könne, solange die Intervention in Afghanistan andauere. Tatsächlich blieb bis Sommer 1982 der Rhythmus der Gipfeltreffen und Außenminister-Besuche unterbrochen.

An dieser Stelle des außenpolitischen Gefüges ergab sich praktisch die einzige auffallende Abweichung vom Konzept, das General de Gaulle hinterließ und das von allen Nachfolgern übernommen wurde. Es war den Pariser Verantwortlichen klar, daß sie diesen Zustand im eigenen Interesse ihrer internationalen Beziehungen nicht verewigen konnten, aber in Moskau schien man sich damit abzufinden, weil man vielleicht die Teilnahme kommunistischer Minister an der französischen Regierung als Ausgleich hinnahm.

Eine andere Abweichung vom gaullistischen Konzept sollte sich im Verhältnis Frankreichs zu Israel ergeben, wo Mitterrand im März 1982 einen offiziellen Besuch machte – den ersten eines französischen Staatsoberhaupts. Er wurde auch als „Freund Israels“ empfangen. Aber seine Äußerungen zur Palästinafrage bewegten sich auf einem schmalen Grat verbaler Equilibristik zwischen den arabischen Interessen Frankreichs und seinen langjährigen freundschaftlichen Gefühlen. Ziel dieser vorsichtigen Gewichtsverlagerung sollte es sein, Frankreich wieder als einen nach allen Seiten offenen Gesprächspartner in diesem Teil der Welt zu akkreditieren, aber er setzte sich zunächst zwischen alle Stühle.

Spannungen mit den Vereinigten Staaten stellten sich ein, als Frankreich ein Geschäft über leichtere Waffen mit der Regierung von Nicaragua abschloß und die Aufstandsbewegung in El Salvador politisch unterstützte. Das geschah durch ein gemeinsames Kommuniqué der französischen und der mexikanischen Regierung, das sich für die Notwendigkeit politischer Lösungen in El Salvador aussprach, mehr aber noch, jedenfalls nach Ansicht der amerikanischen Regierung, durch Reisen von Mitgliedern der Sozialistischen Partei. Mitterrand machte diese Spannungen im März 1982 – neben anderen Fragen – zum Gegenstand eines kurzen, in weniger als vierundzwanzig Stunden abgewickelten Arbeitsbesuchs bei Präsident Reagan. Dabei betonte er, daß Frankreich „keine Komplikationen schaffen, sondern Versöhnung stiften" wolle.

Hier trat der gleiche idealistische Grundzug zu Tage, der innerpolitisch im Verhältnis zur Kommunistischen Partei, vor allem zu ihren Mitgliedern und Wählern zum Ausdruck kam: niemanden von der Zusammenarbeit auszuschließen, der vielleicht noch „auf den rechten Weg gebracht" werden könnte. Damit hatte in den fünfziger Jahren der junge Parlamentarier Mitterrand einigen Erfolg bei afrikanischen Politikern gehabt, die ins kommunistische Fahrwasser glitten, bevor sie von seiner kleinen, linksorientierten, aber antikommunistischen Fraktion der „Demokratischen und Sozialistischen Union des Widerstandes" (UDSR) aufgenommen wurden.

Im Weltmaßstab kam diese Tendenz in den verschiedensten Gesten gegenüber den Entwicklungsländern zum Ausdruck, so in der Teilnahme Mitterrands an der Nord-Süd-Begegnung, die im Oktober 1981 in Cancun (Mexico) stattfand, und in der „Botschaft der Hoffnung", die er dabei „an die Kämpfer für die Freiheit" richtete. Sie drückte sich auch in der Aufnahme des Che Guevara-Freundes und Schriftstellers Régis Debray in den Mitarbeiterstab des Staatspräsidenten aus und in zahlreichen Äußerungen, die sich auf die revolutionäre Tradition von 1789 beriefen. So hieß es in der Haushaltsrede des Außenministers Cheysson im November 1981: „Wir sind auf der Seite der Erniedrigten, derer, für die kein Platz in ihrem Vaterland ist, der Geknechteten und Gefolterten, der Eingesperrten und Verschwundenen, der Ermordeten, der mißhandelten Priester, der Gewerkschaftler in den Gefängnissen, der entrechteten Arbeiter, der besitzlosen Landarbeiter, aller derer, die ohne Waffen Widerstand leisten, aller, die frei leben wollen." Das war nicht ganz die Sprache, mit der sich General de Gaulle an die Dritte Welt gewandt hatte. Es war von seiner Rede in Pnom Penh während des amerikanischen Vietnam-Kriegs und von seinen Ansprachen in Südamerika 1964 aber auch nicht sehr weit entfernt. Als Schlüsselländer für ihre Politik gegenüber der Dritten Welt erschienen der französischen Diplomatie Algerien, Mexiko und Indien. Mit Algerien wurde nach einem offiziellen Arbeitsbesuch Mitterrands ein umfangreiches, langfristiges Erdgasgeschäft über Weltmarktpreis abgeschlossen – Modell für die „Wirtschaftsbeziehungen besonderer Art", die Frankreich bei der Konferenz von Cancun empfohlen hatte.

Die europäische Politik der Vorgänger wurde im wesentlichen fortgesetzt, allerdings mit der Tendenz, ihr eine größere soziale Dimension zu geben. Die Beziehungen zur Bundesrepublik wurden als „von besonderer Art, doch nicht exklusiv" charakterisiert, sie bekamen jedoch nach einigen Monaten auch wieder ihren „privilegierten Charakter". Durch eine ganze Reihe von Gesten wurde aber betont, daß man sie nicht wieder in den Verdacht der Exklusivität geraten lassen wollte, in die sie zur Zeit Giscards gekommen waren. Um die Jahreswende 1981/82 sah es sogar wieder nach einer deutsch-französischen Krise aus – diesmal wegen der deutschen Haltung gegenüber der Einrichtung einer Militärdiktatur in Polen. Zahlreiche Stimmen in der französischen Presse stellten beunruhigt eine „auffallende deutsche Nachsicht" gegenüber der Moskauer Polen-Politik fest und wollten darin Anzeichen für eine neue deutsch-russische Verständigung auf dem Rücken Polens sehen. Eine schnelle Reise von Bundeskanzler Schmidt nach Paris diente der Klärung: Die Haltung der Regierungen, so hieß es „stimme überein“. Bald darauf, bei der routinemäßigen Gipfelbegegnung vom 24./25. Februar 1982 kam diese Übereinstimmung in einem Kommuniqué zum Ausdruck, in dem sich die beiden Regierungen versprachen, „die Abstimmung ihrer Außenpolitik noch enger zu gestalten“ und „einen vertieften Meinungsaustausch über Sicherheitsfragen zu führen“. Dieser Absichtserklärung sollte im Sommer 1982 eine Begegnung der vier Außen- und Verteidigungsminister folgen.

Das Verhältnis Paris-London entspannte sich, wurde aber nicht fruchtbarer. Alte Forderungen Mitterrands nach stärkerer Betonung der mediterranen Beziehungen Frankreichs fanden ihren Ausdruck in Gesten und Besuchen, aber sie fanden auch ihre Grenzen an den Problemen des Wettbewerbs bei Wein, Frühgemüse und Zitrusfrüchten. Im ganzen trugen die wirtschaftlichen Beziehungen und Probleme im europäischen wie im transatlantischen Bereich mit dazu bei, daß in der französischen Außenpolitik die Elemente der Kontinuität bei weitem stärker hervortraten als die des Wandels.

Schlußbemerkung:

Die Kinder des Vaterlandes

Was in den Kapiteln dieses Buches nicht wiedergegeben werden konnte, ist die ständige Zwiesprache, die die französische Nation mit sich selbst hält. Der breite Raum, den die Intellektuellen in der tagespolitischen Auseinandersetzung einnehmen, ist ein Teil dieser Selbstbespiegelung, die auch ein Maßnehmen an überkommenen Ordnungen oder jedenfalls an gemeinsamen Werten ist.

Was eng damit zusammenhängt – und ebenfalls in der Darstellung zu kurz kommen mußte – ist das große Kapital gemeinsamer Verhaltensweisen, über das dieses Volk verfügt. Einige sind so fest ausgeprägt und so tief verwurzelt, daß es ohne ihre Kenntnis kaum möglich ist, die Reaktionen der Franzosen gegenüber großen geschichtlichen Entwicklungen richtig zu würdigen. – „Frankreichs Uhren gehen anders“ hieß ein großartiges Buch des Schweizers Herbert Lüthy, das Mitte der fünfziger Jahre an einigen Entwicklungen der damaligen Zeit diese Verhaltensweisen untersuchte. Neuere, aber auch viel ältere, Entwicklungen werden in ähnlicher Weise kritisch betrachtet von Stanley Hoffmann, der, in Wien geboren, bis zum 37. Lebensjahr in Frankreich lebte und jetzt an der Harvard-Universität seine Studien Frankreich widmet. Auch die in diesem Buch als eine Art Selbstkritik der französischen Führungsschicht gewürdigte Arbeit von Alain Peyrefitte „Le Mal Français“ gehört zu einem guten Teil in den Bereich dieser Literatur, die in Frankreich selbst noch andere bemerkenswerte Arbeiten hervorgebracht hat. Hier kann nur auf die wichtigsten Verhaltensweisen hingewiesen werden, auf solche insbesondere, die sich auf die großen Fragestellungen der Nachkriegsjahre beziehen.

Diese Jahre waren überreich an inneren und äußeren Spannungen. Die Generation der Dreißig- bis Fünfzigjährigen, die nach der

Résistance die öffentlichen Angelegenheiten Frankreichs in die Hand nahm, war noch aufgewachsen in dem Bewußtsein, Frankreich sei wohl die größte Militärmacht der Welt – nicht von weltweiter Kraft, nicht einmal selbstbewußt genug, um in Europa den Verbündeten sofort Hilfe zu leisten, aber doch so stark, daß sie nicht zu Hause geschlagen werden könnte. Das geschah dann doch innerhalb von vier Wochen. Konnte diese Generation nicht die kolonialen Probleme, die ihr gleich nach Kriegsende begegneten, als eine Herausforderung empfinden, der sich Frankreich diesmal militärisch gewachsen zeigen mußte? Es war ihr dann auch militärisch gewachsen, aber nicht politisch.

So brach 1958 die IV. Republik zusammen und die Gefahr des Bürgerkriegs tauchte auf. War es wirklich eine echte Gefahr? Noch zweimal glichen die Spannungen einer Zerreißprobe: 1961/62, als der Algerienkrieg zu Ende ging, ein Teil der Armeeführung putschte und die OAS ihren Terror ausübte. Und schließlich in den letzten Tagen des Mai 1968, auf dessen Zusammenhang mit den großen sozialen Umwälzungen schon eingegangen wurde. Als damals weder Regierung noch Gewerkschaften Gehör fanden für vernünftige Argumente, und als bekannte Parteipolitiker laut mit dem Umsturz rechneten, den niemand plante, war eigentlich am erstaunlichsten die Diskrepanz zwischen den Worten, manchmal auch Taten, und dem wirklichen Ausmaß der Gefahr des großen Zusammenpralls. Wer in Frankreich lebte, nahm sie nicht ernst. Größer als die Gegensätze, die sich Luft machten, war immer noch der innere Konsens. Fast alles lief nach Spielregeln ab, die ihre Kodifizierung in ungeschriebenen aber verläßlichen Verhaltensweisen haben und deren oberste Regel der nationale Konsens selbst ist.

Sie haben ihren Ursprung im französischen Begriff der Nation, der Vorstellung vom ,,täglichen Plebiszit", aber sie sind auch in unzähligen kleinen Gewohnheiten verwurzelt, die dem Außenstehenden oft rituell vorkommen, zu denen die Menschen aber ein instinktives Verhältnis haben. Es scheint sogar, daß sie besonders zäh an ihnen festhalten, wenn sie nach einer psychologischen Sicherung gegenüber den zentrifugalen Kräften der industriellen Expansion suchen. Kein Volk blieb so stark den Traditionen verbunden, die ihren Ursprung in längst vergangenen Zeiten haben. Das gilt von der Gewohnheit, im Herbst millionenfach zur Jagd auszuziehen, in den Betonwüsten der neuen Vorstädte immer noch einen Platz für das abendliche Boule-Spiel zu suchen und zu finden, bis hin zu den konventionellen Formeln der Sprache, die jeder, ob arm oder reich, beherrscht. Ich zähle die Gewohnheiten, die zum Essen und Trinken gehören, dazu. Auch andere Völker mögen das Essen und Trinken gelegentlich zu einem Fest machen – oder sogar zu einer „Freßwelle". In Frankreich erhält alles, was damit zusammenhängt, durch eine Fülle von Riten und Regeln und durch die Priorität, mit der es ausgestattet ist, den Rang von Verhaltensweisen. Sie geben gerade den elementaren Lebensäußerungen wie Spielen und Singen, Jagen und Fischen, Essen und Trinken, Liebe und Tod, ein Maß von Brüderlichkeit – ein Mindestmaß, oft nicht mehr. Aber es scheint auszureichen, um die Gefahren einzugrenzen, die von den Krisen des Staates und der Erkrankung der Gesellschaft ausgehen. Man muß das ungewöhnlich enge Verhältnis zur Geschichte hinzunehmen. Das öffentliche Leben ist von Gedenktagen durchzogen, die öffentliche Rede von geschichtlichen Vergleichen und der Freizeitplan des einzelnen vom Besuch denkwürdiger Stätten. Hunderte von alten Gebäuden werden so vor dem Verfall bewahrt, daß man sie mit einem „Licht-und-Ton-Spektakel" in Szene setzt und die Massen hinströmen. Und wenn die Franzosen in allen Parteien und bei vielen Gelegenheiten immer noch am liebsten singen „Allons enfants de la patrie, le jour de gloire est arrivé ...", dann ist der „Tag des Ruhms", der hier verheißen wird, für die meisten längst eine Floskel geworden, aber das Selbstverständnis, „Kinder des Vaterlandes" zu sein, gibt ihnen Halt.

Man hat in der letzten Zeit oft und zu Recht darauf hingewiesen, daß sich die Franzosen, die inzwischen eine bedeutende Industrienation geworden sind, immer noch wie Bauern verhalten, daß sie am Althergebrachten festhalten und allem Neuen mißtrauen. Daß sie aber am liebsten auch jede „Avantgarde" für sich reklamieren möchten, ist einer ihrer vielen, oft liebenswürdigen Widersprüche.

Für die Hartnäckigkeit, mit der sich bäuerliche Traditionen halten, gibt es Maßstäbe. Alexis de Tocqueville gibt in seinem 1850 erschienenen Buch ,,Das Ancien Régime und die Revolution" einem Beobachter der Zustände des 18. Jahrhunderts das Wort: ,,Der Grund und Boden wird immer über Wert verkauft. Das hängt mit der Leidenschaft zusammen, mit der alle Einwohner Grundbesitzer werden wollen. Alle Ersparnisse der niederen Klassen sind in Frankreich zum Ankauf von Grund und Boden bestimmt ..." – Tocqueville stellt fest, daß das hundert Jahre später noch genauso gilt, und führt das Phänomen auf unter solchen, ,,von denen ich glaubte, sie seien erst mit der Revolution entstanden, eine Fülle von Ideen, die ich auf sie zurückführte ... und ich entdeckte dann überall in dem alten Boden die Wurzeln der gegenwärtigen Gesellschaft". Inzwischen sind mehr als hundert weitere Jahre vergangen, und trotz der gewaltigen Veränderungen, die zwischen Land und Stadt vor sich gingen, übt der Grundbesitz immer noch die stärkste Anziehungskraft aus. 47 v. H. aller Haushalte sind Besitzer der Wohnung, in der sie leben. Und weitere Hunderttausende, die zur Miete wohnen, haben irgendwo in Frankreich eine ,,Zweitwohnung", eine oft sehr bescheidene Wochenend- oder Ferienbleibe als Eigentum. Auch wenn Sozialwohnungen in Eigentum übergehen können, gibt man sich große Mühe, sie zu kaufen. Wenn in Meinungsumfragen eine Änderung des Erbrechts zur Wahl gestellt wird, ist die Reaktion immer sehr empfindlich. 1979 sprachen sich 88 v. H. dafür aus, daß man Erbschaften – die sehr großen Vermögen (also auf jeden Fall ,,die andern") ausgenommen – nur schwach oder gar nicht besteure. Bei den Wählern der Kommunistischen Partei waren es 83 v. H.

Diese Maßstäbe eines Bauernvolks lassen sich noch ergänzen. Auch das Mißtrauen gegenüber allem Fremdem gehört dazu. ,,Fremdenhaß" ist da selten der richtige Ausdruck. Man möchte in seinen Ordnungen und Gewohnheiten nicht gestört werden – auch wenn man sie selbst in Frage stellt. Der Fremde, der Kritik an französischen Zuständen übt, hat immer Unrecht, weil er ja nicht die richtigen Maßstäbe haben kann. Die sind auf jeden Fall französisch. Hat man nicht auf der Schule gelernt, Frankreich sei ,,das

Land des Maßes"? Und wird der Urmeter etwa nur zufällig gerade in einem Pariser Vorort – in meinem nebenbei – aufbewahrt?

Diese Beobachtungen und die mehr als 300 Käsesorten mögen ausreichen, um den Hang zur Unabhängigkeit zu erklären und die Tatsache, daß die „unabhängige Verteidigung" und die „unabhängige Außenpolitik" einem tiefen Bedürfnis entgegenkommen. Diese Grundsätze werden von keiner politischen Kraft mehr in Frage gestellt. Man muß nun aber nicht versuchen, daraus die Schlußfolgerung zu ziehn, Frankreich sei überhaupt nicht bündnisfähig, sondern habe einen verborgenen Hang zur Neutralität. Zu dieser Frage ist von den Verhaltensweisen her nichts – weder positiv noch negativ – zu sagen. Sie steht auf einem andern Blatt, hängt von Umständen ab, die sich wandeln können und ist auf keinen Fall „ein für alle Mal" zu beantworten. Dem Charakter desjenigen, der dieser Forderung nach Unabhängigkeit den stärksten Ausdruck verlieh, General de Gaulle, war jedenfalls Neutralität reichlich fremd.

Im übrigen hat der schon erwähnte Stanley Hoffmann die Bedeutung des Unabhängigkeitsbegriffs bei de Gaulle genauer untersucht und dabei einen Zusammenhang mit einem anderen Begriff festgestellt, der in der Nachkriegsgeschichte eine Rolle spielt: den „Rang" Frankreichs (vgl. Lit.-Verz. – Hoffmann 1974). Danach suchte General de Gaulle nicht schlechthin die Unabhängigkeit, auf die sich auch seine Nachfolger berufen, sondern eine „aktive Unabhängigkeit", die einer Großmacht zukommt. Die Form, die sie annahm, war „die ständige Herausforderung an das internationale System, das vom Spiel der Weltmächte beherrscht" war. Die Franzosen haben diese Art von Grandeur nicht etwa abgelehnt. Sie haben sie eine Zeitlang durchaus genossen. Aber dann wollten sie den Preis dafür nicht mehr zahlen. Sie wollten sich einfach in ihrer Unabhängigkeit wohlfühlen. Das genügt ihnen. Die Nachfolger de Gaulles haben es verstanden, und damit stellen sie, wenn es um die „unabhängige Politik" geht, schnell den Konsens zwischen der Führung und den breiten Schichten des Volkes her.

Vielleicht sind noch Fragen nach anderen Verhaltensweisen zu stellen. Warum beispielsweise sind so viele Franzosen vom Klassenkampf überzeugt? Es gibt materielle Gründe, auf die das Buch eingegangen ist. Aber es lebt auch noch die Erinnerung an einen Konflikt, der das ganze 19. Jahrhundert durchzieht. Nach der Revolution und nach den Kriegen Napoleons suchten alle Schichten einen neuen Ausgleich und fanden ihn. Das Großbürgertum übernahm die Lebensformen des Adels und die Kleinbürger strebten den Gewohnheiten der Bürger nach. Nur mit der schrecklichen neuen Welt der Industrie und ihren Proletariern wollten alle nichts zu tun haben. Da das 19. Jahrhundert in Gewohnheiten und Maßstäben noch lange fortwirkte, blieb diese Kluft lebendig.

Ob sich denn da keine Angleichung an andere Industriegesellschaften vollzieht? – Doch, in manchem schon. Und wer möchte denn, daß die technische Entwicklung alles gleichmacht? – Was Frankreich seit dem 18. Jahrhundert mit sich führt, ist auch ein starkes Gefühl für Hierarchie und Privilegien. Man weiß, es trägt zur Blockierung der Gesellschaft bei. Und da mögliche Gegenkräfte ähnlich denken, blockieren sie mit. Für Privilegien kämpfen genau wie die alten Korporationen auch die Gewerkschaften, und die Hierarchie wird auch bei der kommunistischen Partei in Ehren gehalten. Die republikanische Devise „Freiheit, Gleichheit, Brüderlichkeit" hat also eine französische Lesart, und auch die Demokratie hat in Frankreich ihre französischen Gesetze. Sie braucht von Zeit zu Zeit einen Chef, einen außergewöhnlichen oder starken Mann, der aber nicht zu stark werden darf. In den letzten Jahrzehnten waren das auf ihre Art auch Antoine Pinay und Mendès-France. Mit General de Gaulle und der V. Republik institutionalisierte man das System – eine Art Wahlmonarchie auf Zeit. Auch François Mitterrand, der die gaullistische Verfassung lange ablehnte, übt sein Amt als Staatspräsident nicht anders aus. So wie die Zeitumstände sind, dürfte man noch eine Weile dabeibleiben. Kurz: Über die Verhaltensweisen der Franzosen und über die Widersprüche, die sie enthalten, ließe sich noch manches sagen. Aber das wär' dann ein neues Buch.

Zeittafel

1944

25. Aug. Der deutsche Stadtkommandant von Paris, General von Choltitz, unterzeichnet vor General Leclerc die Übergabe der Hauptstadt.
26. Aug. Triumphaler Einzug von General de Gaulle in Paris.
9. Sept. Die Zusammensetzung der „Provisorischen Regierung der Französischen Republik" wird von de Gaulle bekanntgegeben. Außenminister: Georges Bidault.
5. Okt. Die Frauen erhalten das Wahlrecht.
23. Okt. Die neue Regierung wird von den Alliierten anerkannt.
28. Okt. Gegen den Protest der Kommunistischen Partei und anderer Organisationen wird Auflösung der „Patriotischen Milizen" verfügt.
10. Dez. De Gaulle unterzeichnet in Moskau einen französisch-sowjetischen Beistandspakt.

1945

21. Jan. Maurice Thorez, aus der sowjetischen Emigration zurückgekehrt, setzt sich öffentlich für die Auflösung der „Patriotischen Milizen" ein.
4.–11. Febr. Konferenz der drei großen Kriegsalliierten – ohne Frankreich – in Yalta.
5. Apr. Demission des Wirtschaftsministers Mendès-France wegen grundsätzlicher Meinungsverschiedenheiten.
29. Apr./13. Mai Gemeindewahlen.
8. Mai. Deutsche Kapitulation. – Meuterei in algerischen Städten und scharfe Unterdrückung.
15. Aug. Marschall Pétain wird zum Tode verurteilt und zu lebenslanger Haft begnadigt.
15. Okt. Pétains letzter Regierungschef Pierre Laval wird hingerichtet.

19. Okt. Die letzten Gesetze zur allgemeinen Kranken- und Altersversicherung (Sécurité Sociale) werden erlassen.
21. Okt. 96,4% der Wähler sprechen sich gegen die Verfassung der III. Republik (1875–1940) aus. – Bei Wahlen zur Verfassunggebenden Versammlung werden die Kommunisten mit 26,2% der abgegebenen Stimmen und 152 Mandaten die stärkste Fraktion.
21. Nov. Neue Regierung de Gaulle – 5 kommunistische Minister.

1946

20. Jan. General de Gaulle dankt ab.
26. Jan. Regierung Félix Gouin (Sozialist), Außenminister: G. Bidault.
6. März. Abkommen zwischen Ho Chi Minh und dem französischen Regierungsbeauftragten Sainteny. Anerkennung der „Republik von Vietnam" als „freiem Staat" innerhalb der „Französischen Union".
5. Mai. Der erste Entwurf einer neuen französischen Verfassung wird von 53% der Wähler abgelehnt.
1. Juni. Bei Wahlen zu einer zweiten Verfassunggebenden Versammlung werden die Volksrepublikaner (MRP) die stärkste Fraktion mit 170 Abgeordneten.
23. Juni. Regierung des Volksrepublikaners Georges Bidault, der das Außenministerium beibehält.
14. Sept. Ergebnisloses Ende einer Konferenz mit Ho Chi Minh in Fontainebleau.
13. Okt. Die Verfassung wird von 53% der Wähler bei 32,4% Stimmenthaltungen bestätigt.
10. Nov. Bei Wahlen zur Nationalversammlung werden die Kommunisten mit 28,6% der Stimmen und 166 Abgeordneten stärkste Fraktion.
27. Nov. Der Generalkommissar für den Plan, Jean Monnet, legt seinen ersten Vierjahresplan vor.
13. Dez. Übergangsregierung Léon Blum.
23. Nov. und 19. Dez. Mit einem französischen Bombenangriff auf Haiphong und einer Meuterei in Hanoi beginnt der Indochinakrieg.

1947

16. Jan. Der Sozialist Vincent Auriol wird zum Staatspräsidenten gewählt.
28. Jan. Regierung Paul Ramadier (Sozialist), stellv. Ministerpräsident: Maurice Thorez (Kommunist), Außenminister: Bidault
29. März. Aufstand in Madagaskar.
14. Apr. General de Gaulle gründet die ,,Sammlungsbewegung des französischen Volkes" (RPF).
5. Mai. Ein Dekret im ,,Journal Officiel" stellt fest, daß die kommunistischen Minister durch ein oppositionelles Votum im Parlament ,,ihre Regierungstätigkeit beendet haben".
6. Mai. Der ,,Nationalrat" der Sozialisten gibt Ramadier mit 2529 Stimmen gegen 2125 die Zustimmung zur Weiterführung der Regierung ohne Kommunisten.
5. Juni. Ankündigung des Marshallplans.
Mitte Juni: Kommunistische Streikwelle.
5. Okt. Die Kominform wird neu gegründet.
19./26. Okt. Gemeindewahlen. Die gaullistische RPF erhält über 35% der Stimmen.
November. Kommunistische Streikwelle von Marseille bis Nord-Frankreich. Schwere Ausschreitungen und Zusammenstöße.
28. Nov. Der Volksrepublikaner Robert Schuman bildet eine neue Regierung. Außenminister: Bidault.
19. Dez. Aus Protest gegen die kommunistische Führung der CGT-Gewerkschaft spaltet sich die CGT-Force Ouvrière unter Léon Jouhaux ab.

1948

27. Febr. Kommunistischer Staatsstreich in Prag.
28. Febr. J.-P. Sartre und andere Intellektuelle gründen die ,,Demokratisch-Revolutionäre Sammlungsbewegung".
17. März. Frankreich, Großbritannien und die Beneluxländer unterzeichnen den ,,Brüsseler Vertrag" mit automatischer Beistandsklausel.
2. Mai. ,,Londoner Empfehlungen" der drei westlichen Besatzungsmächte schaffen die Voraussetzung für die Gründung der Bundesrepublik.

24. Juni. Beginn der Berliner Blockade.
24. Juli. Der Radikalsozialist André Marie bildet eine neue Regierung. Außenminister: Robert Schuman.
11. Sept. Der Radikalsozialist Henri Queuille bildet eine neue Regierung. Außenminister: R. Schuman.
Oktober. Schwere kommunistische Streiks gegen den Marshallplan.
17. Okt. Abwertung des Franc (17%).

1949

4. Apr. Unterzeichnung des Atlantikpakts in Washington.
5. Mai. Zehn europäische Staaten gründen den Europa-Rat; Sitz Straßburg.
23. Mai. Das Grundgesetz der Bundesrepublik Deutschland wird proklamiert. Im Pariser „Palais Rose" beginnt eine Vierer-Außenminister-Konferenz über Deutschland.
29. Okt. Der Volksrepublikaner Georges Bidault bildet eine neue Regierung. Außenminister: R. Schuman. Verteidigung: R. Pleven.

1950

9. Mai. Robert Schuman schlägt eine Europäische Kohle-Stahl-Union vor.
11. Juni. René Pleven, Abgeordneter der „Demokratischen und Sozialistischen Union der Résistance" (UDSR) bildet eine neue Regierung. Außenminister: R. Schuman, Verteidigung: Jules Moch (Sozialist).
26. Juni. Ausbruch des Korea-Krieges.
14.–18. Sept. Bei der Ministersitzung des Atlantikpakts wird Frankreich bedrängt, einem deutschen Verteidigungsbeitrag zuzustimmen.
26. Okt. Ministerpräsident Pleven erläutert den Plan einer „Europäischen Verteidigungsgemeinschaft" mit deutscher Beteiligung.

1951

9. Jan. General Dwight D. Eisenhower, der neue Oberbefehlshaber der Streitkräfte des Atlantikpakts, trifft in Paris ein, wo sein Hauptquartier gebildet wird. Kommunistische Kundgebungen.

9. März. Neue Regierung Henri Queuille, Außenminister: R. Schuman.
17. Juni. Wahlen zur Nationalversammlung. Mit 21,7% der Stimmen und 118 Abgeordneten gelingt den Gaullisten kein entscheidender Sieg.
8. Aug. Neue Regierung Pleven, Außenminister: R. Schuman, Verteidigung: G. Bidault.

1952

17. Jan. Der Radikalsozialist Edgar Faure bildet eine neue Regierung, die nach sechs Wochen gestürzt wird.
6. März. Eine Regierung des Konservativen Antoine Pinay (Unabhängig) erhält 27 Stimmen gaullistischer Abgeordneter. Außenminister: R. Schuman, Verteidigung: R. Pleven.
9. Mai. Der Vertrag über die „Europäische Verteidigungsgemeinschaft" (EVG) wird unterzeichnet.
14. Juli. Die Staustufe von Donzère-Mondragon, Herzstück der Rhône-Regulierung, wird durch Staatspräsident Auriol eingeweiht.
23. Dez. Demission Pinays.

1953

7. Jan. Der Radikalsozialist René Mayer bildet eine Regierung mit Unterstützung (nicht Beteiligung) der gaullistischen Fraktion, von der General de Gaulle sich schon mehrfach distanziert hat. Außenminister: Bidault.
26. Apr./3. Mai. Gemeindewahlen. Schwerer Rückschlag für die Gaullisten.
26. Juni. Der Konservative Joseph Laniel bildet eine neue Regierung. Außenminister: Bidault, Verteidigung: Pleven.
23. Dez. Nach 13 Wahlgängen wird der liberale Senator René Coty zum Staatspräsidenten gewählt.

1954

25. Jan.–18. Feb. Viererkonferenz über Deutschland in Berlin. Sie beschließt eine Fünferkonferenz (einschl. China) über Korea und Indochina.

26. Apr. In Genf beginnt die Konferenz über Korea und Indochina.

7. Mai. Fall des befestigten Lagers von Dien Bien Phu.

18. Juni. Der Radikalsozialist Mendès-France bildet eine neue Regierung und übernimmt auch das Außenministerium. Vier Gaullisten treten in die Regierung ein, darunter General König (Verteidigung).

20. Juli. Die Genfer Konferenz endet mit dem Waffenstillstand in Indochina.

31. Juli. Mendès-France verspricht in Tunis die „innere Souveränität".

19. Aug. Mendès-France versucht in Brüssel die Mitunterzeichner des EVG-Vertrages für Änderungen zu gewinnen.

30. Aug. Der EVG-Vertrag scheitert endgültig an der französischen Nationalversammlung.

28. Sept. Eine Konferenz der EVG-Staaten mit England regelt die Bedingungen für die Aufnahme der Bundesrepublik in die NATO.

1. Nov. Der Aufstand in Algerien bricht aus.

30. Dez. Die Nationalversammlung ratifiziert die deutsche Wiederbewaffnung.

1955

24. Jan. Die „Union zur Verteidigung der Kaufleute und Handwerker" (UDCA) ruft einen Steuerstreik aus.

23. Feb. Der Radikalsozialist Edgar Faure bildet eine neue Regierung. Außenminister: A. Pinay.

2. Apr. Belagerungszustand in Algerien.

29. Mai. Die Abkommen mit Tunesien werden unterzeichnet. Rückkehr Burgibas nach Tunis.

2. Juli. Pressekonferenz de Gaulles: „Wir werden uns für vielleicht lange Zeit nicht wiedersehen."

18.–23. Juli. Vierergipfel – USA, Sowjetunion, England, Frankreich – in Genf.

15. Sept. Die Gewerkschaften der Renault-Autowerke erreichen 3 Wochen bezahlten Urlaub für die Belegschaft; sie werden bald allgemeine Norm.
23. Okt. Saarabstimmung. Ein europäisches Statut wird abgelehnt.
2. Nov. Abkommen zwischen Pinay und dem Sultan Sidi Mohammed Ben Yussef über die Unabhängigkeit Marokkos („Independenz in der Interdependenz").

1956

2. Jan. Neuwahl der Nationalversammlung. Die Listen der Handwerkerunion von Pierre Poujade erreichen 11,6% der Stimmen und 52 Abgeordnete, die Kommunisten 25,9% und 150 Abgeordnete. Radikaler Rückgang der Gaullisten.
31. Jan. Der Sozialist Guy Mollet bildet die neue Regierung. Staatsminister ohne Geschäftsbereich: Pierre Mendès-France. Außenminister: Christian Pineau (Sozialist).
6. Febr. Guy Mollet wird in Algier niedergebrüllt.
14.–25. Feb. Beim XX. Parteikongreß der KPdSU enthüllt Chruschtschow die Stalin-Verbrechen.
23. März. Ein Rahmengesetz erlaubt die schrittweise Emanzipation der Überseegebiete.
22. Mai. Mendès-France demissioniert wegen Algerien.
5. Juni. In Luxemburg wird ein deutsch-französisches Abkommen über die Rückgliederung der Saar unterzeichnet.
18.–21. Juli. KPF-Kongreß in Le Havre. Die Diskussion über den Chruschtschow-Bericht ist unterdrückt. Thorez spricht von „außergewöhnlichen Verdiensten Stalins".
22. Okt. Ein marokkanisches Flugzeug mit fünf Führern des algerischen Aufstandes wird zur Landung gezwungen.
4. Nov. Sowjetischer Einmarsch in Budapest.
5. Nov. Fallschirmlandungen französischer und englischer Kampftruppen am Suezkanal.
7. Nov. Die Suezaktion wird abgeblasen.

1957

25. März. Unterzeichnung des „Vertrags von Rom" über die Europäische Wirtschaftsgemeinschaft (EWG).
5. Apr. Die Nationalversammlung bildet eine Kommission „zur Überwachung der demokratischen Grundrechte in Algerien".
12. Juni. Der Radikalsozialist M. Bourgès-Maunoury bildet eine neue Regierung. Außenminister: Chr. Pineau, Algerien: R. Lacoste (beide Sozialisten).
Juni/Juli: Die Truppen des Generals Massu säubern die Stadt Algier von Aufständischen.
5. Nov. Der Radikalsozialist Félix Gaillard bildet eine neue Regierung. Außenminister: Pineau.

1958

8. Feb. Die französische Luftwaffe bombardiert das tunesische Dorf Sakhiet als Basis der algerischen Aufstandsbewegung. 75 Tote.
15. Apr. Die Regierung Gaillard wird über eine englisch-amerikanische Vermittlungsaktion wegen Sakhiet gestürzt.
12. Mai. Der Volksrepublikaner Pierre Pflimlin bildet eine neue Regierung. Außenminister: R. Pleven.
13. Mai. In Algier wird das Generalgouvernement gestürmt und ein „Wohlfahrtsausschuß" gebildet, dem General Massu beitritt.
1. Juni. Die Nationalversammlung bestätigt mit 339 gegen 224 Stimmen General de Gaulle als Regierungschef mit außerordentlichen Vollmachten und vertagt sich „auf unbestimmte Zeit".
20.–26. Aug. Rundreise de Gaulles durch alle schwarzafrikanischen Besitzungen Frankreichs. In Brazzaville Ankündigung einer Volksabstimmung über Verbleiben in der „Communauté Française".
14./15. Sept. Begegnung Adenauer / de Gaulle in Colombey-les-deux-Églises.
28. Sept. 79,25% stimmen der neuen Verfassung zu.
23. Okt. De Gaulle bietet der algerischen Aufstandsbewegung einen „Frieden der Tapferen" an.
10. und 15. Nov. Chruschtschow kündigt in öffentlichen Erklärungen das Berlin-Ultimatum an, das am 27. November übergeben wird.
18. Nov. Adenauer und de Gaulle treffen sich in Bad Kreuznach.

23. und 30. Nov. Wahlen zur Nationalversammlung. Die gaullistische UNR erhält 198 Mandate.
21. Dez. General de Gaulle wird zum Staatspräsidenten gewählt.

1959

1. Jan. Der Vertrag über die Europäische Wirtschaftsgemeinschaft tritt in Kraft.
8. Jan. Amtsantritt de Gaulles als Staatspräsident. Premierminister: Michel Debré.
11. März. Frankreich entzieht der NATO seine Mittelmeerflotte.
25. März. In einer Pressekonferenz bezeichnet de Gaulle die Wiedervereinigung als das „normale Schicksal des deutschen Volkes", verlangt aber als Voraussetzung „die Anerkennung der gegenwärtigen Grenzen" (also auch der Oder-Neiße-Grenze).

1960

13. Jan. Antoine Pinay tritt als Wirtschafts- und Finanzminister zurück. Nachfolger Wilfrid Baumgartner.
24. Jan. In Algier beginnt die „Woche der Barrikaden".
13. Feb. Erste französische Atomexplosion in der Sahara.
23. März–4. Apr. Frankreichbesuch Chruschtschows.
5. Mai. Chruschtschow gibt den Abschuß eines amerikanischen Aufklärungsflugzeugs vom Typ „U 2" bekannt.
16. Mai. Ein Vierergipfel in Paris kommt trotz Anwesenheit aller Teilnehmer wegen des „U 2"-Zwischenfalls nicht zustande.
29./30. Juni. Adenauer bei de Gaulle in Rambouillet. Entwurf für europäische politische Zusammenarbeit.

1961

8. Jan. Algerienpolitik de Gaulles („Selbstbestimmung") durch Volksabstimmung mit 75,25% der Stimmen bestätigt.
22.–25. Apr. Militärputsch in Algerien.

20. Mai. Beginn der Verhandlungen mit der algerischen Aufstandsbewegung in Evian.
31. Mai–2. Juni. Kennedy-Besuch in Frankreich. Anschließend Begegnung Kennedys mit Chruschtschow in Wien.
18. Juli. Sechs Staats- und Regierungschefs in Bonn beauftragen die ,,Fouchet-Kommission" mit der Organisation der politischen Zusammenarbeit in Europa.
8. Nov. Beginn der Beitrittsverhandlungen Englands zur EWG.

1962

18. Jan. Valéry Giscard d'Estaing löst W. Baumgartner als Wirtschafts- und Finanzminister ab.
24. Jan. 22 Bombenanschläge in Frankreich, besonders in Paris, kennzeichnen den Beginn der OAS-Terrorwelle gegen die Algerienpolitik.
18. März. Abschluß der Verträge von Evian über die Unabhängigkeit Algeriens.
13. Apr. General Jouhaud wird wegen des Militärputsches von Algier zum Tode verurteilt, später begnadigt.
14. Apr. Georges Pompidou tritt als Premierminister an die Stelle von Michel Debré.
15. Mai. General de Gaulle in Pressekonferenz zum Scheitern der Fouchet-Pläne: ,,Integration = Illusion". Fünf MRP-Minister verlassen die Regierung.
24. Mai. General Salan wird zu lebenslanger Haft verurteilt.
3.–6. Juli. Offizielle Frankreichreise Adenauers.
22. Aug. General de Gaulle entgeht in Petit-Clamart bei Paris nur knapp einem OAS-Anschlag.
4.–9. Sept. Offizieller Besuch de Gaulles in acht Städten der Bundesrepublik.
5. Okt. Mit 380 zu 280 Stimmen nimmt die Nationalversammlung eine Zensurentschließung gegen die Regierung Pompidou an.
23. Okt./28. Okt. Beginn und Ende der Kubakrise (Mitteilungen über Installation und Abzug sowjetischer Raketenwaffen).
28. Okt. Verfassungsänderung für Direktwahl des Staatspräsidenten (62,25% Zustimmung).
18. und 25. Nov. Neuwahl des Parlaments bestätigt Regierung Pompidou, 233 gaullistische Mandate.

15. Dez. Der britische Premierminister Macmillan bei de Gaulle in Rambouillet.
17. Dez. Kennedy-Macmillan in Nassau (Bahamas). Vorschlag an de Gaulle wegen Teilnahme an multilateraler Atomstreitmacht.

1963

14. Jan. Auf einer Pressekonferenz lehnt de Gaulle den englischen EWG-Beitritt ab.
22. Jan. Abschluß des deutsch-französischen Vertrags.
29. Juli. Ultimatum de Gaulles zur Agrarregelung in der EWG.
22. Nov. Ermordung Kennedys; de Gaulle fliegt zur Beisetzung.

1964

27. Jan. Anerkennung Rotchinas durch Frankreich.
11. Juli. Tod von Maurice Thorez. Waldeck Rochet wird neuer Generalsekretär der KPF.
23. Juli. De Gaulle übt in einer Pressekonferenz Kritik an den bisherigen Ergebnissen des deutsch-französischen Vertrags und am Projekt einer multilateralen Atomstreitmacht.
28. Juli. Mit einem Besuch des rumänischen Ministerpräsideten Maurer beginnt eine aktive französische Ostpolitik.
21. Sept.–16. Okt. Südamerikareise de Gaulles.
22. Nov. Neue Warnung de Gaulles an Bonn in einer Straßburger Rede.

1965

19./20. Jan. De Gaulle warnt Erhard in Rambouillet vor der MLF-Politik.
4. Feb. De Gaulle fordert in Pressekonferenz Rückkehr zum Goldstandard.
26.–30. Apr. Sowjetischer Außenminister Gromyko in Paris.
1. Juli. Abbruch der Agrarverhandlungen in Brüssel.
5./19. Dez. Zwei Wahlgänge sind nötig für de Gaulles Wiederwahl als Staatspräsident: mit 55,2% der Stimmen vor Mitterrand (44,8%).

1966

30. Jan. Luxemburger Konferenz der Außenminister beendet EWG-Krise über Agrarmarkt und Funktionsweise der Gemeinschaft.
7. März. Frankreich verläßt die NATO-Integration und kündigt amerikanische und kanadische Stützpunkte auf.
26./30. Apr. Mit einer Rumänienreise beginnen systematische Besuche von Außenminister Couve de Murville in den Ostblockstaaten.
11. Mai. EWG-Einigung über Agrarmarkt.
21. Juni–1. Juli. De Gaulle besucht die Sowjetunion und verkündet die Etappen „détente, entente, coopération".
1. Sept. Rede de Gaulles in Pnom Penh. Aufforderung an die USA, sich zum Abzug aus Vietnam bereitzuerklären.
1.–9. Dez. Besuch des sowjetischen Ministerpräsidenten Kossygin in Frankreich.
21. Dez. Deutsch-französisches Abkommen über Stationierung französischer Truppen in der Bundesrepublik.

1967

5./12. März. Parlamentswahlen. Die Regierungsparteien behalten eine ganz knappe Mehrheit (eine Stimme).
25. Apr. De Gaulle nimmt an der Beisetzung Adenauers teil.
2. Mai. Neuer Aufnahmeantrag Londons bei den europäischen Gemeinschaften.
5. Juni. Beginn des „Sechstagekrieges" Israels gegen Ägypten.
16. Juni. Der sowjetische Ministerpräsident Kossygin in Paris.
25. Juli. De Gaulle in Montreal (Kanada): „Es lebe das freie Quebec!"
6.–12. Sept. Staatsbesuch de Gaulles in Polen.

1968

2./3. Mai. Die Universitäten Paris-Nanterre und Paris-Sorbonne werden wegen studentischer Unruhen geschlossen.
10. Mai. „Nacht der Barrikaden" im Quartier Latin.

11. Mai. Amerikanisch-vietnamesische Verhandlungen beginnen in Paris.
13. Mai. Premierminister Pompidou, von einer Nahostreise zurück, öffnet die Sorbonne, die sofort von Studenten besetzt wird.
14.–18. Mai. Rumänienreise de Gaulles.
20. Mai. Streikbewegung lähmt Frankreich.
25./26. Mai. Lohnverhandlungen Regierung/Gewerkschaften/Unternehmer. „Grenelle-Abkommen".
29. Mai. General de Gaulle verläßt für einen Tag mit unbekanntem Ziel Paris. Besuch in Baden-Baden.
30. Mai. Rundfunkansprache de Gaulles – Auflösung der Nationalversammlung.
15. Juni. General Salan wird begnadigt.
16. Juni. Die Polizei räumt die Sorbonne aus.
23./30. Juni. Parlamentswahlen. – Großer Sieg der Gaullisten.
10. Juli. Premierminister Couve de Murville folgt auf Pompidou.
21. Aug. Prag wird von Truppen des Warschauer Pakts besetzt. Dubček, erster Sekretär der KPČS und mehrere Regierungsmitglieder werden verhaftet.
31. Okt. US-Präsident Johnson verfügt Einstellung der Bombenangriffe auf Nordvietnam.
22. Nov. Internationale Währungskonferenz in Bonn beschließt die Abwertung des Franc.
24. Nov. Der französische Ministerrat verweigert die Abwertung.

1969

4. Feb. Unterredung de Gaulles mit dem britischen Botschafter Soames. Neue Vorschläge zur Konstruktion Europas. Spannung Paris-London.
28. Feb./1. März. Der neugewählte US-Präsident Nixon in Paris im Rahmen einer Europa-Tournee. Ende der scharfen Gegensätze mit de Gaulle.
27. Apr. Volksabstimmung über Regionalreform und Umwandlung des Senats: 53,2% Nein-Stimmen.
28. Apr. General de Gaulle beendet freiwillig seine Amtszeit.
1./15. Juni. Georges Pompidou wird mit 57,6% der Stimmen zum Staatspräsidenten gewählt; der Senatspräsident Alain Poher, Kandidat der Mitte, erhält 42,4%.

20. Juni. Pompidou ernennt Jacques Chaban-Delmas (Gaullist) zum Premierminister.
4. Juli. Politiker der Mitte (ehemalige Volksrepublikaner und Radikalsozialisten, die Pompidou unterstützen) bilden das „Zentrum Demokratie und Fortschritt" (CDP).
8. Aug. Abwertung des Franc um 12,5%.
19. Okt. Jean-Jacques Servan-Schreiber wird Generalsekretär der „Radikalen Partei".
1./2. Dez. In den Haag findet auf Vorschlag Frankreichs eine Gipfelkonferenz der EG-Staaten statt. Verhandlungen zur Aufnahme Englands und weiterer Staaten werden beschlossen.

1970

4. Feb. Georges Marchais wird beim KPF-Kongreß zum stellvertretenden Generalsekretär gewählt und übernimmt praktisch die Arbeit des erkrankten Waldeck Rochet. Entfernung des Parteiideologen Roger Garaudy aus Politbüro und ZK.
23. Feb. – 2. März. USA-Reise Pompidous. – Zwischenfälle in Chikago.
30. Juni. Beginn der EG-Beitrittsverhandlung mit England, Irland, Dänemark und Norwegen.
6.–13. Okt. Reise Pompidous in die Sowjetunion.
9. Nov. Tod von General de Gaulle in Colombey-les-deux-Églises.

1971

14./21. März. Gemeindewahlen. Regionale Verschiebungen, keine fühlbare Veränderung der Gewichte.
11.–16. Juni. Neugruppierung der Sozialisten in der „Sozialistischen Partei". – François Mitterrand wird Erster Sekretär.
15. Aug. Als Folge der Abkehr des Dollars von der Goldparität und vom System fester Wechselkurse führt Paris den „doppelten Devisenmarkt" ein.
3. Sept. Viermächteeinigung über Berlin.
13./14. Dez. Unterredung Nixon-Pompidou auf den Azoren. Anschließend Währungskonferenz in Washington und Dollarabwertung.

1972

23. Apr. Volksabstimmung über Beitritt Englands zur EG: 67,7% Ja-Stimmen bei 39,5% Stimmenthaltungen und weiteren 7% ungültiger Stimmen. Die Sozialisten empfahlen Stimmenthaltung.
18. Juni. Einweihung eines Lothringer Kreuzes bei Colombey-les-deux-Églises durch Pompidou.
26. Juni. Sozialisten und Kommunisten einigen sich auf ein „Gemeinsames Regierungsprogramm".
5. Juli. Premierminister Chaban-Delmas wird durch Pierre Messmer abgelöst. Fast alle großen Ministerien unverändert. Landwirtschaft: Jacques Chirac.
19./20. Okt. Konferenz von neun europäischen Staats- und Regierungschefs in Paris. Eine Wirtschafts- und Währungs-Union soll „bis 1980 vollendet werden".

1973

27. Jan. Ein Waffenstillstand für Südvietnam wird in Paris unterzeichnet.
4./11. März. Wahlen zur Nationalversammlung. Erfolge der „Vereinten Linken", aber das Regierungslager behält die Mehrheit (275 von 473 Sitzen).
6. Apr. Neue Regierung Messmer. Trotz Vorgesprächen keine Erweiterung zur Mitte. Debré verliert Verteidigungsministerium. Michel Jobert Außenminister.
13. Juni. Neues Waffenstillstandsabkommen für Indochina.
6. Okt. Neuer Nahost-Krieg („Yom-Kippur-Krieg").
14./15. Dez. Konferenz der Europäischen Staats- und Regierungschefs in Kopenhagen. Meinungsverschiedenheiten über Ölversorgung.

1974

19. Jan. Der Franc wird aus der „europäischen Währungsschlange" zurückgezogen und schwankenden Kursrelationen unterworfen.

13. Feb. Frankreich isoliert sich auf der Ölkonferenz in Washington.
27. Feb. Neubildung der Regierung Messmer. Inneres: J. Chirac.
2. Apr. Tod Pompidous.
19. Mai. Valéry Giscard d'Estaing wird neuer Staatspräsident mit 50,8% der Stimmen gegen François Mitterrand (49,2%).
27. Mai. Premierminister: Jacques Chirac, Außenminister: Jean Sauvagnargues.
31. Mai / 1. Juni. Unterredung Helmut Schmidt / V. Giscard d'Estaing.
18. Juni. Erklärung von Ottawa zum 25. Jahrestag des Atlantikpakts.
3. Juli. Der Ministerrat beschließt die Aufspaltung der staatlich kontrollierten ORTF in drei selbständige Fernsehgesellschaften, eine Hörfunk-, eine Produktions- und eine Diffusionsgesellschaft. – Die Präsidenten werden weiter von der Regierung ernannt.
9./10. Dez. Konferenz der neun Staats- und Regierungschefs in Paris. Beschluß, „wenigstens dreimal jährlich" zu einem „Europäischen Rat" zusammenzutreten.

1975

28. Feb. 46 Staaten Afrikas, der Karibik und des Pazifik unterzeichnen in Lomé (Togo) ein Abkommen mit den EG-Staaten.
10./15. Apr. Algerienreise Giscard d'Estaings.
8. Mai. Giscard d'Estaing schafft die offiziellen Erinnerungsfeiern zum Tag der deutschen Kapitulation ab. Proteste.
9. Mai. Der 25. Jahrestag der Verkündung des Schumanplans wird am Quai d'Orsay international begangen.
4. Juli. J.-J. Servan-Schreiber nicht mehr Vorsitzender der Radikalen Partei.
15./16. Nov. Konferenz der 7 wichtigsten Industriestaaten im Rambouillet. Bereinigung der Währungsdifferenzen Frankreich-USA.
27. Nov. 17 Soldaten der Garnison von Besançon werden verhaftet, weil sie eine Zelle der CFDT-Gewerkschaft gegründet hatten.
16. Dez. In Paris beginnt eine „Nord-Süd-Konferenz" zwischen 19 Entwicklungs- und Ölländern und 8 Delegationen von Industrieländern. Die neun EG-Staaten bilden eine Delegation.

1976

4.–8. Feb. XXII. Parteikongreß der KPF. „Diktatur des Proletariats" wird aus dem Parteiprogramm gestrichen.
14. März. Frankreich verläßt zum zweiten Mal die europäische Währungsschlange.
21. Mai. Gründung des „Centre des Démocrates Sociaux" (CDS) aus den beiden Gruppen der Mitte, die nacheinander die Opposition verlassen hatten. Präsident: Jean Lecanuet.
25. Aug. Raymond Barre tritt als Premierminister an die Stelle von Jacques Chirac. Außenminister: Louis de Guiringaud.
21. Okt. Ein KPF-Vertreter nimmt an einer Protestkundgebung zugunsten politischer Häftlinge in der Sowjetunion teil. Kritik der TASS.
5. Dez. Neuorganisation der gaullistischen Bewegung. Jacques Chirac gründet die „Sammlungsbewegung für die Republik" (RPR) und wird zum Vorsitzenden gewählt.

1977

13./20. März. Gemeindewahlen. Große Erfolge der „Vereinten Linken". Jacques Chirac wird Bürgermeister von Paris (mit neuem Statut).
29./30. März. Umbildung der Regierung Barre. Die stärksten Exponenten politischer Parteien – Michel Poniatowski (Giscardist), Jean Lecanuet (europäische Mitte) und Olivier Guichard (Gaullist, aber nicht Chirac-Anhänger) – verschwinden.
17. Apr. In Paris beginnen die Verhandlungen zur Aktualisierung des Gemeinsamen Regierungsprogramms der Linken.
23. Sept. Endgültiger Abbruch der Verhandlungen über das Gemeinsame Regierungsprogramm der Linken.
30. Sept. Verhaftung des Baader-Meinhof-Anwalts Claus Croissant in Paris. Beginn einer antideutschen Welle in der Presse.
17. Nov. Auslieferung Croissants an die Bundesrepublik.
5./7. Dez. Beim „Europäischen Rat" in Brüssel schlägt Giscard d'Estaing die Bildung eines „europäischen Justizraums" zwecks einheitlichem Vorgehen gegen Terroristen vor.

1978

4. Jan. Besuch Carters in Frankreich im Rahmen einer Europa-Tournee.

1. Feb. Die ,,Republikanische Partei" (die ehemaligen ,,Unabhängigen Republikaner" Giscards) gründen gemeinsam mit dem ,,Zentrum der sozialen Demokraten" und der ,,Radikalen Partei" die ,,Union für die Französische Demokratie" (UDF) und gehen unter diesem Zeichen in den Wahlkampf.

12./19. März. Wahlen zur Nationalversammlung. Die Linke, die erst 4 Tage vor dem zweiten Wahlgang zu einer gemeinsamen Kampagne zusammenfand, verliert und spaltet sich dann endgültig.

6. Apr. Neubildung der Regierung Barre. – Keine wesentlichen Änderungen.

12. Mai. Französische Interventionstruppen befreien rund 3000 Europäer, die von eingesickerten Streitkräften in der Provinz Shaba der Republik Zaïre (früher Kongo) blockiert und bedroht waren.

6./7. Juli. ,,Europäischer Rat" in Bremen. Verhandlungen über ein ,,Europäisches Währungssystem" (EWS) werden eingeleitet.

6. Dez. Scharfer Angriff von Jacques Chirac auf die Außen- und Innenpolitik Giscards. Spannungen zwischen RPR-Führung und gaullistischen Ministern.

1979

4. Jan. Auf Anregung Frankreichs: Vierergipfel in Guadeloupe: USA, England, Frankreich, Bundesrepublik.

10. Jan. Wirtschaftsminister Monory kündigt die schrittweise, aber ,,vollständige Freigabe der Preise" bis Jahresende an.

13. März. Das ,,Europäische Währungssystem" tritt in Kraft.

6.–8. Apr. Parteikongreß der Sozialisten in Metz. Rocard und Mauroy in Opposition zu Mitterrand, der durch ein Bündnis mit dem linken (CERES-) Flügel seine Stellung behauptet.

7.–10. Juni. Erste Direktwahlen zum Europa-Parlament. Starke Verluste der Gaullisten, starke Gewinne der Giscard-Anhänger unter Simone Veil.

21. Sept. In der Zentralafrikanischen Republik wird Kaiser Bokassa I. mit Hilfe französischer Truppen außer Landes verwiesen.

10. Okt. Der „Canard Enchaîné“ behauptet, Giscard d'Estaing habe wertvolle Diamantengeschenke von Bokassa erhalten.
27. Dez. Sowjetischer Einmarsch in Afghanistan.

1980

7.–10. Jan. Nach 5 Jahren besucht eine bedeutende KPF-Delegation die KPdSU. Marchais verteidigt den Einfall in Afghanistan.
13. Jan. Ein Sonderparteitag der Sozialisten verabschiedet fast einstimmig eine „Charta für die achtziger Jahre“ (le projet socialiste).
5./6. Febr. Deutsch-französische Erklärung zu Afghanistan. Atlantische Solidarität, aber auch „eigene Rolle für Frieden und Stabilität“.
6. März. Die Académie Française nimmt mit der Schriftstellerin Marguerite Yourcenar zum ersten Mal eine Frau unter die „40 Unsterblichen“ auf.
15. Apr. Tod von Jean Paul Sartre. Über 20000 Menschen nehmen am Begräbnis teil.
19. Mai. Überraschende Begegnung zwischen Giscard d'Estaing und Breschnjew in Warschau (Thema Afghanistan).
26. Juni. Giscard d'Estaing kündigt an, daß Frankreich 1982 bewegliche landgebundene Mittelstreckenraketen haben werde sowie die Voraussetzungen zur Fabrikation von Neutronenbomben.
7.–11. Juli. Offizielle Reise Giscard d'Estaings durch die Bundesrepublik.
2./3. Dez. Der „Europäische Rat“ warnt Moskau vor einer Intervention in Polen.

1981

6. Febr. Deutsch-französische Erklärung über kulturelle Zusammenarbeit. Warnung vor Unterdrückungsmaßnahmen in Polen. Mahnung an die Weltmächte zur „Mäßigung“.
26. Apr. Erster Wahlgang der Präsidentenwahlen; 10 Kandidaten, davon Giscard d'Estaing 28,2 Prozent der Stimmen, Mitterrand 25,9, Chirac 18, Marchais 15,34 Prozent.
10. Mai. François Mitterrand wird Staatspräsident (51,75 Prozent).
22. Mai. Regierungsbildung: Premierminister Pierre Mauroy, Außenminister Claude Cheysson, Soz.; keine kommunistischen Minister.
24. Mai. Bundeskanzler Schmidt bei Mitterrand.

14./21. Juni. Neuwahlen zur Nationalversammlung. Ergebnis nach der Fraktionsbildung: 285 Sozialisten (einschließlich 14 Linksliberale – Radicaux de Gauche – und 6 weitere Gastmitglieder), 88 RPR (9 Gastmitglieder), 63 UDF (12 Gastmitglieder). 11 Abgeordnete blieben fraktionslos. – Im ersten Wahlgang hatten die Sozialisten (mit ihren Verbündeten) 37,51 der Stimmen erreicht, die Kommunisten 16,17, RPR 20,80, UDF 19,20.

23. Juni. Neubildung der Regierung Mauroy mit 4 kommunistischen Ministern für Transport („Staatsminister" Charles Fiterman), Beamtenschaft und Verwaltungsreform, Gesundheit, Berufsausbildung.

24. Juni. Kommuniqué des US-State-Departements: „Ton und Inhalt unserer Beziehungen als Bündnispartner werden durch die Aufnahme von Kommunisten in die Regierung in Mitleidenschaft gezogen."

12./13. Juli. 38. deutsch-französisches Regierungstreffen in Bonn. Mitterrand: „Unsere privilegierte Freundschaft bleibt ein Eckstein in der Konstruktion Westeuropas."

10./11. Sept. Bei einem offiziellen Besuch Mitterrands in London wird die Wiederaufnahme der Studien für den Kanalbau beschlossen.

12. Sept. Die Nationalversammlung stimmt einem ersten Gesetz zur Dezentralisierung zu.

14. Sept. Premierminister Mauroy kündigt im „Institut für Hohe Studien zur Landesverteidigung" an, daß die strategische und taktische Atomwaffe weiterentwickelt und das Versuchsprogramm zur Entwicklung einer Neutronenbombe fortgesetzt werde.

18. Sept. Die Nationalversammlung beschließt Abschaffung der Todesstrafe.

4. Okt. Angleichung der Währungen im Europäischen Währungs-System. Gegenüber der DMark erscheint der Franc um 8,5 Prozent abgewertet.

6.–8. Okt. Die Nationalversammlung beschließt den Bau von sechs der neun unter Giscard d'Estaing geplanten Atom-Kraftwerke.

7./8. Okt. Bundeskanzler Schmidt besucht Mitterrand in seinem Landhaus in Latché.

17./18. Okt. Teilnahme Mitterrands an der Zweihundert-Jahr-Feier der Schlacht von Yorktown (USA).

19./21. Okt. Staatsbesuch Mitterrands in Mexiko. Anschließend (22./23.) Teilnahme am „Nord-Süd-Gipfel" in Cancun.

4. Okt. Die Grenze von 2 Millionen Arbeitslosen wird überschritten.

30. Nov. Staatsbesuch von Mitterrand in Algerien. Das Schluß-Kommuniqué (1. 12.) kündigt ,,originelle und beispielhafte Formen der Zusammenarbeit" an.
13. Dez. Premierminister Mauroy veröffentlicht zur Militärdiktatur in Polen eine Erklärung, in der von ,,größten Besorgnissen der französischen Regierung" die Rede ist. Es müsse ,,ernsthafte Rückwirkungen" haben, wenn ,,die in Polen begonnene Erneuerungsbewegung unterdrückt werden sollte". Beginn einer Polemik zwischen Sozialistischer und Kommunistischer Partei.

1982

8. Jan. Delegationen der Sozialistischen und Kommunistischen Partei stellen in einem Kommuniqué ,,ihre Unterschiede und Divergenzen in der Beurteilung der polnischen Situation" fest.
13. Jan. Bundeskanzler Schmidt sucht Mitterrand nach einer französischen Pressepolemik wegen der deutschen Haltung gegenüber Polen auf und stellt ,,die Übereinstimmung der beiden Regierungen" fest.
16. Jan. Der Verfassungsrat weist die Nationalisierungsgesetze für Industrie und Banken wegen der Modalitäten der Entschädigung zurück, erkennt aber die von der Verfassung geforderte ,,öffentliche Notwendigkeit" als politisch erwiesen an.
17. Jan. Bei vier Nachwahlen zur Nationalversammlung siegen die Kandidaten der Opposition im ersten Wahlgang.
3. Feb. Ein französisch-algerisches Erdgasabkommen setzt einen Preis über Weltmarktniveau fest und wird als Beispiel ,,für originelle Formen der Zusammenarbeit mit der Dritten Welt" dargestellt.
3./7. Feb. Beim 24. Kongreß der Kommunistischen Partei wird Georges Marchais als Generalsekretär bestätigt. In der Diskussion des Entschließungsentwurfs, der von den ,,Fehlern der Vergangenheit" spricht, sie aber in die fünfziger Jahre zurückverlegt, kann ein Delegierter Kritik an Marchais' Parteiführung üben.
11./12. Feb. Die ,,Nationale Befreiungsfront Korsikas" bekennt sich zu 27 Attentaten verschiedener Art, die meisten auf der Insel. Dabei wurde ein Fremdenlegionär getötet, zwei wurden verletzt.
13. Feb. Nach Zustimmung des Verfassungsrats erscheint die Neufassung der Nationalisierungsgesetze im Journal Officiel. Am 17. 2. werden 46 neue Präsidenten-Generaldirektoren (PDG's) ernannt, ein Kommunist für die (Kohlen-)Grubenverwaltung.

24. Feb. Der frühere Staatspräsident Valéry Giscard d'Estaing kandidiert für die Wahl zum Generalrat des Kantons Chamalières und wird am 14. März mit rd. 72 Prozent der Stimmen gewählt. Damit kehrt er in die Tagespolitik zurück.

14./21. März. Kantonalwahlen. Bei der Erneuerung der Hälfte der Mandate zu den Départementsversammlungen kann die Opposition rd. 60 Prozent der freiwerdenden Sitze gewinnen.

24. März. Mit dem Zusammentritt der erneuerten Départementversammlungen erlöschen die bisherigen Funktionen der Präfekten und ihr Titel. Die Exekutive wird von den Präsidenten der Generalräte ausgeübt, von denen rd. zwei Drittel der Opposition zugerechnet werden.

14./15. Mai. Privater Besuch von Staatspräsident Mitterrand bei Bundeskanzler Schmidt in Hamburg.

4.–6. Juni. Gipfelkonferenz der westlichen Industriestaaten in Versailles.

13. Juni. Die Finanzminister beschließen eine „Anpassung" der Währungen im Europäischen Währungs-System durch Auf- und Abwertungen. Als Ergebnis erscheint der Franc um 10 Prozent gegenüber der DMark abgewertet.

29. Juni. Kleine Regierungsumbildung. Industrieminister Pierre Dreyfus verläßt aus Gesundheitsgründen die Regierung. Sein Amtsbereich wird von Jean-Pierre Chevènement, Minister für Forschung und Technologie mit übernommen. Frau Nicole Questiaux, „Minister für nationale Solidarität" wird durch Pierre Bérégovoy ersetzt, bisher Generalsekretär des Elysee. Er wird „Minister für nationale Solidarität und Soziale Fragen"; der bisherige Arbeitsminister Auroux wird ihm unterstellt. Das Prinzip einer größeren Kabinetts-Umbildung, die Premierminister Mauroy für den Herbst ankündigt, zeichnet sich ab: größere Konzentration auf bewährte Kräfte.

Literaturverzeichnis

Adenauer, Konrad, Erinnerungen, 4 Bde., Deutsche Verlagsanstalt, Stuttgart 1965–1968.

Ailleret, General Charles, L'aventure atomique française, Grasset, Paris 1968.

Aron, Raymond, L'Opium des Intellectuels, Calmann-Lévy, Paris 1955, Wiederauflage Gallimard, Paris 1968.

Aron, Robert, Histoire de l'Epuration, 2 Bde. und ein Doppelband, Fayard, Paris 1967–1975.

Balta, Paul, *Rulleau,* Claudine, La Politique arabe de la France de de Gaulle à Pompidou, Sindbad, Paris 1973.

Beaujeu-Garnier, Jacqueline, La population française après le recensement de 1975, A. Colin, Paris 1976

Bizot, Jean-François, Au Parti des Socialistes, Grasset et Fasquelle, Paris 1975.

de Carmoy, Guy, Les politiques étrangères de la France, 1944–1966, La Table Ronde, Paris 1967.

Chapsal, Jacques, *Lancelot,* Alain, La vie politique en France depuis 1940, Presses Universitaires de France, Paris 1973.

Couve de Murville, Maurice, Une Politique Etrangère 1958–1969, Plon, Paris 1971.

Crozier, Michel, La Société bloquée, Le Seuil, Paris 1970.

Ehrmann, Henry W., La Politique du Patronat Français (1936–1955), Armand Colin, Paris 1959

Elgey, Georgette, Histoire de la IVe République, 2 Bde. Fayard, Paris 1965/1968.

Elsenhans, Hartmut, Frankreichs Algerienkrieg 1954–1962, Entkolonisierungsversuch einer kapitalistischen Metropole, Hanser, München 1974.

Fabius, Laurent, La France inégale, Hachette, Paris 1975.

Fauvet, Jacques, La IVème République, Fayard, Paris 1963.

Fauvet, Jacques, en collaboration avec *Duhamel,* Alain, Histoire du Parti Communiste Français, Fayard, Paris 1977.

de Gaulle, Charles, Mémoires de Guerre, 3 Bde., Plon, Paris 1954–1959.

de Gaulle, Charles, Mémoires d'Espoir. Le renouveau 1958–1962, Plon, Paris 1970. Deutsche Übersetzung (mit dokumentarischem Anhang) bei Molden, Wien, München, Zürich 1971.

Giscard d'Estaing, Valéry, Démocratie Française, Fayard, Paris 1976.

Goguel, François, *Grosser,* Alfred, La politique en France, A. Colin, Paris 1975.

Grewe, Wilhelm G., Rückblenden 1976–1951. Aufzeichnungen eines Augenzeugen deutscher Außenpolitik von Adenauer bis Schmidt, Ullstein (Propyläen), Frankfurt, Berlin 1979.

Grosser, Alfred, Das Bündnis. Die westeuropäischen Länder und die USA seit dem Krieg, Hanser, München 1978.

Grosser, Alfred, La IVe République et sa politique extérieure, A. Colin, Paris 1972 (3. Aufl.).

Grosser, Alfred, La politique extérieure de la Ve République, Le Seuil, Paris 1965.

Guibert, B., La mutation industrielle de la France. Du traité de Rome à la crise pétrolière. – Les collections de l'I. N. S. E. E. (Série E no. 31/32), 2 Bde., Paris 1975.

Haensch, Günther, *Lory,* Alain, Frankreich, Bd. 1. Staat und Verwaltung, Beck, München 1976.

Hoffmann, Stanley, Essais sur la France. Déclin ou renouveau, Le Seuil, Paris 1974.

Hoffmann, Stanley, Sur la France, Le Seuil, Paris 1976.

Jetter, Karl, Partner und Konkurrenten, in: Unsere Nachbarn die Franzosen, Hsg.: Deutsch-Französisches Jugendwerk, Bad Honnef 1978.

Kissinger, Henry, Memoiren (1968–1973), C. Bertelsmann, München 1979.

Kohl, Wilfrid L., French Nuclear Diplomacy, Princeton University Press, Princeton, N. J. 1971.

Kolodziej, Edward A., French International Policy under de Gaulle and Pompidou, Cornell University Press, New York 1974.

de La Gorce, Paul Marie, L'Après-Guerre, 1944–1952, Grasset et Fasquelle, Paris 1978.

de La Gorce, Paul-Marie, Apogée et Mort de la IVe République 1952–1958, Grasset et Fasquelle, Paris 1979.

de La Gorce, Paul-Marie, La France pauvre, Grasset, Paris 1965.

Lamour, Philippe, 60 Millions de Français, Buchet-Chastel, Paris 1967.

Lapie, Pierre-Olivier, De Léon Blum à de Gaulle, Fayard, Paris 1971.

Lenoir, René, Les Exclus. Un Français sur dix, Le Seuil, Paris 1974.

Loth, Wilfried, Sozialismus und Internationalismus. Die französischen Sozialisten und die Nachkriegsordnung Europas 1940–50, Studien zur Zeitgeschichte, Deutsche Verlagsanstalt Stuttgart 1977.

Lüthy, Herbert, Frankreichs Uhren gehen anders, Europa-Verlag, Zürich-Stuttgart-Wien 1954.

Michel, Henri, Les courants de pensée de la Résistance, Presses Universitaires de France, Paris 1962.

Mirow, Thomas Alexander, Die europäischen Konzeptionen de Gaulles und ihre Bedeutung für die Haltung Frankreichs in der V. Republik, Bonner Dissertation, Selbstverlag, Bonn 1977.

Mitterrand, François, Ici et maintenant, Librairie A. Fayard, Paris 1980.

Monnet, Jean, Mémoires, Fayard, Paris 1976. Deutsche Ausgabe, leicht gekürzt, bei Hanser, München 1978.

Monod, Jerôme, *de Castelbajac,* Philippe, L'Aménagement du Territoire, Presses Universitaires de France, 2 Bde., Paris 1973.

v. Münchhausen, Thankmar, Kolonialismus und Demokratie. Die französische Algerienpolitik von 1945 bis 1962, Weltforum-Verlag, (Materialien zu Entwicklung und Politik), München 1977.

Newhouse, John, De Gaulle and the Anglo-Saxons, Viking Press, New York 1970.

Noack, Paul, Das Scheitern der Europäischen Verteidigungsgemeinschaft, Entscheidungsprozesse vor und nach dem 30. August 1954, Droste, Düsseldorf 1977.

Noin, Daniel, L'Espace français, A. Colin, Paris 1976.

Peyrefitte, Alain, Le Mal Français, Plon, Paris 1976. Deutsche Ausgabe, leicht gekürzt: Was wird aus Frankreich?, Ullstein (Propyläen), Frankfurt, Berlin 1978.

Picht, Robert (Hsg.), Deutschland, Frankreich, Europa. Bilanz einer schwierigen Partnerschaft, Piper, München 1978.

Picht, Robert, Die gefährdete Modernität, Frankreichs Sprung in die Industrialisierung, in: Moderne Welt, Jahrbuch für Ost-West-Fragen, Markus-Verlag, Köln 1979.

Poperen, Jean, La gauche française. Le nouvel âge 1958–1965, Fayard, Paris 1972.

Rémond, René, La droite en France de la première Restauration à la Ve République, 5. Aufl. Aubier-Montaigne, Paris 1982.

Rials, Stephane, Les idées politiques du président Pompidou, Presses Universitaires de France (Travaux et Recherches de l'Université du Droit, d'Économie et des Sciences Sociales), Paris 1977.

Rideau, Joël, (Hsg.), La France et les Communautés Européennes, Librairie Générale de Droit et de Jurisprudence, Paris 1975.
Rouanet, Pierre, Mendès-France au pouvoir, Laffont, Paris 1965.
Rouanet, Pierre, Pompidou, Grasset, Paris 1969.
Ruehl, Lothar, La politique militaire de la Ve république, Presses de la Fondation Nationale des Sciences Politiques, Paris 1976.
Seydoux, François, Mémoires d'Outre-Rhin, Ed. Grasset et Fasquelle, Paris 1975.
Silj, Alessandro, Europe's Political Puzzle. A Study of the Fouchet Negotiations and the 1963 Veto. Harvard University, Center of International Affairs, 1967.
Smouth, Marie Claude, Du gaullisme au néo-atlantisme, in: Alfred *Grosser* (Hsg.), Les politiques extérieures européennes dans la crise, Presses de la Fondation Nationale des Sciences Politiques, Paris 1976.
Tavernier, Yves, *Gervais*, Michel, *Servolin*, Claude, L'Univers politique des paysans dans la France contemporaine, A. Colin, Paris 1972.
Tesson, Philippe, De Gaulle Ier. La révolution manquée. Histoire du premier gouvernement de Gaulle 1944–1966, Albin Michel, Paris 1965.
de Toqueville, Alexis, L'Ancien régime et la révolution, Wiederaufl. Gallimard, Paris 1964.
Viansson-Ponté, Pierre, Histoire de la République gaullienne, 2 Bde., Fayard, Paris 1970/1971.
Viansson-Ponté, Pierre, Lettre ouverte aux hommes politiques, Albin Michel, Paris 1976.
Vincent, Gérard, Les Français 1945–1975. Chronologie et Structures d'une Société, Masson, Paris, New York 1977.
Weisenfeld, Ernst, Geprägt von Monnet und de Gaulle. Frankreichs Außenpolitik im Wandel, in: Moderne Welt, Jahrbuch für Ost-West-Fragen, Markus Verlag, Köln 1979.
Williams, Philip Maynard, Crises and Compromises. Politics in the Fourth Republic, Longmans, Green & Co, London 1964.
Yacono, Xavier, Les étapes de la décolonisation française, Presses Universitaires de France, Paris 1975.
Zegel, Sylvain, Les idées de mai, Gallimard, Paris 1968.
Ziebura, Gilbert, Die deutsch-französischen Beziehungen seit 1945. Mythen und Realitäten, Neske, Pfullingen 1970.

Personenregister

Abbas, Ferhat 146
Acheson, Dean 68, 78, 162
Adenauer, Konrad 66, 79, 80, 135, 156, 159, 167, 169–173, 311–315
Altman, Georges 96
Aragon, Louis 140
Armand, Louis 81
Aron, Raymond 92–95, 97
Aron, Robert 26
d'Astier de la Vigerie, Emmanuel 90
Auriol, Vincent 38, 49, 129, 305, 308

Bacon, Paul 157
Bao Dai (Kaiser) 42, 43, 101, 104, 107
Barre, Raymond 209, 225, 259, 264, 274, 288, 320, 321
Baumgartner, Wilfrid 312, 313
de Beauvoir, Simone 90, 91
Beeley, Harald 126
Ben Bella, Ahmed 109, 119, 120
Bergeron, André 250, 251
Berlinguer, Enrico 243
Beuve-Méry, Hubert 71, 88
Bevin, Ernest 56, 69
Bidault, Georges 12, 36, 39, 42, 50, 56, 57, 61, 65, 99, 101–103, 150, 192, 304–308
Billoux, François 18, 41, 48
Blum, Léon 16, 18, 24, 27, 31, 36–41, 51, 57, 66, 232, 305
Bokassa I. (Kaiser) 272, 274, 321
Bondy, François 96
Bornard, Jean 251
Bourdet, Claude 88, 97
Bourgès-Maunoury, Maurice 85, 126, 169, 311
Brandt, Willy 172, 228, 253, 266
von Brentano, Heinrich 168
Breschnjew, Leonid 175, 197, 227, 243, 249, 253, 276, 322
Brown, Irving 95–97
Burgiba, Habib 108, 309
Buron, Robert 157
Byrnes, James F. 40, 57

Camus, Albert 89
Carter, Jimmy 268, 321
Catroux, Diomède 106
Catroux, Georges (General) 117, 118
Ceyrac, François 287
Chaban-Delmas, Jacques 106, 130, 169, 170, 192, 219, 220, 222, 256, 257, 317, 318
Challe, Maurice (General) 145, 149, 150
Charpentié, Yvan 251
Chevènement, Jean Pierre 235, 283, 290
Cheysson, Claude 294, 296, 322
Chirac, Jacques 244, 257, 259, 263, 275, 288, 318–320, 322
von Choltitz, Dietrich (General) 12, 304

Chruschtschow, Nikita 90, 175, 176, 310–313
Churchill, Winston 14, 23, 76, 99
Cocteau, Jean 96
Cohn-Bendit, Daniel 186
Cot, Pierre 16
Coty, René 116, 132, 136, 308
Couve de Murville, Maurice 67, 139, 170, 171, 182, 190, 315, 316
Croce, Benedetto 96
Croissant, Claus 320
Crossman, Richard H. S. 96
Crozier, Michel 193
Cyrankiewicz, Jozef 160

David, Jean Paul 94
Debatisse, Michel 210
Debré, Michel 133, 139, 142, 150, 152, 167, 181, 182, 191, 219, 275, 312, 313, 318
Debray, Régis 296
Defferre, Gaston 122, 240, 290
Delbecque, Léon 130
Delors, Jacques 192, 282
Diem, Ngô Dinh 107
Dreyfus, Pierre 290, 325
Duhamel, Jacques 218
Dulac, André (General) 132

Eden, Antony 76, 106, 121
Eisenhower, Dwight D. (General) 23, 77, 99, 121, 135, 307
Elleinstein, Jean 291
Erhard, Ludwig 170, 314

Fabre, Robert 232, 239, 248
Faure, Edgar 77, 84, 191, 308, 309
Faure, Maurice 84, 85
Fauvet, Jacques 231
Fiszbin, Henri 291
Fiterman, Charles 323
Foccard, Jean Jacques 130
Fontanet, Jean 157
Ford, Gerald 268
Fouchet, Cristian 22, 106, 155, 156, 173, 313
Frachon, Benoît 187
Frenay, Henri 96

Gaillard, Felix 126, 127, 169, 311
Gaitskell, Hugh 96
Galbraith, J. Kenneth 96
Gattaz, Yvon 287
Garaudy, Roger 317
de Gasperi, Alcide 80, 150
de Gaulle, Charles (General) 11–24, 27, 28, 31–36, 38, 39, 45, 46, 53–55, 60, 61, 63, 68, 73, 74, 77–81, 85, 92, 100, 112, 115, 127–143 (Beginn der V. Republik), 143–154 (Algerienkrieg), 155–183 (Außenpolitik), 184–192 (Mai 1968), 194–199 (das gescheiterte Referendum), 208, 215, 220, 223, 225–228, 236, 261, 266, 271, 272, 278–282, 294, 296, 302, 304–317
Giap (General) 37, 38, 102
Gide, André 95
Gilson, Etienne 86, 87
Giraud, Henri-Honoré (General) 68
Giroud, Françoise 106, 257
Giscard d'Estaing, Valéry 185, 190, 197, 198, 218, 222, 240, 252–279, 288, 289, 296, 313, 319–325

Goguel, François 277
Gouin, Felix 39, 305
Grappin, Pierre 185
Greco, Juliette 92
Gromyko, Andrei 314
Grosser, Alfred 98
Guichard, Olivier 130, 320
Guillaumat, Pierre 170
Guillaume, Augustin (General) 108
de Guiringaud, Louis 320

Habib-Deloncle, Michel 170
Hallstein, Walter 159
Healey, Denis 96
Heath, Edward 156, 228
Herriot, Edouard 32
Hitler, Adolf 17, 34
Ho Chi Minh 36–43, 101, 104, 305
Hoffmann, Stanley 298, 302
Hopkins, Harry 34, 35

Jaurès, Jean 233, 279
Jobert, Michel 188, 189, 229, 267, 280, 318
Johnson, Lyndon 162, 316
Joliot-Curie, Frédéric 90
Jospin, Lionel 289
Jouhaud, Edmond (General) 149, 150, 152, 313
Jouhaux, Léon 58, 306
de Jouvenel, Bertrand 96
Joxe, Pierre 289
Juin, Alphonse (Marschall) 44, 108

Keitel, Wilhelm (Generalfeldmarschall) 24
Kempski, Hans Ulrich 148
Kennan, George F. 96
Kennedy, John F. 161, 168, 170, 171, 313, 314
Kiesinger, Kurt Georg 182
Kissinger, Henry 229, 271
Koenig, Pierre (General) 106, 309
Kossygin, Alexis 180, 315
Koestler, Arthur 93, 96
Krasucki, Henri 250, 292
Kravchenko, Viktor A. 89

Lacoste, Robert 118, 119, 311
Lamour, Philippe 204, 205
Laniel, Joseph 75, 99, 100, 104, 308
de Larminat, René (General) 152
Lasky, Melvin 96
de Lattre de Tassigny, Jean (General) 24
Laval, Pierre 27, 304
Lecanuet, Jean 184, 257, 258, 260, 320
Leclerc de Hautecloque, Philippe (General) 12, 36–38, 41, 304
Le Troquer, André 100
Lübke, Heinrich 172
Lüthy, Herbert 298

Macmillan, Harold 135, 166–168, 314
Maire, Edmond 188, 250, 251
Malraux, André 95, 140, 144, 150, 158
Mao Tse tung 42
Marchais, Georges 231, 234, 236–238, 240–249, 291, 317, 322, 324
Marie, André 307
Marshall, George (General) 56, 60–64

Martin, Henri 90
Masmudi, Mohammed 108
Massigli, René 69
Massu, Jacques (General) 126, 127, 145, 148, 189, 192, 311
Mauroy, Pierre 281, 290, 321–324
Mayer, René 75, 308
Mendès-France, Pierre 27, 28, 76, 104–110, 113–118, 121, 125, 139, 219, 240, 278, 303, 304, 309, 310
Menu, Jean 251
Mermaz, Louis 289
Merleau-Ponti, Maurice 93
Messali Hadj 44, 47, 109
Messmer, Pierre 222, 318, 319
Michel, Henri 26
Mitterrand, François 109, 126, 184, 185, 187, 219, 231, 234–236, 240, 246, 249, 250, 257, 273–297, 303, 314, 317–325
Moch, Jules 58, 71, 72, 78, 128, 307
Mollet, Guy 31, 51, 52, 77, 84, 116–126, 130, 133, 136, 144, 158, 169, 234, 310
Molotow, Wjatscheslaw M. 50, 56, 57, 103, 104, 106
Monnet, Jean 29, 40, 57, 64, 65, 67–73, 79, 81–85, 124, 184, 236, 266, 305
Monory, René 321
Motchane, Didier 235
Moulin, Jean 15, 140, 278, 279
Mounier, Emmanuel 98
Moutet, Marius 41, 42
Murphy, Robert 126, 127
Myrdal, Gunnar 96

Nabokov, Nikolas 95
Nasser, Gamal Abd-el 120
Nixon, Richard 183, 226, 229, 316, 317
Norodom Sihanuk (König) 101
Norstad, Lauris (General) 167

Oppenheimer, J. R. 96
Ortoli, François Xavier 181, 182

Pétain, Philippe (Marschall) 25, 27, 304
Peyrefitte, Alain 191, 298
Pflimlin, Pierre 130, 131, 133, 157, 311
Picasso, Pablo 90, 94
Pinay, Antoine 74, 75, 77, 84, 115, 130, 133, 136, 139, 158, 303, 308–310, 312
Pineau, Christian 77, 84, 85, 120, 310, 311
Pleven, René 27, 28, 72 (Pleven-Plan), 73, 78, 94, 218, 307, 308, 311
Poher, Alain 197, 218, 219, 292
Pompidou, Georges 137, 146, 147, 152, 187–190, 198, 199, 215–230, 262, 265, 271, 313, 316–319
Poniatowski, Michel 320
Poperen, Jean 289
Poujade, Pierre 112, 115, 310

Queuille, Henri 307, 308

Ramadier, Paul 38, 41, 42, 49–52, 54, 65, 305
Rathenau, Walter 228
Reagan, Ronald 282, 295
du Rivau, Jean 98

Rocard, Michel 249, 250, 289, 290, 321
Rochet, Waldeck 234, 237, 314, 317
Romain, Jules 96
Roosevelt, Franklin D. 14, 23, 34
Roure, Remy 98
Rousset, David 96, 98
Rovan, Joseph 98
Rusk, Dean 178

Sacharow, Andrei 249
Sainteny, Jean 305
Salan, Raoul (General) 128, 131, 132, 144, 145, 149, 150, 152, 192, 313, 316
Sartre, Jean-Paul 88–93, 306, 322
Sauvagnargues, Jean 266, 267, 319
Savary, Alain 119, 120, 234, 290
Schiller, Karl 181
Schlesinger jr., Arthur 96
Schleyer, Hanns-Martin 263
Schlumberger, Jean 97
Schmidt, Helmut 252, 253, 262, 319, 322–325
Schoelcher, Victor 279
Schröder, Gerhard 170
Schuman, Robert 54, 58, 60, 62, 65–73 (Schumanplan), 80–82, 159, 219, 306–308
Schumann, Maurice 157, 219
Seguy, Georges 187, 250, 292
Seku Turé 134
Servan-Schreiber, Jean-Jacques 106, 257, 260, 317, 319
Sidi Mohammed Ben Arafa (Sultan) 108
Sidi Mohammed Ben Yussef (Sultan) 108, 310
Silone, Ignazio 96
Sisavang Vong (König) 101
Slansky, Rudolf 90
Soames, Christopher 182, 292, 316
Soustelle, Jacques 118
Spaak, Paul-Henri 84
Spender, Stephan 96
Sperber, Manes 96
Stalin, Josef 17, 22, 34, 93, 176
Strauß, Franz Josef 169, 170, 182

Tanguy, Rol 12
Thiry, Bastian 152
Thorez, Maurice 19, 21, 49, 51, 233, 234, 292, 304, 306, 310, 314
Tillon, Charles 18
Tixier, Adrien 20
Truman, Harry S. 39
Tschitscherin, Alexander 228
Tschu En Lai 106

Veil, Simone 321
Vercors 97
Vermeil, Edmond 98
Viansson-Ponté, Pierre 184

Wilson, Harold 182

Zeller, André (General) 149, 150